História, memória, literatura

Universidade Estadual de Campinas

Reitor
Marcelo Knobel

Coordenadora Geral da Universidade
Teresa Dib Zambon Atvars

Conselho Editorial

Presidente
Márcia Abreu

Ana Carolina de Moura Delfim Maciel – Euclides de Mesquita Neto
Márcio Barreto – Marcos Stefani
Maria Inês Petrucci Rosa – Osvaldo Novais de Oliveira Jr.
Rodrigo Lanna Franco da Silveira – Vera Nisaka Solferini

Márcio Seligmann-Silva
(org.)

História, memória, literatura
O Testemunho na Era das Catástrofes

FICHA CATALOGRÁFICA ELABORADA PELO
SISTEMA DE BIBLIOTECAS DA UNICAMP
DIRETORIA DE TRATAMENTO DA INFORMAÇÃO

H629   História, memória, literatura: o testemunho na Era das Catástrofes / Márcio Seligmann-Silva (org.). – Campinas, SP: Editora
da Unicamp, 2003.

1. Literatura e história. 2. Ensaios brasileiros. 2. Psicanálise e
literatura. I. Márcio Seligmann-Silva. II. Título.

20. CDD – 809
– B869.45
ISBN: 85-268-0734-X   – 801.92

Índices para catálogo sistemático:

1. Literatura e história   – 809
2. Ensaios brasileiros   – B864.45
3. Psicanálise e literatura – 801.92

Copyright © by Márcio Seligmann-Silva
Copyright © 2003 by Editora da Unicamp

4ª reimpressão, 2020

Opiniões, hipóteses e conclusões ou recomendações expressas
neste material são de responsabilidade dos autores e não
necessariamente refletem a visão da Editora da Unicamp.

Direitos reservados e protegidos pela lei 9.610 de 19.2.1998.
É proibida a reprodução total ou parcial sem autorização,
por escrito, dos detentores dos direitos.

Printed in Brazil.
Foi feito o depósito legal.

Direitos reservados à

Editora da Unicamp
Rua Sérgio Buarque de Holanda, 421 – 3º andar
Campus Unicamp
CEP 13083-859 – Campinas – SP – Brasil
Tel.: (19) 3521-7718 / 7728
www.editoraunicamp.com.br   –   vendas@editora.unicamp.br

Sumário

Introdução 7

Apresentação da questão: a literatura do trauma 45

1 Reflexões sobre a memória, a história
   e o esquecimento (*Márcio Seligmann-Silva*) 59

2 "Após Auschwitz" (*Jeanne Marie Gagnebin*) 89

3 E. Lévinas e N. Abraham: um encadeamento
   a partir da Shoah. O estatuto ético do terceiro
   na constituição do simbólico em psicanálise
   (*Fabio Landa*) 111

4 O silêncio do sobrevivente: diálogo e rupturas
   entre memória e história do
   Holocausto (*Roney Cytrynowicz*) 123

5 Imagens do horror. Paixões tristes
   (*Adrián Cangi*) 139

6 *Badenheim, 1939*: ironia e alegoria
   (*Berta Waldman*) 171

7 As "crianças" de Alterman (*Nancy Rozenchan*) 189

8 Onde está *nosso* irmão Abel? (*Andrea Lombardi*) 209

9 Ari Chen: o Holocausto e o pós-Holocausto no teatro brasileiro (*Regina Igel*) 227

10 Simja Sneh y los límites de la representación testimonial de la Shoah (*Leonardo Senkman*) 245

11 Este corpo, esta dor, esta fome: notas sobre o testemunho hispano-americano (*João Camillo Penna*) 297

12 Literatura e catástrofe no Brasil: anos 70 (*Renato Franco*) 351

13 O testemunho: entre a ficção e o "real" (*Márcio Seligmann-Silva*) 371

14 Catástrofe, história e memória em Walter Benjamin e Chris Marker: a escritura da memória (*Márcio Seligmann-Silva*) 387

Notas 415

Bibliografia 465

Introdução

Esta coletânea de ensaios tem por objetivo apresentar alguns aspectos das pesquisas realizadas nos últimos anos em torno da temática "testemunho na literatura". Como a leitura da bibliografia no final deste volume deixa claro, esse campo de estudos é, antes de mais nada, interdisciplinar e exige uma nada fácil comunicação entre pesquisas e discussões, que apenas raramente são pensadas em um mesmo contexto. Portanto, não espere o leitor que este volume possa de algum modo esgotar a questão: antes, ele visa indicar alguns caminhos possíveis de pesquisa e reflexão sobre o nosso tema. Caminhos que ainda devem ser mais explorados. Ele apresenta um *work in progress* na medida em que esse campo dos estudos sobre o testemunho ainda se está formando e a bibliografia *específica* ainda é escassa. Como não se trata apenas do estabelecimento de uma nova área de estudo, mas, mais do que isso, do *estabelecimento de uma nova abordagem da produção literária e artística*, é de esperar nessa fase de sua configuração o apoio em um amplo espectro de pesquisas e de diferentes trabalhos.

Esperamos que, com esta coletânea — que em alguns pontos dá continuidade ao dossiê por nós organizado sobre "Literatura de testemunho" (*Cult*, nº 23[1]) e ao volume *Catástrofe e representação*[2] —, fiquem mais claras ao leitor as questões que estão na base do conceito de testemunho. Esse conceito, que recebeu um novo impulso decisivo a partir das pesquisas sobre a Shoah, já tinha um percurso na América Latina, bem diferente, é verdade, onde era aplicado no sentido de *testimonio*, como recordou Luiz Costa Lima recentemente.[3] Como veremos, o testemunho deve ser compreendido tanto no sentido jurídico e de testemunho histórico — ao qual o *testimonio* tradicionalmente se remete nos estudos literários — como também no sentido de "sobreviver", de ter-se passado por um evento-limite, radical, passagem essa que foi também um "atravessar" a "morte", que problematiza a relação entre a linguagem e o "real". De modo mais sutil — e talvez difícil de compreender — falamos também de um *teor testemunhal* da literatura de um modo geral: que se torna mais explícito nas obras nascidas de ou que têm por tema eventos-limite. Nesse sentido, a literatura do século XX — Era das catástrofes e genocídios — ilumina retrospectivamente a história da literatura, destacando esse elemento testemunhal das obras.

Na literatura de testemunho latino-americana, tal como ela era pensada até os anos 1980, contava apenas — ou sobretudo — o primeiro sentido de testemunho, que não problematiza a possibilidade e os limites da representação. O exato oposto ocorre com as abordagens da literatura de testemunho da Shoah: nelas temos a ver com um "real" que não se deixa reduzir. Mas, se o testemunho é um elemento constante da produção artístico-literária, cabe ao leitor percebê-lo e estudá-lo, seja na literatura latino-americana ou em qualquer outra. Se é evidente que qualquer fato histórico mais intenso (indo de uma experiência de perseguição em um regime autoritário até à experiência em um *gulag* e em um campo de concentração) permite — e exige! — o registro testemunhal tanto no sentido jurídico como também no sentido de "sobrevivente", por outro lado, é claro que na América Latina predominou uma leitura que não primou pela problematização da questão da representação e tendeu a ver o testemunho sobretudo na sua modalidade de denúncia e reportagem. Um dos objetivos deste volume é estabelecer um diálogo entre as pesquisas sobre testemunho que têm por base a literatura sobre a Shoah e as que se voltam para a literatura latino-americana: se este último campo de pesquisa se encontra aqui representado por menos trabalhos, é porque ele ainda se está firmando no Brasil e, além disso, os estudos sobre a Shoah e a questão do seu testemunho ocupam um local de destaque dentro das atuais pesquisas das ciências humanas de um modo geral. Na verdade, gostaríamos de com este volume sinalizar a possibilidade de pensar esse conceito para além dos estudos da Shoah e do *testimonio* na América Latina. Os estudos comparativos entre o *teor testemunhal* de diferentes literaturas ainda estão por ser estabelecidos, e temos certeza de que também caberá nesse percurso um importante papel ao estudo do teor testemunhal na literatura latino-americana que vá além da análise do que se estabeleceu como o gênero literatura de *testimonio*.

No meu ensaio de abertura, apresento algumas questões que estão na base da reflexão sobre o testemunho: as aporias entre o lembrar e o esquecer e seus desdobramentos no debate entre a memória e a história. Aqui aparece o *status* singular do "real" tal como ele aparece na abordagem do testemunho. Esse "real" exige uma nova *ética da representação*, na medida em que não se satisfaz nem com o positivismo inocente que acredita na possibilidade de se "dar conta" do passado, nem com o relativismo inconseqüente que quer "resolver" a questão da representação eliminando o "real". A reflexão sobre o testemunho leva a uma problematização da divisão estanque entre o discurso dito "denotativo-representativo" e o dito "literário", sem no entanto aceitar o apagamento dessas fronteiras. No fundo, ela busca uma impossível "terceira casa" (como veremos no penúltimo ensaio desta coletânea, ao falar do autor das histórias em quadrinhos Art Spiegelman). Essa problematização das fronteiras também leva a uma reafirmação da crítica ao positivismo. Pensando o "real" a partir de uma participação/imersão ativa dos sujeitos de conhecimento no processo histórico, também cai por terra a ilusão da objetividade do discurso dito científico. Isso fica particularmente claro no debate entre Martin Broszat e Saul Friedländer acerca da representação da Shoah, que eu discuto nesse trabalho. Uma nova ética da representação indica que não se pode defender uma historicização total do nacional-socialismo no sentido de um apagamento do seu caráter excepcional sem se cair em uma *normalização do passado* que *encobre* as injustiças históricas (se aqui o termo "encobrir" já aparece em destaque é para anunciar o diálogo íntimo da teoria do testemunho com a psicanálise. Lembremos do conceito de "recordação encobridora", *Deckerinnerung*[4]). Daí ser essencial se estudar os mecanismos ideológicos que estavam na base do nacional-socialismo.

    Philippe Lacoue-Labarthe e Jean-Luc Nancy já apontavam no livro *O mito nazista* em que medida o nazismo tinha no seu centro um "mito", cujo conteúdo principal era de teor racista. O mito era utilizado como um potente dispositivo de criar o "corpo" de uma pátria unida com base justamente em uma "identificação mítica": "o mito, como a obra de arte que o explora, é um instrumento de identificação. Ele é mesmo *o instrumento mimético* por excelência".[5] Esse mimetismo exige certos *tipos* (modelos) que devem garantir a construção da identidade e é na construção desses tipos que se estabelece também a figura do "outro" que deve ser excluída.[6] No caso dos judeus, forjou-se uma anti-figura, um antítipo, a negatividade mesma do "corpo ariano perfeito" que servia de modelo identificatório dentro do mito nazista. Não por acaso, portanto, todo o projeto nazista é interpretado pelos dois filósofos como uma entronização de um ideal estético do político. Mais ainda, para eles o nacional-socialismo encarnou o *estético* mesmo, foi o produto acabado de uma ideologia que pode ser estudada no seu desenrolar desde o século XVIII. Evidentemente, não se trata de afirmar inocentemente que o fim necessário da Estética era a sua trágica tradução em termos políticos na "figura" do Estado nazista. Mas não devemos retroagir diante das evidências apontadas por esse estudo, que deixa claro em que medida o mito foi realimentado pela ideologia do estético. De resto, essa tese — o nacional-socialismo como uma tentativa "romântica" de se criar um *Gesamtkunstwerk*, uma obra de arte total — já foi defendida por Syberberg no seu filme *Hitler, um filme da Alemanha* (1977) e, mais recentemente, por Peter Cohen no filme *A arquitetura da destruição* (1992). E se Walter Benjamin concluiu de modo precipitado em 1936[7] que a resposta à estetização da política (*Ästhetisierung der Politik*) deveria ser a politização da arte (*Politisierung der Kunst*, afinal essa arte política pode servir a qualquer fim!), ele não deixou de perceber corretamente esse projeto nacional-socialista de realização do político em um Estado-total que teria o caráter de uma obra de arte. Esse quiasmo, formado com a política e a arte/literatura em seus pólos, aponta para o fato de que não podemos abordar as manifestações artísticas/literárias sem levar essa imbricação em conta. O conceito de *teor testemunhal* abre essa possibilidade *de dentro* dos estudos literários. O estudo desse elemento da obra literária não deve apagar ou reduzir a preocupação com o estudo das estratégias estético-poetológicas que impregnam toda manifestação escrita. Um estudo que leva em conta o teor testemunhal deve, no entanto, conduzir a uma nova interpretação desses componentes. Toda obra de arte, em suma, pode e deve ser lida como um testemunho da barbárie.

O texto de *Jeanne Marie Gagnebin* parte dos escritos de Adorno e Horkheimer para retraçar no pensamento desses dois filósofos a reflexão sobre e após Auschwitz. A autora acompanha de perto os passos de Adorno e a construção da sua reflexão ética e estética que se deu totalmente sob o influxo desse evento histórico. Indo da famosa frase de Adorno "Escrever um poema após Auschwitz é um ato de barbárie" (do ensaio "Crítica cultural e sociedade", de 1949), passando pelo ensaio "Engagement", de 1962, e pela última parte da *Dialética negativa*, de 1967, a autora mostra como, para Adorno, a arte pós-Auschwitz só pode viver dentro da aporia de ter de conviver com a sua impossibilidade, e também descreve o surgimento de um pensamento ético para o qual restou apenas o seu corpo e a sua dor como último refúgio para fundamentar o seu imperativo categórico.[8] Assim, Adorno pôde escrever em seu modo lapidar: "Os autênticos artistas do presente são aqueles em cujas obras o horror mais extremo continua a tremer".[9] Poetas como Paul Celan e Samuel Beckett tornaram-se paradigmáticos para ele, na medida em que a autêntica arte não mais deveria pautar-se pelo belo, mas sim pela *verdade*: e esta correspondia mais a um estado de mutismo e incompreensão do que ao espetáculo ilusório do belo. Adorno, portanto, não prega um "Bildverbot" — um tabu mosaico da imagem — no sentido tradicional, mas exige uma reflexão sobre o teor de verdade — para utilizar uma expressão de W. Benjamin[10] — da obra de arte, que não deve trair o seu momento histórico.

Fábio Landa tece um comentário sobre algumas afinidades eletivas entre as obras de Emmanuel Lévinas e de Nicolas Abraham partindo da Shoah como uma "presença" nuclear nas teorias de ambos pensadores. "É a partir de Auschwitz que Nicolas Abraham e Emmanuel Lévinas vão construir suas obras", afirma Landa. Se Crítica e Modernidade constituíram desde cedo um par dialético inerente ao pensamento pós-iluminista e romântico, com a Primeira Guerra Mundial — como Landa recorda —, autores da geração de Rosenzweig levaram essa crítica muito mais adiante e conotaram-na com novas significações até então não sonhadas. A sociedade, a razão e o indivíduo dito "autônomo" sucumbem sob a potência arrasadora da carga explosiva liberada por aquele evento e que havia sido devidamente acumulada e detonada pela tecnologia de ponta, a saber, pela técnica aplicada na máquina de guerra. Lévinas e Abraham, por sua vez, viram-se diante de uma situação ainda mais aterrorizadora: o segundo *round* da Guerra Mundial. Eles tomaram para si a tarefa de salvação do pensamento crítico depois da Shoah: tentaram colher do naufrágio as ruínas que restavam daquele homem iluminista. A passagem por esse evento de destruição total abalou o pensamento ocidental até à raiz, destruindo suas certezas. Não é de surpreender, portanto, se a ética desenhada por

Lévinas não tem mais no seu núcleo o selo kantiano da autonomia do indivíduo livre. Lévinas teve de inverter essa lógica (ingênua) do "Iluminismo primário" para salvar a ética: ele estabeleceu agora o *princípio da heteronomia* como o seu pilar. O culto do indivíduo autônomo era, na verdade, parte de uma utopia que encerrava em si um individualismo radical e, além disso, a onipotência desse "indivíduo autônomo" acabara de mostrar seus efeitos catastróficos: reduzira os indivíduos à mais completa objetificação, a uma heteronomia absolutamente antiética. Já a heteronomia de que Lévinas nos fala é, na verdade, o cerne mesmo da ética possível, da ética pós-Shoah: ética do respeito ao Outro. É uma ética que, em vez de negar a violência inerente às relações humanas, trata de responder a ela. É também desse respeito à alteridade do outro, à sua não redutibilidade, que a renovação da clínica psicanalítica levada a cabo por Abraham nos fala. Como Walter Benjamin, ele também buscava um espaço para além da *Einfühlung* (empatia), apregoada pelos adeptos da Filosofia da Vida, e ao mesmo tempo para além da relação meramente objetal com o outro. Para Abraham, na situação transferencial da clínica é a "ressonância" nascida da escuta psicanalítica que permite o desdobramento do *símbolo* lançado pelo paciente: *symbolon*, vale lembrar, significa exatamente "jogar junto", aproximar as duas metades do "anel" — de um pacto dialógico. Em Abraham busca-se compor um elo transferencial no qual o oco não precisa ser esgotado ou totalmente reduzido ao conceito, mas serve de suporte e "base" para esse elo. Como Landa nota, podemos ver nessa concepção de ressonância uma modalidade do face a face de que Lévinas nos fala, a saber, do encontro com o rosto do outro como um encontro ético, não-simétrico e que, por isso mesmo, exige um engajamento reflexivo.

Essa ética pós-Shoah — ética da escuta e do abrir-se ao outro, da heteronomia e da intraduzibilidade — pode muito bem ser compreendida como uma *ética do testemunho*: da abertura total para a escuta da palavra/signo do sobrevivente.

A contribuição de *Roney Cytrynowicz* é uma reflexão profunda e ponderada sobre a difícil relação entre os registros da memória e da historiografia no trabalho de registro da Shoah. Enquanto o sobrevivente vive o "drama do testemunho", que está irremediavelmente ligado a um processo dialético e complexo no qual recordar e esquecer são dois fatores dinâmicos e inseparáveis (ele em certa medida recorda para se esquecer e porque não consegue esquecer-se precisa narrar), por outro lado, o papel da historiografia é o da investigação "científica", baseada em documentos e visando o esclarecimento e explicação do ocorrido. Não existe discurso que esgote a dor, não existem palavras que recubram a "experiência" de Auschwitz, não existe explicação para a animalização do homem; é necessário escrever a história desse período, e os meios da historiografia moderna são mais do que suficientes para se investigar e apresentar os resultados das pesquisas: e mais, a catástrofe que foi a Shoah exige esse trabalho de pesquisa e de registro rigoroso com base documental. Roney Cytrynowicz alterna dados gerais essenciais para a historiografia da Shoah (como os números de assassinados pelos diversos meios: câmara de gás, caminhões-câmara de gás, fuzilamento; e recorda que as câmaras de gás foram primeiro aplicadas dentro do plano de eutanásia/eugenia etc.) com uma apresentação do trabalho infinito da memória. Do ponto de vista do sobrevivente, o registro historiográfico é limitado e não dá conta da sua "experiência"; já para o historiador, o testemunho é apenas uma fonte que deve ser utilizada com rigor, corrigindo as suas falhas — típicas do processo de recordação, sobretudo quando se trata da memória de vivências traumáticas como a vida nos campos de concentração. A historiografia corrige o elemento unilateral da memória — que é, a um só tempo, *individual* e *irredutível* aos conceitos e generalizações e faz parte da construção da memória individual e coletiva —, assim como a memória refreia a arrogância do discurso historiográfico, com a sua pretensão de "dar conta" de todo o "passado". Apenas para a historiografia vale o particípio "passado"; para a memória, o "passado" é ativo e justamente "não passa".

Cytrynowicz fala da "sinistra 'normalidade'" de Auschwitz. Poderíamos dizer que o trabalho da memória é determinado pelo confronto com o elemento sinistro (*Unheimlich*, na denominação freudiana) desse evento; já o historiador deve concentrar-se na sua "normalidade", nos "fatos". O *plaidoyer* do autor é por uma convivência — não necessariamente pacífica, mas decerto dialógica — entre os dois registros. Quando afirma que também é necessário "saber silenciar, para garantir um certo estranhamento", ele se refere a uma necessidade que transcende a divisão entre a memória e a historiografia: ele pensa em termos de uma ética da representação, de um respeito para com as vítimas. Nas suas palavras: "É preciso que cada documento da barbárie seja recuperado, estudado, criticado, entendido, conservado, arquivado, publicado e exposto, de forma a tornar a história uma forma presente de resistência e de registro digno dos mortos, muitos sem nome conhecido e sem túmulo". Roney Cytrynowicz recusa de modo veemente a equiparação do trabalho historiográfico de explicação ao movimento de normalização do passado.

Decerto não podemos deixar de ver que existe uma interação entre a memória e a historiografia que impede essa normalização (basta lembrar dos debates entre os historiadores na Alemanha — e também com Friedländer — em torno da normalização do passado nazista), ou seja, não existe historiografia imune à questão aparentemente banal do "ponto de vista". Além disso, a historiografia trabalha em um campo tão infinito quanto o da memória, pois nunca haverá coincidência entre discurso e "fato", uma vez que a nossa visão de mundo sempre determinará nossos discursos e a reconstrução da história. A historiografia contemporânea (como de resto as ditas "ciências humanas" como um todo) tem como característica a necessidade recorrente de revisão dos seus credos "positivistas" — sem os quais, no limite, ela se dissolve —, de reconstrução dos seus métodos e de reavaliação dos seus fins, e isso ocorre em grande parte via incorporação do discurso antes reservado à memória (sendo que esta nunca é puramente "individual", sempre está inserida em um contexto coletivo, e no caso do sobrevivente é — tragicamente — antes de tudo fragmentada e não traduzível). Para o sobrevivente, a vivência pela qual ele passou não pode ser acomodada em contextos; por outro lado, esse aspecto aparentemente trans-histórico do evento (daí se falar de "planeta Auschwitz") passa a integrar de modo essencial, nuclear, a construção da *memória coletiva*. O desafio da historiografia da Shoah (nesse ponto, de modo paradigmático para a historiografia como um todo) é conseguir articular — sempre novamente, sem pretensões e sem a arrogância do historicismo — estes três níveis de registro do passado: o da memória individual, o da memória coletiva e o da historiografia. Como diz Cytrynowicz, a historiografia pode auxiliar no trabalho de memória, na medida em que lhe fornece uma moldura. Por outro lado, a memória simultaneamente serve de tela para a pintura do passado e tende a transbordar a moldura histórica. Lidar com a Shoah ensina-nos que não podemos mais contar com discursos puros, com divisões claras entre "ciência" e "literatura", sem que isso signifique de modo algum uma relativização do "evento" histórico, mas apenas a complexificação do trabalho de registro do passado.

Adrián Cangi analisa os limites da representação da Shoah enfocando a sua abordagem no filme *Shoah*, de Claude Lanzmann. O *Bilverbot* (proibição de imagem) mosaico que parece sustentar esse filme — todo ele baseado em entrevistas e nas imagens dos campos de concentração realizadas mais de 30 anos depois do final da guerra — tem um fundo teórico que afirma a necessidade de se manter a memória via privilégio da palavra e não da imagem. É essa palavra — com todo o teor fantasmagórico que a evolve, mas também com a sua força testemunhal e de reatualização — que deve comandar nossa relação com o passado traumático. As imagens de arquivo, por outro lado, têm — como Serge Daney e Godard já o notaram[11] — uma espécie de "valor de gozo" e abrem para um fascínio antiprodutivo e patológico: para a pura repetição do sempre igual, para a pura *mímesis* sem inteligência e reflexão (diga-se de passagem, típica da paisagem estética pós-moderna).

Citando Primo Levi, Cangi aproxima a dicção lanzmanniana da dicção da prosa. O testemunho, para Levi, não deveria dar-se na língua da lamentação — elegíaca, poderíamos dizer —, mas antes deve ser *sóbria*. Ora, é essa sobriedade prosaica que Walter Benjamin como poucos — antes e após ele — soube prezar. Para ele, a obra literária possui uma figura/marca (*Gestalt*) prosaica, para além do belo e da *mania* platônica, que destrói a falsa aparência e constitui o seu núcleo "intocável". Benjamin afirma que é o teor prosaico/sóbrio da obra, originado na razão mecânica, *mechanische Vernunft*, que — como o "cálculo" de que

Hölderlin nos fala nas suas introduções às traduções de Sófocles — garante a eternidade das obras. Essa teoria da prosa, que aparecera já na sua tese de doutorado de 1919 sobre os românticos alemães Friedrich Schlegel e Novalis,[12] foi posteriormente desenvolvida, no final dos anos 1930, no contexto das notas preparatórias para as suas famosas teses "Sobre o conceito da História". Nessas notas, a prosa tem um valor não apenas de uma filosofia da arte, mas também de uma filosofia (messiânica) da história, pois a prosa seria a língua da compreensão universal, a saber, a língua na qual a *Universalgeschichte*, a História Universal, poderia ser escrita sem trair-se como uma falsa aparência de totalidade, mas sim na qualidade de salvação integral do passado: das suas ruínas e destroços, dos mortos, perdedores e assassinados pela evolução catastrófica do tempo, que costuma denominar-se de "progresso".[13] Essa prosa sóbria que permitiria o relato do passado sem o peso do "histórico" — enquanto "queda" no falatório vazio, no mundo do fetichismo e da alienação —, Benjamin via como uma reativação das forças da narrativa tradicional, daquela narrativa que trançava os fios da experiência (*Erfahrung*, como oposta à vivência, *Erlebnis*) e conectava os indivíduos ao fluxo caudaloso das gerações: "A idéia da prosa coincide com a idéia messiânica da História Universal (os modos da prosa artística como o espectro do histórico universal — no 'Narrador')".[14]

Cangi, ao resgatar essa frase de Levi sobre a prosa da narração, sobre o seu ser não lamentoso, coloca-nos a questão da reativação da tradição narrativa em uma Era pós-Shoah. Em que medida essa palavra simbólica ("anel", para relembrar o que dissemos acima inspirados em Nicolas Abraham), ou palavra/moldura (literalizada por Aharom Appelfeld nas suas ficções que elegem as áreas e épocas adjacentes ao *evento central*), que permite o *enquadre* em uma tradição, foi reativada numa Era onde mais e mais a onipresença de imagens e escritas — ciber-hieróglifos — parece não deixar *nem tempo nem espaço* para a — extensa e silenciosa — fala sóbria do testemunho? Em suma, como se articulam narração e testemunho? Quem narra testemunha o quê: a sua pertença à tradição, o seu tempo e o seu espaço? Quem testemunha narra? Ou será mais verdadeiro afirmar o contrário: o testemunho vem — acontece — no local da narração, para substituí-la? O testemunho, portanto, é muito mais *lacuna* que propriamente moldura, muito mais *índice* do que símbolo? Eu tendo a pensar nessa última alternativa e espero que algumas dessas questões recebam alguma luz nova a partir dos ensaios aqui coligidos.

O texto de *Berta Waldmann* trata da novela *Badheim, 1939* de Aharon Appelfeld (1932), sem dúvida não apenas um dos mais importantes escritores israelenses do pós-guerra, mas também um dos principais autores da literatura de testemunho da Shoah.[15] Para Appelfeld, a "característica principal da literatura de testemunho" é que o sobrevivente,

> ao contar e revelar, está, ao mesmo tempo, escondendo. [...] Essa escrita deve ser lida com precaução, de modo que se veja não apenas o que aí se encontra, mas também, e essencialmente, o que está faltando. O testemunho do sobrevivente é, antes de mais nada, a busca de um alívio; e como ocorre com qualquer carga, aquele que a porta quer se livrar dela o quanto antes".[16]

Se o testemunho apresenta a história de uma *perda*, o essencial não pode ser apresentado de modo direto; o testemunho é a apresentação de um desaparecimento e a sua leitura, a busca de traços que indiquem tal "falta originária". Não há presença originária a ser re-presentada, mas falta, ausência, perda. Daí Appelfeld privilegiar as bordas do evento que para ele é (eticamente) impossível de ser representado pela literatura. Como nota Waldman, essa predileção pelas "bordas do evento" é afirmada tanto em *Badenheim, 1939* (a história de uma cidade-balneário próxima a Viena que se torna uma espécie — surrealista e sinistra — de gueto) como em *Tzili* (uma novela sobre as perambulações de uma jovem judia na Europa Oriental durante a guerra).[17] O mesmo vale para obras como *Al Kol Hapshaim* — na tradução norte-americana, *For every sin*,[18] que narra as aventuras de um sobrevivente pelas florestas da Europa Oriental (repletas de outras figuras como ele) logo após a guerra — ou para o impressionante *To the land of the cattails*, que, contrariamente, se situa no ano de 1938, no limiar da guerra, e descreve a viagem de uma mãe com seu filho que deixam Viena rumo à "origem", ao berço da judeidade na Europa Oriental, e, no final, são confrontados com a realidade da Shoah.[19] O método de Aharon Appelfeld é singular na medida em que ele lança não apenas mão da ficção — por mais autobiográfica que ela seja, como Waldman enfatiza —, mas, mais do que isso, ele tenta retirar a Shoah da esfera — patológica — do mito e do inenarrável. Ele enfrenta o silêncio com uma palavra que tenta traçar o *perfil* do evento: palavra que, sem banalizar a história, permite o diálogo com ela, por mais truncado e problemático que esse diálogo seja. Trazer a Shoah para a esfera da *Alltagsgeschichte* (história do cotidiano) não implica a sua banalização e, pior, a sua normalização. Muito pelo contrário, o que as obras de Appelfeld mostram — no registro da ficção — é que essa passagem para a esfera do cotidiano pode ser também "disruptiva", crítica de uma memória normalizadora que quer não rememorar o passado, mas dissolvê-lo. No caso específico de *Badenheim, 1939*, devemos destacar ainda uma tensão entre liberdade e necessidade, que se resolve no esmagamento da primeira: esse processo manifesta-se na narração no seu tom a um só tempo irônico, como bem o nota Waldman, e também — uma nota acima — absurdo, vale dizer, "kafkianamente" absurdo. A linguagem, sobretudo na sua esfera instrumental-comunicativa, é esmagada sob o peso da História como concretização não de um espírito iluminista libertador, mas sim da sua face violenta — que cobrou em vidas humanas os "progressos da civilização". Nesse sentido, a linguagem kafkiana serve de modelo aos escritores que buscam a dicção e a linguagem mais condizente com o seu testemunho. Nessa linguagem, a literatura abre-se e remonta ao mito, deixa-se penetrar pela sua temporalidade fechada e lógica imperativa, para revelar esses elementos como parte essencial do presente catastrófico.

Essa linguagem tem decerto muito em comum com aquilo que Waldman denomina de *Unheimlich* (estranho, sinistro, não-familiar...) na obra de Appelfeld. Esse termo, Freud analisa-o na sua simbiose com o seu aparente oposto, *Heimlich* (familiar, mas também secreto, oculto), citando a partir do dicionário dos irmãos Grimm, no verbete *Heimlich*: "Do 'familiar/pátrio' [*heimatlich*], 'pertencente à casa' [*häuslich*], desenvolveu-se outra idéia de algo afastado dos olhos de estranhos, algo escondido, secreto [*geheim*]; e essa idéia expande-se de muitos modos".[20] Waldman chama a atenção para o fato de em *Badenheim* (que já tem a raiz "Heim", lar, no seu nome!) a judeidade dos personagens ter algo de *Unheimlich*, ou seja, é algo recalcado, que não é manifestado, mas "ocultado". Poderíamos acrescentar que essa situação marcada pela *Unheimlichkeit* é típica da literatura de testemunho como um todo:

afinal ela tem como sua característica principal, como acabamos de ler na citação acima de Appelfeld, o fato de que, "ao contar e revelar, está[-se], ao mesmo tempo, escondendo". É esse o *double bind* que é insuperável e encenado constantemente por essa escritura do trauma. Ele reverbera e ecoa nas demais aporias também referidas, como a de tentar traçar as fronteiras do que não pode ser desenhado. Como uma criança que brinca de virar e desvirar a meia dobrada que sempre volta à forma inicial de bolsa — uma imagem cara a Benjamin —, também o autor que narra os seus descaminhos o faz para mostrar em que medida seu percurso é não só labiríntico, mas propriamente circular. Assim como o *Heimlich* ao passar para *Unheimlich* apenas aparentemente muda de sentido, da mesma forma a escritura remete ao oculto, no limite, à morte, que continua tão sinistra e estranha ao leitor quanto antes de sua leitura. É evidente que, no caso dos sobreviventes, essa escritura circular — que não permite a exteriorização, cujo "conteúdo latente" é a um só tempo próprio e estranho —, que nasce de uma necessidade de se livrar do fardo da memória, pode ter conseqüências catastróficas.

Nancy Rozenchan apresenta dois poemas do escritor israelense Natan Alterman. Além da tradução desses importantes poemas, a sua leitura descortina uma modalidade peculiar de testemunho de segunda ordem no qual — como Rozenchan mesmo afirma — se percebem de modo claro características do testemunho primário, tais como a fragmentação e a predominância do caos sobre a ordem. Alterman trabalha, por outro lado, de modo extremamente sutil com a intertextualidade, lançando mão tanto da tradição da *Märchen* — os contos de fada — dos irmãos Grimm como também da Bíblia. O primeiro poema analisado — "Lenda sobre crianças que vagaram pelas florestas", de novembro de 1938 — termina afirmando que "A história não tem fim e um anjo não desceu...", e nós sabemos que o anjo da destruição estava então apenas no início do seu trabalho. Por sua vez, apresenta-se no poema "Sobre o menino Abrão" (de abril de 1946) o tema extremamente complexo do sacrifício. É justamente na passagem da prova de Abraão que o termo hebraico "akedá" é tradicionalmente traduzido por "Holocausto":[21] termo utilizado por Elie Wiesel para batizar o genocídio dos judeus perpetrado pelos nazistas. Alterman, ao reverter Abraão em Abrão, na figura de uma criança perseguida pela cena do assassinato de seus pais, reatualiza e redimensiona a noção de sacrifício[22] — que também é pensada na chave da *metamorfose* quando Deus pronuncia as palavras: "Vai-te no caminho noturno de cutelo e sangue/ como um animal, como um verme, como um pássaro". Alterman, como outros autores israelenses das gerações seguintes à sua, tais como Yoram Kaniuk e David Grossman, dá mais uma vez mostras da necessidade do trabalho da memória — e do luto melancólico — também passar pela chave da paródia, da ironia e da alegoria para portar, reportar e transformar o fardo do passado. Nessas figuras da duplicação, da inversão e da desautomatização da semântica convencional, a voz do testemunho conquista um espaço crítico — nos vários sentidos deste termo — essencial para gerar um campo livre para a atuação da ação da palavra: narrativa, mitológica e *logos*.

    O trabalho de *Andrea Lombardi* realiza uma reflexão sobre a Shoah partindo da história bíblica de Caim e Abel. Todo o seu artigo articula-se nessa polaridade que é estendida e ecoada por outras: Moisés e Thot (o pai da escrita, segundo o mito descrito por Platão), Isaac e Ismael e, sobretudo, o que o autor denomina de "cultura greco-cristã" em oposição à "cultura judaica". Esta última, segundo o autor — assumindo uma postura polêmica e consciente dos seus riscos —, seria fruto, no século XX, do anti-semitismo. Lombardi também é ousado em algumas outras teses "fortes": como a que afirma que o genocídio judaico ocorreu *"graças* a [...] indiferença" "da opinião pública ocidental e dos governos aliados". O autor sabe muito bem que está assumindo uma leitura singular dos fatos: e defende justamente o direito a essa singularidade de cada leitura. Para ele, de resto, isso corresponde ao que denomina de tradição da leitura e interpretação infinitas — sem dúvida uma idéia nobre que ele demonstra ativamente em seu texto.

Já Berel Lang destacara uma relação entre a leitura infinita e a Shoah. O que não pode ser confundido aqui é a visão tradicional judaica, que vê a leitura infinita como um *duplo vínculo* entre "o texto" e o seu comentário/leitura talmúdico infinito (que se desdobra na tradução e na paráfrase),[23] e, por outro lado, o relativismo que suspende e elimina do discurso toda e qualquer referencialidade, ou seja, não se pode de modo algum confundir a doutrina judaica da leitura infinita com a visão típica do pós-estruturalismo/pós-modernismo (derivada de uma leitura apresada de Derrida), que prega um inocente idealismo e simplesmente afirma que "só existem versões e nenhuma deve ter privilégio diante da outra"! Esse tipo de relativismo é justamente incompatível com o tratamento de eventos catastróficos em que, ao contrário de uma efemeridade do real, se vive a sua esmagadora presença. Ironicamente, são os conservadores negacionistas que se apresentam ao lado dos "hipermodernos" na sua fúria de destruir o "real". Aprendemos, ao lidar com esses eventos, que o confortável "vale-tudo" pós-moderno, na verdade já não vale mais nada. Estamos fadados — felizmente! — a um pensamento mais complexo que deve levar em conta as aporias e dificuldades do discurso, seja ele mais voltado para o registro da historiografia ou para o da memória. O texto de Andrea Lombardi ensina-nos como atentar para todas essas questões.

O trabalho de *Regina Igel* transporta-nos para uma outra área não menos importante da reflexão sobre a literatura de testemunho: se com Fábio Landa nós havíamos acompanhado o desenvolvimento em Lévinas de uma ética da heteronomia pós-Shoah, com Igel e a sua análise da obra de Ari Chen podemos perceber em que medida essa ética também deve ser compreendida como uma "política de identidade". E mais: as obras que Igel estuda são "de testemunho" de alguém que não atravessou a Shoah pessoalmente, ou seja, trata-se de testemunho "secundário".[24] Ari Chen nasceu em Petrópolis, viveu no Brasil até os 23 anos e em 1952 emigrou para Israel. Sua obra tem como um dos seus eixos um projeto de "'amalgamação' [...] da cultura brasileira com a israelense". Paradigmaticamente, dentro desse projeto de "amalgamação",[25] seus primeiros trabalhos publicados foram *traduzidos* por ele mesmo do português para o hebraico. O outro eixo não deixa de estar intimamente ligado a esse primeiro: a obra dramatúrgica de Ari Chen foi profundamente marcada pela guerra e pela Shoah, sendo que cinco de suas peças (ou seja, mais de um terço delas) tratam desse tema. Em que medida um eixo se liga ao outro é fácil de se compreender: Chen tematiza a destruição da guerra em *O sétimo dia*, como nota Igel, no mesmo momento — no ano de 1967 — em que Antunes Filho estava encenando a peça *Vereda da salvação* de Jorge Andrade. Por mais que nesta peça o drama encenado fosse o do camponês explorado pela violência da sociedade capitalista e ditatorial que possui suas peculiaridades e não pode ser confundido com a memória assombrada do protagonista da peça de Chen (que como que apenas "vive a morte" dos judeus pelos nazistas), ainda assim Igel está certa ao realizar a comparação. Cada peça, a seu modo (uma mais "materialista", a outra com uma solução mais "mágica"), trata das feridas traumáticas do passado e da necessidade (política e subjetiva) de nos confrontarmos com elas. Essa encenação da memória fica também patente na outra peça de Chen analisada por Igel: *Se eu te esquecer, Jerusalém*. Seu protagonista é um soldado que sobreviveu à Segunda Guerra, tendo perdido seus quatro membros, sem capacidade de se expressar: ele é apenas memória — ou, como afirma Ari Chen, "memória do corpo" (memória de um corpo reduzido a um torso e que enluta seus membros!). Também de modo exemplar, na última peça analisada por Igel, o personagem que representa um sobrevivente da Shoah, no final, recobre sua cabeça com as cinzas dos fornos crematórios e diz "Esta é a herança". O tom patético — um fantasma que assombra a literatura de testemunho — não deve ocultar a literalização de uma imagem que surge constantemente em poetas como Paul Celan ou Nelly Sachs (a cinza e a fumaça). A intensidade das emoções que sustentam a literatura de testemunho — mesmo a composta por autores que não vivenciaram o evento de modo direto — determina essa aparente falta estilística. Essa "literatura do limite" — e no limite — redefine a nossa noção de "estilo literário".[26]

Leonardo Senkman realiza em seu ensaio um *tour de force*, levando o seu leitor pelos (des)caminhos de Simja Sneh, um autor infelizmente ainda desconhecido para a maioria do público leitor brasileiro (e argentino!). O percurso de Sneh que Senkman desenha é importante primeiramente porque nos mostra uma modalidade da literatura sobre a Shoah composta por um combatente judeu que participou de três diferentes exércitos — e que viu nos sobreviventes dos campos de concentração um "outro", alguém com quem não podia identificar-se imediatamente ou comunicar. Em segundo lugar, a apresentação da obra de Sneh permite um confronto direto com uma modalidade da memorialística que deve ser posta ao lado (e não apenas empregada como material "primário") da historiografia. Um dos elementos mais impressionantes na estrutura da obra de Sneh — tal como lemos na sua reescritura por Senkman — é justamente o fato de podermos acompanhar os fatos do ponto de vista de um agente histórico que sofreu na pele as ambigüidades, dúvidas, incertezas e a necessidade de tomadas de decisão "no escuro". O *plot* de *Na venad* (*Sem rumo*) — uma obra monumental, publicada em ídiche no diário *Di Presse* de Buenos Aires, em 150 capítulos, entre 1947 e 1952 — transpõe o leitor para a pele de um judeu "sem rumo" em meio a uma Polônia anexada, e que se vê obrigado a fugir e a se engajar nas milícias e exércitos para lutar contra o inimigo nazista. Diferentemente do discurso histórico, além do ponto de vista assumidamente subjetivo e da estrutura narrativa, o autor tenta fugir da perspectiva teleológica. Estar "sem rumo" também quer dizer não saber qual será o final da história. Essa situação de *suspensão*, de expectativa constante, de se perder no caos sem o porto seguro de um *télos*, permite algo que apenas a estrutura narrativa da literatura pode apresentar-nos (e não é de surpreender que a historiografia tenha aprendido muito com a literatura nas últimas décadas). O caminhar sem rumo de Sneh é apresentado também como um caminhar em uma "terra de ninguém", na qual as fronteiras se dissolviam e voltavam a ser construídas a todo momento. O próprio espaço, a geografia, transforma-se e reduz-se a ruínas nesse relato que testemunha o fim, a destruição, de séculos de cultura judaica na Europa Oriental. Essa geografia, que servia de espaço da memória para essa cultura, foi arrasada e aos sobreviventes o "estar sem rumo" era uma conseqüência inevitável. A luta de Sneh na guerra é descaminho, mas também busca de estabelecimento de novos marcos espaço-temporais. Ele testemunha, por exemplo, que, na memória coletiva dos judeus da Brigada Judaica que lutou na Itália, a marcha dos brigadistas pelas ruas de Roma e a passagem pelo arco comemorativo da conquista de Jerusalém no ano 70 assumiram a dimensão de uma vingança — quase dois mil anos deslocada no tempo — da perseguição romana aos judeus sob Titus. Se o autor relata que, diante do encontro dos sobreviventes nos campos de *displaced persons* ao final da guerra, a sua reação às vezes era a de *querer esquecer*, seu longo relato da sua peregrinação indica em que medida esse "esquecimento" precisou passar pelo trabalho da escritura com a sua trama de esquecimento e recordação, passado e presente, perder-se e encontrar-se.

O testimonio *na Hispano-América*

João Camillo Penna abre uma temática essencial e muito ampla que não poderia ficar de modo algum fora desta coletânea. Trata-se da questão do testemunho, tal como ela vem sendo tratada desde o início dos anos 1960 nos países da América Latina. Ela justifica um tratamento relativamente mais extenso da contribuição de Camillo Penna, pois entramos aqui em um outro campo teórico/social. Para tratar desse tema, devemos aplicar aqui nesta introdução o termo *testimonio* para diferenciar esse conceito da teoria do testemunho tal como ela vem sendo elaborada a partir da literatura e arte testemunhal pós-Shoah. Na minha leitura desses dois conceitos, eles partem de objetos tão diversos e de realidades históricas tão distintas que exigem de nossa parte ter em conta essa diferenciação. Por outro lado, as semelhanças entre diversos pontos da teoria do testemunho/*testimonio* não podem ser perdidas de vista. De certo modo, poderíamos dizer que as características fundamentais do testemunho e do *testimonio* são as mesmas: *o diferencial está sobretudo nas abordagens analíticas*. Mas como o leitor é parte essencial do texto — seja ele pensado como leitor-ideal, como público-alvo potencial ou dentro da história da recepção de uma obra —, as modalidades literárias do testemunho da Shoah e do *testimonio* tomam contornos diversos. Minha proposta é a de pensar um denominador comum para esses dois conceitos a partir da noção de "teor testemunhal". Essa noção permite também pensarmos não só um paralelo estrutural e semântico, mas também respeitar uma moldura histórica comum. Afinal, esses conceitos receberam a sua elaboração teórica mais fina a partir do final dos anos 1980. Isso é evidentemente mais do que mera coincidência. Coincidente foi uma espécie de "vácuo" literário e teórico que levou à teorização do testemunho/*testimonio*. Se nos estudos latino-americanos esse período foi marcado por uma busca de um novo tema após o "esgotamento" das perspectivas de leitura abertas pelo *boom* (de literatura latino-americana) na teoria literária européia (sobretudo francesa e alemã) e norte-americana (com destaque para Yale), a noção de testemunho despontou como uma nova possibilidade de articulação entre o histórico e a literatura após décadas de domínio de determinadas modalidades de estruturalismo e pós-estruturalismo. O momento histórico, no entanto, imprimiu seu peso na escolha dos conceitos de testemunho/*testimonio*: a "virada particularista" que se deu então paralelamente ao esfacelamento do bloco comunista significou mais um golpe nas agonizantes "grandes narrativas".

A aporia básica da teoria do testemunho/*testimonio* localiza-se no âmago dessa ascensão do particular em detrimento do momento universal: a narrativa testemunhal é marcada por um *gap* entre evento e discurso. O universal, o simbólico, não pode dar conta do "real". Essa percepção, no entanto, não é evidente na mesma medida na teoria do testemunho e na do *testimonio*. Nesta última resta ainda uma forte influência da tradição de gêneros "clássicos" da representação, tais como a reportagem, a biografia, a hagiografia, a confissão e o testemunho bíblico. É apenas o discurso pós-colonial e articulado dentro da retórica do hibridismo, sobretudo nos Estado Unidos, que irá revelar esse teor não-representacionista da literatura de *testimonio*. Por outro lado, na tradição da reflexão filosófica sobre a Shoah, essa visão do testemunho como tarefa impossível, como fracasso *avant la lettre*, já estava contida no famoso veredicto de Adorno de 1949, aqui já mencionado, que não apenas instituía uma espécie singular de *Bildverbot* em torno de Auschwitz, mas também da possibilidade de compreensão dessa atitude iconoclasta ("Escrever um poema após Auschwitz é um ato de barbárie, e isso corrói até mesmo o conhecimento de porque hoje se tornou impossível escrever poemas").[27] Jean-François Lyotard foi um dos principais propagadores dessa "anestética" (ou estética negativa) adorniana em obras como *Heidegger et "les juifs"* e *L'inhumain*, ambas de 1988. Nelas o indizível é tratado dentro da chave da teoria do sublime:

Ce que l'art peut faire, c'est se porter témoin non du sublime, mais de cette aporie de l'art et de sa douleur. Il ne dit pas pas l'indicible, il dit qu'il ne peut pas le dire. "Aprés Auschwitz". [...] Tout ce que je sais faire, c'est de raconter que je ne sais plus raconter cette histoire.[28]
La grandeur du discours est vraie quand il porte témoignage de l'incomensurabilité de la pensée avec le monde réel.[29]

Na América Latina, o conceito de *testimonio* foi desenvolvido nos países de língua espanhola a partir do início dos anos 1960. Diferentemente do que ocorre na reflexão sobre o testemunho da Shoah na Alemanha, na França ou nos EUA, na Hispano-América passa-se da reflexão sobre a *função testemunhal da literatura* para uma conceitualização de um novo *gênero* literário, a saber, a *literatura de "testimonio"*. A "política da memória", que também marca as discussões em torno da Shoah, possui na América Latina um peso muito mais de política "partidária" do que "cultural": aqui ocorre uma convergência entre política e literatura. Dentro de uma perspectiva de luta de classes, assume-se esse gênero como o mais apto para "representar os esforços revolucionários" dos oprimidos, como afirmou Alfredo Alzugarat.[30] Daí porque Cuba teve um papel-chave na institucionalização desse gênero. Esse país assumiu a liderança de um movimento de revisão da história, que passou a ser recontada a partir do ponto de vista dos excluídos do poder e explorados economicamente. A revista *Casa de las Américas* teve um papel fundamental nesse processo. Foi ela que em 1970 criou o Premio Testimonio Casa de las Américas. O Centro Cultural Casa de las Américas, que havia sido fundado no próprio ano da revolução, 1959, criara uma revista com a função de estabelecer uma "ponte de comunicação com os países irmãos do continente".[31] Numa referência no número 3 da revista (out.-nov., 1960) à escritora brasileira Carolina Maria de Jesus, já encontramos a noção de *testimonio*, ainda que com um valor mais de *testemunho histórico* que de literatura de testemunho. Sua obra é descrita como "*testimonio* social de grande importância para o conhecimento da situação de desamparo e miséria em que vive parte da população brasileira".[32] Nessa época, ainda se pensava o teor testemunhal como praticamente idêntico ao documental. Só aos poucos se foi firmando a noção de um gênero literário. No artigo de Angel Rama, "Diez problemas para el novelista latinoamericano", de 1964, o autor já detecta

> uma forte tendência ao documentarismo, às formas da reportagem quase direta, [...] à literatura testemunhal, à autobiografia mais ou menos encoberta. [...] Devemos notar, contudo — continua Rama —, que essa inclinação para a narrativa autobiográfica e para o documental não são patrimônio exclusivo das revoluções, mas sim [...] de toda mudança social rápida, em todo mundo.[33]

Como Alzugarat recorda, Rama vincula esse romance à produção de cunho documental da descolonização africana, à produção no contexto do pós-Segunda Guerra Mundial e também à da época da Revolução Mexicana e à literatura soviética. Esse *romance testemunhal*, no entanto, é diferenciado, no contexto da teoria do *testimonio*, do *testimonio* como gênero que se institucionalizou em 1970. Nos anos 1970, o governo Allende e a ditadura chilena a partir de 1973 também foram responsáveis pelo estabelecimento do gênero *testimonio* na América Latina. Nas atas do Coloquio sobre la literatura chilena de la resistencia y del exílio, publicadas no nº 112 de janeiro-fevereiro de 1979 na revista da *Casa de las Américas*, encontramos passagens preciosas quanto à definição e historicização do gênero *testimonio*. Jaime Concha, por exemplo, destaca que em Bartolomé de las Casas já se encontra um "testemunho por excelência do drama da conquista" o que significa também que "a função *testimonial* pode coexistir com diversos gêneros, em roupagens e envolturas diferentes".[34] Por outro lado, o autor acrescenta, teria sido apenas a partir do século XIX que o gênero *testimonio* pôde estabelecer-se: com José Marti (1853-1895) que teria escrito "o primeiro *testimonio* em sentido estrito e atual".[35] Para Concha, após 1973 não se pode mais distinguir claramente entre o político e o literário: mas, mesmo pensando assim, ele deixa claro que não se deve confundir o testemunho, enquanto atividade que pode ser encontrada em vários gêneros, e a literatura de *testimonio* propriamente dita. Esta, no entanto, existe apenas no contexto da contra-história, da denúncia e da busca pela justiça. A *verdade* e a *utilidade* são, portanto, fundamentais na concepção de *testimonio* e isso também vale de um modo geral para a *Casa de las Américas*.[36] O regime sandinista na Nicarágua também foi responsável nos anos 1980 por um *boom* de testemunhos naquele país.

Poderíamos, ainda, desenvolver certas categorias mais ou menos constantes dentro da teoria do *testimonio*, tais como a idéia do *testimonio* como uma modalidade de contra-história; a idéia de que o *testimonio* representa a vida não de uma pessoa em particular, mas sim de alguém *exemplar* (que vale *pars pro toto* pela *comunidade*);[37] o maior peso da visão de testemunho como *testis* (ao menos até final dos anos 1980), ou seja, acentuando seu valor jurídico/histórico, o que reduz a presença do *tópos* da indizibilidade; e a questão do *mediador do testemunho* (ou do "gestor"), que complexifica a "voz" testemunhal e traz em si a aporia do "complexo de dominação" do estudioso das culturas latino-americanas. Na medida em que essa literatura muitas vezes apresenta a "voz" de indivíduos analfabetos, essa *transcrição*, essa passagem para a cultura da escrita, já implica uma "redução" e "domesticação" do "outro": de sua voz, do seu corpo-gestual.[38] Mas todos esses pontos são tratados de modo bastante abalizado pelo ensaio de Camillo Penna.

Gostaria apenas de acrescentar algumas observações. Antonio Vera Leon sugere uma idéia particularmente preciosa para pensarmos a questão da transcrição. Segundo ele: "El discurso testimonial sitúa la experiencia del lado del narrador informante y reserva la escritura para el transcriptor, conocedor de los modos autorizados de narrar".[39] Segundo essa divisão de trabalho, o *testimonio* representaria uma forma — um tanto "esquizofrênica" — de restauração da narração em uma Era pós-narração.[40] O "outro" — ou, literalmente falando, o "porta-voz" — seria aquele que porta consigo uma experiência que deve ser narrada, mas que não possui os meios para divulgar (ou, benjaminianamente falando, reproduzir) essa fala. A transcrição seria a tarefa do jornalista/antropólogo que desse modo ganharia (recuperaria?) uma "voz narrativa", mesmo que filtrada por sua escritura.[41] A escritura como técnica reprodutora seria alheia ao *testimonio*, "exterior" a ele, *párergon*, suplemento. Ora, na teoria do testemunho da Shoah, como sugeri acima, não existe esse momento de "reconciliação" com a narração. A escritura é vista não no seu elemento instrumental, mas sim como inscrição que estava desde sempre na base do testemunho: "escritura" que está na sua "origem". A ênfase recai quer no testemunho como *inscrição* de uma vivência traumática (sobretudo nos trabalhos a partir dos anos 1990), quer na noção de testemunho jurídico/histórico (característica do período pós-guerra).

No entanto, diferentemente das abordagens que predominaram na teoria do *testimonio* na América Latina até o final dos anos 1980, agora Camillo Penna pode afirmar em seu ensaio: "não há em Barnet[42] uma ênfase na função referencial (mimética), no que seria uma modalidade ideal de realismo, ou num gênero que reproduziria de forma transparente a verdade do real, e sim numa vocação subjetivante, ou representativa (no sentido político do termo). O que importa aqui é a verdade do sujeito testemunhal compreendido como sujeito coletivo". Essa "verdade do sujeito" é a "sua voz" (uma espécie de nova versão da bela alma rousseauniana que nas suas *Confissões* pretendia expressar sua alma por inteiro através de sua "voz").

A apresentação de Camillo Penna explora justamente a questão do "engajamento solidário" com esse "outro", que é pensado nos estudos latino-americanos (sobretudo nos EUA) como *representante* do "subalterno". Toda uma potente "tropologia" é tecida tendo como vértice a polaridade (vertical) entre o hegemônico e o subalterno (híbrido) para descrever o *testimonio* como contra-discurso. Se é verdade que na teoria do testemunho se tematiza a enunciação como momento de manifestação dos que tiveram sua voz calada (os assassinados e os sobreviventes), por outro lado, não existe essa insistência na verticalização. Esta constitui a maior diferença entre essas duas teorias, tal como elas se vêm desdobrando na década de 1990. Existem, no entanto, várias noções em comum nessas elaborações nascidas da leitura/constituição do testemunho/*testimonio*. Uma delas pode ser pensada com a idéia de escrita "diaspórica". Esta é marcada pelo maior peso do seu teor de *traço escritural*, que apresentaria indexalmente o traço mnemônico da catástrofe. Essa escrita é pura errância. Do meu ponto de vista, é justamente esse discurso decantado dos estudos sobre a memória que é o mais apto a perceber os pontos de encontro (e as diferenças) do (discurso sobre o) testemunho com o (discurso sobre o) *testimonio*. Ele permite pensar o teor testemunhal como uma tal escritura fragmentada, ruinosa, que porta tanto a recordação quanto o esquecimento.

Essa abordagem, a partir dos estudos da memória, também permite uma crítica da visão essencialista da identidade que marca tanto a retórica da subalternidade (paternalista a ponto de perguntar se "o subalterno pode falar?", isto é, se ele saiu da sua infância...), como muitas das análises que enfatizam o elemento híbrido da cultura pós-colonial.[43] Em vez da memória genética — neo-racista —, ela enfatiza a cultura como memória, como combate entre diferentes vozes em torno da narração do passado e estruturação do presente. As narrativas impostas pelos discursos dominantes são reveladas como parte desse combate. Não existe uma topografia simples na qual de um lado estejam os hegemônicos, do outro os subalternos/híbridos. Além disso, em vez de se pôr "para além" da dicotomia ficção–testemunho, a teoria da memória enfatiza a necessidade e impossibilidade de se estabelecer tal distinção. O testemunho não é simplesmente uma manifestação do "pós-literário", mas sim a afirmação da resistência do literário. Não existe narração para além da literatura. Por fim, como Camillo Penna destaca, essa memória (testemunhal) deve ser pensada com auxílio do potente conceito de *trauma* desenvolvido na tradição psicanalítica, que nos apresenta uma memória marcada justamente pelas aporias do testemunho.

A contribuição de *Renato Franco* leva a reflexão sobre o testemunho ao coração da literatura produzida no Brasil nos anos de chumbo de nossa história mais recente, os anos 1970. Essa literatura é lida por Franco dentro da chave do trauma, da catástrofe e do testemunho: a saber, ele reflete sobre a sua tensão entre construção literária, denúncia, luta contra o esquecimento e sobre a própria destruição do indivíduo (autor e ator autônomos — e sua resistência) dentro do sistema ditatorial. A violência que o aparato burocrático-militar aplicou para sufocar toda oposição também bloqueou o movimento de construção de um país mais igualitário, que deveria estender a cidadania para todos e romper com a nossa tradição de concentração da riqueza e dos direitos nas mãos de uma burguesia tacanha e cega às questões sociais. Esse sonho revolucionário — que se manifestou também na intensa produção cultural dos anos 1960 — foi surpreendido e destruído pela ditadura, sobretudo pela sua fase mais obscura, a partir do AI-5, em dezembro de 1968, até 1975, início do processo de "abertura". A eliminação da oposição passava pela tortura e assassinato, pela prisão arbitrária e também pela repressão a toda atividade criativa — a censura impedia o protesto, mas também, ao mesmo tempo, visava apagar os rastros do terror (o cuidado hipócrita em aparentar uma normalidade institucional e jurídica levou ao uso da figura absurda dos "decretos secretos"). Em uma cultura marcada por uma carga de terror e destruição gigantesca como é a brasileira — da "descoberta" do país, passando pela escravidão até o nosso atual estágio de capitalismo globalizado —, esse dispositivo estatal de repressão e censura na verdade é apenas a ponta do *iceberg* de um processo de sistemático bloqueio da memória da repressão e da memória dos oprimidos. Por exemplo, no triângulo da memória de São Paulo, no Parque do Ibirapuera, com o monumento a Cabral, o obelisco de 1932, dedicado a "Martin, Miragaia, Drauzio e Camargo" (MMDC), e a monumental estátua de Brecheret em homenagem aos bandeirantes — que vão a cavalo, seguidos pelos escravos que caminham empurrando um enorme barco —, esse espaço da nossa memória oficial deixa mais do que claro porque podemos falar sem receio que a memória dos explorados é tão violentada quanto essa própria camada da sociedade.[44]

    Renato Franco procura fazer uma "arqueologia literária" com base em uma releitura dos romances dos anos 1970, que ele classifica conforme categorias estéticas — não por acaso amplamente condicionadas pelos fatos políticos. A literatura do período é marcada pela luta política em vários níveis. Esquematicamente, poderíamos destacar essa marca: a) no seu tema; b) na auto-reflexão sobre o papel do escritor enquanto agente político; c) na sua forma: que varia do relato (auto)biográfico, passa pelo estilo reportagem e pela denúncia, chegando a atingir uma literatura caracterizada pela fragmentação e pelo questionamento da narrativa realista segundo os modelos do romance do século XIX. Um dos mitos centrais dessa produção é o da "revolução" que já aparecia em uma grande obra dos anos 1960, o *Quarup*, de Antonio Callado. A epopéia da *Bildung* nacional passaria para toda essa geração de escritores pelo momento epifânico da revolução: um ritual de passagem que representaria um renascimento da nação purificada de suas elites. O golpe militar roubou a sociedade desse mito/sonho fundador, essencial para a sua identidade — que era muitas vezes, e de modo explícito, explorado como a "reinstauração" do "Eldorado", como a sua projeção futura na forma de uma utopia, por assim dizer, tropical-comunista.

    O estudo de Franco deixa claro como a noção de literatura testemunhal não tem nada a ver com um gênero específico, nem pode ser reduzida à apresentação de catástrofes da intensidade da Shoah. O testemunho deve ser visto como um *elemento* da literatura que aparece de modo mais claro em certas manifestações literárias que em outras.

O conceito de testemunho pode permitir uma nova abordagem do fato literário que leva em conta a especificidade do "real" que está na sua base e as modalidades de *marca* e *rastro* que esse "real" imprime na escritura. A literatura expressa o seu *teor testemunhal* de modo mais evidente ao tratar de temas-limite, de situações que marcam e "deformam" tanto a nossa percepção como também a nossa capacidade de expressão. O testemunho alimenta-se, como vimos, da necessidade de narrar e dos limites dessa narração (subjetivos e objetivos, em uma palavra: éticos). Portanto, se é verdade, como afirma Franco, que temos uma "tradição documental" na nossa literatura, não é de se admirar que a nossa resposta literária à ditadura militar se tenha manifestado antes de tudo no seu caráter jornalístico (e o número de jornalistas-escritores nessa produção fala por si mesmo). O romance realista é, sem dúvida, um meio adequado para esse gênero de literatura-denúncia.

Mas essa produção de romances não se limita à denúncia direta. Esse tipo de literatura com um tom quase jurídico é, de resto, típico da produção literária realizada durante e logo após os eventos históricos de ruptura. Isso aconteceu também na literatura sobre a Shoah dos anos 1940 e 1950. É notório que Franco afirme que alguns desses romances de denúncia incorporam uma "metafísica baça" e provocam um efeito de "desrealização"; o mesmo efeito provocado por alguns documentários do pós-guerra, que deixavam uma impressão de irrealidade diante dos fatos apresentados.[45] Essa literatura é de testemunho no seu sentido etimológico de *testis*, terceiro, de necessidade de se ter três testemunhas para se poder dar uma sentença jurídica. Ela quer ser documentária, documento. Mas existe também, como vimos, uma outra etimologia para o termo testemunho: ele também pode ser derivado do termo latino *superstes*, que também quer dizer sobrevivente. A literatura de testemunho como a realizada por alguém que sobreviveu — contrariamente à literatura-denúncia, reportagem — é marcada pela fragmentação e impossibilidade de desenhar um contexto que deveria acomodar o "texto" criptografado na memória do autor (ou da sociedade). O termo "cripta" não é arbitrário aqui: segundo Nicolas Abraham, a memória do trauma vive como que encapsulada em uma cripta, ela não consegue estabelecer relações com o nosso presente, senão por meio de uma hiperliteralidade que não comunica nada, apenas aponta para o evento em si, melhor dizendo, para a ruptura.[46] A memória na cripta é justamente o *(Un)Heimlich*, mistura paradoxal de algo próximo e inacessível, sempre distante. Franco recorda que a personagem principal de *Quatro-olhos*, de R. Pompeu, vive o drama de não conseguir reescrever um livro — *que continha toda a sua vida anterior ao ataque da polícia* que o roubou. Essa incapacidade de inscrição do passado no presente caracteriza esse personagem "cindido" cujo "conteúdo do esquecimento está relacionado à sua própria identidade": se antes o livro preenchia o seu ser e lhe fornecia um pé na realidade, após o evento traumático e a perda do livro, o esquecimento mesmo passou a ocupar aquele lugar e transformou a sua vida em "uma casa desabada", nas palavras do próprio Pompeu citadas por Renato Franco. O esquecimento, o texto na cripta, é o ponto de partida da escritura da literatura de testemunho e nesse sentido essa obra de Pompeu é, de fato, paradigmática.

    Pensar a literatura brasileira a partir da chave do testemunho implica ampliar a "caixa de ferramentas" do leitor e as suas possibilidades de abordar uma literatura saturada de contato com um cotidiano e uma estrutura social violentos e com práticas de exclusão — social e étnica — igualmente aviltantes. Na medida em que a noção de testemunho traz no seu seio o *discurso da memória*, a *teoria do trauma* e reflete primordialmente sobre as *aporias da (re)escritura do "passado"*, podemos com ela explorar essa literatura de modo a dar conta da complexidade dos discursos paralelos e conflitantes presentes na nossa sociedade, sem incorrer na redução do literário ao histórico, no sentido positivista desse termo. Com a noção de testemunho, o discurso da análise literária pode tomar um rumo que permite a revisão crítica de certos conceitos herdados das filologias do século XIX, como a própria noção de "literatura nacional". Se em noções como essa a relação entre autor–obra–leitor era "resolvida" com base em uma instância superior e "objetiva" — uma espécie de Estado-nação que hegelianamente encarnaria o espírito se realizando na história —, com a concepção de testemunho, a análise literária tenta dar conta da superação da Era dos grandes paradigmas universais — que justamente, diante das catástrofes do século XX, se revelaram ocos e baseados em uma antropologia filosófica (pré-psicanalítica) inocente. Pensando-se o teor testemunhal da literatura, a equação sujeito–mundo não é mais resolvida de modo simplista: a balança ora pende para o subjetivo — discurso sobre a memória individual, a autobiografia, a construção do "passado" como reconstrução individual etc. —, ora para o objetivo — o "real" como algo que molda a linguagem e escapa a ela, a memória coletiva como discurso de construção de uma identidade que se dá em uma negociação nos planos político e estético.

    Meu texto sobre "O testemunho: entre a ficção e o 'real'" traz uma reflexão sobre a relação entre a ironia e a literatura de testemunho: testando os limites da ironia romântica e tentando indicar em que grau a literatura de testemunho, que tem um compromisso com certos eventos-limite, nos leva a pensar a necessidade de uma ética da representação. Exponho essa questão sob o signo de uma teoria da tradução que eu denominaria de pós-metafísica, na medida em que está consciente tanto da impossibilidade de dissociação do "real" com as nossas representações lingüísticas como também do *double bind* inerente a todo processo tradutório, isto é, o desejo e necessidade de tradução vinculado à sua impossibilidade, aos seus limites. A literatura não pode ser pensada nem mais como um campo desligado da nossa vida cotidiana e sem efeito sobre ela — como alguns autores ainda insistem em o fazer —, nem tampouco pode ser reduzida a um reflexo da história, como a teoria literária do século XX chegou a sonhar. Com base na análise de três livros, os *Fragmentos* do (pseudo-)Wilkomirski, as *Chansons de Bilitis*, de Pierre Louÿs e do *Jossl Rakowers Wendung zu Gott*, de Zvi Kolitz — um livro que simula ser um testemunho, o outro que se apresenta como uma tradução e o terceiro que foi tomado por um testemunho "primário" à revelia de seu autor —, o artigo aponta para a intrincada tessitura entre *testis* e *superstes* implicados na noção de testemunho e indica como essa noção lança uma outra luz sobre o evento literário e artístico de um modo geral.

O texto, de minha autoria, que fecha esta coletânea procura mostrar em que medida podemos estar pensando a questão do testemunho a partir da teoria da memória e da História de Walter Benjamin. É a esse autor que remonta boa parte das obras teóricas que se dedicam ao tema, sendo que quase se pode estabelecer uma linhagem que vem de suas obras — passa por Adorno, por Lyotard e por outros nomes como Philippe Lacoue-Labarthe, Jean-Luc Nancy, Jacques Derrida e Giorgio

Agamben, para ficarmos apenas com alguns nomes de peso. Também a teoria da narração de Paul Ricoeur e suas importantes reflexões sobre a memória, a história e o esquecimento podem ser lidas a partir de uma chave benjaminiana.[47] No final do meu ensaio, faço uma leitura do filme de Chris Marker, *La Jetée*, que tem obcecado nos últimos anos vários teóricos do cinema e cuja proximidade com a questão do testemunho da Shoah é patente. Com esse filme, Marker, que é diretor de "documentários", deixa claro que o testemunho está além polaridade estanque entre o documentário e a ficção. Ele põe essa dicotomia em movimento, deslocando nossos conceitos herdados e acomodados em "gavetas" organizadas segundo um padrão que há muito não corresponde mais às crises de nosso presente.

Márcio Seligmann-Silva
São Paulo, dezembro de 2001

Apresentação da questão
A literatura do trauma

Márcio Seligmann-Silva

> ... die Narbe der Zeit
> tut sich auf...
> [... a cicatriz do tempo
> abre-se...]
> PAUL CELAN, "Abend der Worte"
> ("Anoitecer das palavras")

Há dois anos, durante os primeiros dias que sucederam ao nosso retorno, estávamos todos, eu creio, tomados por um delírio. Nós queríamos falar, finalmente ser ouvidos. Diziam-nos que a nossa aparência física era suficientemente eloqüente por ela mesma. Mas nós justamente voltávamos, nós trazíamos conosco nossa memória, nossa experiência totalmente viva e nós sentíamos um desejo frenético de a contar tal qual. E desde os primeiros dias, no entanto, parecia-nos impossível preencher a distância que nós descobrimos entre a linguagem de que dispúnhamos e essa experiência que, em sua maior parte, nos ocupávamos ainda em perceber nos nossos corpos. Como nos resignar a não tentar explicar como nós havíamos chegado lá? Nós ainda estávamos lá. E, no entanto, era impossível. Mal começávamos a contar e sufocávamos. A mesmos, aquilo que tínhamos a dizer começava então a parecer inimaginável.[1]

Robert Antelme abre com essas palavras o seu relato sobre a sua experiência nos campos de concentração nazistas que — na qualidade de um dos primeiros — ele redigiu já em 1947. Essa passagem descreve o campo de forças sobre o qual a literatura de testemunho se articula: de um lado, a necessidade premente de narrar a experiência vivida; do outro, a percepção tanto da insuficiência da linguagem diante de fatos (inenarráveis) como também — e com um sentido muito mais trágico — a percepção do caráter inimaginável dos mesmos e da sua conseqüente inverosimilhança. Continuando a passagem acima, Antelme afirma ainda:

> Essa desproporção entre a experiência que nós havíamos vivido e a narração que era possível fazer dela não fez mais que se confirmar em seguida. Nós nos defrontávamos, portanto, com uma dessas realidades que nos levam a dizer que elas ultrapassam a imaginação. Ficou claro então que seria apenas por meio da escolha, ou seja, ainda pela imaginação, que nós poderíamos tentar dizer algo delas.

O testemunho coloca-se desde o início sob o signo da sua simultânea necessidade e impossibilidade. Testemunha-se um excesso de realidade e o próprio testemunho enquanto narração testemunha uma falta: a cisão entre a linguagem e o evento, a impossibilidade de recobrir o vivido (*o "real"*) com o verbal. O dado inimaginável da experiência concentracionária desconstrói o maquinário da linguagem. Essa linguagem entravada, por outro lado, só pode enfrentar o *"real"* equipada com a própria imaginação: por assim dizer, só com a arte a intraduzibilidade pode ser desafiada — mas nunca totalmente submetida.

"Ali onde cessa a filosofia, a poesia tem de começar", afirmou Friedrich Schlegel no limiar do século XIX, criticando justamente a falta de imaginação dos filósofos contemporâneos a ele. Para esse pensador de Iena, a imaginação está no centro do nosso entendimento. Já para a testemunha de um evento-limite, como o assassinato em massa perpetrado pelos nazistas, coloca-se — ou melhor, impõe-se — uma questão incontornável: a "opção" entre a "literalidade" e a "ficção" da narrativa. Nesta encruzilhada, encontramos várias das principais questões que estão na base da literatura de testemunho. Tentemos discutir alguns desses pontos.

O trauma, o real e o inimaginável

Literatura de testemunho é um conceito que, nos últimos anos, tem feito com que muitos teóricos revejam a relação entre a literatura e a "realidade". O conceito de testemunho desloca o "real" para uma área de sombra: testemunha-se, via de regra, algo de excepcional e que exige um relato. Esse relato não é só jornalístico, reportagem, mas é marcado também pelo elemento singular do "real". Em um extremo dessa modalidade testemunhal encontra-se a figura do *mártir* — no sentido de alguém que sofre uma ofensa que pode significar a morte —, termo que vem do grego *mártur* e significa testemunha ou sobrevivente (como o *superstes* latino). Devemos, no entanto, por um lado, manter um conceito aberto da noção de testemunha: não só aquele que viveu um "martírio" pode testemunhar; a literatura sempre tem um teor testemunhal. E, por outro, o "real" é — em certo sentido, e sem incorrer em qualquer modalidade de relativismo — sempre traumático. Pensar sobre a literatura de testemunho implica repensar a nossa visão da História — do fato histórico. Como lemos em Georges Perec — autor de *W ou a memória da infância* — "o indizível não está escondido na escrita, é aquilo que muito antes a desencadeou".[2] A impossibilidade está na raiz da consciência. A linguagem/escrita nasce de um vazio — a cultura, do sufocamento da natureza e o simbólico, de uma reescritura dolorosa do "real" (que é vivido como um trauma).

Aquele que testemunha se relaciona de um modo excepcional com a linguagem: ele desfaz os lacres da linguagem que tentavam encobrir o "indizível" que a sustenta. A linguagem é antes de mais nada o traço — substituto e nunca perfeito e satisfatório — de uma falta, de uma ausência. O mesmo Perec afirma ainda: "sempre irei encontrar, em minha própria repetição, apenas o último reflexo de uma fala ausente na escrita, o escândalo do silêncio deles [os pais de Perec, assassinados pelos nazistas] e do meu silêncio [...]. A lembrança deles está morta na escrita; a escrita é a lembrança de sua morte e a afirmação de minha vida".[3]

A experiência traumática é, para Freud, aquela que não pode ser totalmente assimilada enquanto ocorre. Os exemplos de eventos traumáticos são batalhas e acidentes: o testemunho seria a narração não tanto desses fatos violentos, mas da resistência à compreensão dos mesmos. A linguagem tenta cercar e dar limites àquilo que não foi submetido a uma *forma* no ato da sua recepção. Daí Freud destacar a repetição constante, alucinatória, por parte do "traumatizado" da cena violenta: a história do trauma é a história de um choque violento, mas também de um *desencontro* com o real (em grego, vale lembrar, "trauma" significa ferida). A incapacidade de simbolizar o choque — o acaso que surge com a face da morte e do inimaginável — determina a repetição e a constante "posterioridade", ou seja, a volta *après-coup* da cena.

É interessante notar que Freud desenvolveu o seu conceito de trauma, entre outros textos, em *Para além do princípio do prazer* (1920), um trabalho que inicia com uma reflexão sobre o caráter acidental e excepcional do acidente traumatizante, mas que depois se ocupa em descrever as pulsões estruturais (*Eros* e — sobretudo! — *Tânatos*) com base em termos muito semelhantes. Portanto, a leitura que Walter Benjamin fez desse texto de Freud — no seu ensaio *Sobre alguns temas em Baudelaire* (1939) — e que normalmente é vista como uma apropriação indevida do conceito freudiano de trauma por alargá-lo demais, de certo modo está *in nuce* em Freud.[4] Para Benjamin, o choque é parte integrante da vida moderna: a experiência agora deixa de submeter-se a uma ordem contínua e passa a estruturar-se a partir das inúmeras "interrupções" que constituem o cotidiano moderno.

Evidentemente, na medida em que tratamos da literatura de testemunho escrita a partir de Auschwitz, a questão do trauma assume uma dimensão e uma intensidade inauditas. Ao pensar nessa literatura, redimensionamos a relação entre a linguagem e o real: não podemos mais aceitar o vale-tudo dito pós-moderno que acreditou ter resolvido essa complexa questão ao afirmar simplesmente que "tudo é literatura/ficção". Ao pensarmos Auschwitz, fica claro que mais do que nunca a questão não está na existência ou não da "realidade", mas na nossa capacidade de percebê-la e de simbolizá-la. Saul Friedländer, um dos maiores historiadores da Shoah (catástrofe, em hebraico, termo que prefiro utilizar por não ter as conotações sacrificiais incluídas em Holocausto), resumiu o estado atual das pesquisas sobre esse evento com as palavras: "Três décadas aumentaram o nosso conhecimento dos eventos em si, mas não a nossa compreensão deles. Não possuímos hoje em dia nenhuma perspectiva mais clara, nenhuma compreensão mais profunda do que imediatamente após à guerra".[5] O trabalho de luto que realizamos com relação à Shoah — um trabalho dúbio, fadado a sempre recomeçar, muito mais melancolia que propriamente luto — Friedländer compara ao que Maurice Blanchot denominou de "observação do significado ausente". Portanto, o "paraíso liberal do ceticismo espertalhão" — na expressão de Gertrud Koch — que nega a existência do real (em vez de negar apenas a existência de uma determinação *única* e ontológica do mesmo) serve de guarda-chuva para as idéias dos (in)famosos negacionistas de Auschwitz e simplesmente evita a reflexão sobre o "espaço" entre a linguagem e o "real".

Não é fora de contexto, aliás, recordar que Lacan descreveu a constituição do simbólico como um passo anterior à constituição do "real, na medida em que este constitui o âmbito do que fica fora da simbolização". Para ele, "o que não veio à luz do simbólico aparece no real" (nas palavras de Lacan: "Ce qui n'est pas venu au jour du symbolique, apparaît dans le réel"[6]). O real resiste ao simbólico, contorna-o, ele é negado por este —, mas também reafirmado *ex negativo*. O real manifesta-se na negação: daí a resistência à transposição (tradução) do inimaginável para o registro das palavras; daí também a perversidade do negacionismo que como que "coloca o dedo na ferida" (trauma) do drama da *i*rrepresentabilidade vivido pelo sobrevivente. Este vive a culpa devido à cisão entre a imagem (da cena traumática) e a sua ação, entre a percepção e o conhecimento, à disjunção entre significante e significado.

Primo Levi abriu o seu livro *Os afogados e os sobreviventes* — uma das mais profundas reflexões já escritas sobre o testemunho — lembrando a incredulidade do público de um modo geral diante das primeiras notícias, já em 1942, sobre os campos de extermínio nazistas. E mais, essa rejeição das notícias diante de seu "absurdo" fora prevista pelos próprios perpetradores do genocídio. Estes estavam preocupados em apagar os rastros dos seus atos, mas sabiam que podiam contar com a incredulidade do público diante de barbaridades daquela escala. Levi lembra a fala de um SS aos prisioneiros narrada por Simon Wiesenthal:

> Seja qual for o fim desta guerra, a guerra contra vocês nós ganhamos; ninguém restará para dar testemunho, mas, mesmo que alguém escape, o mundo não lhe dará crédito [...]. Ainda que fiquem algumas provas e sobreviva alguém, as pessoas dirão que os fatos narrados são tão monstruosos que não merecem confiança: dirão que são exageros e propaganda aliada e acreditarão em nós que negaremos tudo, e não em vocês. Nós é que ditaremos a história dos *Lager* [campos de concentração].[7]

Memória e narração

Auschwitz pode ser compreendido como uma das maiores tentativas de "memoricídio" da história. A história do Terceiro *Reich*, para Levi, pode ser "relida como a guerra contra a memória, falsificação orwelliana da memória, falsificação da realidade, negação da realidade". Os sobreviventes e as gerações posteriores defrontam-se a cada dia com a tarefa (no sentido que Fichte e os românticos deram a esse termo: de tarefa infinita) de rememorar a tragédia e enlutar os mortos. Tarefa árdua e ambígua, pois envolve tanto um confronto constante com a catástrofe, com a ferida aberta pelo trauma — e, portanto, envolve a resistência e a superação da negação —, como também visa a um consolo nunca totalmente alcançável.

Aquele que testemunha *sobreviveu* — de modo incompreensível — à morte: ele como que a penetrou. Se o indizível está na base da língua, o sobrevivente é aquele que reencena a criação da língua. Nele a morte — o indizível por excelência, que a toda hora tentamos dizer — recebe novamente o cetro e o império sobre a linguagem. O simbólico e o real são recriados na sua relação de mútua fertilização e exclusão.

A memória — assim como a linguagem, com seus atos falhos, torneios de estilo, silêncios etc. — não existe sem a sua resistência. Elie Wiesel, que resolveu redigir o seu relato testemunhal, *Nuit*, dez anos após a libertação do Campo de Concentração de Auschwitz — portanto, após dez anos de silêncio e de resistência à memória — narra-nos que o seu testemunho nasceu de uma promessa que ele fizera na noite de sua chegada a Auschwitz. "*Jamais je n'oublierai cette nuit, la première nuit de camp qui a fait de ma vie une nuit longue et sept fois verrouillée*", "Nunca me esquecerei dessa noite, a primeira noite do campo que fez da minha vida uma noite longa e sete vezes selada". Como Harald Weinrich nos chama atenção no seu belíssimo livro *Lethe. Kunst und*

Kritik des Vergessens (*Lete. Arte e crítica do esquecimento*), Elie Wiesel utilizou a dupla negativa para a sua promessa — "nunca me esquecerei" — ao invés da forma afirmativa: "vou me lembrar".⁸

A memória só existe ao lado do esquecimento: um complementa e alimenta o outro, um é o fundo sobre o qual o outro se inscreve. Esses conceitos não são simplesmente antípodas, existe uma modalidade do esquecimento — como Nietzsche já o sabia — tão necessária quanto a memória e que é parte desta. O geógrafo Pausânias narra que, na Beócia, o rio do Esquecimento, o Lete, corria ao lado da fonte da Memória, Mnemósina. Segundo os antigos, as almas bebiam do rio Lete para se *livrar* da sua existência anterior e posteriormente reencarnar em um novo corpo (como se lê em Virgílio, *Eneida*, VI, 713-16). Para o sobrevivente, a narração combina memória e esquecimento. Primo Levi afirma em *Os afogados e os sobreviventes* que não sabe se os testemunhos são feitos "por uma espécie de obrigação moral para com os emudecidos ou, então, para nos livrarmos de sua memória: com certeza o fazemos por um impulso forte e duradouro". Jorge Semprún, que foi libertado de Buchenwald em 11 de abril de 1945, compôs o seu testemunho sobre a sua experiência no *Lager* apenas em 1994. A explicação para esse "atraso", esse *après-coup*, está clara no texto: Semprún optara pelo esquecimento. Graças à Lorène, ele narra em *L'écriture ou la vie*, "que não sabia de nada, que nunca soube de nada, eu voltei para a vida. Ou seja, para o esquecimento: a vida era o preço". Antes desse volume, ele só pudera lidar com o seu passado concentracionário no registro da ficção.⁹

Por outro lado, a modalidade da memória da catástrofe tem uma longa tradição no judaísmo — uma cultura marcada pelo pacto de memória entre Deus e seu povo: um não deverá esquecer-se do outro. A religião judaica é antes de mais nada estruturada no culto da memória. Suas principais festas são rituais de rememoração da história (no Pessach, a leitura da Haggadah traz a história do Êxodo com o intuito de *transportar* as gerações posteriores àquele evento; no Purim, recorda-se a salvação dos judeus da perseguição de Haman; no casamento judaico, em um ato de luto, um copo é quebrado para recordar, em meio à comemoração, a destruição do Templo e a impossibilidade de reparo — o *tikkun* na tradição da mística judaica — dessa perda).

A Torá, como é conhecido, é mantido atual graças aos comentários (midrachísticos) daquele texto. O filósofo norte-americano Berel Lang aproximou de modo particularmente feliz a literatura sobre a Shoah e a tradição do comentário bíblico: em ambos os casos, trata-se de uma reatualização, de uma recepção *après-coup* de algo que nunca pode ser totalmente compreendido/traduzido.[10] O comentador, assim como o que compõe seu testemunho, tenta preencher os espaços abertos no texto/história, sabendo que essa tarefa é infinita e, mais importante, com a consciência de que a leitura é perpassada por um engajamento moral, por um compromisso ético com o "original".

A necessidade de testemunhar Auschwitz fica clara se nos lembrarmos dos inúmeros *livros de memória* redigidos logo após aquela tragédia. Os chamados *Yizkor Bikher*, cerca de 400 foram publicados, não são nada mais do que uma continuidade tanto da tradição iconoclasta judaica como da outra face dessa tradição: a da escrita e da narração como meios de manter a memória e o seu meio de sobrevivência, a língua ídiche, que constitui um quadro dessa memória (moldura e tela, onde a memória se decantava). Em um desses livros citados por A. Wieviorka podemos ler: "O livro memorial que irá imortalizar as memórias dos nossos parentes, os judeus de Pshaytsk, servirá, portanto, como um substituto do túmulo. Sempre que nós tomarmos este livro, sentiremos que estamos ao lado do túmulo deles, porque até isso os assassinos negaram a eles".[11] Escritura e morte reencontram-se aqui nos livros de memória, mas agora no sentido oposto ao que vimos acima, ou seja, não mais da morte na base da linguagem, mas sim na medida em que o texto deve manter a memória, a presença dos mortos e dar um túmulo a eles.

Catástrofe e a arte da memória

O texto de testemunho também tem por fim um culto aos mortos. Não por acaso, esse culto está na origem de uma antiqüíssima tradição da arte da memória ou da mnemotécnica (*ars memoriae*). Vale a pena recordar nesse contexto a anedota acerca do poeta Simônides de Ceos (apr. 556-468 a.C.), considerado o pai dessa arte, e que foi narrada, entre outros, por Cícero (*De oratore*, II 86, 352-54), por Quintiliano (11, 2, 11-16) e por La Fontaine. Nessa anedota,[12] Simônides é salvo do desabamento de uma sala de banquete onde se comemorava a vitória do pugilista Skopas. O que nos importa nessa história é o que sucedeu após essa catástrofe. Os parentes das vítimas não conseguiram reconhecer os seus familiares mortos que se encontravam totalmente desfigurados sob as ruínas. Eles recorreram a Simônides — o único sobrevivente — que graças à sua mnemotécnica conseguiu recordar-se de cada participante do banquete, na medida em que recordou do *local* ocupado por eles. A sua memória topográfica procedia conectando cada pessoa a um *locus* (ou *tópos*: daí se ver a mnemotécnica como um procedimento topográfico, como a descrição/criação de uma paisagem mnemônica). A memória topográfica é também antes de mais nada uma memória imagética: na arte da memória conectam-se as idéias que devem ser lembradas a imagens e, por sua vez, essas imagens a locais bem conhecidos. Aquele que se recorda deve poder percorrer essas paisagens mnemônicas descortinando as idéias por detrás das imagens.[13]

Essa anedota que está na origem da tradição clássica da arte da memória deixa entrever de modo claro não apenas a profunda relação entre a memória e o espaço, e portanto notar em que medida a memória é uma arte do *presente*, mas também a relação entre a memória e a catástrofe, entre memória e morte, desabamento. Em português, note-se, fica acentuada a dialética íntima que liga o lembrar ao esquecer, se pensarmos na etimologia latina que deriva o "esquecer" de *cadere*, cair: o desmoronamento apaga a vida, as construções, mas também está na origem das *ruínas* — e das *cicatrizes*. A arte da memória, assim como a literatura de testemunho, é uma arte da leitura de cicatrizes (Georges Perec, aliás, narra na sua obra autobiográfica a importância que ele atribuía a uma cicatriz no seu lábio superior, uma marca de "uma importância capital" que ele nunca tentou dissimular. Outra revelação para nós central no seu livro é um plano de redigir um livro que justamente se deveria chamar *Les lieux* — *Os locais* — "no qual eu tento descrever o devir, no decorrer de 12 anos, de 12 lugares parisienses aos quais, por uma razão ou outra, estou particularmente ligado". Walter Benjamin realizara em parte esse projeto — tendo Berlim como *tópos* — nos seus textos autobiográficos *Infância berlinense* e *Crônica berlinense*).[14]

Estética e ética

Mas voltemos, por último, ao tema inicial da "inimagibilidade" da Shoah, à sua inverosimilhança. Para Aharon Appelfeld — um judeu da Bucovina, local de origem de outros dois escritores centrais na literatura de testemunho, Paul Celan e Dan Pagis —, "tudo o que ocorreu foi tão gigantesco, tão inconcebível, que a própria testemunha se via como uma inventora. O sentimento que a sua experiência não pode ser contada, que ninguém pode entendê-la, talvez seja um dos piores que foram sentidos pelos sobreviventes após a guerra".[15] Já Aristóteles, o primeiro grande teórico da recepção das obras de arte, dizia na sua *poética*: "Deve-se preferir o que é impossível, mas verossímil, ao que é possível, mas não persuasivo" (1460a). E Boileau, no século XVII, escreveu ecoando Aristóteles: "O espírito não se emociona com o que ele não acredita" (*Arte poética*, III, 59). Os primeiros documentários realizados no imediato pós-guerra, extremamente realistas, geravam esse efeito perverso: as imagens eram "reais demais" para serem verdadeiras, elas criavam a sensação de descrédito nos espectadores. A saída para esse problema foi a passagem para o estético: a busca da *voz* correta. A memória da Shoah — e a literatura de testemunho de um modo geral — desconstrói a historiografia tradicional (e também os tradicionais gêneros literários) ao incorporar elementos antes reservados à "ficção". A leitura estética do passado é necessária, pois opõe-se à "musealização" do ocorrido: ela está vinculada a uma modalidade da memória que quer manter o passado ativo *no presente*. Ao invés da tradicional representação, o seu registro é do índice: ela quer *apresentar, expor* o passado, seus fragmentos, ruínas e cicatrizes. Não só na literatura, também nas artes plásticas percebe-se esse percurso em direção ao testemunho, ao trabalho com a memória das catástrofes (lembremos apenas das obras de Cindy Sherman, Anselm Kiefer, Samuel Back, Doris Salcedo e Francis Bacon). As fronteiras entre a estética e a ética tornam-se mais fluídas: testemunha-se o despertar para a realidade da morte. Nesse despertar *na* e *para* a noite — como dizia Walter Benjamin: "a noite salva"[16] —, despertamos antes de mais nada para a nossa culpa, pois nosso compromisso ético estende-se à morte *do outro*, à consciência do fato de que a nossa visão da morte chegou "tarde demais".

1

Reflexões sobre a memória, a história e o esquecimento*

Márcio Seligmann-Silva **

> Schimmelgrün ist das Haus des Vergessens.
> Vor jedem der wehenden Tore blaut dein
> enthaupteter Spielmann.
> Er schlägt dir die Trommel aus Moos und bitterem Schamhaar; mit schwärender Zehe malt er im Sand deine Braue.
> Länger zeichnet er sie, als sie war, und das Rot deiner Lippe.
> Du füllst hier die Urnen und speisest dein Herz.
>
> Paul Celan, "Der Sand aus den Urnen"

---

* Trabalho apresentado no Seminário Internacional Memória e Desaparecimento, organizado pelo Colégio Internacional de Estudos Filosóficos Transdisciplinares na Universidade do Estado do Rio de Janeiro, dias 26 e 27 de agosto de 1999.

** Unicamp

[Verde-mofo é a casa do esquecimento.
Diante de cada porta flutuante azuleja teu cantor decapitado.
Ele faz rufarem para ti os tambores de musgo e amarga vulva; com artelho supurado risca na areia tua sobrancelha.
Desenha-a mais comprida do que era, e o vermelho de teus lábios.
Enches aqui as urnas e degustas teu coração.
"A areia das urnas"][1]

Lembrar de esquecer

A historiografia tal como o século XX a conheceu é uma invenção do século anterior. Pode-se dizer — com Walter Benjamin — que essa historiografia representaria mais um dos sonhos que penetraram o umbral da nossa Era. Ao que tudo indica, estamos despertando desse sonho ou pesadelo — recorrente — do historicismo, que acreditou na possibilidade de se conhecer o passado "tal como ele de fato ocorreu". Não apenas Benjamin foi um dos maiores responsáveis pelo despertar desse sonho e pela sua interpretação, já que Nietzsche no seu texto "Dos usos e desvantagens da história para a vida" ("Von Nutzen und Nachteil der Historie für das Leben") afirmara que "es ist [...] ganz und gar unmöglich, ohne Vergessen überhaupt zu leben" [é totalmente impossível de se viver sem o esquecimento], como também estava convencido de que:

> A alegria, a boa consciência, o ato feliz, a confiança naquilo que vem — tudo isso depende, em cada indivíduo assim como no povo, da existência de uma linha que separe o visível, claro, do que não pode ser clareado e escuro, de que se saiba tanto esquecer na hora certa, como também

que se recorde na hora certa, de que as pessoas sintam com um instinto forte quando é necessário sentir-se de modo histórico ou não-histórico. Essa é a proposição a que o leitor é justamente convidado a observar: *o a-histórico assim como o histórico são igualmente necessários para a saúde de cada indivíduo, de um povo e de uma cultura.*[2]

Benjamin reatualizou essa crítica à presença esmagadora do histórico no seu ensaio "Experiência e pobreza", de 1933. Aí ele não apenas experimentou um elogio ao esquecimento e um "conceito novo e positivo de barbárie" — que nos "impele a partir para frente, a começar de novo" — como também criticou o interior burguês que sufoca seus visitantes pelo excesso de *Spuren*, rastros e marcas. Na transparência da arquitetura de vidro se concretizaria para ele a utopia (negativa?) da nova barbárie. Já no seu conhecido ensaio sobre a obra de arte, ele defendeu a "queda da aura nas obras de arte" — e portanto a superação da tradição — como um "Gewinn an Spiel-Raum" ("ganho em espaço de liberdade", em uma tradução aproximativa).[3] A *verdade* — em Nietzsche e nessas passagens de Benjamin — parece não se encontrar mais na *aletheia* (verdade, em grego), mas sim em Letes, no esquecimento.

Não esquecer de lembrar

Defender como Nietzsche o tempo certo para se esquecer e o tempo certo para se lembrar pode levar à idéia inocente de que podemos controlar nossa memória. A historiografia decerto estaria mais próxima desse modelo: ela — na sua versão moderna — se quer não apenas imparcial e fria, mas também capaz de arquivar *todos* os acontecimentos (e era esse aspecto total da história que Nietzsche visou com sua crítica). O registro da memória é sem dúvida mais seletivo e opera no *double bind* entre lembrança e esquecimento, no tecer e destecer, como o mesmo (?) Benjamin descreveu o trabalho de Penélope da reminiscência. Mas assim como devemos nos "lembrar de esquecer", do mesmo modo *não nos devemos esquecer de lembrar*. Esse mandamento da *memória* — na sua versão judaica (*Zakhor*) ou secularizada via psicanálise — vale também para a *História*. No que tange à dicotomia História e memória, creio que um registro não deve apagar o outro. Nesse sentido, é digno de nota um precioso ensaio de Yosef Yerushalmi, que ele redigiu após o seu conhecido livro *Zakhor. Jewish history and jewish memory*. Nesse ensaio, ele produziu uma espécie de *post-scriptum* a esse seu livro, no intuito de lembrar que, se ele criticara neste último a hipertrofia da historiografia e fizera um elogio da memória coletiva, por outro lado, o dever do historiador nunca foi tão reclamado quanto hoje. Cito essa importante passagem desse grande teórico da memória, notando desde já que dela foi que Vidal-Naquet retirou o nome do seu livro contra o revisionismo:

> A historiografia — ou seja, a história como narração, disciplina ou gênero possuindo as suas regras, suas instituições e os seus procedimentos — não pode [...] substituir-se à memória coletiva nem criar uma tradição alternativa que possa ser partilhada. Mas a dignidade essencial da vocação histórica permanece, e o seu imperativo moral parece-me ter hoje em dia mais urgência do que nunca. No mundo que é o nosso não se trata mais de uma questão de decadência da memória coletiva e de declínio da consciência do passado, mas sim da violação brutal daquilo que a memória ainda pode conservar, da mentira deliberada pela deformação das fontes e dos arquivos, da

invenção de passados recompostos e míticos a serviço de poderes tenebrosos. Contra esses militantes do esquecimento, traficantes de documentos, os assassinos da memória, contra os revisores das enciclopédias e os conspiradores do silêncio, contra aqueles que, para retomar a imagem magnífica de Kundera, podem apagar um homem de uma fotografia para que não fique nada senão seu chapéu, o historiador, apenas o historiador, animado pela paixão austera dos fatos, das provas, dos testemunhos, que são o alimento da sua profissão, pode velar e montar guarda.[4]

A História assume diante da força que a *ars oblivionis* adquire — sobretudo como uma reação aos fatos extremos do nosso século — o caráter de um *tribunal*. Já para Benjamin "Escrever a História quer dizer [...] *citar* a História" (V, 595). As testemunhas são citadas diante do tribunal. Não é casual se recentemente Annette Wieviorka denominou a nossa Era (como Shoshana Felman já o fizera) de *L'ére du témoin;*[5] o *testemunho* surge nos últimos anos com uma força e conquistou uma presença que nos obriga a rever todas as noções herdadas de séculos de teoria poética e dos gêneros. — Yerushalmi chama-nos atenção aqui para um fato que de modo algum diminuiu com a queda do Muro de Berlim. Se o século XIX sofreu de "história demais", a nossa pós-modernidade sofre de "fim da história", de "fim da temporalidade", em suma, parafraseando Vidal-Naquet, ela sofre do "*in*existencialismo". A tarefa da memória deve ser compartilhada tanto em termos na memória individual e coletiva como também pelo registro (acadêmico) da historiografia.

A tarefa (Aufgabe) do tradutor do passado

Pode-se falar em uma *ética da representação* do passado que implica a nossa *dívida* para com ele e para com os mortos. Mas é evidente que não existe a possibilidade de uma tradução total do passado; esse era justamente o credo central do historicismo e do positivismo. Para Benjamin, a apropriação integral do passado só seria possível após uma redenção política e messiânica da História — Borges, enquanto tradutor e nos seus ocasionais textos sobre a tradução, defendeu uma "infidelidade 'criadora e feliz'".[6] Ele estava consciente de que não existe tradução sem o trabalho da imaginação. Como transpor esse raciocínio para o campo da historiografia? Nesse campo da política da memória e da História exige-se uma fidelidade que vá além da fidelidade de leitura. Pode-se exigir essa fidelidade sem um retorno ao mote rankeano? Poder-se-ia aplicar aqui o modelo de tradução (místico) defendido, entre outros, por Benjamin da tradução calcada, palavra a palavra: que implica a destruição do âmbito semântico, gerador de sentido, da linguagem preservando ao mesmo tempo o caráter de *tarefa infinita* da tradução como *des/ encontro* com original? Ou será que deveríamos nos manter na tradição das *belles infidèles,* que na verdade não é nada mais que o modelo historicista que acredita na *traduzibilidade total* do mundo/do passado?[7]

Shoah e a necessidade de reinvenção da historiografia

Como lidar com questões epistemológicas como essas diante de eventos-limite como os genocídios do século XX, como o dos armênios, o dos judeus, o dos tutsis, o dos sinti e roma; ou de eventos como ditaduras com as suas práticas de repressão através da tortura e do "desaparecimento"? Seguindo Benjamin, nesse ponto também, vale afirmar: é nos fenômenos-limite que o pensamento encontra os (des)caminhos/desvios que permitem melhor desdobrar as idéias. Desde meados do século XX — e continuando o percurso de autores que produziram até esse limiar e que por ele foram tragados, como o próprio Walter Benjamin e Maurice Halbwachs — está-se construindo uma *nova ética e estética da historiografia*. As novas formas de "representação" do passado foram modeladas a partir do próprio corte histórico que a Segunda Guerra implicou. Elas podem ser reunidas, grosso modo, sob o signo da nova desconfiança diante das categorias universais. Podemos dizer que a Shoah desfez as últimas certezas quanto à existência de tais universais eternos. Dizer agora *L'espèce humaine* (título do livro-testemunho de Robert Antelme, de 1947) tem um significado nada dignificante. Conceitos iluministas — que estavam na base da historiografia —, como o de progresso e o de ascensão linear da história, também deixam de ter sentido. Em contrapartida, observou-se mais e mais a ascensão do registro da memória — que é fragmentário, calcado na experiência individual e da comunidade, no apego a locais simbólicos e não tem como meta a tradução integral do passado. De resto, com o fim da referência espacial linear forte ocorreu também uma valorização dos *lieux de mémoire*, um movimento presente de Halbwachs e Benjamin até Pierre Nora e em uma série de historiadores contemporâneos. O historiador identifica-se agora tanto com a figura do arqueólogo — que também desempenha um papel forte enquanto uma metáfora do trabalho do psicanalista, como lemos em "Unbehagen in der Kultur" e na análise do romance *Gradiva* de W. Jensen, realizada por Freud — como também assume o papel de cartógrafo que deve (re)traçar a "topografia do terror" (parafraseando o nome da exposição-memorial que se localiza em Berlim nas ruínas do antigo quartel-general da Gestapo).

O pessoal como o universal

No exemplar do prestigiado semanário alemão *Die Zeit* de 12 de abril de 1996, um *dossiê* — apresentado de modo um tanto sensacionalista — lançava a primeira das várias pedras que a obra do historiador Daniel Goldhagen[8] receberia durante aquele ano. A biografia de Goldhagen era resumida em um *box* com o título nada imparcial: "Daniel Jonah Goldhagen: pesquisa também como resposta a questões bem pessoais" ("Forschung auch als Antwort auf ganz persönliche Fragen"). Aí se afirmava que o pai de Goldhagen, Erich Goldhagen, a quem, vale lembrar, o livro é dedicado, é ele mesmo não apenas um pesquisador do Holocausto que leciona em Harvard, como também um judeu da cidade romena de Czernowitz e — *sobretudo* — um sobrevivente da Shoah. "A maioria dos seus parentes foram assassinados pelos nazistas", escreveu, ainda, de modo nada inocente o autor da matéria.

Essa apresentação um tanto maliciosa de Goldhagen não deve ser vista isoladamente, apenas no contexto da polêmica recepção da sua obra (que não está de modo algum isenta de críticas). No nosso contexto, cabe perguntar em que medida, tomando-se Auschwitz como um ponto de referência, essa recepção tem a ver com a *análise da dialética entre a memória e a História enquanto duas modalidades de relação com o passado.* A bem da verdade, essa resposta é simples: tem muito a ver. Antes de mais nada, ela é uma mostra do modo como uma determinada *política da História* atua na construção de uma imagem do passado. Corolário dessa proposição: não existe uma História neutra; nela a memória, enquanto uma categoria abertamente mais afetiva de relacionamento com o passado, intervém e determina em boa parte os seus caminhos. A memória existe no plural: na sociedade dá-se constantemente um embate entre diferentes leituras do passado, entre diferentes formas de "enquadrá-lo".[9] O ponto de vista da referida matéria sobre Goldhagen é cristalino: enquanto judeu filho de um sobrevivente, Goldhagen não teria a credencial da "imparcialidade" requerida para o seu trabalho. Ou seja, afirma-se — tendo em vista a negação da idoneidade intelectual do autor — que a história é o campo da neutralidade, da objetividade, vale dizer, do "universal" e não da "resposta a questões bem pessoais". Nega-se estrategicamente a interação dialética entre memória e historiografia.

Havia nesse caso um *parti pris* evidente contra a tese central do livro que tratava justamente d' *Os executores voluntários de Hitler: alemães comuns e o Holocausto*. Não vou discutir a recepção alemã dessa obra aqui — o que já fiz em outra ocasião[10] —, mas devo recordar ainda que um dos motivos pelos quais o livro de Goldhagen foi combatido foi o seu uso de fontes tradicionalmente desprezadas pelos historiadores da Shoah e que têm a marca indelével do trabalho da memória, tais como os testemunhos dos sobreviventes e a fotografia. Portanto, a visão conservadora que defende a separação estanque entre o trabalho da história e o da memória — divisão essa que nunca pode se dar de modo total — não apenas procura eliminar do campo dos sujeitos da pesquisa os descendentes das vítimas — e porque não eliminar deste campo, Goldhagen se pergunta, os descendentes dos executores? —, mas também procura limitar as fontes aos documentos tradicionais (sobretudo *escritos*) que abririam de modo "objetivo" as portas para a "verdade".

Reflitamos mais sobre a dedicatória do livro de Goldhagen ao seu pai e sobre o seu sugerido envolvimento acientífico com o tema. Um outro historiador conhecido e respeitado, tanto pelos seus trabalhos enquanto helenista como pelos seus escritos sobre a historiografia da Shoah, também dedicou um de seus livros à memória de um parente. Refiro-me a Pierre Vidal-Naquet, que dedicou o seu *Les assassins de la mémoire* (intitulado a partir do belo ensaio de Yosef Yerushalmi acima citado) à memória de sua mãe, nascida em 1907 e assassinada em Auschwitz em 1944, como a própria dedicatória afirma. Vidal-Naquet adianta-se aos seus eventuais críticos e afirma logo nas primeiras páginas do livro: "Eu recuso evidentemente a idéia que um historiador judeu deveria se abster de tratar de certos temas".[11] O que isso quer dizer? Antes de mais nada que *não existe* um sujeito desinteressado no seu tema. No campo da História e sobretudo da História que se debruça sobre o passado mais recente, seria inocente postular a existência de tal esfera de total objetividade. Saul Friedländer, um dos mais eminentes historiadores da Shoah, já afirmara isso no seu famoso debate com o historiador alemão Martin Broszat em 1987.[12] Para ele, contrariamente ao que se passa para Broszat,

> em relação à questão da historicização isso significa, de fato, que para nós, uma espécie de distanciamento puramente científico do passado, ou seja, uma passagem do reino do conhecimento fortemente influenciado pela memória pessoal, para aquele de uma espécie de história "im-

parcial", permanece, na minha opinião, uma ilusão epistemológica e psicológica.[13]

Friedländer percebe a existência de um conflito entre as diversas memórias coletivas — como a dos alemães, dos poloneses e dos judeus — que justamente alimenta a escritura da história. Daí Vidal-Naquet afirmar que a tensão entre história e memória não deve ser dissolvida, mas sim integrada na "história do crime nazista".[14]

Esse ponto é central. A historiografia sobre Auschwitz e a sua metarreflexão têm-nos ensinado a cada dia a impossibilidade de segmentar radicalmente os campos da História e da memória. Nesse sentido, ela é paradigmática. Graças a ela desencadeou-se um processo de revisão crítica dos dogmas centrais da historiografia positivista advindos do século XIX, processo esse que já havia sido iniciado com as obras de eminentes autores, tais como Nietzsche, Bergson, Proust, Joyce, Maurice Halbwachs e Walter Benjamin. Em todos esses autores, acompanhamos uma resistência ao modelo temporal do historicismo. Neles é, antes, preservado o elemento fragmentário da temporalidade, típico do registro pessoal ou coletivo da memória. Para Halbwachs, por exemplo, a História entra em cena com o fim da tradição, no "momento em que se apaga ou se decompõe a memória social".[15] Enquanto o tempo da memória coletiva "é uma corrente de pensamento", a História precisa das esquematizações didáticas, ela divide o tempo para dominá-lo e compreendê-lo. Já Benjamin refletiu tanto sobre a nossa moderna incapacidade de narrar *estórias* em um mundo urbano onde o perigo espreita a cada segundo como também descreveu, e de certo modo incorporou no seu procedimento historiográfico, o princípio proustiano da *mémoire involontaire*, que se deixa guiar não pela continuidade do tempo abstrato vazio, mas sim pelas associações dominadas pelo acaso.

Tanto para Benjamin como para Halbwachs, o preceito historicista da restituição e representação total do passado deve ser posto de lado. Graças ao conceito de memória, eles trabalham não no campo da re-presentação, mas sim da *apresentação* enquanto construção a partir do *presente*. "A lembrança", afirma Halbwachs, "é em larga medida uma reconstrução do passado com ajuda de dados emprestados do presente e, além disso, preparada por outras reconstruções feitas em épocas anteriores e de onde a imagem de outrora se manifestou já bem alterada".[16] Benjamin, por sua vez, afirma que o historiador materialista — ou seja, anti-historicista — deve visar a construção de uma *montagem*: vale dizer, de uma *collage* de escombros e fragmentos de um passado que só existe na sua configuração presente de destroço.[17]

Os debates em torno da historiografia da Shoah desdobram e aprofundam essa teoria da história e da memória que havia sido ensaiada, portanto, já antes da Segunda Guerra Mundial. No campo da Shoah, a própria existência de debates intensos e emocionalmente carregados dá mostras da impossibilidade de se separar História e memória. Vidal-Naquet escreve o seu livro — *Les assassins de la mémoire* — justamente dentro de um desses debates, a saber, criticando as teses dos revisionistas franceses — sobretudo de Faurisson —, que são negacionistas, na medida em que negam a existência das câmaras de gás e também a centralidade da aniquilação dos judeus durante a Segunda Guerra Mundial. Para esses negacionistas, o número de judeus assassinados gira em torno de 200 mil, e não de seis milhões, os judeus são tão culpados pela guerra quanto os alemães, os maiores inimigos não são os nazistas, mas sim a União Soviética e, por último, o genocídio que não houve é apenas propaganda. O registro do revisionismo é o da mentira — portanto, cabe ao historiador restituir a verdade: que para Vidal-Naquet é "indestrutível". Nesse sentido, esse autor encarna uma das posturas aporéticas que caracterizam o debate em torno da historiografia da Shoah: a crítica à tese radical dos negacionistas que simplesmente querem *aniquilar* o fato histórico da Shoah (reduplicando, desse modo, a aniquilação dos judeus) leva, em Vidal-Naquet, a uma solução de compromisso, paradoxal, entre, por um lado, uma historiografia moderna que se abre ao "trabalho da memória" e, por outro, uma historiografia tradicional que, como vimos, nega tal possibilidade e acredita na capacidade de se restituir o passado "por inteiro". Vidal-Naquet procura combinar o trabalho da memória com o da historiografia tradicionalmente positivista e afirma que *no que toca ao genocídio* se está no campo onde vale o mote rankeano do "wie es eigentlich gewesen", "como efetivamente ocorreu". Para ele, a *Introduction aux études historiques* de Charles-Victor Langlois e Charles Seignobos — para muitos, um breviário do positivismo — "não envelheceu de modo algum" quando se trata de "verificar aos fatos".[18] Não obstante, ele admira tanto Proust como o cineasta Claude Lanzmann, diretor do filme *Shoah*, decerto o mais complexo que já foi feito sobre o tema, e que "realiza uma obra histórica ali onde apenas a memória, uma memória de hoje, é chamada para testemunhar".[19] O historiador que transporta os instrumentos desenvolvidos por Proust na sua *Recherche* para a sua "caixa de ferramentas" está ciente tanto de que a memória trabalha no campo da seleção dos eventos — como se selecionam, por exemplo, aqueles que entram ou não em um Panteão nacional — como também que determinados registros da historiografia podem passar para a memória. Heródoto redigiu a sua história "para impedir que o que os homens fizeram no tempo se apague da memória e que as grandes e maravilhosas façanhas realizadas tanto pelos gregos como pelos bárbaros percam renome".[20] O historiador proustiano está convencido tanto de que a memória enriquece a perspectiva da história como também de que — como afirma um Vidal-Naquet mais distanciado do positivismo — "é preciso postular a verdade como Kant postula a coisa em si, sem esperar alcançá-la" (1996, p. 61).[21] Por mais contraditório que isso seja com relação ao credo rankeano que Vidal-Naquet reafirmara, não existe para ele a possibilidade de se separar os "fatos" da "interpretação" (1996, p. 256).

A historicização paradigmática do nazismo

Uma vez que esse corte se deu de modo radical com a Segunda Guerra Mundial — alguns preferem denominar esse período de fim da Segunda Guerra dos Trinta Anos (1914-1945) —, não deixa de ser essencial, no contexto de uma reflexão sobre a História e a memória na contemporaneidade, a análise do debate em torno da "historicização" do próprio período nazista. Não caberia aqui expor esse debate nos seus detalhes. Mas eu gostaria de tratar de um dos seus capítulos centrais; refiro-me ao debate entre Martin Broszat e Saul Friedländer de 1987 acima mencionado. Com ele, eu espero poder pôr em movimento algumas das *aporias* em torno das quais a "tarefa da memória" se movimenta.

Para Martin Broszat, historicizar significa submeter o período nazista — e com ele o genocídio — à *compreensão* histórica, sendo que "compreensão", *Verstehen*, tem para ele o seu significado iluminista, de entendimento com base em uma atitude crítica. Ele opõe essa atitude, que denomina de científica, a uma "memória mítica" (que primeiro atribui aos judeus e, em uma carta posterior, tanto aos judeus quanto aos alemães). O que importa é que para Broszat a *Vergangenheitsbewältigung*, ou seja, o domínio desse passado nazista, passa pela separação entre a historiografia científica e a memória "mítica" (apesar de ele notar "generosamente" que modalidades mitológicas da memória, como a encontrada na literatura, contribuam com *insights* "inteligentes").[22] Contra essa postura arrogante do historiador-cientista, Friedländer propõe o trabalho em conjunto da memória com a historiografia. Segundo ele,

> em relação à questão da historicização isso significa, de fato, que para nós, uma espécie de distanciamento puramente científico do passado, ou seja, uma passagem do reino do conhecimento fortemente influenciado pela memória pessoal, para aquele de uma espécie de história "imparcial", permanece, na minha opinião, uma ilusão epistemológica e psicológica.[23]

Para ele é essencial perguntar-se sobre os *limites* do entendimento histórico.[24] Essa questão é essencial porque transfere o debate, que antes se desdobrava no campo epistemológico e político, para o campo da ética: com o debate sobre a historicização da Shoah debate-se também uma nova ética da representação. Quem fala em ética fala em limite, fala em fronteiras que devem ser respeitadas — não por uma deficiência técnica da parte do historiador, mas sim devido a uma reflexão sobre o significado da "representação total do passado nazista". Uma tal representação, segundo o que vimos acima, não é mais do que a *ilusão* dessa representação total. Respeitar esses limites dos quais Friedländer fala implica, na verdade, respeitar a *diferença* entre o passado e sua atualização; implica perceber que a historiografia é apenas uma (re)inscrição do passado e não o seu texto "original". Mesmo em termos da história da estética, esse respeito aos limites da representação possui implicações profundas.

A ética da representação histórica força a historiografia a repensar a sua frágil independência com relação à política e, mais especificamente, à *política da memória*. Tanto Broszat quanto Friedländer insistem ao longo da troca de cartas que a diferença de ambos é antes de mais nada uma *diferença de perspectiva*. Da *perspectiva* de Broszat, o domínio total do passado nazista é desejável: apenas desse modo, eu acrescento, a Alemanha poderá assumir uma identidade imaculada — e o papel geopolítico que lhe cabe. *Apenas da perspectiva das vítimas*, Broszat afirma, a passividade dos alemães diante do governo de Hitler significa que eles eram cúmplices do sistema, ou seja, Broszat desconsidera a questão central do apoio tácito do povo alemão ao governo via *mise en perspective* (ele inclui essa sua atitude como parte da "justiça histórica": cabe perguntar qual justiça é essa...). Daí também ele apoiar a aplicação da *Alltagsgeschichte*, a história do cotidiano, para essa compreensão do período nazista: assim, ele mesmo o afirma, via uma observação "em primeiríssimo plano" do passado, poder-se-ia *levantar as barreiras* que retiram o nazismo do curso da História.[25] Nessa integração do nazismo na História nacional — desejada também pelos revisionistas alemães A. Hillgruber e E. Nolte —, se deveriam descrever de modo "plástico" os casos ainda que raros de resistência corajosa ao regime.

Friedländer responde a esse raciocínio destacando — entre vários pontos de que eu não poderei tratar aqui — que assumir o ponto de vista da História do cotidiano pode implicar também um *"shift of focus"* mais profundo que, no limite, levaria a uma relativização do período nazista. Para Friedländer *não existe a esfera "apolítica" da vida cotidiana* que a história do cotidiano deveria — para Broszat — recuperar. Aqui a ética penetra mais longe na discussão, pois para Friedländer a alegada ignorância da maioria dos alemães quanto às atrocidades nazistas não corresponde à realidade. Assim como a historiografia é abalada pela ética — e se volta para certas modalidades da memória —, do mesmo modo, na compreensão do nazismo é fundamental saber se havia essa consciência, se aqueles que realizaram o "mal absoluto" estavam sabendo o que faziam, assim como o resto da sociedade.[26] Em segundo lugar, Friedländer critica o *prazer estético* contido no modelo historiográfico de Broszat. Também nesse ponto, a historiografia deve aprender com essa discussão. Ela deve saber adequar a sua "voz" ao seu objeto. Friedländer afirma com razão que o historiador deve ater-se ao máximo ao documento para não incorrer no *obsceno*. O historiador deve evitar a *visualização* e a *descrição*. Essa é a (anti)estética da narrativa historiográfica que deverá introduzir um *"new style"* ainda não encontrado: haurido a partir da ética da representação. Ressaltar a normalidade — como Broszat o quer — implicaria uma falsa *total presentation* e, mais ainda, imporia uma continuidade: o que vai contra o *focus* das vítimas. Na verdade, a historiografia do nazismo e, mais especificamente, da Shoah encontram-se diante do desafio de criar vasos comunicantes tanto entre os diferentes *foci* dos envolvidos na história como também de dar conta de uma memória que resguarde tanto a *singularidade* do evento quanto a *continuidade* histórica que ele significou.[27] A aproximação do fenômeno não deve apagar os seus traços distintivos: a distância certa é aquela que permite guardar a força única contida em cada documento da barbárie. Justamente esses desafios é que determinam o caráter de tarefa infinita da historiografia da Shoah e, a rigor, de qualquer tentativa de lidar com o passado: toda escritura do passado, eu repito, é uma (re)inscrição penosa e nunca total.

Perlaboração sem fim ou o historiador como catador de trapos

O historiador Dominick LaCapra comparou o ideal de "domínio do passado" — que permeia as idéias de Broszat — ao fantasma do domínio total do passado.[28] Ele, por sua vez, defende uma historiografia iluminista, mas arejada pela psicanálise, que une o trabalho da memória — que para ele é mais "emocional" — ao da História, que é mais crítico e que visaria um *work through*, ou seja, uma perlaboração (*Durcharbeiten*, em termos freudianos) do passado. Ele nega tanto a postura positivista, que separa de modo rígido memória e História, como também descarta a absolutização da memória em detrimento da História. A sua postura psicanalítica que vê no confronto com a História um processo paralelo ao de uma perlaboração do trauma — sem, no entanto confundir a filo- com a ontogênese,[29] ou seja, o trauma estrutural com o histórico — já vem sendo discutida desde o início dos anos 1990, entre outros por autores como Cathy Caruth, Shoshana Felman — insistentemente criticada por LaCapra em vários artigos do seu livro — e Geoffrey Hartman.

Relacionar o nosso passado histórico com o trauma implica tratar desse passado de um modo mais complexo que o tradicional: ele passa a ser visto não mais como um objeto do qual podemos simplesmente nos apoderar e dominar, antes essa dominação é recíproca. O trabalho da história e da memória deve levar em conta tanto a necessidade de se "trabalhar" o passado, pois as nossas identidades dependem disso, como também o quanto esse confronto com o passado é difícil. Se Nietzsche criticou o modelo da historiografia do século XIX por pecar pelo "excesso" de história/memória, vale nos perguntarmos em que medida esse movimento do historicismo — que tanto lhe incomodou —, no sentido de cartografar a totalidade da História, não seria uma resposta patológica à impossibilidade de "trabalhar" — *durcharbeiten* — e introjetar esse passado. Mas a resposta ao historicismo não deve ser de modo algum o elogio leviano do esquecimento puro e simples. Se é verdade que no campo da memória atua a seleção dos momentos do passado e não o seu total arquivamento, ou seja, a memória só existe ao lado do esquecimento, por outro lado, cabe ao historiador — assim como individualmente a cada um de nós — não negar ou denegar os fatos do passado, mesmo os mais catastróficos. Como na figura do catador de trapos que Benjamin identificava com a do historiador: devemos salvar os cacos do passado sem distinguir os mais valiosos dos aparentemente sem valor; a felicidade do catador-colecionador advém de sua capacidade de reordenação salvadora desses materiais abandonados pela humanidade carregada pelo "progresso" no seu caminhar cego.

Testemunho e os traços da Shoah

Se cada vez mais a realidade é vista como traumática e a psicanálise determina o nosso modo de ver o "armazenamento" do passado — como uma *inscrição* que sempre é lida *après-coup* —, nem por isso devemos acreditar na possibilidade de se entrecruzar sem precauções o trauma estrutural ontogenético com o trauma histórico, filogenético.[30] Mas talvez não seja ousado demais afirmar que a denegação (*Verneinung*), e com mais razão a recusa (*Verleugnung*) enquanto mecanismo patológico, tem a sua contraparte no negacionismo dos assassinatos, tal como ocorre entre os revisionistas e negacionistas da Shoah. Eles querem seja minimizar o papel das atrocidades — substituindo e deslocando o seu local —, seja negar a sua existência. Esse procedimento retraduz em vários níveis uma série de mecanismos implícitos ao trauma que estão implicados na impossibilidade da perlaboração total do mesmo. Em segundo lugar, ele repete o assassinato das vítimas ao negar que o fato tenha alguma vez ocorrido. O apagamento da memória — e com ela, da responsabilidade — é parte integrante de muitos assassinatos em massa. No caso específico da Shoah, como Himmler afirmou no seu famoso discurso de Posen, o genocídio dos judeus seria uma "*página de glória não escrita e que nunca deveria ser escrita*": ou seja, encontrava-se no cerne da empreitada nazista de aniquilação dos judeus o ato de apagar qualquer *traço* desse assassinato. No século dos genocídios, a Era dos grandes feitos heróicos foi deixada de lado. Se a memória — e a história — só existe graças à nossa capacidade de (re)inscrever os traços deixados pelo passado, os nazistas — sobretudo com o recurso às câmaras de gás e aos crematórios — tentaram arrancar uma página da história. Eles eliminaram o traço por excelência do crime, os cadáveres.[31] Já o genocídio dos armênios perpetrado pelos turcos em 1915 foi marcado pelo negacionismo por parte dos assassinos. Também a Alemanha — que deu um apoio logístico essencial para esse genocídio — até hoje não reconheceu oficialmente essa cumplicidade.

Devido à ausência de traços e de cadáveres no evento da Shoah tanto o historiador como aquele que quer rememorar o genocídio encontram-se diante de uma tarefa nada fácil. Uma das tentativas mais importantes no pós-guerra de restituir um corpo e, portanto, um traço aos mortos é representada pelos assim chamados *Yizkerbikher*, livros da memória, em ídiche. Esses livros são fruto tanto da tradição memorialista do *Memorbukh*, o livro que guardava a história dos martírios de cada comunidade judaica — como os ocorridos nas Cruzadas —, como também dão continuidade ao trabalho de historiadores judeus poloneses desenvolvido desde a Primeira Guerra Mundial.[32] Existem cerca de 400 desses livros da memória publicados. Eles envolvem tanto uma narração, muitas vezes idealizada, da vida da comunidade anterior ao *dritter hurbn*, a destruição do Terceiro Templo, isto é, da cultura ídiche da Europa Oriental, como também uma lista dos nomes dos assassinados. Essas obras transformam o passado perdido em traços de uma escritura que tem o valor de cemitério para aqueles que não puderam ser enterrados. Elas constituem uma modalidade do testemunho que ainda deve ser mais visitada e estudada na medida em que tentam substituir os *cadres de la mémoire* agora praticamente inexistentes na Europa Oriental: elas servem de moldura para uma realidade que foi esmagada pela máquina de guerra nazista.

Annette Wieviorka, no seu livro sintomaticamente denominado *L'ére du témoin*, analisa tanto esses livros da memória judeo-poloneses como traça um complexo quadro do testemunho em torno da Shoah. Com efeito, se a historiografia no seu modelo historicista encontra cada vez menos espaço na nossa sociedade, por outro lado, a memória enquanto uma modalidade mais emocional, etnológica, vale dizer, politicamente correta, ocupa mais e mais esse espaço deixado vazio pela historiografia tradicional.³³ É contra esse movimento que Yerushalmi volta a sua crítica na passagem que lemos acima. Ele contesta o monopólio do passado pela memória, mas não nega de modo algum, muito pelo contrário, o seu valor e mesmo a sua centralidade. Se Annette Wieviorka fala de uma "era do testemunho", a partir do seu estudo da história dos testemunhos da Shoah, é porque esse evento encontra-se no centro da construção de uma nova modalidade de relação com o passado que revoluciona, a um só tempo, as modalidades tradicionais da memória e da historiografia. O testemunho é o vetor dessa nova "disciplina". Nele, de um modo característico para a nossa pós-modernidade, o universal reside no mais fragmentário. Não há mais espaço para as verdades eternas ou para leis universais — transculturais e a-históricas. O estudo das várias ondas de testemunho da Shoah dos primeiros escritos até a fundação dos arquivos de vídeo — e sobretudo a brilhante análise do julgamento de Eichmann, no governo de Ben Gurion, levado a cabo pelo juiz Gidéon Hausner ao modo de um *espetáculo testemunhal* que praticamente deslanchou a onda de testemunhos incessante e crescente desde então — faz da obra de Wieviorka uma fonte imprescindível para uma reflexão sobre o estatuto do testemunho não apenas dentro da história/memória da Shoah.

    Como a autora afirma, "a história ideal — irrealizável por ser, ao mesmo tempo, insuportável e longa demais — seria a narração individualizada de seis milhões de mortos".³⁴ Essa história, na verdade, seria uma memória total da Shoah, ou antes, a superação da dicotomia entre o individual e o universal, típico do registro frio, exato e totalizante da historiografia. Mas a memória não pode ser confundida com a realidade: esta não pode ser totalmente recoberta por aquela. Borges no seu conto-tratado, "Del rigor de la ciencia", narra a história dos geógrafos de um reinado antigo que, no afã de realizar o mapa perfeito encomendado pelo imperador, fizeram uma cópia calcada do império, cópia essa que, não é necessário lembrar, é inútil.[35]

Uma nova arte da memória

Pontuemos rapidamente alguns desdobramentos dessas aporias da representação. O *Bildverbot*, a proibição da imagem (mosaica) que está na base do *new style* da historiografia, é o mesmo que serviu de armação para uma das obras mais importantes que já foram feitas a partir da memória da Shoah, a saber o filme homônimo de Claude Lanzmann; um filme que, nas palavras de Vidal-Naquet, fez uma obra de história a partir de dados da memória, a saber *do testemunho*. Ele é um filme centrado na *palavra* e que se recusa a mostrar as imagens dos documentários. A imagem da barbárie deve surgir no espectador *como fruto da sua passagem pela voz*, pelo *gesto* — e pela visão dos *escombros e ruínas* dos campos de concentração. Como o próprio Lanzmann afirma, seu filme não é documentário no sentido *tradicional* e *estreito* desse termo:[36] porque várias cenas seguem o modelo do cinema de ficção e não existe (re)escritura efetiva sem o trabalho da *imaginação*; mas ele não é tampouco uma simples ficção ilusionista sobre o Holocausto. Ele recusa uma estética que não seja ela mesma ética. Já no início dos anos 1960, Jacques Rivette, em um artigo chamado "De l'abjection", fez uma crítica a um *travelling* do filme *Kapò* de Gillo Pontecorvo que enquadrava a personagem Riva se suicidando na cerca do campo de concentração.

> Voyez cependant, dans Kapò — escreveu Rivette —, le plan où Riva se suicide, en se jetant sur les barbelés électrifiés: l'homme qui décide, à ce moment, de faire un travelling avant pour recadrer le cadavre en contre-plongée, en prenant soin d'inscrire exactement la main levée dans un angle de son cadrage final, cet homme n'a droit qu'au plus profond mépris.[37]

O que é questionado aqui é uma determinada estetização da catástrofe. "Pas de fiction aprés [le film *Nuit et Brouillard* de] Resnais", afirmou Serge Daney, inspirado nesse artigo de Rivette e reciclando o famoso *dictum* de Adorno. A metáfora fica bloqueada diante da manifestação do mal absoluto e da morte em um grau até então desconhecido; em vez da comparação a linguagem tende para uma *literalidade* paradoxal, para uma manifestação, muitas vezes crua, do "real" como que "não simbolizado". O cinema que trabalha com a memória — de um Alain Resnais, de Marcel Ophuls, de Chris Marker e de Claude Lanzmann — trabalha no registro ambíguo do hieróglifo e não da imagem pura: essas servem apenas para a publicidade ou para o "porno-concentracionário" (na expressão de S. Daney). Já Lessing no século XVIII, tinha consciência da necessidade de um *limite* para a representação do *abjeto* sem o qual a obra deixa de ser obra de arte.[38] O cineasta e o artista da memória — pensemos também nas (anti-)obras do casal Gerz, nas de Anselm Kiefer, nas de Horst Hoheisel, na obra que Nuno Ramos fez em memória dos 111 prisioneiros massacrados a 2 de outubro de 1992 na Casa de Detenção de São Paulo e na sua obra sobre o Campo de Concentração del Olimpo, que fará parte do Parque da Memória em Buenos Aires; nas variações em torno de *the missing house*, em Berlim, de autoria de Boltanski[39] — querem mostrar não apenas os *traços* do passado, mas a *impossibilidade* de reinscrevê-los de modo total. A memória é tão necessária e impossível quanto o esquecimento. *Ceder à ilusão da representação total do passado* — como no filme *Lista de Schindler* — *significa apagá-lo de um modo muito mais efetivo*. Daí Friedländer propor um "limite" para a representação, a saber, uma passagem do registro tradicional da representação para o da apresentação (*Darstellung*) e (re)inscrição *no presente*. Não se trata de impor um limite à pesquisa histórica, mas sim de refletir sobre a sua apresentação como um momento essencial e que está comprometido com diversos níveis de significado (político, ético, científico etc.).

No caso específico da América Latina

I   A figura do *desaparecido* torna essas manifestações políticas de e da memória ainda mais difíceis. Essa prática destrói qualquer possibilidade de luto ligado a um determinado espaço, ela quebra o *cadre de la mémoire*.

II Essas culturas marcadas ainda pela prática mista da *tradição oral ao lado da escrita* foram tomadas de assalto pela colonização pela via tecnológica com a sua característica onipresença de *imagens*. Como isso se manifesta na dificuldade de manter o passado ativo no presente? Em vez de uma herança viva, os traumas do passado são considerados "superados", uma vez tendo sido devidamente *expostos/cultuados* na mídia. Sobretudo a televisão possui esse poder de concretizar — no espaço exíguo da tela brilhante do televisor, mas também nas mentes dos telespectadores — a falsa realização das utopias que leva de roldão o passa-

	do, as culpas, responsabilidades e, desse modo, a própria seiva que poderia levar a um movimento civil que deveria lutar, por exemplo, pelo esclarecimento do paradeiro dos desaparecidos.
III	Mais de 20 anos de Anistia no Brasil: isso equivale a 20 anos de amnésia? Na Argentina, a Lei "del Punto Final", (nº 23.492, dezembro de 1986), que limitou o período de acusação dos envolvidos na repressão militar a apenas 60 dias, teve as suas drásticas conseqüências radicalizadas com a "Ley de Obediencia Debida" (setembro de 1987) que isentou de culpa todos os militares inferiores ao general de brigada. Essa lei tornou legítimos o seqüestro, o fazer desaparecer, a tortura e até o assassinato. Não é preciso recordar que Menem deu o último passo nessa trilha do apagamento da culpa — da história — e da justiça ao decretar o indulto aos generais.[40] E no Brasil: a relação entre o apagamento e esquecimento das atrocidades cometidas durante a ditadura militar e a impunidade não é menos gritante.
IV	Como operou/opera a *censura* no seu trabalho de estancar a livre circulação de idéias e qual seu efeito sobre a "decantação" da memória e da história? A poesia e a música engajadas de resistência ao regime constituem um patrimônio mnemônico que, ao menos no Brasil, foi despido da sua carga política inicial.
V	E finalmente: como a memória pode "lançar raízes" em um país como o Brasil que reconhecidamente "não tem justiça", onde não se incriminam os assassinos, onde os crimes são abandonados na "lata de lixo da história"? Os torturadores continuam impunes graças à anistia que apenas oficializou,

nesse caso, a cumplicidade do sistema judiciário. Como alguns deles declararam em uma reportagem na revista *Veja* (nº 49, 9 de dezembro de 1998), eles não apenas preferem esquecer esse passado, *apagá-lo da memória e da história*, como também alguns se orgulham de ter torturado com técnicas que não deixavam marcas nos corpos das vítimas. O que eles não deixaram escrito no corpo dessas pessoas foi, no entanto, escrito a ferro e fogo na carne da sociedade. As cicatrizes e feridas deixadas expostas na América Latina são as marcas de um trauma. Esses traços podem ser lidos por nós se não nos deixarmos ofuscar pelos holofotes brilhantes de uma sociedade toda "fascinada" pela mídia. Afinal, como Paul Celan bem o sabia: "Ninguém nos corta a palavra da parede-do-coração".[41]

Referências bibliográficas

BALLINGER, P. "The culture of survivors. Post-traumatic stress disorder and traumatic memory", *History & Memory*, vol. 10, nº 1, spring, 1998, pp. 99-132.

BENJAMIN, W. *Gesammelte Schriften*. R. Tiedemann e H. Schweppenhäuser(orgs.). Frankfurt a. M.: Suhkamp, 7 vols., 1972.

BOYARIN, J. e KUGELMAS, J. *From a ruined garden. The memorial books of polish jewry*. Nova Iorque: Schocken Books, 1983.

CARUTH, C. (org.). *Trauma. Explorations in memory*. Baltimore, Londres: Johns Hopkins University Press, 1995.

CELAN, P. *Gesammelte Werke*. B. Allemann e S. Reichert (orgs.). Frankfurt a. M.: Suhrkamp, 1983.

COSTA, W. C. Borges, o original da tradução, manuscrito inédito.

CUAU, B. (e outros). *Au sujet de Shoah*. Paris: Belin, 1990.

DANEY, S. "Le travelling de Kapo", *Trafic*, nº 4, automne, 1992.

DERRIDA, J. "zu 'Between the Lines'", in D. Liebeskind, *Radix-Matrix. Architekturen und Schriften*. Munique, Nova Iorque: Prestel, 1994.

_____. *Demeure. Maurice Blanchot*. Paris: Galilée, 1998.

FARIÑA, J. J. "Aspectos psicosociales de la amnesia/amnistía en Argentina. Los tres tiempos de la exculpación", in H. Riquelme (org.), *Otras realidades, otras vías de acceso. Psicología y psiquiatría transcultural en América Latina*. Caracas: Editorial Nueva Sociedad, 1992.

FELMAN, S. "The return of the voice: Claude Lanzmann's *Shoah*", in D. Laub e S. Felman (orgs.), *Testimony: literature, psychoanalysis, history*. Londres: Routledge, 1991.

FRIEDLÄNDER, S. *Reflections of nazism: an essay on kitsch and death*. Bloomington: Indiana University Press, 1991.

_____. (org.). *Probing the limits of representation. Nazism and the final solution*. Cambridge, Londres: Harvard UP, 1992.

_____. e BROSZAT, M. "A controversy about the historicization of national socialism", in P. Baldwin (ed.), *Reworking the past. Hitler, the Holocaust and the historians*. Boston: Beacon Press, 1990.

GERZ, J. *La question secrète*. Arles: Actes du Sud, 1996.

_____. *2146 Steine: Mahnmal gegen Rassismus — Saarbrücken*. Stuttgart: Verlag Gerd Hätje, 1992.

_____ e E. SHALEV-GERZ. *Das Hamburger Mahnmal gegen Faschismus*. Hamburgo: Gerd Hatje, 1994.

HABERMAS, J. "Sobre o emprego público da História", in *A constelação pós-nacional. Ensaios políticos*. Trad. M. Seligmann-Silva. São Paulo: Littera Mundi, 2001.

HALBWACHS, M. *A memória coletiva*. São Paulo: Vértice, 1990.

HARTOG, F. *Le mirroir d'Hérodote. Essai sur la représentation de l'autre*. Paris: Gallimard, 1991.

HOHEISEL, HORST, KNITZ, ANDREAS. *Zermahlene Geschichte. Kunst als Umweg*. Weimar: Thüringisches Hauptstaatsarchiv, 1999.

_____. *Aschrottbrunnen*. Frankfurt a. M.: Fritz Bauer Institut, 1998.

JAY, M. "Songs of experience: reflections on the debate over *Alltagsgeschichte*", in *Cultural semantics: keywords of our time*. Amherst: University of Massachusetts Press, 1998.

KOCH, G. "Der Engel des Vergessens und die Black Box der Faktizitat: Zur Gedachtniskonstruktion in Claude Lanzmanns Film Shoah", in Haverkamp-Anselm, Lachmann-Renate, Herzog-Reinhart (orgs.), *Memoria: Vergessen und Erinnern*. Munique: Fink, 1993.

LaCapra, D. *History and memory after Auschwitz*. Ithaca, Londres: Cornell U. Press, 1998.

Lessing, G. E. *Laocoonte, ou sobre as fronteiras da poesia e da pintura*. Trad., intr. e notas M. Seligmann-Silva. São Paulo: Iluminuras, 1998.

Libeskind, D. *Museum ohne Ausgang. Felix-Nussbaum-Haus, Osnabrück*. Berlim: Aedes, 1997.

_____. *Jüdisches Museum Berlin*. Amsterdã, Dresden: Verlag der Kunst, 1999.

Motzkin, G. "Memory and cultural translation", in S. Budick e W. Iser (orgs.), *The translatability of cultures*. Stadford: Standford U. Press, 1996.

Nietzsche, F. *Unzeigemässe Betrachtungen II: Vom Nutzen und Nachteil der Historie für das Leben*, in G. Colli e M. Montinari (orgs.), *Kritische Studienausgabe*. Munique: DTV; Berlim, Nova Iorque: Walter de Gruyter, 1988.

Nora, P. "Entre mémoire et histoire. La problématique des lieux", in *Les lieux de la mémoire*, vol. 1. Paris: Gallimard, 1984.

Pollak, M. "Memória, esquecimento, silêncio", *Estudos Históricos*, vol. 2, nº 3. Rio de Janeiro, 1989.

Rüsen, J. "The logic of historicization. Metahistorical reflections on the debate between Friedländer and Broszat", in G. N. Arad (org.), *History & Memory*, vol. 9, nos 1-2. Passing into history: nazism and the Holocaust beyond memory. In honor of Saul Friedländer on his sixty-fifth birthday, fall, 1997.

Salzman, L. *Anselm Kiefer and art after Auschwitz*. Cambridge: Cambridge UP, 1999.

Seligmann-Silva, M. "Globalização, tradução e memória", *Cadernos de tradução*, vol. 4, jan.-dez., 1999.

_____. "'*Ein Volk von Mördern*': tese sobre anti-semitismo eliminatório alemão gera polêmica na Alemanha", *Projekt*, nos 27-28, dez., 1997.

_____. "História como trauma", in M. Seligmann-Silva e A. Nestrovski (orgs.), *Catástrofe e representação*. São Paulo: Escuta, 2000.

_____. "Do delicioso horror sublime ao abjeto e à escritura do corpo", in A. L. Andrade, M. L. de Barros Camargo e R. Antelo (orgs.), *Leituras do ciclo*. Florianópolis: Abralic, 1999.

SEMIN, DIDIER, GARB, TAMAR, KUSPIT, DONALD. *Christian Boltanski*. Londres: Phaidon, 1997.
SEMPRÚN, J. *Mal et modernité*. Paris: Éditions Climats, 1990.
VIDAL-NAQUET, P. *Les assassins de la mémoire. "Un eichmann de papier" et autres essais sur le révisionisme*. Paris: La Découverte, 1987.
_____. *Los judíos, la memoria y el presente*. Buenos Aires: Fondo de Cultura Económica de Argentina, 1996.
WEINRICH, H. *Lethe. Kunst und Kritik des Vergessens*. Munique: C. H. Beck, 1997.
WIEVIORKA, A. *L'ére du témoin*. Paris: Plon, 1998.
WIEVIORKA, A. e NIBORSKI, I. *Les livres du souvenir, mémoriaux juifs de Pologne*. Archives-Gallimard, 1983.
YERUSHALMI, Y. H. "Réflexions sur l'oubli", in *Usages de l'oubli*, diversos autores. Paris: Éditions du Seuil, 1988.
YOUNG, J. *At memory's edge. After-images of the Holocaust in contemporary art and architecture*. New Haven, Londres: Yale UP, 2000.

2

"APÓS AUSCHWITZ"*

*Jeanne Marie Gagnebin**

Num livro recente consagrado a *Auschwitz e os intelectuais*,[1] Enzo Traverso, um politólogo italiano que leciona atualmente na França, ressalta a clarividência dos pensadores da Escola de Frankfurt, em particular Adorno, a respeito da função de *ruptura* do desastre da Segunda Guerra, especialmente da Shoah, para a história espiritual e intelectual do Ocidente, para a história de nossa razão, de nossa arte, enfim de nossa cultura e de nosso pensamento. A reflexão de Adorno chama atenção não só pela sua lucidez, pouco comum nos anos 1940; nela também se evidenciam as relações profundas entre ética e estética, relações que tendem a esquecer a concepção

---

* A Márcio e Cláudia. E para Oswaldo.
** UNICAMP, PUC–SP

meramente estetizante da estética ou meramente consensual da ética.

Na reflexão de Adorno e de Horkheimer, o livro seminal, *Dialética do esclarecimento*, marca um corte na tentativa de pensar a questão do nazismo e do anti-semitismo. Ambos os autores se desfazem paulatinamente de uma análise marxista ortodoxa, predominante na época e no círculo do Instituto de Pesquisa Social, representada pelas teses de Max Pollock — a quem o livro é dedicado —, em particular pela tese do capitalismo monopolista de Estado.[2] Segundo essas tendências teóricas que Horkheimer ainda defende num artigo de 1939 a respeito da mesma problemática (*Die Juden und Europa, Os judeus e a Europa*), o anti-semitismo decorreria da necessidade, para o capitalismo monopolista de Estado, de lutar contra formas de capital comercial e financeiro independentes, tais quais os empreendimentos judeus. Essa análise repousa sobre duas características: uma certa ortodoxia economicista (isto é, o anti-semitismo deve ter como razão principal e última uma transformação da infra-estrutura econômica) e a busca da especificidade do anti-semitismo na escolha do seu objeto de exclusão, isto é, na(s) especificidade(s) dos judeus enquanto parte isolável de uma população. Com a *Dialética do esclarecimento*, Adorno e Horkheimer abandonam, em boa parte, ambas características. Voltam-se para considerações pouco econômicas e muito mais oriundas da filosofia (Marx e Nietzsche), da psicanálise e da etnologia. Não procuram detectar nos judeus o que os predestinaria ao papel de vítimas, mas se esforçam em analisar qual é a estrutura racional e psíquica que torna possível a existência do algoz, em particular dos nazistas. A realidade do nazismo, do anti-semitismo e dos campos de concentração não é, portanto, abordada nem a partir de uma contradição econômica específica do capitalismo avançado, nem a partir da "judeidade" dos judeus. Sem negar essas características, Adorno e Horkheimer julgam-nas, no entanto, insuficientes para realmente conseguir entender a especificidade do anti-semitismo nazista. Ademais, tais categorias se revelam incapazes de ajudar na reflexão, absolutamente central na *Dialética do esclarecimento*, a respeito dos riscos, muito reais, de uma *repetição* do horror; uma repetição, sem dúvida, não idêntica, pois não há repetições desse tipo na história, mas sim uma retomada e uma reedição de mecanismos semelhantes de exclusão, de violência e de aniquilamento, mecanismos que, na Shoah, encontraram sua expressão singular e insuportável, mas, infelizmente, nem única, nem necessariamente última.

Ao colocar a questão do nazismo e do anti-semitismo de maneira tão ampla, Adorno e Horkheimer não se afirmam primeiro arautos de uma identidade judaica a ser resgatada; assumem muito mais uma postura de pensadores críticos da tradição e da cultura ocidentais, em particular da cultura e da tradição alemãs — postura que também era a de Nietzsche! É importante lembrar que ambos, mesmo que com alguns anos de intervalo, voltaram para Alemanha, não ficando nos Estados Unidos, nem escolhendo o Estado de Israel. Eles continuam, pois, a trabalhar dentro de uma tradição de auto-reflexão crítica que caracteriza, justamente, o Iluminismo e o Idealismo alemães. Como o diz Albrecht Wellmer: "É como se todos esforços desses intelectuais banidos pelos nazistas se tivessem orientado na direção de salvar para os alemães sua identidade cultural: com Adorno foi de novo possível estar presente na Alemanha intelectualmente, moralmente e esteticamente e, porém, não odiar Kant, Hegel, Bach, Beethoven, Goethe ou Hölderlin".[3]

Esse universalismo da postura crítica, herança da tradição iluminista, encontra sua expressão na antítese mestra que sustenta o livro de 1947: a antítese Mito–Esclarecimento, *Mythos-Aufklärung*. Trata-se, pois, de propor uma reescrita da história da razão ocidental e metafísica, sem dúvida, mas também universal em seu alcance cronológico: começa antes ou aquém da filosofia com a *Odisséia* e culmina depois ou além da filosofia com o terror nazista.

Um livro polêmico de Philippe Lacoue-Labarthe e Jean-Luc Nancy, *Le mythe nazi*,[4] pode ajudar-nos a situar melhor esta problemática do mito e da mitologia dentro do contexto alemão da época, em particular a não negligenciar os aspectos emocionais e políticos desta discussão. Segundo nossos comentadores franceses, o maior problema ideológico para os alemães do século XIX e, depois de Versailles, do século XX foi construir e manter uma identidade própria, originária e duradoura, que conseguisse opor-se à dissensão interna, inerente às variedades lingüísticas, históricas e culturais e aos modelos exteriores já firmemente estabelecidos, como o Racionalismo francês e o Pragmatismo inglês. Nancy e Lacoue-Labarthe interpretam a elaboração de uma *nova mitologia* no Romantismo alemão, sua retomada e sua desfiguração no nazismo como tantas tentativas de superar essa ausência de identidade popular e nacional, uma ausência vivida como falta dolorosa e como enfraquecimento político. Não pretendo discutir aqui essa interpretação bastante polêmica. Interessa-nos, pois, ressaltar a relação intrínseca entre mito, *mímesis* e identidade:

> O mito é uma ficção no sentido forte do termo, no sentido ativo de dar uma feição, ou, como o diz Platão, de "plás-

tica": ele é, então, um *ficcionar*, cujo papel consiste em propor, senão em impor modelos ou tipos [...], tipos que, ao imitá-los, um indivíduo — ou uma cidade, um povo inteiro — pode usar para se apreender e se identificar a si mesmo.
Dito de outra maneira, a questão colocada pelo mito é a do *mimetismo*, enquanto somente o mimetismo é capaz de assegurar uma identidade.[5]

E nossos autores observam, por fim, algo que não deixa de lembrar a problemática de Adorno e Horkheimer: "Por aí se indica, aliás, que o problema do mito sempre é indissociável do da arte, menos porque o mito seria uma criação ou uma obra de arte coletiva, mas porque o mito, como a obra de arte que o explora, é um instrumento de identificação. Ele é mesmo *o instrumento mimético* por excelência".[6]

Essa relação entre *mímesis* e identificação orienta as análises da *Dialética do esclarecimento* e articula o co-pertencer do mítico e do mimético pelo viés da identificação. Como o observaram vários comentadores,[7] o conceito de *mímesis* sofre uma transformação instigante no decorrer do livro, isto é, no caminho que leva da análise da *Odisséia* aos *Elementos de anti-semitismo*. Ele fornece, pois, a chave para entender tanto a rejeição da magia mimética pela razão esclarecida como igual e essencialmente a possibilidade, sim, a probabilidade do ressurgimento de comportamentos míticos, miméticos e identificatórios; de comportamentos irracionais e acríticos num contexto histórico tão "evoluído" como a Alemanha da República de Weimar. Vejamos de mais perto. Nos dois primeiros capítulos, "Conceito de esclarecimento" e "Excurso I", a *mímesis* integra os procedimentos mágicos que têm por alvo a defesa do sujeito fraco e amedrontado contra os poderosos inimigos exteriores. Na tentativa de escapar do perigo, o homem "primitivo" assimila-se, torna-se semelhante ao meio ambiente, tal a borboleta sobre a folha, para abolir a diferença e a distância que permitem ao animal reconhecê-lo e devorá-lo; ou, então, veste a máscara semelhante ao deus aterrorizante para apaziguá-lo pela sua semelhança e imagem. Essa estratégia mágico-mimética não é somente ineficaz. Ela é cruel e regressiva, porque implica que o sujeito não enfrenta o perigo, mas desiste de sua posição de sujeito, de sua identidade própria, para se salvar a si próprio, perdendo-se a si mesmo. Dialética fatal que prefigura, na interpretação de Adorno e de Horkheimer, os ardis da razão, tais como Ulisses os desenrolará, por exemplo, diante do Cíclope. Essas práticas mágico-miméticas, mesmo que ineficazes e regressivas, contêm, porém, um momento essencial de prazer, ligado ao êxtase da dissolução dos limites do próprio eu. Reconhecer esse momento tão central para a reflexão de Freud e de Nietzsche (ver o papel ímpar de Dionísio em Nietzsche) é igualmente essencial para a análise de nossos autores. Sua tese é, pois, a seguinte: o pensamento esclarecido, a civilização iluminista, tem horror à *mímesis* não só porque lembra a magia e peca pela ineficácia, mas, muito mais, porque faz ressurgir essa ameaça imemorial do prazer ligado à dissolução dos limites claros e fixos do ego, ou ainda, a *Aufklärung* tem horror à *mímesis* (às semelhanças, às afinidades, às metáforas), porque suspeita nela, não sem razão, essa polimorfia tão perversa como prazerosa que solapa as bases de sustentação de uma identidade clara, bem definida, funcional; uma identidade que aprendeu a dobrar-se às imposições do trabalho e da eficiência da produção capitalista. Assistimos, portanto, a um recalque individual e social dessas tendências miméticas que nos ligam ao animal, ao barro, à sujeira, mas também à gratuidade e ao desperdício erótico e lúdico — como o tematiza toda obra de um Bataille, por exemplo. Esse recalque coletivo tem conseqüências funestas: exige um processo de constituição subjetiva dura e violenta em relação aos próprios desejos mais "originários" ou "inconscientes"; pede a exclusão, igualmente violenta, daqueles outros que, pela sua atitude mais nômade, descompromissada, vagabunda e lúdica, ou simplesmente menos rigorosa e clara, poderiam ameaçar essa lei de trabalho e de identificação forçados. Cito um parágrafo chave dos *Elementos de anti-semitismo*:

> O rigor com que os dominadores impediram no curso dos séculos a seus próprios descendentes, bem como às massas dominadas, a recaída em modos de viver miméticos — começando pela proibição social dos atores e dos ciganos e chegando, enfim, a uma pedagogia que desacostuma as crianças de serem infantis — é a própria condição da civilização. A educação social e individual reforça nos homens seu comportamento objetivo enquanto trabalhadores e impede-os de se perderem nas flutuações da natureza ambiente. Toda diversão, todo abandono tem algo de mimetismo. Foi se enrijecendo contra isso que o ego se forjou.[8]

Ora, esse "enrijecimento do eu", cuja imagem primeira é o corpo de Ulisses atado sem movimento ao mastro do seu navio — em decorrência da própria vontade —, é o modelo de uma outra forma de *mímesis*, oriunda do recalque da primeira, uma "*mímesis* da *mímesis*". Para se proteger dos perigos e dos encantos da *mímesis* originária, o sujeito assemelha-se a um modelo rígido e seguro, um ideal tanto mais infalível que ele, o "eu", sente-se fraco e desamparado. Nesse mecanismo de identificação, mais precisamente, nessa *vontade* de identificação jazem, segundo Adorno e Horkheimer, as sementes do fascismo e do totalitarismo. O nazismo as faz amadurecer pela sua ideologia racista que cristaliza os medos latentes diante da dissolução do quadro tradicional de orientação e de identificação do sujeito. A definição das causas do mal, dos portadores do perigo, tem que ser simples (simplista) para ser eficiente. Assim, designam-se os judeus como os culpados, como uma raça parasita e hedionda que suja a pureza do povo autêntico e deve, portanto, ser erradicada como uma epidemia ou piolhos, com gás Ziklon B por fim. Insisto nessas metáforas de higiene, de limpeza e, sim, de dedetização, porque elas são a contrapartida dessa construção, denunciada por Adorno e Horkheimer, de um ideal pseudonatural e originário de pureza, de nitidez, de determinação viril unívoca, sem deslizes, nem dúvidas, nem desvios, com uma sexualidade higiênica e familiar.[9] Enfim, um ideal de "disciplina ritual" e de identificação ao *Führer* que se encarrega de liberar seus seguidores tanto dos seus medos como das suas hesitações, isto é, que os alivia do peso e das penas da *autonomia*.

Com esse conceito de *autonomia* fecha-se o círculo infernal da *Dialética do esclarecimento*: ao tentar livrar-se do medo, ao rejeitar os feitiços e os encantos (*Zauber*) da magia, da religião e do mito, o homem fortalece seu domínio sobre a natureza, sobre seus semelhantes e sobre si mesmo. Mas só consegue constituir-se sujeito, no sentido forte da autonomia ilustrada, pelo recalque dessa dimensão mortífera *e* prazerosa, ligada a *Eros e* a *Tânatos*, que as práticas mágicas e miméticas encarnam. Essa (de)negação vinga-se com o retorno violento do recalcado, isto é, com a necessidade de uma identificação muito mais absoluta que as encenações primitivas, pois tem agora como tarefa assegurar e manter uma identidade sem fraquezas, nem angústias, nem recaídas nas delícias do infantil e do indeterminado. Assim, a *mímesis* recalcada volta sob a forma perversa e totalitária da identificação ao chefe único. Para ser mais eficaz, esse processo também deve dirigir-se contra um inimigo facilmente *identificável* (daí a necessidade do porte da estrela amarela, pois a raça nem sempre se deixa diagnosticar à primeira vista!) e, igualmente, suficientemente *numeroso para que seu aniquilamento* se possa transformar numa verdadeira indústria, gerar ofícios, empregos, hierarquias, fábricas e usinas, enfim, assegurar um longo empreendimento de destruição renovada dos outros e de fortalecimento duradouro do eu. A autonomia do sujeito não só se estabelece pela dominação do diferente; ela também compra sua manutenção pela identificação a um paradigma alheio e rígido, desistindo assim de si mesma em troca de sua segurança. O sujeito esclarecido cumpre, uma segunda e perversa vez, o mecanismo originário de defesa mimética de que zombava nos rituais primitivos: *para se manter em vida, faz de conta que está morto*, "a vida paga o tributo de sua sobrevivência, assimilando-se ao que é morto".[10] A vida abdica de sua vitalidade e de sua vivacidade em favor de sua conservação, a vida se assemelha à morte e a morte contamina o vivo.

    Façamos uma pequena pausa para tentar reunir alguns fios soltos a partir dessa breve exposição da *Dialética do esclarecimento*. No mínimo, dois conceitos-chave da estética de Adorno, dois conceitos que já se encontram aqui nesse texto de 1944-1947, mas entremesclados com análises filosófico-políticas, com uma auto-reflexão crítica da tradição metafísica e iluminista: os conceitos de *autonomia* e de *mímesis*. Nesta exposição, gostaria de defender as seguintes hipóteses: a reflexão posterior de Adorno, tão ética como estética, consiste numa longa discussão, numa longa confrontação, numa longa briga com esses dois conceitos oriundos da tradição filosófica clássica para tentar livrá-los dos seus componentes de dominação e de destruição — componentes evidenciados pela experiência da Segunda Guerra, mais precisamente pela experiência que a razão iluminista emancipada reduziu com sucesso à mera racionalidade instrumental da lógica da aniquilação — e que a reflexão filosófica contemporânea desse desastre não soube encontrar forças efetivas de resistência contra a promessa de emancipação que o esclarecimento continha — e ainda contém. Segundo minha proposta de leitura, portanto, toda filosofia posterior de Adorno tentaria, fundamentalmente, responder a uma única questão: como pode o pensamento filosófico ajudar a evitar que Auschwitz se repita? Ou ainda: como pode a filosofia ser uma força de resistência contra os empreendimentos totalitários, velados ou não, que também são partes integrantes do desenvolvimento da razão ocidental?

As pesquisas sociológicas e psicológicas de Adorno e de Horkheimer, sua revisão crítica da tradição metafísica assim como suas críticas sempre novas do positivismo, todas essas atividades se inscrevem nesse horizonte. Mas e a reflexão estética? Talvez a frase mais conhecida de Adorno seja justamente aquela que cito no título dessa conferência, essa afirmação peremptória de um ensaio de 1949: "Escrever um poema após Auschwitz é um ato *de barbárie* [isto é, de barbárie no sentido negativo do termo!], e isso corrói até mesmo o conhecimento de por que hoje se tornou impossível escrever poemas".[11] Uma frase polêmica cuja recepção foi bastante infeliz, como se ela significasse uma condenação pura e simples da poesia contemporânea. Detlev von Claussen observa que hoje, num contexto de "bom senso" neo-liberal, se usa muitas vezes essa citação também para denegrir a radicalidade crítica de intelectuais taxados de pessimistas e de intolerantes.[12] Ora, no contexto do ensaio sobre "Crítica à cultura e à sociedade" que ela conclui, essa sentença ressalta muito mais a urgência de um pensamento não harmonizante, mas impiedosamente crítico, isto é, a necessidade da cultura como instância negativa e utópica contra sua degradação a uma máquina de entretenimento e de esquecimento (esquecimento, sobretudo, do passado nazista recente nessa Alemanha em reconstrução).[13] Adorno retomará, por duas vezes explicitamente, essa polêmica afirmação: em 1962, no ensaio intitulado "Engagement"[14] e em 1967, na última parte da *Dialética negativa*.[15] Ele não trata de amenizá-la, pedindo desculpas aos poetas, mas, ao contrário, radicaliza e amplia seu alcance. Não é somente a beleza lírica que se transforma em injúria à memória dos mortos da Shoah, mas a própria cultura, na sua pretensão de formar uma esfera superior que exprime a nobreza humana, revela-se um engodo, um compromisso covarde, sim, um "documento da barbárie", como disse Walter Benjamin.[16] Cito a passagem bastante provocativa da *Dialética negativa*:

> Que isso [Auschwitz] possa ter acontecido no meio de toda tradição da filosofia, da arte e das ciências do Esclarecimento, significa mais que somente o fato desta, de o espírito, não ter conseguido empolgar e transformar os homens. Nessas repartições mesmas, na pretensão enfática à sua autarquia, ali mora a não-verdade. Toda cultura após Auschwitz, inclusive a crítica urgente a ela, é lixo.[17]

Por sorte, esse livro bem mais longo e bem mais difícil que o ensaio de 1949 não se tornou tão famoso! "Cultura como lixo", essa expressão poderia gerar muito mais mal-entendidos ainda que aquela sentença sobre a impossibilidade da escrita poética. Minha tentativa de compreensão atém-se à definição o menos polêmica possível daquilo que constitui o "lixo": não é somente aquilo que fede e apodrece, mas antes de mais nada é aquilo que sobra, de que não se precisa, aquilo que pode ser jogado fora porque não possui existência independente plena. A inverdade da cultura, portanto, estaria ligada à sua pretensão de "autarquia", de existência e soberania. Não que ela seja perfumaria inútil, como o afirmam tanto alguns comunistas obtusos quanto positivistas de várias proveniências. Mas ela tampouco constitui um reino separado, cuja ordem somente precisaria seguir uma verdade intrínseca. Quando a cultura consagra a separação entre "espírito e trabalho corporal", quando se fortalece pela "oposição à existência material", em vez de acolher dentro dela esse fundo material, bruto, animal no duplo sentido de bicho e de vivo, esse fundo não-conceitual que lhe escapa, então, segundo Adorno, a cultura condena-se à "ideologia".[18]

    Não é simples compreender essa condenação da *autarquia* da esfera cultural em Adorno, se lembrarmos que ele, simultaneamente, sempre defendeu a possibilidade e mesmo a necessidade da arte *autônoma* em oposição ao entretenimento da "indústria cultural". Tentemos pensar essa aparente incoerência. Proponho lançar mão de uma dimensão essencial nesse texto, a dimensão *ética*, que não se pode subordinar, segundo Adorno, nem a uma postura estética, nem a uma sistemática especulativa, mas que deve afirmar-se como exigência incontornável, inscrevendo uma ruptura no fluxo argumentativo. Assim como o conceito de autonomia da arte reenvia, antes de mais nada, à necessidade de *resistência* (e não a uma suposta independência da criação artística), assim também a recusa da autarquia em relação à esfera cultural remete ao corte que o *sofrimento*, em particular o sofrimento da tortura e da aniquilação física, o sofrimento provocado, portanto, pelo *mal* humano, instaura dentro do próprio pensar. Podemos nos arriscar a dizer que "Auschwitz", como emblema do intolerável, isto é, daquilo que fundamenta a "filosofia moral negativa de Adorno",[19] domina de sua sombra de cinzas a reflexão estética. A instância ética, que nasce da indignação diante do horror, comanda, pois, sua elaboração estética. O segundo parágrafo das *Meditações sobre metafísica*, onde encontramos essa polêmica definição da cultura como lixo, começa, não por acaso, com a famosa transformação adorniana do imperativo categórico:

> Hitler impôs um novo imperativo categórico aos homens em estado de não-liberdade: a saber, direcionar seu pensamento e seu agir de tal forma que Auschwitz não se repita, que nada de semelhante aconteça. Esse imperativo é tão resistente à sua fundamentação como outrora o ser-dado (*die Gegebenheit*) do kantiano. Querer tratá-lo de maneira discursiva é blasfemo: nele se deixa sentir de maneira corpórea (*leibhaft*) o momento, no ético, de algo que vem por acréscimo (*des Hinzutretenden*).[20]

Sem poder entrar numa análise detalhada dessa citação,[21] gostaria, porém, de fazer algumas observações. Esse novo imperativo categórico não é mais fruto de nossa livre decisão prática-moral, sendo ao mesmo tempo a condição transcendental dessa liberdade, como o era o imperativo de Kant. Ele nos foi *aufgezwungen* (imposto por coerção) por Hitler, por uma figura histórica precisa, manifestação da crueldade e da contingência históricas. Como Schweppenhäuser o ressalta,[22] "Auschwitz" instaura na reflexão moral uma ruptura essencial (e, para Adorno, definitiva) com a tradição ética clássica em busca de princípios universais e trans-históricos. Agora, devemos nos contentar com as sobras dessa bela tradição — que provou sua impotência em relação ao nazismo como já afirmava a *Dialética do esclarecimento*. Devemos, antes de mais nada, construir éticas históricas e concretas orientadas pelo dever de *resistência*, a fim de que "Auschwitz não se repita, que nada de semelhante aconteça"; a ressalva é essencial: não há repetições idênticas na História, mas sim retomadas e variações que podem ser cruéis mesmo que sejam diferentes. Ver Srebrenica etc. Uma segunda observação: assim como não há mais possibilidade, depois de Auschwitz, de um imperativo categórico que transcendesse a História, assim também, segundo Adorno, não há possibilidade de uma fundamentação discursiva última do dever moral de resistência. Não que não se possa argumentar racionalmente a respeito. Mas o "blasfemo" consiste em querer, por assim dizer, calar os gritos dos agonizantes sob a tagarela e complacente disputa entre especialistas a respeito da fundamentação primeira. O conceito (bastante vago como o reconhecem os comentadores citados) de "*das Hinzutretende*", "o que vem por acréscimo",[23] indica esse momento necessário de humildade (não de abdicação!) da razão raciocinante ante a realidade da dor, em particular da dor física da tortura e da aniquilação, como o diz a seqüência do texto: "De maneira corpórea porque ele [o novo imperativo] é o horror, que se tornou prático, diante do sofrimento físico, mesmo depois que a individualidade, enquanto forma de reflexão intelectual, esteja em via de desaparecimento. A moral somente sobrevive no motivo descaradamente materialista".[24]

A insistência dada à corporeidade do sofrimento e do impulso de indignação que lhe responde é notável.

Adorno retoma vários elementos da "ética da compaixão" (*Mitleidsethik*) de Schopenhauer, isto é, de uma ética cujo fundamento não se encontra numa norma racional abstrata, mesmo que consensual, mas sim num impulso pré-racional em direção ao outro sofredor.[25] Simultaneamente, porém, esses motivos são transformados materialisticamente, numa tentativa de despojá-los de qualquer elemento de condescendência ou de aceitação do dado, elemento facilmente presente na categoria de "compaixão". Assim, a idéia de "impulso moral" é reinterpretada à luz de uma "teoria materialista da experiência do sofrer",[26] em que *sofrer* remete ao corpo (*Leib*) no seu sentido mais originário de organicidade viva, bruta, pré-individual e pré-reflexiva.[27] Se a tradição filosófica analisou inúmeras vezes a experiência da dor e do sofrimento, ela o fez geralmente no contexto de uma meditação sobre nossa finitude essencial de mortais, de Platão a Heidegger, passando por Nietzsche; ou, então, de uma reflexão sobre a arbitrariedade da infelicidade, das catástrofes naturais, dos acidentes etc., como no caso do terremoto de Lisboa que levou Voltaire a recusar a teodicéia de Leibniz. O pensamento de Adorno sobre Auschwitz leva-o a tematizar uma dimensão do sofrer humano pouco elaborada pela filosofia, mas enfaticamente evocada nos relatos dos assim chamados sobreviventes: essa corporeidade primeira, tanto no limiar da passividade e da extinção da consciência quanto na vontade de aniquilação, esta sim, clara, precisa, operacional, esmera-se em pôr a nu para melhor exterminá-la. Forma-se aqui esse pacto sinistro entre uma racionalidade rebaixada à funcionalidade da destruição e uma corporeidade reduzida à matéria passiva, sofredora, objeto de experiências nos campos da morte como ratos ou sapos nos laboratórios da ciência.[28] E a violação desse corpo primeiro (*Leib*), passivo e tenaz, vivo e indeterminado, acarreta a violação do corpo como configuração física singular de cada sujeito individual (*Körper*).

Como nos livros de Primo Levi ou de Robert Antelme, uma afirmação radical nasce nessas páginas de Adorno: a mais nobre característica do homem, sua razão e sua linguagem, o *lógos*, não pode, após Auschwitz, permanecer a mesma, intacta em sua esplêndida autonomia. A aniquilação de corpos humanos nessa sua dimensão originária de corporeidade indefesa e indeterminada como que contamina a dimensão espiritual e intelectual, essa outra face do ser humano, ou ainda, a violação da dignidade humana, em seu aspecto primeiro de pertencente ao vivo, tem por efeito a destituição da soberba soberania da razão.

No domínio mais especificamente estético, esse abalo da razão e da linguagem tem conseqüências drásticas para a produção artística. Criar em arte — como também em pensamento — "após Auschwitz" significa não só rememorar os mortos e lutar contra o esquecimento, uma tarefa por certo imprescindível, mas comum à toda tradição desde a poesia épica, mas também acolher, no próprio movimento da rememoração,[29] essa presença do sofrimento sem palavras, nem conceitos, que desarticula a vontade de coerência e de sentido de nossos empreendimentos artísticos e reflexivos. Adorno analisa essa exigência paradoxal de uma rememoração estética sem figuração nem sentido numa passagem-chave do ensaio de 1962, "Engagement", na qual cita novamente sua afirmação sobre a impossibilidade da poesia após Auschwitz. O trecho em questão é tanto mais instigante quando ele discute uma ópera de Arnold Schönberg — um compositor profundamente admirado por Adorno —, *Der Überlebende von Warschau*, *O sobrevivente de Varsóvia*, uma peça escrita justamente em homenagem à memória dos mortos da Shoah. Escreve Adorno:

> A afirmação que escrever ainda lírica após Auschwitz seja bárbaro, essa frase não quero suavizá-la; nela se diz negativamente o impulso que anima a poesia engajada. [...] Mesmo *O sobrevivente de Varsóvia* permanece preso à aporia, à qual se entrega sem reserva, como figuração autônoma da intensificação até o inferno da heteronímia. Algo de constrangedor acompanha a composição de Schönberg. De jeito nenhum aquilo que incomoda na Alemanha porque não permite que se recalque o que se quer recalcar a todo preço. Mas, apesar de toda dureza e irreconciabilidade, que isso seja transformado em imagem, provoca uma sensação constrangedora como se se ferisse a vergonha/o pudor[30] diante das vítimas. [...] Graças ao princípio de estilização artística, e mesmo através da reza solene do coro, parece que esse destino, que o pensamento não consegue pensar, tivesse tido algum sentido.[31]

Proibição do consolo, proibição da imagem, impossibilidade do sentido, desmoronamento dos princípios de formação e de estilo artísticos. Essas descrições da impossibilidade da descrição remetem-nos à tradição da teologia negativa e da estética do sublime. Aliás, toda discussão de uma estética do irrepresentável, do indizível ou do sublime, está muito presente nas pesquisas atuais sobre a literatura dos campos de concentração. Mas o sublime não designa mais o *élan* para o inefável que ultrapassa nossa compreensão humana. Ele aponta para cinzas, cabelos sem cabeça, dentes arrancados, sangue e excrementos. Agora, ele não mora só num *além* do homem, mas também habita um território indefinível e movediço que pertence ao humano, sim, pois homens sofreram o mal que outros homens lhes impuseram, mas que, simultaneamente, delineia uma outra região, escura e ameaçadora, que gangrena o belo país da liberdade e da dignidade humanas. Um "sublime" de lama e de cuspe, um sublime por baixo, sem elevo nem gozo.

Adorno tenta pensar juntas as duas exigências paradoxais que se dirigem à arte depois de Auschwitz: lutar contra o esquecimento e o recalque, isto é, igualmente lutar contra a repetição e pela rememoração, mas não transformar a lembrança do horror em mais um produto cultural a ser consumido; evitar, portanto, que "o princípio de estilização artístico" torne Auschwitz representável, com sentido, assimilável, digerível, enfim transforme Auschwitz em mercadoria que faz sucesso (como fazem sucesso, aliás, vários filmes sobre o Holocausto para citar somente exemplos oriundos do cinema!). A transformação de Auschwitz em "bem cultural" torna mais leve e mais fácil a integração na cultura que o gerou, afirma Adorno algumas linhas abaixo.[32] Desenha-se, assim, uma tarefa paradoxal de transmissão *e* de reconhecimento da irrepresentabilidade daquilo que, justamente, há de ser transmitido porque não pode ser esquecido. Um paradoxo que estrutura, aliás, as mais lúcidas obras de testemunho sobre a Shoah (e também sobre o *gulag*) perpassadas pela necessidade absoluta do testemunho e, simultaneamente, pela sua impossibilidade lingüística e narrativa.

Esse paradoxo rege a obra do grande poeta que Adorno homenageia no fim da *Teoria estética*: Paul Celan. As observações sobre Celan retomam várias reflexões que se encontram nas páginas centrais desse livro, reflexões intituladas *Mímesis e racionalidade, Mímesis do/ao mortal e reconciliação, Methexis/Participação ao sombrio*.[33] Nessa sua última obra, Adorno volta à questão da *mímesis*, que já ocupava um lugar de destaque na *Dialética do es-*

clarecimento, como analisamos rapidamente. Seu pensamento luta por uma dimensão verdadeira desse conceito, por algo que escapa tanto da magia, denunciada na sua crueldade na *Dialética do esclarecimento*, quanto do seu recalque social perverso, analisado nos *Elementos do anti-semitismo*. Também rechaça as doutrinas da estética clássica, quando baseadas numa concepção não-dialética da imitação da natureza. "O comportamento mimético autêntico", escreve Adorno, "visa o próprio *télos* do conhecimento", um fim muitas vezes ofuscado pelas categorias mesmas do conhecer.[34] Ele instaura uma relação redimida entre "sujeito" e "objeto", na qual conhecer não significa mais dominar, mas muito mais atingir, tocar, ser atingido e tocado de volta. Essas metáforas de uma tactilidade feliz, simultaneamente estética e erótica, são desenvolvidas nas últimas páginas da *Teoria estética*.[35] Implicam uma dialética da distância e da proximidade que se desvencilha da idéia de posse para deixar lugar ao reconhecimento do *não-idêntico*, segundo o termo de Adorno, retomado por Wellmer.[36] A descrição da lírica celaniana retoma essa idéia de um comportamento mimético verdadeiro porque tenta se aproximar, com sobriedade e respeito, daquilo que lhe escapa e que, simultaneamente, é configurado pelas bordas da ausência: o sofrimento e a morte sem nome nem sentido.

> Esta lírica, diz Adorno, está atravessada pela vergonha[37] da arte em relação ao sofrimento que se subtrai tanto à experiência quanto à sublimação. Os poemas de Celan querem dizer o assombro extremo pelo silenciar. Seu teor de verdade mesmo se torna um negativo. Eles se assemelham a uma língua debaixo das línguas desamparadas dos homens, sim de todas línguas orgânicas, à língua do morto de pedra e de estrela. [...] A língua dos sem vida se transforma no último consolo diante da morte que perdeu qualquer sentido.[38]

Os poemas de Celan assemelham-se a uma língua anorgânica e morta, uma língua sem vida "de pedra e de estrela" (duas imagens do reino inanimado que, em Celan, aludem aos judeus mortos). Ressurge aqui essa figura tão discutida na *Dialética do esclarecimento* de uma *mímesis da morte*, de uma assimilação ao morto. Mas não se trata mais de preservar a própria vida como acontecia na paralisia pelo medo, no ritual mágico ou, então, na rigidez do sujeito racional que garante sua dominação pela renúncia à vivacidade da vida. A *mímesis* não serve mais aos fins de auto-preservação do sujeito, mas indica seu movimento de entrega[39] à morte do outro, uma morte que lhe escapa e que deve, porém, testemunhar. Não há mais aqui nem representação, nem identificação, mas somente uma aproximação atenta daquilo que foge tanto das justificativas da razão como das figurações da arte, mas que deve, porém, por elas ser lembrado e transmitido: a morte sem sentido algum, morte anônima e inumerável que homens impuseram a outros homens — e ainda impõem.

Em presença dessa exigência paradoxal, podemos perguntar: onde fica a fronteira entre arte e pensamento, já que a primeira, a arte, é destituída de seu poder de representação figurativa, enquanto o segundo, o pensamento, é despojado de sua capacidade identificatória? Não sei o que responder a essa questão, senão talvez por uma variação da última frase de *Minima moralia*,[40] a saber que, diante da possibilidade ou não da rememoração, tais distinções quase se tornam indiferentes.[41]

Referências bibliográficas

ADORNO, T. W. *Ästhetische Theorie*. Frankfurt a. M.: Suhrkamp, 1970.

ADORNO, T. W. *Prismas*. Trad. A. Wernet e J. M. Brito de Almeida. São Paulo: Ática, 1998.

_____. *Noten zur Literatur III*. Frankfurt a. M., Main: Suhrkamp, 1965.

_____. *Negative Dialektik*. Frankfurt a. M.: Suhrkamp, 1970.

_____. *Minima moralia*. Trad. L. Bicca. São Paulo: Ática, 1992.

_____. *Palavras e sinais. Modelos críticos 2*. Trad. M. H. Ruschel. Petrópolis: Vozes, 1995.

_____. e HORKHEIMER, M. *Dialética do esclarecimento*. Trad. G. de Almeida. Rio de Janeiro: Zahar, 1985.

CLAUSSEN, D. von. "Nach Auschwitz kein Gedicht?", in G. Schweppenhäuser e M. Wischke, *Impuls und Negativität*. Hamburgo: Argument-Verlag, 1995.

FRÜCHTL, J. *Mimesis — Konstellation eines Zentralbegriffs bei Adorno*. Würzburg: Königshausen und Neumann, 1986.

GAGNEBIN, J. M. "Do conceito de mimesis no pensamento de Adorno e Benjamin", in *Sete aulas sobre linguagem, memória e história*. Rio de Janeiro: Imago, 1997.

JOHANNES, R. "Das ausgesparte Zentrum. Adornos Verhältnis zur Ökonomie", in G. Schweppenhäuser (org.), *Soziologie im Spätkapitalismus. Zur Gesellschaftstheorie Theodor W. Adornos*. Darmstadt: Wissenschaftliche Buchgesellschaft, 1995.

LACOUE-LABARTHE, P. e NANCY, J. L. *Le mythe nazi*. Paris: Editions de l'Aube, 1992.

NOERR, G. "Adornos Verhältnis zur Mitleidsethik Schopenhauers", in G. Schweppenhäuser e M. Wischke (orgs.), *Impuls und Negativität*. Hamburgo: Argument-Verlag, 1995.

REIJEN, W. van e BRANSEN, J. "Das Verschwinden der Klassengeschichte in der '*Dialektik der Aufklärung*'. Ein Kommentar zu den Textvarianten der Buchausgabe von 1947 gegenüber der Erstveröffentlichung von 1944", in M. Horkheimer, *Gesammelte Schriften, Band 5*. Frankfurt a. M.: Fischer, 1987.

SCHWEPPENHÄUSER, G. *Ethik nach Auschwitz. Adornos negative Moralphilosohie*. Hamburgo: Argument-Verlag, 1993.

TRAVERSO, E. *L'histoire déchirée. Auschwitz et les intellectuels*. Paris: Cerf, 1997.

WELLMER, A. *Endspiele: Die unversöhnliche Moderne*. Frankfurt a. M.: Suhrkamp, 1993.

WELLMER, A. "Adorno, Anwalt des Nicht-Identischen", in *Zur Dialektik von Moderne und Postmoderne*. Frankfurt a. M.: Suhrkamp, 1985.
WIGGERSHAUS, R. *Die Frankfurter Schule*. Munique: DTV, 1988.
WOHLFARTH, I. Das Unerhörte hören. Zum Gesang der Sirenen. Inédito, no prelo.

3

E. Lévinas e N. Abraham:
um encadeamento a partir da Shoah
O estatuto ético do terceiro na constituição do símbolo em psicanálise

*Fabio Landa**

> O nome desconhecido, fora da nominação.
> O Holocausto, evento *absoluto* da História, historicamente datado, esta queimadura onde toda a História se embrazou, onde o movimento do sentido se fraturou, onde o dom, sem perdão, sem consentimento, se arruinou sem *dar* lugar a nada que se pudesse afirmar, se negar, dom da passividade mesma, dom do que não se pode dar. Como guardá-lo, que fosse no pensamento, como fazer do pensamento o que guardaria o Holocausto onde tudo se perdeu, e até mesmo o pensamento guardião?
> Na intensidade mortal, o silêncio fugindo do grito inomável.[1]
>
> M. Blanchot, *L'ecriture du désastre*

---

* Paris

> Porque ele era judeu, meu pai morreu em Auschwitz: como não dizê-lo? E como dizer? Como falar diante do que cessa toda possibilidade de falar? Deste evento, meu absoluto, que comunica com o absoluto da história — interessante apenas a este título? Falar — é preciso — sem *poder*, sem que a linguagem excessivamente poderosa, soberana, não venha controlar a situação a mais aporética, o não-poder absoluto e o abandono mesmo, não venha enclausurá-lo na claridade e na felicidade do dia? E como não falar, quando o anseio de todos os que voltaram — e ele não voltou — foi de contar, contar sem fim, como se apenas uma "entrevista infinita" pudesse estar à altura do despojamento infinito.
>
> S. Koffman, *Paroles suffoquées*

Nos últimos anos, alguns ensaios importantes tentaram aproximar o discurso filosófico de Lévinas e o discurso psicanalítico. Entre eles, podem-se citar Assoun, no fim dos anos 1980, e Juranville, que estudaram o seminário sobre a ética de Lacan e sua relação com o estatuto do Outro em Lévinas; Monique Schneider, que se interessou por Freud e Emmanuel Lévinas, e Viderman, que desenvolveu esse assunto em seu livro *Le disséminaire*. Até onde pudemos pesquisar, nenhum trabalho foi feito a partir dos textos de Nicolas Abraham e Emmanuel Lévinas e, portanto, parece-nos que múltiplos aspectos de suas obras permitem fazê-los presentes num mesmo texto. Contudo, devemos manter vivas as reservas e a distância que Lévinas sempre exprimiu em relação à psicanálise, pois existem algumas críticas que não facilitam esta aproximação, se mantivermos uma leitura rigorosa de sua obra.

Em nossa opinião, existem pelo menos dois pontos em que se pode observar uma analogia entre o gesto filosófico de Emmanuel Lévinas e o gesto psicanalítico de Nicolas Abraham.

Segundo Hans Jonas, Saul Friedländer, Elie Wiesel, Emil Fackenheim, Hannah Arendt entre outros, a invenção de Auschwitz foi o evento crucial do século XX. Segundo Arendt, dois eventos caracterizam a condição do homem moderno: trata-se de uma aquisição tecnológica (pela primeira vez, o homem pode pretender viver fora do planeta Terra) e do emprego da mentira como núcleo de dominação dos governos em relação a suas próprias populações, o que ela chama de a Mentira Absoluta. É em Auschwitz que se realizou o ensaio mais sério, tanto sociológico e psicológico como jurídico, de tentar enviar para fora do planeta uma parte da população utilizando-se da Mentira e apoiando-se sobre um discurso pretensamente científico (médico), objetivo e racional. Os nazistas, com seu humor peculiar, chamavam Auschwitz de "o ânus do mundo" e as chaminés de "o caminho do céu". É ainda em Auschwitz que se concebeu e efetuou um dos destinos possíveis do outro, sua exterminação, sua eliminação; mas também o coroamento de um discurso que se apóia sobre o ser. É preciso, pois, notar não só que a adesão de Heidegger ao nazismo não é devido a qualquer desvio ou tomada de posição pessoal do filósofo, que deveria separar-se de sua obra, mas também a conseqüência de seu discurso filosófico. Grandes leitores de Heidegger, como Derrida, notaram que no *Ser e o tempo* não se encontra a palavra *perdão*,[2] que foi cuidadosamente evitada para demarcar seu discurso do texto hebraico sobre o *tempo*, onde o perdão desempenha um papel essencial: é o perdão que no discurso hebraico tem o poder de modificar a memória e o próprio passado.

É a partir de Auschwitz que Nicolas Abraham e Emmanuel Lévinas vão construir suas obras. Nicolas Abraham vai dialogar com os pais fundadores, particularmente com Freud, sobre os fundamentos da doutrina: qual é o lugar da clínica? Qual o lugar da teoria? Que quer dizer teoria em psicanálise? Qual a relação entre teoria e clínica psicanalítica? E todas estas questões e respostas dependem da presença ou da ausência do outro, do papel do outro, do destino do outro e a responsabilidade assinada ao papel do analista. Lévinas, por seu lado, vai interrogar o pensamento filosófico ocidental, de Aristóteles a Descartes, Kant, Rousseau, Husserl e Heidegger e a sacrossanta *autonomia* fundada na *liberdade*. Depois de Auschwitz, Lévinas diz que a liberdade não assegura de modo algum a moralidade, porque ela esquece a justiça, a responsabilidade em relação ao outro. O discurso psicanalítico de Abraham e o discurso filosófico de Lévinas *encadeiam-se* (para utilizar uma palavra de Derrida) a partir de Auschwitz, desde Auschwitz. Para os dois autores, Auschwitz é o ponto de partida do pensamento, pois não deve ser "explicado" a partir da filosofia ou da psicanálise em uma tentativa de reduzir o excesso que representa Auschwitz, compreendê-lo, controlá-lo.

Stephane Mosès[3] assinala que os homens da geração de Rosenzweig (que Lévinas dizia não citar porque estava demasiado presente em seu texto) viveram a Primeira Guerra como o desmoronamento de um mundo secular onde se afirmava uma certa civilização européia, que, apesar das guerras e revoluções, havia sabido garantir um mínimo de equilíbrio político entre as nações, uma aparência de paz civil na sociedade, e onde o homem parecia ocupar seu lugar natural na harmonia geral do mundo. O pensamento de Rosenzweig nasceu desse desmoronamento:

para ele, os campos de batalha de 1914-1918 não marcam apenas o fim de uma ordem política antiga, mas também a ruína de toda uma civilização fundada, desde os gregos, sobre a crença na capacidade do *lógos* de revelar a racionalidade última do real. Para Rosenzweig, toda a tradição filosófica ocidental se resume na afirmação de que o mundo é inteligível, de que ele é afinal transparente à razão, e que o homem só adquire sua dignidade na medida em que ele é parte desta ordem racional. Ora, para Rosenzweig, são precisamente estas duas pressuposições que a Primeira Guerra veio desmentir para sempre: diante do espetáculo de carnagem insensata da qual se livram as nações européias, não é mais possível afirmar que o real é racional ou que, à luz da razão, o caos original se transforma necessariamente em um cosmos inteligível. De outra parte, o indivíduo, que se supõe poder desenvolver-se plenamente como sujeito autônomo em um mundo regido pela razão, torna-se, na lógica assassina instaurada pela guerra, um simples objeto da História, quantidade negligenciável, número de matrícula sem rosto, arrastado apesar de si, com milhões de outros, num turbilhão de batalhas. A Segunda Guerra vê a noção de "guerra total" (guerra dirigida não apenas contra os exércitos inimigos, mas igualmente contra as populações civis surgidas em 1914-1918) generalizar-se. Mas os conflitos dos nacionalismos são substituídos pela confrontação das ideologias e, no caso do nacional-socialismo, pelo praticar planificado de uma ideologia que visa exterminar populações inteiras, sobretudo todo o povo judeu. Deste ponto de vista, a Segunda Guerra não implica mais apenas a morte de milhões de indivíduos, mas também a aniquilação sistemática de grupos humanos enquanto tais e, numa certa medida, o requestionamento da idéia mesma de humanidade.

Nesta perspectiva, ao redor da Segunda Guerra e particularmente da exterminação dos judeus da Europa (Lévinas em uma entrevista disse que sua vida se desenrolou na perspectiva da ascensão do hitlerismo e de sua memória), é que Lévinas questiona o pilar do pensamento ocidental, a noção de *autonomia* e o lugar do Rosto como sustentação de todo seu pensamento. Em contraposição aos milhões de mortos sem rosto, contabilizados como dados estatísticos segundo um discurso rigorosamente indiferente e neutro, o Rosto torna-se a peça fundamental de sua reflexão.

A crítica da noção de autonomia é em Lévinas o gesto que de uma certa maneira escandaliza e, além do mais, é a de uma raiz única do pensamento ocidental, a Grécia. Assim, ele estabelece um pensamento no qual se encontra uma tensão permanente, essencial, entre dois pólos irredutíveis: Atenas e Jerusalém.

A *liberdade*, diz Chalier,[4] é pensada freqüentemente em um registro de uma celebração filosófica, moral e política, de uma autonomia humana. Livre é o indivíduo em que, à escuta da voz da razão em si, se dá sua própria lei moral e a ela se submete; livre é o povo que, passando contrato consigo mesmo, obedece às leis políticas saídas da vontade geral, de uma vontade na qual cada cidadão reconhece a sua própria vontade; "a idéia de liberdade é indissoluvelmente ligada ao conceito de autonomia, a este o princípio universal da moralidade, que idealmente serve de fundamento a todas as ações dos seres razoáveis" (Kant). Lévinas não partilha esta confiança nesta liberdade que ele julga severamente. É a consciência de fracasso, da violência possível a cada instante se a liberdade não conhece nenhum freio, que conduz os homens a limitar as ambições de sua liberdade e a instaurar as leis indispensáveis à vida social. A esta consciência de fracasso, Lévinas opõe a consciência de uma culpabilidade. O valor da liberdade não está em questão porque ela fracassa, mas porque lhe falta fundamentalmente justiça e não garante de nenhuma forma a moralidade. Lévinas pensa que a moral não se nutre na liberdade, mas na consciência de sua indignidade em relação ao outro que lhe dá vergonha de sua "liberdade assassina". Isso porque o outro, não opõe sua liberdade à minha liberdade, ele não faz pesar sobre ela todas as ameaças mortais que obrigam a passar contrato com ele ou a combatê-lo, ele "coloca em questão o direito ingênuo de meus poderes, minha gloriosa espontaneidade de vivente" e ele me abre à consciência de que "a moral começa quando a liberdade, ao invés de se justificar por ela mesma, sente-se arbitrária e violenta". Admitir esta idéia equivale a introduzir um princípio de *heteronomia* nas fontes vivas da moralidade: *a presença do outro*. Lévinas ensina as vias de uma "difícil liberdade" ou de uma liberdade liberada de todo arbitrário, pois está orientada para uma heteronomia infinitamente exigente. A obediência à lei de um Outro não significa servidão, já que esta lei não visa a submeter à tirania de um mestre, mas a fraturar o caráter definitivo do Eu e a revelar-lhe as obrigações que introduzem o *humano* no *ser*.

O Rosto do homem excede toda descrição possível; quem acreditar que se aproxima do Rosto acumulando detalhes — cor dos olhos, forma do nariz etc. — só perceberá uma imagem estranha ao Rosto, posto que perceber um Rosto, segundo Lévinas, implica um arrebatamento que não deixa o tempo de ver, como diante de uma imagem, um quadro. Lévinas insiste sobre o caráter vulnerável do Rosto — a parte do corpo humano mais desnudada e a mais exposta às violências —, e essa ausência de proteção se impõe a quem olha, ao mesmo tempo, como um convite ao assassinato e como uma interdição absoluta de ceder a essa tentação. Acolher um Rosto abala as certezas que cada um tenta adquirir sobre o outro e sobre si mesmo. Olhar um Rosto é, antes de mais nada, escutar "Não matarás". Segundo Lévinas, esta tentação do assassinato e esta impossibilidade do assassinato constituem a visão mesma do Rosto, e a resistência que ele opõe à eventualidade do gesto assassino chama-se *ética*. Lévinas instaura então a ética como a filosofia primeira, rompendo com o pressuposto de que a metafísica é que seria fundamental. Seria inútil insistir, pois, sobre o fundamento anti-autoritário da filosofia de Lévinas que estabelece a irredutível alteridade do outro.

No *Verbier de l'homme aux loups*,[5] pode-se ler uma frase, notada por dois leitores de Nicolas Abraham, Derrida e Geahchan: "salvar a análise do homem dos lobos, nos salvar". E a nós, cabe-nos interrogarmos como Derrida e Geahchan: salvar a análise de quem? Do quê? Talvez seja justificada uma longa citação de Ferenczi de seu diário clínico de 1º de maio de 1932 para entrever a resposta:

> Uma questão: Freud está realmente convencido, ou então ele foi obrigado a uma crispação teórica exagerada, para se proteger contra sua auto-análise, ou seja, contra suas próprias dúvidas? Não esquecer de que Freud não foi quem descobriu a análise, mas que ele tomou de Breuer algo já pronto. Pode ser que ele tenha seguido Breuer apenas de uma maneira lógica, intelectual, mas não com uma convicção que venha do sentimento; em conseqüência, ele só analisa os outros, mas não ele mesmo. Projeção.

E um pouco além:

... chega-se a idéia de que a malevolência de um doente mental pode triunfar sobre o tempo e sobre o espaço, perseguir alguém até em seus sonhos, em uma palavra, pode destruí-lo de maneira demoníaca: a malevolência leva a práticas perigosas e nefastas, perturba o repouso do sono, destrói as possibilidades de felicidade pela inveja, aniquila a potência, leva ao suicídio etc.
A justo título, um paciente poderia responder à franca comunicação destes fatores de suspeita: 1) Por que ele deveria, o paciente, se entregar cegamente ao poder do médico? Não seria possível, provável mesmo, que um médico que não é bem analisado (e quem é bem analisado?) não vai cuidar, mas deixar livre trânsito a suas paixões, às minhas custas, de maneira neurótica ou psicótica? A título de confirmação, de justificação deste fator de suspeita, eu devo me lembrar de algumas frases de Freud, que ele pronunciou em minha presença, contando evidentemente com minha discrição: "os pacientes são escória", 2) "os pacientes só servem para nos fazer viver, são material para aprender. De toda maneira, nós não podemos ajudá-los".[6]

Veremos Nicolas Abraham, com o cuidado de estar o mais perto da clínica, no seu artigo sobre o símbolo, propor o método transfenomenal, ao mesmo tempo transobjetivo e transubjetivo, como o método da psicanálise que se liberta do objetivismo e do subjetivismo, isto é, o símbolo é a gênese de um funcionamento, mas não pode ser lido pelo próprio sujeito, apenas por um outro. Nicolas Abraham concebe o símbolo como uma fusão entre a repressão e o reprimido; todo símbolo é funcionamento substitutivo de outros funcionamentos incompatíveis ou inibidos e o símbolo implica necessariamente um terceiro. A concepção de Nicolas Abraham é transfenomenológica, cujo fundamento é a *ressonância*, peculiar do método psicanalítico em que participa a estrutura imaginal do observador:

esta noção de ressonância distingue-se radicalmente tanto da *Einfühlung*, marcada de subjetivismo, quanto da observação puramente objetiva: ela opera por um desencadear da atividade inconsciente a partir dos conteúdos conscientes recebidos à escuta, ou melhor, a ressonância ocorre quando os conteúdos de consciência encontrados induzem em nós por suas particularidades um inconsciente — quer dizer uma estrutura imaginal — complementar. Se a significação do símbolo não se dá nem à objetividade, nem à subjetividade, ela é apreendida pela ressonância própria à escuta psicanalítica tal como ela se dá na relação transferencial. Ela se manifesta então como um momento de funcionamento imaginal do sujeito, momento cujo revelador é o não-engajamento (e não, claro, não-ressonância) do analista.[7]

A noção de ressonância desempenha um papel central na perspectiva clínica de Nicolas Abraham e no plano de sua concepção teórica.

O processo psicanalítico tem isto de particular, pois ele necessita, como condição de sua própria existência, das associações dos dois participantes em uma sessão analítica; é tão somente pelas suas próprias associações que o analista chegará não à "compreensão" das associações de seu analisante, mas a um procedimento complexo de tradução: o analista é obrigado pelas suas próprias associações a escutar o que seu analisante viu através de uma conversão de uma linguagem visual em uma linguagem auditiva que passa pelo desejo do paciente mostrar o que ele vê e do analista de escutar o que o paciente vê.

A noção de ressonância, própria da psicanálise, afasta, pois, toda ilusão de um deciframento objetivo e subjetivo; ela coloca em evidência o que é peculiar da psicanálise e não se pode confundir com nenhum outro procedimento, seja psicológico, antropológico, lingüístico ou qualquer outro. É a dimensão dita por Nicolas Abraham como transfenomenológica, isto é, indissoluvelmente transobjetiva e transubjetiva. É nessa perspectiva que analista e analisante na situação analítica constituem, graças à noção de ressonância, a condição necessária para encontrar a operação simbólica em sua gênese (traumática que deve passar ao não-traumático da ética do tratamento).

É a maneira de Nicolas Abraham, de um ponto de vista analítico, dizer o face a face levinassiano, o encontro com o Rosto do outro.

Pela noção de ressonância, trata-se de salvar a análise da atitude antianalítica, pedagógica do próprio Freud e portanto de sua herança, de colocar a psicanálise fora do alcance de toda tentação de um sistema doutrinário que seria apenas um delírio e de preservar a irredutível separação entre os dois participantes da situação analítica.

Retomando os dois pontos onde parecem confluir as duas obras, a de Nicolas Abraham e de Lévinas: sendo a Shoah o ponto de partida e a insurreição contra toda atitude que anula ou diminui a presença do outro em benefício de uma teoria ou de uma tradição filosófica, pode-se pensar que o terceiro a quem se dirige o texto simbólico não pode em qualquer caso personalizar-se na figura do analista. A pessoa do analista é apenas um catalisador e deve desaparecer imediatamente após a leitura simbólica ter dado lugar a uma introjeção das pulsões dos conflitos na origem do símbolo. Além do mais, o terceiro não pode ser uma pessoa que se diz portadora de uma verdade ou de uma salvação. O terceiro a quem se dirige o texto de símbolo não é antropomorfizável, trata-se de uma figura completamente outra, o outro da heteronomia levinassiana que impõe o "Não matarás". Pensar um analista homem como o destinatário último do símbolo seria reduzir a psicanálise a uma técnica dialogal ou a uma palavra de vocação comunicativa, e não se trata de nada disso: a psicanálise não é uma psicologia. A palavra psicanalítica, em última analise, é a pura mensagem de alguém, que não se sabe quem, a alguém, que tampouco se sabe quem é, mas que não se reduz a uma comunicação interpessoal. O analista na sessão analítica é o fiador de um tempo em que a violência não é autorizada, realização, ao longo de todo o tratamento, da prescrição ética "Não matarás".

4

O SILÊNCIO DO SOBREVIVENTE: DIÁLOGO E RUPTURAS ENTRE MEMÓRIA E HISTÓRIA DO HOLOCAUSTO

*Roney Cytrynowicz**

No conto autobiográfico "A morte do meu pai", publicado no livro *Holocausto: canto de uma geração perdida*,[1] o escritor Elie Wiesel dilacera-se na dúvida sobre rezar ou não o *kadish*, a reza judaica dos mortos, no aniversário da morte de seu pai, assassinado pelos nazistas no Holocausto durante a Segunda Guerra Mundial. O eixo principal da narrativa está na revolta do homem diante do que Wiesel chama de "ausência de Deus", o que, segundo o conto, teria tornado possível o espaço para a ocorrência do genocídio.

Rezar o *kadish*, buscar Deus, escreve Wiesel, constituiria o mais duro protesto diante desta ausência. Em "A morte do meu pai", o conflito central de Wiesel é

---
* USP

com Deus. Não há conflitos entre os homens: os judeus não reagem e não se revoltam contra os nazistas, e estes encarnam uma espécie de mal teológico. Em outro conto, o desfecho dá-se no plano divino. É a história de um judeu deportado que foge "milagrosamente" do vagão. O homem era um profeta e sabia o seu destino, escreve Wiesel. O sobrevivente não resistiu com armas, não ajudou os companheiros, tampouco se salvou por suas próprias forças. Foi um milagre.

Estes dois contos de Elie Wiesel são bastante significativos não apenas de sua obra, mas de uma recorrente e dominante abordagem da memória (e até da história) do Holocausto. É como se Wiesel nos dissesse que não é possível reconhecer uma dimensão humana no nazismo, humana no sentido de entender o nazismo na História, e que não é possível reconhecer homens nos nazistas.

Esta recusa de um plano histórico de compreensão faz com que, ao mesmo tempo que Wiesel insista na necessidade de lembrar e de contar, ele acabe bloqueando o acesso para um compartilhamento da sua experiência. Porque seus contos falam sempre da impossibilidade de entender e de comunicar. "Talvez algum dia alguém explique como, ao nível humano, Auschwitz foi possível; mas, ao nível de Deus, Auschwitz constituirá para sempre o mais desnorteante dos mistérios", escreveu Wiesel. Como entender que Wiesel, escritor e Prêmio Nobel da Paz, tornado o homem-símbolo da memória do Holocausto, cuja voz é ouvida sempre que se trata da violação dos direitos humanos, afirme a impossibilidade de comunicar? Nas palavras de Wiesel, "os eruditos e filósofos de todos os matizes que tiverem a oportunidade de observar a tragédia recuarão — se forem capazes de sinceridade e humildade — sem ousar penetrar no âmago do assunto; e, se não o forem, a quem interessarão as suas conclusões grandiloqüentes? Por definição, Auschwitz fica além do seu vocabulário". Estas frases de Wiesel podem ser entendidas como uma ruptura profunda entre os planos da memória, individual, coletiva, e da história, entendida como o ofício do historiador que busca conhecer e compreender.

Pode-se dizer que os sobreviventes do Holocausto, como Wiesel, sentem uma espécie de solidão insuperável, como se a memória constituísse um peso terrível do qual jamais se está livre, mas que é, ao mesmo tempo, o único registro seguro e confiável. A História jamais os ampara ou consola, não importa quantos livros sejam escritos ou centros de documentação organizados, porque o compromisso da História pode romper a segurança afetiva da memória enquanto parte da identidade de uma pessoa ou de um grupo.

O processo de extermínio

A ruptura ou distância entre história (conhecer e compreender) e memória pode ser entendida — como uma hipótese — a partir de uma aproximação histórica que pesquise aspectos centrais da própria concepção e execução do extermínio nazista. O processo de genocídio dos judeus europeus foi concebido e executado, entre 1941 e 1945, entre outros aspectos, para evitar qualquer reação das vítimas, negando às próprias vítimas, até a consumação última da sua própria morte, a consciência de que elas seriam assassinadas e de que estava em curso um processo de genocídio.[2]

Nos fuzilamentos em massa operados durante a invasão da Rússia, a partir de junho de 1941, nos quais foram mortos pelo menos 1,3 milhão de judeus, as vítimas eram mantidas a uma calculada distância dos algozes de forma a minorar qualquer reação. Nos caminhões que operavam câmaras de gás móveis, a partir de dezembro de 1941, operação que matou cerca de 145 mil judeus, era calculada a pressão do acelerador e a velocidade do veículo de forma a compatibilizar trajeto e tempo e de forma ainda a não provocar uma morte que produzisse, nos corpos, efeitos "desagradáveis" para os carrascos. A deportação dos judeus era sempre tratada pelos nazistas como um deslocamento para trabalhos forçados.

Os primeiros assassinatos por gás foram contra os considerados "doentes incuráveis" no programa chamado pelos nazistas de "Eutanásia" (que matou entre 70 e 100 mil pessoas). Câmaras de gás foram usadas na Polônia contra prisioneiros soviéticos entre setembro e dezembro de 1941. Nos seis campos de extermínio na Polônia, onde foram assassinados 2,7 milhões de judeus e 1,5 milhão de não judeus, atingiu-se o limite máximo de capacidade física de matar com o máximo de não envolvimento pessoal dos próprios nazistas e máxima possibilidade de negação da morte e posterior destruição dos vestígios.

Nos campos de extermínio de Auschwitz-Birkenau, Maidanek (Lublin), Chelmno (Kulmhof), Treblinka, Sobibor e Belzec, todos situados na Polônia, o genocídio atingiu uma escala industrial, organizada em termos de custo–benefício. Ao chegar ao campo, as vítimas recebiam cabides numerados para encontrar as roupas após o "banho de desinfecção". Dentro das câmaras de gás era calculada uma luz para atenuar o pânico. O Zyklon B foi utilizado após testes com vários tipos de gás. Uma novilíngua utilizada pela burocracia impedia qualquer referência direta à morte: assassinato em massa era "tratamento especial", câmaras de gás eram "casas de banho", "banho de desinfecção", "ações" ou "tratamento apropriado". As vítimas eram chamadas de "peças", "carregamento", "mercadorias". São centenas, milhares, milhões de ofícios, ordens e trâmites burocráticos para matar, mesmo que escritos na novilíngua e mesmo que os historiadores não tenham ainda chegado à "gênese" da Solução Final (detalhe historiográfico que não tem maior relevância, especialmente diante da estrutura de poder nazista, que muitos historiadores chamam de "hitlerismo" dada a centralidade do próprio Hitler no sistema de poder e uma cadeia de ordens que prescindia muitas vezes de registros escritos).

No plano ideológico, os nazistas consideravam-se soldados biológicos que estavam executando uma missão que a própria natureza se encarregaria de fazer contra as "raças" consideradas inferiores, em um processo considerado "seleção natural". Para o nazismo, a história era luta de raças, e eles estavam fazendo "biologia aplicada". Eram médicos, como mostrou Robert Jay Lifton, que faziam todo o processo de "seleção" na entrada dos campos e operavam as câmaras de gás.[3] Todo o processo de extermínio foi medicalizado segundo uma concepção eugenista, central no nazismo, de que matar judeus significava manter a saúde do "corpo ariano", associada à propaganda milenarista e anticomunista de que matar o povo judeu era a salvação do "Reich de Mil Anos".[4]

O estranhamento das vítimas

Diante do processo de dissimulação e negação da morte, as vítimas sofriam um processo violento de estranhamento. Tudo era conduzido na mais absoluta "ordem" e "normalidade"; não havia ódio, mas uma burocratização limite da morte. Em *Eichmann em Jerusalém*, Hannah Arendt mostrou que a personalidade emblemática do nazismo é Eichmann, o burocrata cumpridor de ordens, um "vazio de pensamento", sem ódio pelas vítimas. Isso é muito mais perturbador do que perceber os nazistas como o médico de Auschwitz, Mengele, pois suscita explicações do tipo "loucura coletiva" ou do nazismo como a "loucura" de líderes como Hitler e Mengele. Já Robert Lifton mostrou extensamente como a "loucura" de Mengele integrava, dentro da mais absoluta normalidade, a "boa" medicina alemã desde os anos 1920 e de como, mesmo durante a guerra, muitos aproveitavam os resultados "científicos" das experiências nos campos de extermínio.

O desafio moral, político e histórico colocado pelo nazismo, conforme Arendt, é entender os mecanismos desta sinistra "normalidade" e banalidade do mal, que destruiu os mais elementares valores e princípios que fundam a idéia de humanidade; é entender como um Estado e largos setores de uma sociedade tornaram perfeitamente legal e socialmente legítimo destruir um povo. Foi este desafio que, criticou ela, os juízes israelenses não conseguiram entender, presos a uma lógica segundo a qual as pessoas têm ciência de sua conduta e podem discernir o bem do mal, recaindo, portanto, a explicação da conduta de Eichmann para a ideologia e o anti-semitismo.

Onde estava a fronteira?

Como pode, então, o sobrevivente retomar a vida no mundo, ressignificá-la, retomar os vínculos e os laços que alicerçam uma vida cotidiana em um mundo que se tornou, repentina e inexplicavelmente, do ponto de vista objetivo, uma máquina genocida e, do ponto de vista subjetivo, inteiramente *estranhado* e incompreensível? Do ponto de vista da memória e da identidade pessoal, conforme Elie Wiesel, Auschwitz de fato "constituirá para sempre o mais desnorteante dos mistérios".

Uma visita ao atual museu localizado no que foi o campo de extermínio de Auschwitz-Birkenau, na Polônia, e aos campos de concentração, como Dachau, na Alemanha, revela a intolerável proximidade física dos campos com a vida cotidiana polonesa ou alemã. Onde estava a fronteira entre o genocídio, câmaras de gás matando até 24 mil pessoas por dia, depois cremadas em fornos crematórios, e, de outra parte, as tramas do cotidiano, pessoas trabalhando, passeando, vivendo em suas casas? Esta fronteira nunca existiu; a vida normal (de um mundo em guerra) continuava fora do campo, enquanto dentro do campo o genocídio era operado sob uma terrível aparência de "normalidade".

A experiência do sobrevivente é a de que ele teria sido deportado para outro planeta, tamanha a sensação de isolamento e falta de compreensão do que estava ocorrendo. "O verdadeiro horror dos Campos de Concentração e de extermínio reside no fato de que os internos, mesmo que consigam manter-se vivos, estão mais isolados do mundo dos vivos do que se tivessem morrido, porque o horror compele ao esquecimento", escreveu Hannah Arendt.[5] Na gíria do campo, nunca se dizia amanhã. "Este mundo não é este mundo" poderia ser a frase dita por todos os sobreviventes. "Quem não esteve 'lá' jamais vai poder entender", dizem muitos sobreviventes, afirmando que haveria uma impossibilidade intransponível de transmitir, de fazer compreender, a experiência das vítimas do Holocausto.

Trabalhando em um documentário do exército britânico sobre campos de concentração e de extermínio ao final da Segunda Guerra Mundial, o cineasta Alfred Hitchcock, ao encarar a visão de valas com milhares de cadáveres no Campo de Concentração de Bergen Belsen, Alemanha, decidiu filmar de forma que a câmera deslizasse das testemunhas que olhavam em direção às valas sem operar nenhum corte de imagem. Para Hitchcock, aquelas imagens eram tão terrivelmente inéditas que era preciso filmar sem truques, sem cortes, para que nunca alguém pudesse acusar as cenas de montagem. Outros não tiveram a mesma percepção. Uma edição do governo polonês, por exemplo, documentando os crimes nazistas logo após a guerra, mostra fotos que foram visivelmente retocadas. O retoque, feito ingenuamente no pós-guerra para tornar as fotografias mais nítidas, seria utilizado a partir dos anos 1980 como sinistra arma do nazi-negacionismo para tentar lançar dúvidas sobre a autenticidade das fotos. O truque nazista-negacionista é tão simples quanto eficiente, e repete a propaganda nazista dos anos 1930 e 1940: lança-se a dúvida sobre um ponto minúsculo, muitas vezes um lapso de memória, um dado não conhecido, um erro histórico, um retoque de fotografia etc., e a partir daí lança-se a suspeita sobre a própria ocorrência história do genocídio, isto dentro de uma lógica de que um complô judaico-sionista estaria escondendo a "verdadeira história".[6]

Impossibilidade de comunicação

De certa forma, a memória e o testemunho dos sobreviventes negam o acesso do historiador a uma aproximação racional, a uma compreensão, do nazismo e do Holocausto. Entre memória e história parece haver, em certos momentos, uma impossibilidade de comunicação, conforme os contos de Wiesel e conforme o relato de muitos sobreviventes. O ofício do historiador é muitas vezes diminuído como uma tentativa racional e banal, quase inútil, de compreensão de uma experiência que estaria além das fronteiras da compreensão, restando, portanto, apenas a esfera da narrativa descritiva e do conhecimento fatual.

Mas, do ponto de vista do historiador, o que está em questão com o Holocausto, com Auschwitz, não é a morte individual, que pode ser contada pela memória individual, mas o genocídio de um povo executado por um Estado moderno no coração da Europa em pleno século XX. A memória individual não tem como articular a questão central instituída pelo nazismo: a possibilidade de um Estado tornar-se agente de um genocídio executado em escala industrial. Do ponto de vista da memória, isso não faz sentido; a memória não pode dar conta, afetivamente, desta articulação que cabe ao historiador; para ele, esta compreensão é seu maior desafio.

A memória social ou coletiva, por sua vez, cristaliza-se colada muitas vezes a demandas afetivas ou políticas externas ao testemunho. Isso pode ser observado na ênfase reiterada nos relatos individuais de que o Holocausto seria "apenas" parte, mais um capítulo, de uma história mais longa, ou eterna, de anti-semitismo ou de que o genocídio seria um castigo divino pela assimilação dos judeus na Alemanha e em outros países da Europa. A memória procura um sentido e encadeia-o em outras construções que, do ponto de vista da identidade pessoal, fazem sentido, criam nexos e explicações, constroem uma espécie de auto-história. A memória procura sempre apaziguar os conflitos, fechar as feridas, restaurar as ruínas, silenciar as dores; ela tem compromisso com a subjetividade, com a reconstrução de uma história pessoal que precisa encontrar saídas viáveis, até mesmo do ponto de vista psíquico, para reconstituir uma vida, um futuro, e isso por mais que ela conte das dores e das feridas.

A memória também é muitas vezes frágil e passível de apropriação por um discurso que lhe é externo, como o do Estado, por exemplo. Embora a história do Estado de Israel e do movimento sionista tenha origens e causas muito mais complexas e amplas do que ter sido "conseqüência" do Holocausto, há uma certa memória oficial que mantém este registro e o instrumentaliza inclusive como arma retórica no conflito territorial entre israelenses, árabes e palestinos. O Holocausto seria, assim, anacronicamente, uma etapa (estabelecida *a posteriori*) da criação do Estado de Israel.

A memória do Holocausto tem ocupado também, nos últimos dez anos, um lugar central nas estratégias de comunidades judaicas para buscar mecanismos de identificação para seus membros. O próprio filme de Steven Spielberg pode ser incluído nesta tendência. Em várias declarações, o cineasta disse que realizar o filme foi uma "volta às suas raízes judaicas". Esta identidade judaica via reiteração da memória do Holocausto é dada sempre pelo registro da memória, e não da história, que problematiza a memória e a identidade.

O historiador não está isento de nenhuma das capturas externas e do caráter fragmentário da memória, mas seu compromisso é, de certa forma, historicizar as próprias formas de memória e de história. Pode-se lembrar que foi um historiador, Raul Hilberg, não por acaso, autor daquele que é certamente o mais importante livro de história já escrito sobre o Holocausto, que percebeu que *Fragmentos*, de Wilkomirski, era uma fraude do ponto de vista fatual.[7] Para Hilberg, ficção e memória devem estar, do ponto de vista do historiador, em uma mesma categoria, distinta da história, que as utiliza, claro, mas como fontes a serem trabalhadas. Cabe lembrar que o nazi-negacionismo começou justamente com a publicação de uma tese acadêmica, na França, que questionava a autenticidade do *Diário de Anne Frank*. O *Diário*, como se sabe, teve várias versões em diferentes línguas. As variações do texto eram devido a diferentes trechos, em diferentes versões, suprimidos pelo pai de Anne, especialmente em razão de referências incômodas para a memória familiar. Partindo destas variações, Faurisson questionou a própria autenticidade do *Diário*, lançando suspeitas sobre o pai de Anne. A lógica nazi era, novamente, tão óbvia quando eficiente: se o mais famoso diário do Holocausto estava sob suspeita, levantada pelos próprios nazis (mas baseada em contradições encontradas nas versões do *Diário*), o que não dizer de inúmeras outras fontes e testemunhos muito menos conhecidos?

História da memória

A centralidade da memória enquanto registro preponderante do Holocausto é um fenômeno recente. Um livro hoje tornado chave entre os testemunhos, *É isto um homem?*, de Primo Levi, demorou vários anos para ganhar sua primeira edição mais comercial. No pós-guerra não havia a circulação de testemunhos que existe hoje, transformados em tema do cinema de entretenimento e em tema de conferências internacionais que atraem a participação de chefes de Estado. Falar o máximo possível do Holocausto não é necessariamente mais interessante do que entender o momento em que é preciso também saber silenciar, para garantir um certo estranhamento, uma certa recusa ao *show business* e a uma certa saturação de depoimentos exibidos sem moldura histórica. Um programa matutino da televisão brasileira, de auditório e entrevistas, realizou certa vez um debate entre diversos sobreviventes: de naufrágio, de incêndio, do Holocausto... O sobrevivente é convocado a todo momento para contar um testemunho que se tornou banal no jogo político e midiático atual.

É preciso, mais do que nunca, que se diga que lugar era aquele de onde fala o testemunho, é preciso um relato histórico que dê conta da ruptura histórica representada pelos crimes nazistas, para que o testemunho do Holocausto não seja jogado nesta vala comum da banalidade televisiva que confunde acidentes da natureza com genocídio.

Ao historiador não cabe apenas um papel descritivo de quem conta fatos e fornece contextos. Ao historiador cabe recuperar as memórias e os fragmentos individuais e torná-los compreensíveis; a ele cabe superar a barreira do intangível para entender a organização do Estado alemão a partir de 1933, para entender a gramática interna da ideologia, sua potência, em que esferas da vida social e psicológica ela atua, a emergência desta ideologia na história da Alemanha e da Europa e como ela se apossou do Estado e como este organizou, pela primeira vez na história, um plano sistemático de destruição de todo um povo. O nazismo condensou em grau máximo — até agora conhecido — as possibilidades de destruição no século XX.

A partir do trabalho de historiadores, psicanalistas e pesquisadores de ciências sociais, compreendemos hoje significativamente mais do que ao fim da guerra, se pensarmos em *Breviaire de la haine*, de Leon Poliakov, e depois em Raul Hilberg e estudos mais específicos como Robert Jay Lifton, sobre médicos e medicina nazista, em Martin Broszat, George L. Mosse, Arno Mayer, Martin Gilbert, sobre o não bombardeio de Auschwitz pelos aliados, o trabalho único sobre os ciganos de Grattan Puxon e Donald Kenrick, apenas para citar alguns poucos títulos entre dezenas de estudos decisivos.[8] O testemunho tem seu valor imprescindível, moral, político, mas é preciso jamais perder a perspectiva de que, para termos um quadro coerente e consistente do que foi o Holocausto e para adquirir as ferramentas intelectuais e políticas para pensar políticas de tolerância e de democracia, o registro da memória é insuficiente, mesmo resguardando incondicionalmente seu valor ético como narrativa testemunhal da destruição.

Pode-se pensar que a sensação de irrealidade fortemente referida nos relatos testemunhais é a conseqüência do "tudo é possível" instaurado pelo nazismo, ou seja, a idéia de que tudo o que pudesse ser imaginado em termos de violência e perversidade poderia ser de fato executado pelos nazistas, e esta é a própria marca do nazismo. Mas não estará o historiador, por sua vez, preso à armadilha da banalização da explicação, da compreensão? O historiador deve explicar como foi possível, explicar como se organiza um extermínio em escala industrial, explicar como é possível criar-se uma sociedade anti-semita e criminosa, explicar como se monta uma burocracia do extermínio. Explicar até o limite, mas o limite não é, ao contrário do que poderia parecer, a própria banalização da explicação. O limite é um olhar para dentro do mal nazista, tentando entender todas as múltiplas articulações que o tornaram, efetivamente, possível, *histórico*. A possibilidade de explicar o inaudito, o nunca antes acontecido, caminhará sempre em uma ínfima brecha em que, de um lado, está a história e, de outro, a trivialização; mas seja como for, é preciso recusar a idéia do genocídio como um fato do qual não é possível aproximar-se, irredutível à história, e o historiador não pode aceitar a categoria de irrealidade ou mesmo de hiper-realidade.

Os sobreviventes testemunharam fatos que não têm paralelo na história, fatos para os quais nenhuma experiência pessoal pode contribuir para um entendimento coletivo. Na memória reside, portanto, muitas vezes, um presente sem codificação, sem atualização possível do conhecimento e da experiência. Sem tradição, escreveu Arendt, que selecione e nomeie, que transmita e preserve, parece não haver nenhuma continuidade consciente no tempo e, portanto, humanamente falando, nem passado nem futuro, mas apenas o ciclo biológico.[9] E o que pode ser mais desesperador do que isso? Não devemos esperar do testemunho que ele explique algo, nós não devemos fazer-lhe perguntas nem inquiri-lo sobre a história, mas apenas garantir-lhe o direito de falar, de contar. O testemunho do sobrevivente precisa ter seu valor, mas é preciso não deixá-lo jamais sozinho, para que sua experiência não se torne a voz da desesperança ou a expressão de questões de identidade ou de política que a distanciem da história. Tampouco podemos tornar a voz dos sobreviventes a voz da consciência democrática e pluralista, a voz que tem a responsabilidade de tornar legível esta história.

A solidão do sobrevivente é dor de descobrir-se em um mundo em que tudo tem a mesma aparência, homens, carros, médicos, caminhões, chuveiros, e não poder entender como tudo isto se transfigurou em uma gigantesca máquina de morte. É dor pela sensação de absoluto isolamento em um mundo no qual seres humanos — máxima semelhança — se tornaram assassinos de um povo. Pode-se compreender Elie Wiesel. É como se sua fala fosse o sentido da sua vida. Porque não importa mais o que ele conta e muito menos sua descrença na possibilidade de contar. Importa apenas falar (ouvir), como a manter-se vivo, falar para si mesmo que se está vivo, que se sobreviveu e buscar reestabelecer algum tipo de vínculo com a idéia de que existe uma humanidade fundada em leis como "Não Assassinarás!".

Em muitos de seus contos, Wiesel não escreve para comunicar, mas para não deixar morrer, para si mesmo, seu próprio testemunho, garantia de continuidade, de vida. A literatura é o testemunho de sua própria possibilidade de sobrevivência. Nós precisamos que o sobrevivente conte sem compartilhar e ele precisa que escutemos sem indagar. Memória e história devem-se respeitar, mesmo que se desencontrem, mesmo que haja crítica e tensão. A história deve resgatar as histórias de vida, as dores e as intensidades subjetivas, deve também problematizar a memória, sem jamais recusar a aproximação com a mais (aparentemente) incompreensível destruição. É preciso que cada documento da barbárie seja recuperado, estudado, criticado, entendido, conservado, arquivado, publicado e exposto, de forma a tornar a história uma forma presente de resistência e de registro digno dos mortos, muitos sem nome conhecido e sem túmulo. Entender cada vez mais como Auschwitz se tornou realidade histórica é um imperativo para compreender o horror que reside no centro da história do século XX e sustentar a resistência contra o horror que nunca deixa de se aproximar.

Em um momento em que estamos diante da possibilidade de não termos mais a voz direta, viva, dos sobreviventes, é preciso resguardá-los da exploração que os torna espetáculo de um apaziguamento e de uma intensa exposição para fins políticos em um mundo que apazigua sua má consciência dos atuais crimes celebrando a memória dos crimes passados. A memória do sobrevivente precisa, mais do que nunca, ante um mundo que a celebra como espetáculo, ser amparada e ter uma sólida e consistente moldura da história.[10]

5

IMAGENS DO HORROR. PAIXÕES TRISTES

*Adrián Cangi**

> Eu me vejo de golpe nessa mirada de espanto: em seu pavor [...] se, em definitiva, meus olhos são um espelho, devo ter um olhar de louco, de desolação.
>
> JORGE SEMPRÚN, *A escrita ou a vida*

> a direção do nosso movimento é o de parar a máquina, detendo o dano. Para conseguir isto, a força do contragolpe deve ser, às vezes, tão forte, que destroce a máquina...
>
> FRIEDRICH NIETZSCHE, *O caminhante e sua sombra*

A palavra só pode realizar-se, só é verdadeiramente pronunciada, na escuta. A tendência de

---

* Buenos Aires

> nossa época orienta-se na direção oposta: asfixia a palavra nos limites da visão imediata, reduzindo-a a um ato imediatamente submetido à prova de ver.
>
> MASSSIMO CACCIARI, *Edmond Jabés no judaísmo contemporâneo. Uma marca*

Racionalização e ódio nas usinas da morte

1. "O que se ouve é mais revelador que o que se vê, [...] o olho também inventa, mas não inventa no domínio dos sons, enquanto que os sons inventam no domínio da imagem".[1] Palavras radicais de Robert Bresson, palavras que confirmam a sentença: "ouvir não é o mesmo que ver". Sentença que motivou Blanchot a descrer conscientemente da visão imediata em favor de uma visão interior e seletiva. Quando a prova do ver se converte em simulacro e em inventário de efeitos, Lévinas propõe dirigir o corpo à palavra autêntica e verdadeira, a uma comunidade de outros que testemunham experiências.

Pode o olho enfrentar o horror com sua potência de fascinação, ou somente a palavra pode exorcizar a violência com seu artifício e distância, onde reina o rastro da morte? Se não damos nenhuma concessão às potências mórbidas do olho, a seu deleite triste, a sua fascinação ante o horror, e escolhemos a via da linguagem, é porque pensamos que a opacidade do real é sinistra e que o olho é o órgão da extrema labilidade sensorial. Sua debilidade não conhece medida, sua paixão desconhece razões. O problema radical de nosso tempo é a escravidão e a servidão passional do olho na sua busca da encarnação do horror e da violência. A história do Holocausto foi sepultada por uma sobrecarga de efeitos retóricos, de imagens grandiloqüentes, onde impera, como diz Ricardo Forster, "um olho impudico, insolente e astuto".² A indústria cultural supõe um efeito de democratismo pedagógico, no qual não se economiza a estetização da violência e da morte, com o objetivo de aliviar as massas, numa fabulosa catarse cinematográfica ou televisiva.

Em *Hitler, um filme da Alemanha* (*Hitler unter uns*, 1977),³ Syberberg sustenta que a cultura democrática de massas somente se constrói no espetáculo. O espetáculo de maior efeito é o que as massas querem. Hitler, diz Syberberg, é um homem que, como tantos outros, perseguiu sua auto-realização. Fê-lo no mal e pelo mal, mas conseguiu a aspiração de muitos e fê-lo sem titubear até o final. A catástrofe mesma encarna-se num filme e como filme. A obra de Syberberg opera na ordem do virtual e da metáfora visual, mas o material sonoro que utiliza é um precioso documentário dos discursos de Hitler, que vão tecendo a aventura da máquina despótica nacional-socialista. A hipótese do filme é de que o Reich construiu uma superprodução cinematográfica de vultuoso orçamento, na qual se confundem os limites do real e do virtual. Tudo acaba sendo tão incrível que pode ser pensado, supõe Syberberg, como uma obra de arte total, uma ópera wagneriana que culmina com o *Ocaso dos deuses*. Com relação a este pressuposto, o filósofo Michel Onfray replica: "desde quando o cinema vale ontologicamente tanto quanto o mundo que ele representa?".⁴ O "nacional-esteticismo", proposto por Syberberg com seu recurso à metáfora, não permite confundi-lo com o projeto nacional-socialista, que "reivindica realmente um biologismo racial e um cientificismo higienista".⁵

Os corpos não serão salvos pelo cinema. Os corpos já foram afundados.⁶ Não há catarse que a imagem possa produzir ante a tragédia. A imagem, com seu poder de fascinação, não pode mais que reforçar o efeito tranqüilizador instantâneo. Em sua concessão espetacular, as imagens afundam-nos no esquecimento. "Duplo é o silêncio das vítimas: o da derrota histórica e o do esquecimento".[7] O olho trabalha no cinema motivado pelos efeitos de uma paixão instantânea: o ódio construído a partir da câmara não permite compreender, o pranto imediato não liberta, os efeitos pornográficos não produzem uma recuperação da memória. Ante o extermínio, enfrentamos o problema do indizível e a força do irrepresentável.

O filme *Shoah* (1976-1985), de Claude Lanzmann, está composto por uma série de entrevistas sobre a experiência nos campos de extermínio nacional-socialista, em especial os campos do Leste, com três tipos de testemunhas da morte: vítimas da Solução Final, testemunhas presenciais e funcionários da administração dos campos e da empresa ferroviária do Reich. Evitando as imagens de arquivo, o filme indaga os rostos, os espaços e os corpos, sabendo que a autoridade do testemunho, como diz Benjamin, alcança sua legitimidade ante a sanção da morte. O filme, em suas 9 horas e 26 minutos de duração, tenta revelar como funcionava a chamada Solução Final (*Endlösung*), tratando de excluir a violência explicativa dos porquês e deixando à vista a máquina letal, sua potência e seus efeitos sobre o corpo e a alma das vítimas.

Shoah radicaliza as seguintes perguntas: o que revelar ante o desfalecimento da memória e o avanço revisionista dos fatos? Como evitar os efeitos sádicos explorados pelo sistema documental e de ficção circulante? Como fazer um filme eliminando da cena a confusão dos dados inventados, falseados ou desfigurados pelo tempo? Como recuperar a palavra traumática, quebrada pela tragédia, sobre fatos dos quais nem sequer os cenários se mantêm de pé? Como revelar a desapaixonada maquinaria e fazer irromper o gesto alucinado das paixões destrutivas? Como enfrentar a ruína e o silêncio para recuperar a experiência do horror?

Estas perguntas estão acompanhadas por uma convicção de Lanzmann:[8] tem-se de fazer falar os lugares vazios e mudos ao ritmo dos testemunhos, tem-se de fazer falar "os não lugares da memória".[9] A crença de Lanzmann é que somente no fulgor das lembranças habitam as paixões, e somente por este fulgor pode evitar-se o apagamento de semelhante projeto e linguagem administrativa e o calculado dever, virtude e método que se supunha.

Shoah tenta recuperar a cena originária onde as vítimas e os funcionários reagiam ao confronto com o ofício que desempenhavam, com o lugar espacial que habitavam, com a linguagem administrativa que os atravessava. Somente assim, pensa Lanzmann, seria possível a reminiscência. Devolver aos corpos uma conexão com o mesmo trauma para recuperar o passado como alucinação. Omitir o "mal de arquivo"[10] para fazer emergir o testemunho vivo do instante passado no presente. Quando Primo Levi diz "que utilizou a língua medida e sóbria da testemunha, não a lamentação da vítima, nem a raiva do vingador", procura homologar-se ao projeto que o vitimou para poder compreendê-lo melhor em sua própria racionalidade. "O menos passional possível", diz Levi, "é somente desta maneira que um testemunho completa sua função", descrevendo e revelando um funcionamento. Lanzmann segue a linha aberta por Levi, evitando a obscenidade potencial que implica mostrar aberrações, para dar espaço aos testemunhos. A irrupção de uma verdade somente poderia proceder do interstício submergido pela linguagem administrativa e o esquecimento. Trata-se de evocar, no filme, o passado, fazê-lo surgir da greta de uma memória, que para viver silenciou suas marcas. Lanzmann diz buscar "as coisas que fazem ver numa espécie de alucinante não temporalidade". Alcançar a verdade encarnada no corpo das vítimas para pensar, como sugere Onfray, "a política de outro modo". *Shoah* decide terminar com o ponto morto do indizível, do inefável e das experiências-limite, porque Lanzmann parece seguir a idéia de Spinoza de desfazer-se do riso e das lágrimas, ou seja, das paixões mesmas, para limitar-se ao desejo de compreender. A razão deste filme é evitar a servidão como impotência para governar e reduzir as afeições esquivando a fortuna que já foi negra para a história. A utilidade, como princípio de compreensão, confirma, para Lanzmann, a bondade do projeto. O objetivo é revelar "a força com a qual o homem persevera na existência" além da limitação da potência das causas exteriores, em consonância com aquilo que Robert Antelme[11] escreve: "podem matar um homem, mas não podem transformá-lo em outra coisa". A verdade de um ser humano é seu próprio corpo perseverando em seu ser enquanto um alento o anime. A verdade é este alento encarnado que brinda o testemunho. Ao revelar esta verdade, Lanzmann opõe-se à idéia de Adorno, capital, mas catastrófica, na medida em que enfrenta a suspensão da arte e de todo o pensamento ante o inefável e o problema do indizível. Mas também se opõe ao nazismo como mal radical, pois enfrenta a idéia do funcionamento das paixões imediatas como motor da ação. Lanzmann não se detém no ódio *a priori*, mas fá-lo surgir da complexa trama silenciada pela linguagem administrativa. Para descrever o Holocausto, diz Lanzmann, "teria que fazer uma obra de arte, pois somente um artista consumado pode recriar este fato".

    O caráter afirmativo de *Shoah* supõe enfrentar, como diz Onfray, o buraco negro da memória e enchê-lo com o testemunho. *Shoah* mostra que a brutalidade acabou sendo inoperante, que não houve lugar para o sadismo e que a racionalidade, à força de método, dever e virtude dos comandos do Reich, foi o que permitiu "gerir os corpos como se de coisas se tratasse". Como afirma Sánchez-Biosca em *Funcionarios de la violencia*,[12] para que a maquinaria burocrática se tornasse mais efetiva, para que o crime funcionalizado se tornasse limpo e econômico, teve de se reduzir todo o impacto emocional no ato devastador. Deu-se ali uma constante experimentação nos laboratórios da morte para conseguir uma solução inédita, pela refinada inumanidade no modo de matar e na preparação emocional.

Shoah é o monumento no qual o imperativo de viver se confunde com o imperativo de testemunhar, deixando sem efeito todo abuso da retórica. A ficção e o documentário sobre os campos, antes e depois de *Shoah*, veêm-se até hoje impregnados pelo inventário de efeitos utilizados que os desmorona eticamente. É o caso de *Kapo* (1959) de Pontecorvo, *Holocaust* (1978) de Chomsky ou *The Schindler's list* (1992) de Spielberg.

A crença de Lanzmann de que somente o fulgor da memória viva e atualizada pode evitar o apagamento do revisionismo é tão verdadeira como a de que o passado retorna como irrupção, como tempo que emerge da greta da memória da vítima.

Simón Srebnik, a vítima, então um garoto de 13 anos que salvou a vida graças a sua bela voz, regressa a Chelmno com Lanzmann e depois de percorrer o lugar 40 anos mais tarde, com mudo olhar, encontra na paisagem que a câmara nos revela uma imagem prévia a nossos olhos. Seu olhar descreve as fábricas da morte, o fogo e a fumaça, onde o céu azul e a verde campina se estendem.

Herik Gawkowski, o maquinista polaco que levava as vítimas a Treblinka, ao voltar ao trem de antanho com Lanzmann e dirigir a locomotiva, acredita estar levando os vagões do passado e reproduz maquinalmente o gesto inequívoco da degolação, quando a máquina se aproxima do campo. Onde antes havia vagões, o filme mostra uma extensão de vias e planície.

Abraham Bomba, a vítima que desempenhava o ofício de cabeleireiro, o último homem na linha da morte, ao voltar a cortar cabelo e recordar, submetido às perguntas de Lanzmann, enfrenta em sua memória o momento-limite de silêncio e afeto para com alguns conhecidos de seu povoado, aos que não pôde conter antes de entrarem enganados à câmara de gás.

Filip Müller, em sua última aparição, na sétima vez ao final do filme, rompe em pranto e a dor faz-se presente. Müller, o judeu mais próximo da morte, encarregado de retirar os cadáveres de seu povoado da câmara de gás, tendo decidido morrer, recebe de sua própria gente o impulso para sobreviver. Diz Müller: "e uma delas me disse: então você quer morrer. Mas não tem nenhum sentido. Sua morte não nos devolverá a vida. Você tem de sair daqui. Tem de ser testemunha de nosso sofrimento".

Estes testemunhos em voz alquebrada de *Shoah* mostram os fulgores alucinados da memória que emerge da greta e sua irrupção presente como palavra.

2. Antes de nos determos no questionamento crucial sobre que tipo de paixões fizeram possível a pior condição inumana, definida por André Malraux como o "mal absoluto", parece necessário formularmos a pergunta realizada por Giorgio Agamben: "o que é um campo de concentração?".

Os campos nascem, diz Agamben, do estado de exceção e da lei marcial, [...] o campo é o espaço que se abre quando o estado de exceção começa a devir a regra [...] fora das regras do direito penal e do direito carcerário, [...] o campo é a estrutura na qual o estado de exceção, sobre cuja possível decisão se funda o poder, vem realizado de forma estável.[13]

Onde tudo acaba sendo possível, pois realiza-se de forma estável a exceção. Neste espaço biopolítico, o poder tem diante de si o corpo biológico. O campo nacional-socialista é, então, possível de ser pensado como um grande projeto de linguagem administrativa que neutralizou, a princípio, a desaforada potência das paixões destrutivas, pondo em suspensão o ódio. A efetividade letal, de que necessitava a máquina para seu funcionamento, recorreu à neutralidade das paixões humanas imediatas.

Elie Wiesel, Primo Levi e Hannah Arendt contribuíram para o desenvolvimento deste enunciado, já que sustentam, de modos diversos, que os campos são um projeto racional despojado de ódio, onde a violência inútil está destinada a causar dor. Primo Levi diz que os carrascos "talvez não experimentassem sentimento algum para com suas vítimas". Neste espaço de exceção, os corpos dos carrascos não só rompem um limite, esse passo além que os coloca num ato criminal, senão que devem educar suas paixões para alcançar sua efetividade. Acaba sendo cínico dizê-lo, mas ali reside uma potência explicativa do funcionamento da máquina letal. Ante a funcionalização da violência, diz Sánchez-Biosca: "os campos de extermínio nacional-socialista teriam consumado a despsicologização, [...] arrebatando-a das paixões do sujeito".[14]

A fórmula do desapaixonamento da violência obriga a não cair na infinita falsa pergunta do porquê[15] e a deter-nos minuciosamente em outras indagações: como funciona tal máquina,[16] onde o método dissolve o desencadeamento das pulsões? Que lugar ocupa o ódio como potência no espaço de uma violência planificada, quando a morte se realiza em grande escala sob as regras do silêncio, apagando as pistas? É possível pensar o ódio oculto, racionalmente governado, a serviço do mais preciso funcionamento do *nomos* biopolítico?

A potência dos campos de extermínio consistiu em evitar a composição dos corpos entre si e provocou a decomposição dos corpos em si mesmos por efeito da violência. O objetivo traçado pela máquina era o de desarticular o "imaginário impessoal", do qual nos fala Spinoza, com a maior força passional anônima para diminuir a capacidade de obrar dos corpos. Para esta operação, requereu-se uma precisa racionalidade dirigida a minar a composição do social. Isolar e expropriar a força para voltá-la contra os mesmos corpos foi a tarefa inicial para conseguir o posterior esgotamento da perseverança no ser, único vínculo com a natureza humana. O delírio da raça pura e dominante consistiu em produzir o anátema, o castigo e a desaparição como uma violência material que quebranta a constância por efeito da racionalidade industrial. Racionalidade sustentada na eficácia e na paranóia para desenvolver um projeto biopolítico fundado na pureza. Desarticular as afeições e sua composição, desmontar o espaço desdobrado do imaginário impessoal, obstruir os corpos em sua expansão, desvinculá-los da força de sua intensidade, desalentá-los pelo embrutecimento em sua perseverança, ou seja, odiá-los, tudo isto supôs um exercício racional de fracionamento e segmentação do dispositivo, para que ninguém se sentisse finalmente responsável. Eichman diz: "Eu não tinha nada a ver com a execução dos judeus, não matei nem mesmo um". A fragmentação da máquina assassina, sua extrema, complexa e hierarquizada divisão do trabalho, tinha o objetivo de aplacar as consciências e dissolver o ódio no dispositivo.[17]

O ódio e a perseguição são para Spinoza o coração da *Ética*. Neles reside a impossibilidade dos homens de reunirem-se em amizade. O regime da máquina infligiu uma dupla mutação contra a perseverança (*conatus*): primeiro, evitando a composição imaginária impessoal da comunidade; segundo, produzindo a conversão do humano em coisa inorgânica. O objetivo político era evitar que os indivíduos concordassem e se compusessem. Para tanto, reduziam-se suas potências de atuar, ao separá-los e converter o familiar numa contínua espreita ameaçadora. A tarefa dos campos consistiu em imprimir nos corpos uma mutação que semeava a passividade e a servidão extremas. Levi lembra a integridade requerida ante esta biopolítica de destruição e a perseverança necessária ante a morte ao azar. Spinoza diz-nos: "tristes são aquelas paixões ou afetos que inibem nossa potência. Triste é o terror que impede que a alma possa pensar. Triste é reduzir aquilo que pode um corpo, sua potência, como direito natural".[18]

Spinoza define o ódio no capítulo VII, "Da origem da natureza das afeições", na *Ética*. "O ódio é uma tristeza que acompanha a idéia de uma causa exterior" e reenvia-nos na explicação para o escólio da proposição XIII, onde diz: "o que odeia se esforça em afastar e destruir a coisa odiada". Gostaria de deter-me na idéia de coisa odiada. A objetificação da vítima poria em suspensão os sentimentos humanos, replicam os historiadores que se detiveram na linguagem administrativa do Reich. A idéia de coisa odiada em Spinoza permite uma explicação nesta linha de investigação, a saber: que o ódio estaria presente na conversão do humano em coisa, enquanto se conserva o organismo biológico do carrasco pela eficiência racional da linguagem administrativa e por um distanciamento formalmente adquirido diante da comoção direta do crime. Esta transformação do corpo em coisa, impedindo sua perseverança, seria a produção material de um ódio imanente e microscópico, rigorosamente controlado pelo vitimário em seu trabalho sobre o corpo da vítima. Diz Sánchez-Biosca:

> Uma expressão somente resume todas as atividades: gerir os corpos como se de coisas se tratassem, ou seja, matéria de investigação biológica e genética e, numa insólita volta de parafuso, inclusive mero suporte químico. Fabricar com eles sabões, tecidos, fertilizantes que se exportavam para a Alemanha ou recolher os dentes de ouro e depositá-los no *Deutsche Bank*. Nesse destino de coisificação inusitada da vítima, encontra-se acaso a confirmação mais extrema de nossa hipótese sobre a mais radical negação da violência no ideal de extermínio, já que a objetificação da vítima a faz, inclusive, indigna de inspirar os mais primitivos desejos ou sentimentos humanos.[19]

Longe de pensar o novo *nomos* biopolítico como uma maquinaria sem paixões humanas, parece possível indagar nas práticas especificamente humanas dos que avalizaram e avalizam sem resistência seu funcionamento, inclusive desfrutando do prazer de seu relato.

O filme *Shoah* detém-se numa entrevista capital, na qual Lanzmann interroga Franz Suchomel, funcionário da SS em Treblinka. O entrevistador somente persegue descrições de ações, nunca grandes perguntas, para fazer emergir a linguagem administrativa:

— Auschwitz era uma fábrica.
— E Treblinka?

— Vou dar-lhe minha definição. Lembre-se disto. Treblinka era uma primitiva, mas eficiente, produção em série da morte. Entende?
— Sim, mas... primitiva?
— Sim, primitiva. Mas funcionava bem essa produção em série da morte.
— Belzec era ainda mais rudimentar?
— Belzec era o laboratório. Wirth era o comandante do campo. Ensaiou todo o imaginável nele.

Em sua descrição, Suchomel não omite o escatológico mesclado com os itinerários, as operações, inclusive a descrição topográfica do campo num mapa pendurado na parede de sua casa, que ele indica com um ponteiro, enquanto a câmara oculta registra sua pedagogia. Suchomel recorda uma melodia apreciada pela SS e seu rosto muda com um leve gesto de excitação. Canção que se ensinava aos judeus pela manhã e que pela noite deviam cantar. Concordo com Sánchez-Biosca que esse canto repetido duas vezes na tomada, a pedido de Lanzmann, faz com que o prazer volte da juventude de Suchomel a seu corpo atual, quando, ao entoar o canto, o tempo passado irrompe no ato daqueles obrigados a cantá-lo antes de ser exterminados. A paixão emerge no tom da voz, no gesto de Suchomel. No instante do canto, o passado irrompe sob sua condição de exceção, onde os corpos eram forçados a aprender uma canção numa só jornada para o deleite dos funcionários que singularmente podem revelar-nos que, se o universal da máquina letal funcionou sem o desencadeamento das paixões, não ocorre o mesmo quando os particulares manifestam, mesmo velado, um gozo ligado pelo extermínio.

A pergunta pelo funcionamento da máquina sempre nos devolverá uma só resposta: a máquina é desapaixonada, mas seus funcionários, ao serem arrastados ao passado, ao voltarem a colocá-la em funcionamento, inscrevem o gozo passional. Talvez, sim, experimentaram sentimentos para com suas vítimas, mas profundamente governados por uma razão instrumental, sustentada na eficiência. Isto pode ler-se no interior mesmo da linguagem administrativa, em sua máxima coisificação.

Lanzmann lê em *Shoah* o seguinte texto, datado em Berlim, em 5 de junho de 1942, conhecido como "Assuntos secretos do Reich":

> Desde dezembro de 1941, 97 mil foram tratados (*verarbeitet*) por estes três veículos em serviço, sem maiores incidentes. Não obstante, levando em conta as observações feitas até hoje, impõem-se as seguintes mudanças técnicas:
>
> 1. A carga normal das caminhonetes é geralmente de nove a dez por metro quadrado. Em nossos veículos Saurer, que são muito volumosos, a utilização máxima do espaço não é possível; não por causa de uma eventual sobrecarga, mas sim porque um carregamento excessivo poderia afetar a estabilidade do veículo. Assim, pois, uma diminuição do espaço de carga faz-se necessária. Seria indispensável reduzir esse espaço em um metro, em lugar de tratar de resolver o problema como até agora, diminuindo o número de peças carregadas. Além disso, isto acarreta um alongamento do tempo das operações, pois o espaço vazio também deve ser enchido com o monóxido de carbono. Entretanto, se se diminui o espaço de carga, carregando completamente o veículo, o tempo da operação pode reduzir-se consideravelmente. Os fabricantes nos disseram numa ocasião que reduzir o tamanho da parte traseira da caminhonete acarretaria um desequilíbrio indesejável. O chassis dianteiro, segundo eles, estaria sobrecarregado. De fato, o equilíbrio se restabelece automaticamente, porque a mercadoria carregada mostra, durante a operação, uma tendência natural a chocar-se con-

tra as portas traseiras, e, freqüentemente, encontramo-la arrimada ali no final da operação. Desta maneira, não se produz uma sobrecarga no chassis dianteiro.

2. É necessário proteger a iluminação da destruição melhor do que se fez até o momento. As lâmpadas devem ser cobertas por grades de aço, para evitar que sejam danificadas. A prática demonstrou que se pode prescindir delas, pois nunca foram utilizadas. Não obstante, observou-se que no momento de fechar as portas, o carregamento sempre se choca contra elas quando chega a escuridão. Isto se deve ao fato de o carregamento precipitar-se naturalmente para a luz quando escurece, o que torna difícil o fechamento das portas. Ademais, pôde-se observar que, devido à natureza inquietante da escuridão, os gritos estouram sempre no momento do fechamento das portas. Seria, pois, oportuno acender as luzes antes e durante os primeiros minutos da operação.

3. Para uma melhor limpeza do veículo, é necessário situar um orifício de drenagem bem tampado no meio do piso. A tampa do orifício, de um diâmetro de 200 a 300 milímetros, será provida de um sifão plano de forma tal que os líquidos fluidos possam evacuar-se durante o funcionamento. Durante a limpeza, o orifício de escoamento será utilizado para evacuar as imundices.
As mudanças técnicas acima mencionadas devem ser aplicadas aos veículos atualmente em serviço somente quando estes forem reparados. Com relação aos dez veículos novos encomendados a Saurer, devem estar, à medida do possível, equipados com todas as inovações e mudanças que o uso e a experiência demonstraram necessários.

Submetido à decisão do Gruppenleiter II D, SS Obersturmbann-führer Walter Rauff.

Assinado: Just

A coisificação e a burocratização absoluta da morte revelam um nível de reificação do humano extremo; entretanto, não deixamos de ver ali a "coisa odiada" em sua dupla condição: primeiro, de coisa, e segundo, no esforço de distanciamento da linguagem, em sua máxima neutralização, já que "quem odeia se esforça por afastar", diz Spinoza.

É certo que, para que esta maquinaria letal fosse rentável e produtiva, se fazia necessário que seus funcionários não atuassem de modo servil às suas afeições. Os nomes de Franz Stangl, Christian Wirth, Adolf Eichmann e o mencionado Franz Suchomel assim o demonstram em cada declaração: dizendo "que a intensidade do ódio e a predisposição manifesta ao exercício da violência" não existiram ante o racional cumprimento do dever, talvez porque as razões destes homens educados estivessem ligadas a controlar as afeições mais extremas, de modo tal que as pulsões particulares não debilitassem o sistema universal produtivo que puseram em funcionamento. Governar e reduzir as afeições é o modo no qual o humano pode produzir o pior, sem aparente servidão nem deleite. Este é o caso dos funcionários do nacional-socialismo.

3. Como enfrentar esta constatação, de que a máquina letal funciona alheia às paixões, mas que seus funcionários não fizeram outra coisa que gozar, sem aparente servidão, com as afeições do crime em massa? Como responde o pensamento depois desta constatação? Depois de Auschwitz, o mundo apresentou-se radicalizado por uma parte como uma dialética negativa ou uma teologia do "mal absoluto" e, em sua margem oposta, como um dionisíaco dizer sim. Ambas as posturas implicaram ao corpo uma condição ética. A primeira, a dialética negativa, su-

põe a assunção para o homem de sua fragmentação, de sua impossibilidade de unidade, da introjeção da distância radical entre linguagem e criação. Adorno diz: "Auschwitz confirma a teoria filosófica que equipara a pura identidade com a morte". A segunda, um dionisíaco dizer sim, supõe uma aceitação do mundo tal como é, "com sua lógica de encadeamentos" e a guerra como motor e inclusive fundamento, confirmando-nos, desta forma, que o sentimento de poder está ligado à dor. Esta aceitação implica uma construção de si e um destino na arte para encher o buraco negro da memória. Nietzsche diz: "não é a ferida a que causa dano, é a experiência das más conseqüências".

A dialética negativa formula uma condição contrafeita do humano, dotado de uma ótica dolente, na medida em que sempre arrastará em sua superação esse componente enfermo, que nos levará às ruínas do mundo como melancolia e ao mundo como alegoria das ruínas. O dionisíaco dizer *sim* formula que o humano é um hiato entre dois nadas, um acontecimento sem plano, razão, vontade, nem autoconsciência, dono do pior tipo de necessidade: a já conhecida vontade de destruição. Resta somente a potência de criação de um niilismo ativo. O pensamento depois de Auschwitz encontra-se atravessado pelo desassossego, que oscila entre o medo e a esperança ante o devir da espécie. Afetos eminentemente instáveis. Diz Spinoza: "a esperança é a alegria inconstante de uma coisa futura ou passada de cujo êxito duvidamos. Ao contrário, o medo é uma tristeza inconstante, ainda que nascida de uma coisa duvidosa".[20] Paixões cambiáveis e imprevisíveis, que arrastam os riscos do passado em direção ao futuro, contra os quais a razão viciada de nulidade dificilmente pode lutar só com suas armas.

Diz Remo Bodei:

> o que torna estas paixões importantes é sua labilidade [...] enquanto ameaçam promessas que afetam e comprometem a vida de cada um, e na medida em que contribuem para formar e condicionar, de maneira construtiva ou sediciosa para os poderes vigentes, a orientação de vontades débeis, sempre suspensas entre a obediência presente e futura e o desejo de rebelião, entre a propensão à confiança e a dúvida lacerante.[21]

O risco das vontades débeis é aquilo que Nietzsche denominou de uma cultura do ressentimento e da crueldade, incrustada em nosso tempo pelas potências mórbidas do olho e suas paixões tristes. Por isso, diz Paul Celan em *Rejas del lenguaje* [*Sprachgitter*]:

> Ninguna
> voz: un
> estrépito tardío, extraño a tus horas, tus
> pensamientos obsequiados, aquí, por fin
> despiertos: una
> hoja de fruta, del tamaño de un ojo, hondamente
> hendida: resinando.
> no quiere cicatrizar.[22]

Shoah distancia-se da obscenidade que implica mostrar os cadáveres nas fossas, os restos que não puderam ser eliminados apesar dos esforços da SS, os sobreviventes cadavéricos: imagens gravadas pelos repórteres das tropas britânicas, soviéticas, norte-americanas, depois reconstruídas e que afetaram como um "mal de arquivo" de *Nuit et brouillard* (1955) de Resnais até *The Schindler's list* (1992) de Spielberg. *Shoah* responde com os restos de vozes em ruínas, num "estrépito tardio", mas radical, da palavra.

Ali, onde Heiner Müller diz "a necrofilia é amor futuro" em língua germânica, a língua do crime é a única, sustenta Steiner,[23] na qual ainda se pode poetizar, na qual o inconcebível pode ser evocado, *Shoah* mantém aberta a ferida que "não quer cicatrizar", sob a vigilância do desastre.

O sol negro

> Niemand zeugt für denzeugen
> PAUL CELAN

1. Quando "a barbárie alemã se manteve — por sua imperturbabilidade — fiel a si mesma", quando "não se vislumbra nenhuma força política criadora que tivesse a vontade ou fosse capaz de pôr limite à repetição do crime", quando o lema que une a Alemanha continua sendo: "Fora os estrangeiros!", quando os depuradores e os cruzamentos de raças continuam ameaçando a política e o povo alemão, Günter Grass diz que se reedita uma lista de perdas: "a culpa alemã por uma guerra criminalmente conduzida; o genocídio de judeus e ciganos; os milhões de prisioneiros de guerra e de trabalhadores forçados assassinados, o crime da eutanásia, aos que hão de juntar-se aos sofrimentos que como ocupantes infligimos a nossos vizinhos, sobretudo ao povo polaco".[24] O discurso da perda deixou o povo alemão sem pátria e no reverso destas palavras, que expõem o câncer de uma nação, circula a paixão de uma palavra da morte na vida, não somente a morte impossível, senão a morte proibida, a "doce proibição de morrer".[25] Uma palavra na qual uma aliança une indivisi-

velmente "o segredo e o instante". Palavra esperada, que sempre está por vir. Palavra que se resguarda no segredo e resiste a irromper, mantendo-se oscilante, "ainda a ser dita além dos vivos e dos mortos". Onde uma palavra descarrega sua sangrenta reflexão sobre o racismo, a outra desgarra numa contradição irresolúvel, em dar a conhecer um segredo.

Em 1997, Claude Lanzmann concedia uma entrevista ao jornal argentino *Página 12* e dizia, no marco de uma crítica aos procedimentos cinematográficos de Spielberg e sua Fundação para a Memória do Holocausto, que

> há uma sorte de inflação da memória, [...] além disso, ocupam-se dos sobreviventes e os sobreviventes estão muito contentes de poder contar sua história pessoal. Não se esqueça de que os sobreviventes de *Shoah* são sobreviventes muito especiais. Não se pode quase chamá-los de sobreviventes. Vivem da morte. E não testemunham por si mesmos, senão pelos mortos. São os porta-vozes dos mortos. Há gente ali que trabalhou até o último grau do processo de destruição e poderia ter sido assassinada e sobreviveu por uma combinação de sorte, milagre, coragem ou o dedo de Deus. *Shoah* não é um filme sobre sobreviventes. Estas pessoas em *Shoah* jamais dizem "eu", nunca contam sua história pessoal, nunca dizem como escaparam. Elas não queriam contá-lo e eu não queria perguntar-lhes sobre isso. Não me interessava, porque *Shoah* é um filme sobre a morte, sobre a radicalidade da morte, e não um filme de aventuras sobre uma fuga.[26]

Nesta declaração, Lanzmann arrasa com filmes que vão de *Kapo* (1959), de Pontecorvo, até *The Schindler's list* (1992), de Spielberg, e leva ao extremo a palavra da testemunha que viveu no limite, aquela que só pode testemunhar a radicalidade do mundo. Exclusão que deixa de fora toda experiência que não habite a morte na vida, em tal proximidade, em tal intimidade, que se incorpore nesses corpos como "o instante congelado do tempo".[27]

Shoah cega e ilumina ao mesmo tempo. Cega porque recusa toda engendração do horror. Ilumina porque atreve-se a interpelar o instante congelado no tempo, no corpo da testemunha-limite. O que significa convocar o limite como iluminação? É, em parte, resgatar esse sentimento, essa paixão inscrita nos corpos, em seus gestos, como se a morte fosse, a partir desse instante, a gélida presença no corpo vivo da testemunha. A testemunha é porta-voz dos mortos, porque a morte é uma parte de si e dessa forma vive na morte, é como médium dos mortos. Blanchot diz, em *L'instant de ma mort*, "tão somente permanece o sentimento de leveza que é a morte mesma ou, para dizê-lo com mais precisão, o instante de minha morte desde então sempre pendente".[28] Esse "desde então" nos introduz no instante congelado do tempo, um além que é ao mesmo tempo a sua negação (*le pas au-delà*). Instante que, quando advém, apaga o tempo presente da vida ou, em termos de Blanchot, "o infinito que se abre?". A força arrasadora desse instante é a do frio gelado da morte, que, ao não haver abismado sua função, se nega a retirar-se plenamente do corpo que habitou. Ninguém, salvo a vítima, pode habitar essa indecisão, a da "morte desde então sempre pendente". A voz da testemunha legitima-se nesta trágica convivência. Buraco negro que tragou inumeráveis corpos envergonhados da vida que lhes resta, numa luta incessante com a morte sempre pendente. Somente a testemunha pode fazer advir o passado como segredo do instante gélido que habita seu corpo, como se de um *illo tempore* se tratasse. Cada gesto da testemunha pronuncia um testemunho na ausência deste. Esse silêncio é uma marca engendrada pelo horror da razão que desencadeou a loucura na palavra; inclusive na ausência da palavra, dizia Levi, é possível dar conta do fato sobre o homem. Esse instante instalou-se como momento mítico, como o grande relato da perda. Esse *illo tempore* não permite que a tragédia possa convocar-se ou começar. Subtrai-se à representação e à reprodução. Devolve a palavra "ainda a ser dita além dos vivos e dos mortos" (*"parole encore à dire au-delà des vivants et des morts"*). Shoah evita a representação do cadáver e dos restos, a horrorosa crueldade da reprodução, o arquivo das imagens e a técnica de sua reprodução.[29] Enfrenta a sedução do abjeto[30] para que o silêncio nomeie, para que a terra fale. Como formar relatos destes acontecimentos quando a "solução final" (*Endlösung*) apagou as marcas da história? "Nada de relatos, nunca mais", diz Blanchot,[31] somente o advento desse instante, em que a morte se inscreve na vítima "desde então", engendrando a culpa ante a vida. Rosto e voz das testemunhas, ruínas e paisagem em tempo presente, são o cenário e os personagens que em Shoah abolirão a distância entre passado e presente. Lanzmann diz: "Shoah é uma alegoria".[32] Alegoria que inscreve na face da natureza a ruína e que busca que o indizível da testemunha se torne voz "num luto radical, que suspende o tempo". Quem pode testemunhar? *"Il musulmano è il testimone integrale"*.[33] O paradoxo que revela Agamben nesta frase de Levi converte o "muçulmano" em alguém que integra "uma impossibilidade e uma possibilidade de dizer". Sujeito dividido como homem e não homem. Diz Agamben:

> Solo perché un musulmano ha potuto essere isolato nell'uomo, solo perché la vita umana è essenzialmente distruttibile e divisible, il testimonio può sopravvivergli. La

sopravvivenza del testimone all'inumano è funzione dei quella del musulmano all'umano. Ciò che può essere infinitamente distrutto è ciò che può infinitamente sopravviversi.³⁴

Sobreviver na palavra testemunhada, não como história pessoal, senão como um trazer à palavra a morte e aos mortos acontecidos, é a forma pela qual *Shoah* evita o abjeto no presente.

2. Os 32 minutos de material de arquivo em branco e preto de *Nuit et brouillard* (1955), alternados com panorâmicas em tempo presente do campo de Auschwitz em cores, alcançam uma intensidade poética e trágica, quando a grama, a pradaria ou a paisagem tranqüila são a presença atual das marcas e dos restos desfigurados por uma espécie anômala chamada os turistas dos campos, para os quais se desfigura a constância macabra das usinas da morte. Tudo pode conduzir simplesmente a um campo de concentração, diz-nos Jean Cayrol, no comentário do texto do filme *Nuit et brouillard*. Diz: "Même un paysage tranquille, même une praire avec des vols de corbeaux, des moissons et des feux d'herbe, même une route où passent des voitures, des paysans, des couples, même une village pour vacances, avec une foire et un clocher, peuvent conduire tout simplement à un camp de concentration".³⁵

A terra usada pelo projeto *concentracionário*³⁶ protege banalmente e em qualquer estilo "*la flamme du crématoire*", que delineou a *mise-en-scène* de "*une autre planête*" e que Agamben chamou um espaço sem lei e sem legitimidade, onde a reificação dos corpos e a abjeção do cadáver e suas partes chegam ao presente como saldo do funcionamento da fábrica. Esse outro planeta não admite nenhuma descrição, nenhum documento visual pode alcançar a dimensão alucinatória daquela *mise-en-scène*. Esse núcleo escuro e resistente ao discurso simbólico não dá lugar ao representável. A objetificação do corpo tatuado, numerado, despojado de sua propriedade e danificado inigualavelmente é refratária às imagens. Alain Resnais, entre a terra arrasada, as ruínas opacas e o céu indiferente, recorre às imagens reconstruídas de arquivo como contraponto histórico de um presente desvanecido. Os materiais de arquivo iniciais estão claramente limitados: algumas fotografias tomadas pelos sobreviventes em Auschwitz, registros em 8 mm de um SS amador e pouco mais. O resto do chamado material de arquivo é formado por reconstruções de distintos tipos e é tão abundante quanto duvidoso. Como dar conta daqueles acontecimentos que se tornaram incompreensíveis e irritantes sem submeter o olho a cenas nas quais as massas *concentracionárias* entravam no jogo infernal? Como passar do abstrato de imagens idealistas, que permitem curtas identificações consolatórias a detalhes concretos, quando a única ponte é o corpo da testemunha? Como evitar o prazer voyeurista do cadáver e dos restos tanto quanto a harmonização *kitsch* fundada num deleite narrativo? A "Solução Final" pretendeu apagar as marcas, o revisionismo, desvanecer e confundir a *res factae*, tratando de tornar duvidosa a autoria dos fatos e levando as perguntas pelo porquê a explicações incondizentes. O irrepresentável como vazio e o indizível como problema a ser revertido configuraram o horizonte de trabalho de Lanzmann. O único filme com o qual *Shoah* podia dialogar era *Nuit et brouillard* no concernente à sua força poética, mas opôs-se à inflamação da memória visual proveniente do "mal de arquivo". Lanzmann faz do indizível a palavra da testemunha, de seu rosto a força de uma presença que diz — como o mostrou Levinas — "Não matarás", e das ruínas, em sua permanência e diferença, a voz da terra.

Dominik La Capra e Tzvetan Todorov[37] construíram as críticas mais sólidas e mais demolidoras do filme *Shoah*. O primeiro destaca: "Lanzmann disse que *Shoah* é uma ficção do real, [...] não é um documentário, [...] o filme não é representacional". Esta afirmação incomoda o autor, como se a dimensão da poesia que inventa fosse inevitável numa dimensão da história que informa. Fez-se necessário que Lanzmann falasse de ficção poética porque seu modo de aproximar-se dos fatos históricos está fundamentado numa vontade artística, em que o vazio para a criação converteu-se num pesado imperativo de proscrição lançado por Adorno: "Escrever poesia depois de Auschwitz é um ato de barbárie". Somente o peso do luto tentado por Celan, em que cada palavra é em si mesma cadáver, contentou Adorno. Enzo Traverso precisa o problema matizando-o: "[...] esta ruptura com a civilização mudou o conteúdo das palavras, transformou o material mesmo da criação poética".[38] Lanzmann sabe que, desde a teoria do conhecimento, se exige do historiador que ofereça não uma realidade passada, senão a ficção de sua facticidade. Reconstruir, conformar a desvanecida *res factae*, é tarefa iniludível da ficção.[39] Lanzmann, como Lessing, sabe que o poeta pode aproximar-se dos acontecimentos como o senhor da história. Aristóteles já desprezara na *Poética* a história frente à poesia. A poesia, como a filosofia, interroga o mundo num nível geral, sendo especialmente idônea para aproximar-se do impossível, tornando-o verossímil na invenção. A história, não obstante, somente se dirigia ao transcurso do tempo, no qual sucediam muitas coisas que se desvaneciam como por casualidade. Tornar o inconcebível invenção poética é a proposta de Lanzmann, declarando essencial transformação do material uma *Bilderverbot* (proibição das imagens) contra o abjeto. Somente uma poética história sobre os corpos, uma *res factae* sobre a verdade encarnada na vítima, torna possível um ato de visão ante a inflamação voyeurista da memória. O intervalo temporal com os fatos escapa de qualquer aproximação histórica, mas escapa de forma radical frente à *Endlösung*, que expressamente se propôs apagar as marcas. O modo pelo qual essas marcas se harmonizam aproximou-se da história de uma descrição fenomenológica, que revela os pequenos processos, os detalhes concretos e os mínimos câmbios, e isso incomoda La Capra. Incômodo fundado na noção de voltar a experimentar os fatos apaticamente através do trauma inscrito no corpo da testemunha. Experimentar a importância dos lugares e dos procedimentos como se a presença do passado somente pudesse persistir nas ruínas dos objetos e no trauma dos corpos. Lanzmann opõe-se à obscenidade como Celan: opõe-se ao cadáver, aos restos e a sua escatologia. Por isso, traça uma *Bilderverbot* ou, em termos da tradição judaica, encarna a negação do ver direto como escolha consciente (versão laica da *Shejinah* tratada por Agamben em *La comunidad que viene*). Enfrenta de maneira categórica a *mímesis* patológica das imagens de choque que só podem ver-se como "pornografia *concentracionária*", como as chamou Godard e as teorizou Daney.[40] A proibição ou abstinência das imagens suscita a pergunta de La Capra:

> A question, however, is what will happen for a later generation that may not be familiar with the images Lanzmann intentionally excludes. Will they, for example, see his beautiful pastoral landscapes at face value or simply as nostalgic, often chiaroscuro aestheticizations of ruins from a forgotten past rather than as bitterly ironic commentary on the past they conceal and, for those with certain after images and knowledge, simultaneously reveal?[41]

A crítica de La Capra está fundada em que os arquivos documentais e as imagens provêem de testes reais para uma imaginação que não desbarranque na obsessão, na alucinação e na estetização das ruínas. Lanzmann recusa a representação porque o horror fascina e seduz a "monstruosa internacional dos usuários terminais", acostumados a processar o crime em tempo real.[42] Somente o silêncio de arquivo evita o voyeurismo. Lanzmann funda sua concepção na intransigente posição de Blanchot, que em seu livro *Thomas, l'obscur* concebe a renúncia ao astro, à monumentalização do olho, aquilo que Martin Jay reconhece como desastre. A escritura do desastre funcionaria no limite mesmo da cegueira, como um autocegarse à monumentalização metafísica do visível como ontologia fundadora da hierarquização dos sentidos. Thomas é uma criatura que emerge da noite, da greta mesma, submerso na escuridão e sem possibilidade de ver. "Seu olho inútil para ver adquiria proporções extraordinárias". Thomas conseguia ver interiormente, "quando seu próprio olhar penetrava em forma de imagem no momento em que esse olhar era considerado como a morte de toda imagem". Somente é possível voltar a uma comunidade de outros, quando o olhar perdeu sua potência objetificadora. Eurídice desvaneceu-se e Blanchot apresenta-nos a debilidade de Orfeu, virar a cabeça para ver dilui o pacto. A figura de Thomas como a antítese de Orfeu permite-nos pensar a dimensão ética da relação com o outro, segundo Blanchot. Lembra-nos, em *L'arrêt de mort*, que "vira e surpreendera algo que não deveria haver visto nunca". "Você já viu a morte?", perguntava. O que é aquilo que não deveria haver visto nunca? Responde Blanchot, aquilo que nos retira a surpresa do mundo e faz do corpo e da alma modos refinados ante a dor do próximo que morre. Não ver diretamente o abjeto, a dor que pode converter-se sob a debilidade do olho em horror que nos deleite, em catástrofe desejada, é a proposta de Lanzmann. Também encontraria sua ancoragem na idéia de Sartre, que as lógicas de visibilidade são inseparáveis de uma sustentada reificação, e também em Lévinas e em sua ética filosófica, que se torna teológica, quando instala ante o outro o discurso piedoso. Exclui os simulacros intencionalmente para propor uma escritura do real poético, em que o real inalcançável somente pode, em sua resistência à tradução, ser manifestação de seu caráter inapelável e irremediável. O trauma no corpo da testemunha é a manifestação da crueldade do real, ao mesmo tempo distância e irrupção do fato. O que horroriza como estranho, segundo Adorno e Horkheimer, é em definitivo demasiado familiar.[43] O que aterroriza é a inatualidade desses gestos e movimentos que a testemunha nos devolve no coração mesmo da racionalidade interpretativa. A alegoria das marcas, que não pode ser representação totalizadora, irrompe sob a forma extemporânea do familiar intolerável.

    As críticas mais agudas de La Capra e Todorov[44] coincidem: Lanzmann inscreve no filme a experiência traumática, reeditando numa encarnação ou num reviver no presente (*acting out*) a experiência do limite. O filme não harmoniza o passado com o presente e favorece a noção bergsoniana da visão como órgão obstáculo, ao mesmo tempo instrumento e impedimento que nos conduz a duas extremas modalidades do espírito: a iconofilia e a iconofobia. Uma visão efetiva é uma visão obstaculizada ou canalizada. Para Bergson, a visão funciona por subtração: somente vemos através de um complexo de interesses que funcionam como estereótipos. Reviver o passado de forma transferencial é a única forma de desarticular os estereótipos e propor um estado de vidência em que as evidências foram apagadas. Destruindo os estereótipos compensatórios e substituindo-os pela idéia de imagem-limite (*acting out*), seria possível aceder a uma experiência. Interpelar esse espaço da história obriga Lanzmann à reposição da ação do corpo da testemunha, que é o único nexo entre o presente e o instante congelado no tempo. Os críticos vêem neste gesto uma vontade totalizadora e um impulso sádico. Quando o caminho da compreensão está desfigurado de informações revisionistas, o fazer advir à vidência precisa de detalhes. Não se trata de descrições totalizadoras, mas sim da terra, em sua materialidade bruta e indiferente, e dos corpos dos "muçulmanos" como "princípio de realidade suficiente".[45] Interpelar a terra em suas marcas e o trauma nos corpos é fazer falar o mito. *Shoah* não só expõe a voz e a terra numa batalha infernal,[46] como também releva um espaço dominado pela *gestell* (domínio da técnica capaz de armazenar, mediatizar o que sucede e conservar o sucedido). A *gestell*,[47] o disposto sobre a terra, é útil, esqueleto e artefato. *Shoah* indaga nos procedimentos em que as lógicas *concentracionárias* unificaram a figura do trabalhador e a extensão planetária da *gestell* como a grande mônada do homem. Ainda pesa sobre o Ocidente o anátema "o trabalho liberta", mas também a idéia de que a máquina escraviza e destrói em sua burocratização minuciosa. Idéias que Lanzmann recupera de Hilberg e de Arendt.[48] As usinas da morte, que possibilitaram o horror racional ao massacre industrializado, não são obras de criminosos congênitos, diz Arendt, mas sim de uma funcionalização administrativa do extermínio, aquilo que Foucault descreveu como uma biopolítica dos corpos. Lanzmann enfrenta no trauma das testemunhas os últimos instantes em que a experiência da *gestell* ficou gravada no corpo das vítimas.

Badiou sustenta que "o dano não é representável e nenhum programa pode incorporar sua compensação. A política começa quando alguém se propõe a não representar as vítimas, senão ser fiel aos acontecimentos nos quais as vítimas se pronunciam".[49] Ser fiel aos acontecimentos supõe a espera do esquecimento em favor da vida que reclamara Semprún. Lanzmann formula um reverso desta idéia com os riscos destacados por La Capra. A verdade encarnada no corpo da vítima somente é possível pela via da traumatização ao reviver o passado. La Capra detém-se na cena de Abraham Bomba, quando a testemunha diz: "Não posso. É muito horrível. Por favor", e Lanzmann insiste: "Nós temos de fazê-lo. Você sabe disto". A identificação com a testemunha e a insistência sádica que destaca a crítica podem considerar-se pertinentes por não terem cortado a cena no instante da dor. Lanzmann excede-se porque força a testemunha a pronunciar-se, abisma-a no passado. Chegamos ao ponto crucial da crítica: "art and lifes collapses at the point trauma is relived". A cena de Abraham Bomba foi vista como um ambiente de missa negra e profanação, própria da obsessão de Lanzmann em alcançar uma "recepção litúrgica" do filme. O procedimento poético e de aproximação ao trauma recorda-nos quando Bataille diz: "A poesia tem o dom de poder aproximar-nos do que significa o desgarro". *Shoah* corre o risco de experimentar o limite e interrogá-lo. Lanzmann força a testemunha a pronunciar-se porque considera que a palavra do testemunho não é uma palavra singular que implique só a própria história psíquica, mas sim que fala pelos mortos. A melancolia e a cerimônia oblíqua de luto são a maneira de fazer falar os que não puderam fazê-lo. O corpo que testemunha é um médium, que invoca em sua palavra um povo que falta.[50] A cena limite é o quadro prévio, o instante congelado no tempo que Lanzmann buscava. O objetivo da criação em *Shoah* consiste em absorver a crueldade do real na obra como negatividade.[51] O limite ético é a resistência ao simbólico, é o não se deixar fascinar pela consolação de uma narração ou de uma imagem compensatória, para poder indagar por debaixo da pele, da carne e das entranhas o grande segredo do *illo tempore*.

Paul Virilio diz: "Le cinéma est le lieu privilégié d'un *trafic de la dématérialisation*, d'un nouveau marché industriel qui cette fois ne produit plus de matière mais de la lumière, le jour des immenses verrières de l'ancien édifice se concentrant brusquement dans l'écran".[52] Da hipótese de *Guerre et cinéma* desprende-se a idéia de que o poder de desaparição e de desmaterialização das imagens do cinema vincula-se à desaparição industrial dos corpos nas usinas da morte. A forte impressão de uma "estética da desaparição"[53] dirige a crueldade do real à dimensão do grande show. O inventor da catedral do cinema, Samuel Lionel Rothapfel, criador do *Roxy*, produz uma inversão da noção do real suficiente em favor do grande espetáculo da luz concentrada. Diz: "Death is just a big show in itself", ao pensar a câmara escura como o coração mesmo da racionalidade moderna, na qual o tráfego das imagens sob os efeitos da velocidade da luz substituiria "a grande história, a história com H maiúsculo", como diz Perec.[54] A guerra e os campos de concentração ocuparam o lugar da granulometria dos pontos de luz, como cena compensatória da morte possível, que mantém na bruma insensata o transcurso da história. Lanzmann desvela as brumas nas quais se agitam as sombras, traz ao presente a crueldade da "zona cinzenta" através do corpo da testemunha. Como diz Todorov: "Os mortos demandam os vivos: recordem-se de tudo e contem-no; não somente para combater os campos, mas sim para que nossa vida, ao deixar de si uma marca, conserve seu sentido".[55]

6

BADENHEIM, 1939: IRONIA E ALEGORIA

*Berta Waldman**

Muitos dos recursos usuais e convenções do romance estão indisponíveis para o escritor que lida com a Shoah. A literatura trabalha, por exemplo, a ilusão de um final surpreendente que parece chegar quando ninguém espera, para cortar o circuito do narrado. No fundo, a trama de um relato esconde sempre a esperança de uma epifania. Espera-se algo inesperado, uma mudança de tom, de ritmo, um desvio, um movimento brusco que amarre o que veio antes e traga a surpresa de uma visão abarcadora, uma imagem condensada que prefigure a história completa.

  A questão aparentemente simples, de como um trabalho de ficção é finalizado, toma um aspecto novo e proble-

---

* USP

mático quando o tema é o Holocausto, pois, enquanto o memorialista pode parar em qualquer ponto que considerar conveniente, o ficcionista tem de pensar em termos de resoluções e conclusões; seus materiais precisam fazer sentido. Por outro lado, como soltar as rédeas das personagens, como dar-lhes algum toque de liberdade, quando elas caminham inexoravelmente para os fornos crematórios? Nuanças de tom, a mescla de incidentes contraponteados pelo recolhimento da personagem em sua subjetividade, a sujeição das personagens a grandes impulsos, movimentos e energias sociais, podem não ser inteiramente impossíveis na ficção do Holocausto, mas todos provam ser dolorosamente limitados.

Irving Howe, em seu ensaio "A escrita e o Holocausto", considerando os problemas que esse tipo de ficção carreia, encontra uma boa síntese, quando afirma:

> Diante *desta* realidade, a imaginação parece estar intimidada, desamparada e oprimida. Ela pode relatar detalhadamente, mas nunca aumentar ou escapar; pode descrever acontecimentos, mas não dotá-los de autonomia e liberdade de uma ficção complexa; ela permanece cativa de seu material bruto, e talvez isso deva mesmo parecer uma obrigação moral.[1]

Como eleger o tom, a palavra justa, o matiz, a estrutura, a forma, enfim, sem resvalar nem na tragédia, nem no drama, nem em outros modelos e molduras que não se prestam a expressar o horror inerente ao programa de extermínio que sentenciava os judeus como *Untermenschen*, algo a ser exterminado?

Retomando a posição de Adorno, ainda do início dos anos 1950, mas que exerceu e continua exercendo tão forte influência nas discussões sobre literatura e Holocausto no que tange à inadequação de extrair prazer estético da dor crua daqueles que foram nocauteados e mortos, Aharon Appelfeld, num relato no qual narra sua experiência de sobrevivente, diz:

> A expressão artística depois do Holocausto parece repugnante e enfastiosa. A dor e o sofrimento clamaram ou por silêncio ou por gritos selvagens. Qualquer embelezamento ou florear soam dissonantes. Além do mais, a arte, e não sem razão, estava ligada em nossas mentes a uma esfera da cultura européia da qual nós tínhamos sido vítimas.[2]

Diante de questões desse porte, a pergunta que fica é: o que move um sobrevivente do Holocausto a representar o vivido *ficcionalmente*? As respostas são certamente múltiplas, mas seleciono a de Appelfeld, porque é de sua novela *Badenheim, 1939*[3] que vou me ocupar neste trabalho.

Mencionando, no mesmo relato autobiográfico, os primeiros dias após o final da guerra, conta o autor que, em meio ao caos geral, começaram a surgir esforços incipientes e inarticulados de expressão: "O desejo de manter o silêncio e o desejo de falar tornaram-se mais profundos, e apenas a expressão artística, que apareceu anos depois, poderia tentar ligar aquelas duas necessidades imperiosas e difíceis".[4]

Como conjugar esses dois apelos inconciliáveis a não ser através da palavra literária? Da palavra que significa pelo que diz e pelo que cala, capaz de estimular um encontro mais efetivo com o vivido e, por seu intermédio, de frear os sentidos estratificados e estabelecidos de uma experiência de abismo tateável, porém intangível?

Foi difícil para o Estado de Israel recém-fundado em base sionista se haver com o horror da Shoah e com o extermínio dos judeus da Europa Oriental. Sabe-se que o sionismo integrou vários estereótipos negativos judaicos promulgados por não-judeus e adaptou-os a seus propósitos. A idéia do judeu sem raízes, fisicamente fraco, avesso ao prazer, contrário ao trabalho físico, alienado da natureza etc., fazia parte do repertório da época,[5] embora essas idéias estivessem pouco fundamentadas na realidade. Assim, à medida que se aproxima a data de fundação do Estado de Israel, o antigo judeu da diáspora vai sendo suplantado por um modelo de herói hebreu, corajoso, pioneiro, orgulhoso, ligado ao trabalho da terra, ligado à natureza, nativo, enraizado, em oposição direta ao paradigma do judeu diaspórico. É esse tipo de herói nacional de extração romântica que habita a literatura da época, lançando para o ponto cego o que não cabia no modelo, isto é, o judeu diaspórico e também o árabe, que nela só terão lugar em anos posteriores. Foi preciso dar tempo ao tempo, passar pelo impacto do processo de Eichmann em Jerusalém, em 1961, para que, depois de 17 anos de terminada a Segunda Guerra Mundial, os textos representando o Holocausto começassem a proliferar. Poucas revelações surgiram, de fato, no julgamento, pois muitas informações transmitidas por testemunhas estavam arquivadas, e já havia pesquisas publicadas reunidas em arquivos e museus. Contudo, o julgamento teve a força de uma descoberta eletrificante, e o processo que durou sete meses liberou a enorme energia que vem com a percepção "Agora eu entendo!", conforme as palavras do escritor Chaim Gúri. É curioso observar que a poesia representando o Holocausto começou a ser escrita no calor da hora, mas a prosa tardou, talvez devido aos impedimentos que o relato ficcional tem de enfrentar para construir a verossimilhança a partir de um fato inscrito em pleno domínio do horror e do absurdo. Apesar dessa operação ser discursiva e não referencial, são as regras genéricas do discurso que ditam a sua lei. Não obstante, quando se trata do Holocausto, é difícil escapar da referencialidade. Esse é um entre tantos impasses específicos da prosa, alguns deles já aqui mencionados.

Em entrevista, Aharon Appelfeld testemunha a dificuldade de o Estado fundado e armado a partir de uma ideologia definida integrar o Holocausto, e o empenho em apagar essa história:

> Ben Gurion, quando falou sobre os sobreviventes, falou do pó humano, ou seja, que aqui chegavam meias pessoas e um quarto de pessoas. É preciso modificar tudo, é preciso transformá-las. Havia uma sensação muito forte nos anos 40-50 em relação àqueles que vinham do Holocausto; era preciso modificá-los, era preciso tirar deles o que eles tinham trazido. [...] Havia em Israel uma espécie de grande heroísmo. Nós somos os fortes, nós somos os bons e os que vêm de lá são cortados, não sabem o que querem. E, naturalmente, houve aquele lema extremamente ofensivo "como o rebanho para o abate", aqui não somos como rebanho para o abate, os judeus é que eram.[6]

Há 50 anos a literatura hebraica está debruçada sobre o tema do Holocausto. A necessidade do debate não diminuiu com o tempo e afeta romancistas, contistas, poetas, dramaturgos, filósofos, historiadores, demonstrando quão profundamente esse período obscuro se enraizou na experiência israelense.

Aharon Appelfeld nasceu em Czernovitz, província de Bucovina, na Romênia, em 1932. Salto as mediações do discurso indireto e passo a palavra ao autor:

> Czernovitz, principalmente o centro da cidade, era um lugar muito assimilado. Em casa falava-se alemão e não ídiche. As adjacências eram ucranianas. Quando nasci, o governo era romeno. De modo que eu falava quatro línguas e havia ali,

naturalmente, vizinhos poloneses; mais uma das línguas que se falava era o francês, uma língua de elite; falavam-se muitas línguas, era uma cidade de cultura, com uma grande universidade; minha casa era de gente rica e culta, e eu era filho único. Em 1941 os alemães invadiram a cidade, e estivemos no gueto. [...] Mas a minha mãe foi morta assim que os alemães invadiram a cidade, e eu fiquei só com o meu pai, no gueto; após um período de permanência, conduziram-nos à Transnístria, através de Hotin. Chegamos no inverno e a maioria das pessoas já havia morrido de frio, de tifo ou de outras causas e eu restei só com o meu pai; depois nos separaram; meu pai foi levado a um campo de trabalho e eu permaneci sozinho, um menino de nove anos. Senti que iria morrer e fugi do campo. [...] Descobri que fora das aldeias viviam as pessoas marginalizadas, as prostitutas, os ladrões, os doentes, os loucos. E ali, justamente me aceitaram. [...] Eles não sabiam que eu era judeu, se soubessem, matariam-me; e assim passei com eles o período da guerra. [...] Em 1944 vieram os russos e me libertaram, fiquei com eles quase dois anos; este foi o meu "curso colegial". Era a cavalaria russa, embriagada, que praguejava muito de manhã até a noite. [...] Em 1946, cheguei à Iugoslávia e, com um grupo de garotos judeus, atingi a Itália. Na Itália, fomos adotados por um mosteiro e ficamos ali. Estes foram os dias bonitos após a guerra, havia comida, ensinaram-nos a falar italiano, francês, aritmética, rezas, quase nos transformamos em cristãos. Então, encontramos um grupo da Brigada Judaica. Assim que ouviram a nosso respeito, convidaram-nos para que fôssemos ter com eles e nos agregamos à Brigada. Eles cuidaram de nós, e, em 1946, quando eu estava com 14 anos, fui com a imigração ilegal para Israel. Era um navio pequeno que conduzia principalmente crianças e doentes; fomos capturados pelos ingleses, eles nos trouxeram a Israel e nos colocaram no campo de Atlit onde permaneci meio ano. [...] Depois começaram os anos melhores, no final de 1946 fui transferido para a Fazenda Juvenil aqui em Jerusalém [...] e durante dois anos e meio estive sob os cuidados da

Aliyat Hanôar o setor que cuidava dos jovens imigrantes. Ali trabalhávamos 4 a 5 horas por dia, estudávamos um pouco de hebraico, de Bíblia, na realidade nos prepararam para que fôssemos agricultores; minha cultura era muito reduzida, quase não havia estudado nada; minha educação formal tinha sido apenas de um ano; eu somente acabei o primeiro ano. Nestes dois anos e meio, já tive uma educação mais formal, mas havia uma grande desorientação; tratava-se de um período muito ideológico em Israel, cujo lema era "esqueçamos o que houve", "aqui cresce o judeu novo" e "você será o novo judeu, o novo israelense". [...] Depois estive por dois anos no exército, de 1950 a 1951. [...] Um ano depois que acabei o exército, fiz os exames de conclusão do colegial e com esforço próprio consegui passar. [...] Foi assim que em 1952 comecei a estudar na universidade, estudei literatura judaica, literatura ídiche, e filosofia judaica. Tive a sorte de ter encontrado naqueles anos figuras extraordinárias como Dov Sadan, Guershon Scholem, Martin Búber, Hugo Bergmann, eram pessoas que tinham vindo da Europa, com uma grande cultura geral e judaica. Nos primeiros anos, não pude absorver tudo o que eles ofereciam; no decorrer de anos não só absorvi como passei a ser amigo deles, pessoas como Búber, Scholem, que eram 40 anos mais velhos do que eu, aproximei-me deles em nível de amizade, e foram os primeiros que me incentivaram a escrever, Scholem foi o grande incentivador de minha escrita...[7]

Apesar de extenso, é interessante transcrever esse relato autobiográfico, porque o itinerário de Appelfeld apresenta, além da pungência do abandono e da deriva a que é lançado um menino, a confusão do mundo pós-guerra e as andanças dos sobreviventes, narradas também por Primo Levi em *A trégua*, estando igualmente registrada na novela do autor israelense, *Tzili*.[8] A protagonista de mesmo nome nessa novela (em português, "minha sombra") é apresentada como limítrofe, "judia de cabeça fraca", e a família envergonha-se dela. Quando se inicia a deportação dos judeus, a menina é abandonada, segue sozinha para a floresta e acaba aprendendo a sobreviver na natureza. Passa por não-judia, trabalha em casa de camponeses, prostitutas, cresce, amadurece, conhece um homem, engravida, torna-se uma mulher. Em meio aos refugiados, ouve a palavra Palestina e lembra-se de já tê-la ouvido em sua casa. A novela termina de forma nada apoteótica com mais um deslocamento de Tzili num navio que a conduziria à Palestina, sem redimir, no entanto, o desastre na Europa através do renascimento na nova pátria. O que caracteriza essa novela é o movimento: a personagem está em constante trânsito, e este também pontua o desejo formando metáfora com sobrevivência, calçada esta pelo dado de Tzili ser uma personagem judia atípica, pois, embora filha de uma família judaica tradicional, era impermeável ao conhecimento. Assim, o seu laço de pertença familiar não passava pela partilha de uma tradição, uma religião comum, questões que não a afetam, sendo vista, por esse motivo, como não-judia por todos com que cruza. Em contrapartida, era completamente porosa e permeável ao aprendizado das coisas da natureza, incorporando com eficiência os ensinamentos que a mantiveram viva, enquanto todos os outros morreram. Essa novela é, de algum modo, o avesso de *Badenheim, 1939*, pois o movimento é agora substituído pela paralisação, pelo confinamento. Há, porém, um denominador comum entre ambas as novelas, extensivo, aliás, a todas as obras de Appelfeld: a ação *circunda* o Holocausto, lançando seu foco de luz sempre sobre um *antes* ou um *depois*. "A destruição dos judeus europeus", escreve Claude Lanzmann, "não pode ser logicamente deduzida de qualquer sistema de pressuposições. Entre as condições que permitiram o extermínio e o extermínio em si — o *fato* do extermínio — há um rompimento na continuidade, uma interrupção, um abismo". Se é verdade que esse abismo é a essência do Holocausto, o horror nazista mantido em elipse, no texto de Appelfeld, presentifica-se pelos efeitos que deflagra. Assim, os sentidos do texto têm de ser buscados nas relações entre o que se diz e o que se cala, entre a palavra e o silêncio. O que está implícito pressiona a linguagem anunciando que algo latente não foi simbolizado, mas tem de ser levado em conta para não se falsear as significações possíveis do texto. Esse enfoque oblíquo do autor traduz a impossibilidade de olhar de frente o horror e representá-lo. É preciso usar, como Perseu usa o escudo para matar a Medusa, a face espelhada da palavra em seu potencial alusivo.

Appelfeld descreve em *Badenheim, 1939* um judaísmo assimilado que se encontra à beira da catástrofe que todos ignoram, apesar de a pressentirem. A data no título informa o tempo da ação — o limiar do nazismo —, sincronizando a leitura do texto, que passa a ser significada a partir desse dado. É através de uma perspectiva distante e irônica que o relato se desdobra, o que impede e breca qualquer sentimento de nostalgia por um mundo perdido. Esse olhar voltado ao passado, a partir da consciência do que ocorreu nos anos 1940, tinge a ironia de desilusão. Badenheim, o idílico lugar de veraneio, na Áustria, é apresentado como contendo uma bomba dentro de si, e os sinais da catástrofe vão sendo plantados ao longo da narrativa.

No parágrafo inicial delineiam-se os dois planos a partir dos quais o relato será conduzido. No primeiro, forma-se o painel composto pelos veranistas que se dirigem ao local para passar a primavera, sendo um dos atrativos da estação o festival de música e arte organizado por Pappenheim. A arte tem a importante função na novela de aglutinar as personagens. Mas trata-se de uma arte rebaixada, os músicos são preguiçosos, o público demanda novidades de impacto, atribuindo aos espetáculos um valor de ponto de encontro, de sociabilidade e de distração. Os gêmeos declamadores de Rilke carregam os poemas com uma morbidez melódica na voz, e o menino prodígio canta em ídiche, fazendo as vezes de arauto da morte e dos perigos que espreitam os homens, projetando fora aquilo que as personagens alienadas negam dentro de si.[9]

Já o segundo plano corre paralelo e focaliza a ação do Departamento Sanitário, conduzindo passo a passo a deportação dos veranistas e habitantes da cidade, depois de filtrados por um crivo seletivo que separa os não-judeus dos judeus, atingindo os últimos. Entre os dois planos, destacam-se Trude e o marido, Martin, ambos moradores do lugar, que olham do posto elevado de sua casa o espetáculo do hotel, como se fosse uma cena de teatro representada por títeres ou marionetes. A preparação para o festival de arte corresponde à preparação para a deportação, movendo-se os planos num acorde feito de dissonâncias. Um narrador em terceira pessoa e neutro, que sabe tanto quanto as personagens, conduz o relato, não alcançando nem revelando, em momento algum, o laço da conjunção ou articulação das duas partes que formam o conjunto da narrativa. De um lado, os veranistas movem-se em seus pontos de cegueira, como se aquela primavera fosse igual às outras, representando uma alegria e um descompromisso condizentes com o rótulo de *locus amenus* que toda estação de veraneio ostenta, embora houvesse uma apreensão carregada de augúrios no ar. De outro lado, as atribuições do Departamento Sanitário vão-se ampliando lenta e progressivamente, com inspetores espalhados por toda a cidade fazendo medições, convocando os veranistas a responderem questionários, até chegarem ao ponto de cercarem a cidade com arame farpado, sitiando-a. Cria-se, assim, uma tensão entre a onisciência, de um lado, e a cegueira, de outro; no meio, o narrador-equilibrista orquestra a cena.

Logo no início, um clima fantasmagórico paira no primeiro plano e é verbalizado pela doentia Trude, espécie de Cassandra moderna, quando começa a ter alucinações, retomando os fios do casamento da filha com um não-judeu, de sua infância passada na Polônia, e identificando um ar de doença e palidez nos veranistas. A idéia de "doença", "intoxicação", "contágio" circula entre os veranistas que supõem, entre outras hipóteses, que o isolamento da cidade em quarentena se devesse a alguma epidemia: "Durante horas, as palavras *intoxicavam* o ambiente"[10] (p. 15), "Pairava uma misteriosa *intoxicação* no ar" (p. 15), "A voz de Trude parecia *doente*" (p. 10).

Através da repetição dessas palavras-chave vão-se aglutinando outras do mesmo leque semântico — "remédio", "farmácia" —, e ganham espessura os subtemas que conduzem ao tema central: a *morte*. Movidas pelo medo, as personagens saqueiam a farmácia local e intoxicam-se de remédios e de comida. A idéia de epidemia, intoxicação, remete aos discursos nazistas que se referiam aos judeus como "ratos", "parasitas", "bacilos", "agentes de contaminação". Combatê-los era um "imperativo da natureza", uma "necessidade biológica", algo situado numa esfera acima da vontade humana, como se os nazistas fossem meros executores de uma força superior que, na sua visão, coincidia com a "vontade da natureza".

É sobre os *Ostjuden* (judeus da Europa Oriental) que recai a pecha da contaminação. Eles é que eram os judeus, do ponto de vista da maioria dos veranistas, e, por isso, culpados. O auto-anti-semitismo impregnado nos judeus assimilados projeta no *outro* a parte abominável, e é graças a essa ocultação do judaísmo que eles acabam colaborando para a solução final de si próprios, no texto:

> — Deve-se admitir que os judeus são um povo feio. Não vejo utilidade neles (p. 47);
> Repentinamente tudo me foi tomado. Tocaram-me para cá, alegando que sou judeu. Devem ter pensado nos *Ostjuden*. E eu sou, como você, austríaco. Meus antepassados? Não sei. Talvez, quem sabe? O que importa quem foram meus antepassados? (p. 62);
> — *Ostjuden*! Vocês é que são culpados! (p. 61);
> — Não compreendo, disse o major. Há alguma epidemia?
> — Uma epidemia judaica (p. 47).

Outra palavra-chave repetida à exaustão é "estranho":

> Terminara um inverno rigoroso e *estranho*... (p. 9);
> O lugarejo acostumou-se a elas, como se acostumara às excentricidades do doutor Pappenheim e os veranistas *estranhos* que se transplantavam para lá como raízes doentias (p. 10);
> *Estranho*, falou a mulher. Eu pensei que o lugar estivesse completamente isolado (p. 15);
> Uma *estranha* noite caiu sobre Badenheim (p. 21).

A sensação de estranhamento que acompanha as personagens tem certamente a ver com o conceito de *Unheimlich* de Freud.[11] Segundo esse relato, depois de vasta pesquisa em diferentes idiomas dos termos *Heimlich/Unheimlich*, Freud encontra num dicionário alemão um tipo de fenômeno semântico curioso: a palavra *Heimlich* encerra dois sentidos opostos — significa aquilo que é familiar, íntimo, amistoso, mas também pode significar escondido, escuso, misterioso, desassossegante, que desperta temor, alcançando aí o sentido de *Unheimlich*. Em seguida, Freud encontra numa frase de Schelling a chave para entender de que modo esses dois sentidos se ligam intimamente. Segundo este autor, "*Unheimlich* é o nome de tudo que deveria permanecer oculto e secreto, mas veio à luz". Freud avança a hipótese de que o estranho remete àquilo que é conhecido e há muito familiar, tendo sido no entanto recalcado, trazendo assim o efeito de estranhamento quando vem à luz.

É justamente o judaísmo submetido a recalque que traz à tona a sensação do familiar estranhado por aqueles que se recusavam ao confronto com os fatos até o último momento da ordem de extradição. Mas é no tecido da linguagem que a visão de arestas insuspeitadas vai tomando os contornos perdidos. É a linguagem que constrói a estranheza das relações entre personagens e entre planos diversos. Tateante, alusiva, carregada de imagens sensoriais e sinestésicas, o jogo de luz e sombra aplicado às descrições da natureza e dos espaços internos, a atmosfera fugidia, evanescente, os objetos de contornos indefinidos, as ações do Departamento Sanitário aparentemente liberadas de uma rede de causalidade conduzidas não se sabe por que e para onde, tudo corrobora para a criação do efeito de estranhamento na narrativa.

À medida que a atuação do Departamento Sanitário progride, ele se assemelha também a uma agência de turismo que estivesse promovendo uma excursão para a Polônia. Sem mais nem menos, a Polônia começa a avultar não só em fotos de propaganda e mapas como também nas reminiscências dos ali nascidos, que procuram lembrar-se das paisagens e do ídiche falado na infância, antes mesmo de os procedimentos de emigração terem sido afixados no quadro de avisos.

Apesar de as leis raciais terem sido decretadas entre 1933 e 1939 — somando neste ano uma legislação que ia desde a exclusão dos judeus do serviço público, das profissões liberais, das artes, do cinema, do rádio, teatro, das escolas públicas, universidades, esportes, das organizações culturais e profissionais, cargos de direção de empresas até a expropriação de lojas e fábricas pelo Estado, expandindo sua vigência aos países e territórios que iam sendo anexados (a Áustria inclusive) —, os judeus esclarecidos que veraneavam não alcançavam enxergar o que se estava armando em Badenheim. Raciocinavam como cidadãos austríacos que tinham seus direitos garantidos. No entanto, de alguma forma, sabiam que não os tinham, pois estavam sendo coibidos a deixar o país rumo à Polônia. Pappenheim[12] não só conduz o festival, como também passa a divulgar, do alto de sua posição conciliadora, um construto balsâmico que servisse de lenitivo às inquietações gerais, ao afirmar que aqui ou ali tudo permaneceria igual:

> — O que farão conosco na Polônia? perguntou um dos músicos.
> — O que você quer dizer com isso? Você será músico, como toda vida foi, falou o amigo meio adormecido a seu lado (p. 46);
> — Posso fazer uma pergunta pessoal? perguntou o confeiteiro. Trabalhei aqui durante 30 anos ininterruptos. A minha aposentadoria será válida lá também?
> — Tudo será transferido para lá, disse o doutor Pappenheim. Ninguém será lesado (p. 49);
> — Você acha que poderemos economizar alguma coisa na Polônia? perguntou Zilbermann.
> — Claro, os preços lá são muito mais baixos e, se continuarmos a receber nossos salários em moeda austríaca, poderemos economizar bastante (p. 86).

Essa crença ingênua e disseminada de que o deslocamento mesmo involuntário dos judeus para a Polônia não arranharia sua integridade física, nem seu direitos, aliás já desrespeitados, é responsável por boa dose de cenas grotescas da novela, como a referente aos músicos que saqueiam o hotel de luxo, no final sem comida nem bebida, sem comunicação com o exterior, carregando para o trem no qual serão deportados pesadas malas e sacos cheios de talheres de prata, candelabros etc. Cenas de loucura, histeria, automutilação, sonhos e pesadelos, são relatadas, enquanto mortes silenciosas e sem causas definidas são registradas, à medida que se aproxima o momento da deportação. Também os animais sofrem o contágio da loucura. Os cães alteram seu comportamento, e um veranista chega às raias da obsessão em seu intuito de salvar os peixes de um aquário, repostos depois da "guerra" entre duas raças distintas em que os mais fortes matam os mais fracos, numa alusão antecipatória do desfecho da narrativa. Embora sitiada, habitantes judeus vivendo em outras partes retornam a Badenheim, sua cidade original. Uma atmosfera carregada de resignação mesclada de pavor contido vai-se adensando, marcada pela proliferação das palavras "vazio", "silêncio" e "medo" que circulam no texto e escurecem a paleta narrativa, invadindo personagens, natureza e a cidade como um todo:

> — Aqui não mais vida. Aqui tudo se tornou *vazio* (p. 61);
> — A idéia da viagem me *atemoriza* um pouco, disse ela.
> — Não há o que *temer*, disse o doutor Pappenheim. Há muitos judeus vivendo na Polônia. Em última análise, o homem tem de voltar às suas origens (p. 56);
> Continuaram a andar. Os castanheiros estavam perdendo as folhas. Um *vazio* mudo espreitava a praça (p. 49);
> As casas encheram-se de *silêncio*. As trepadeiras cresciam frenéticas e indomáveis e as acácias floriam sem cessar. Outono e primavera misturam-se de modo *estranho* e, de noite, o ar era irrespirável (p. 47).

Uma luz fria imobiliza as personagens, ao mesmo tempo em que uma espécie de fria prontidão paira no ar. A suspensão do tempo sustenta o medo das personagens encerradas numa espécie de balão, enquanto o tempo na natureza flui, demarcando as estações do ano, e o tempo histórico progride paulatino medindo os passos do Departamento Sanitário rumo à deportação, acabando por abater o conjunto estilhaçado das personagens em estado de alienação. É irônico e patético, e não heróico e trágico o seu destino, o modo como elas se confrontam com a catástrofe. O leitor é levado a problematizar uma questão relacionada ao genocídio, focalizada nos judeus desarmados e incapacitados de montar o *puzzle* que são eles próprios em situação. Por isso, tornam-se vulneráveis, à mercê da barbárie. Não importam, no texto, os motivos históricos responsáveis pela assimilação desses judeus. Importa aquilo que eles se tornaram. E o equívoco de seu desempenho culmina com a fala de Pappenheim que fecha o texto:

> Uma locomotiva, uma locomotiva acoplada a quatro vagões de carga imundos emergiu das montanhas e parou na estação. Seu aparecimento foi tão repentino como se tivesse brotado de um poço na terra.
> — Entrem! berraram vozes invisíveis.
> E as pessoas foram sugadas para dentro. Mesmo os que ainda seguravam uma garrafa de limonada nas mãos, uma barra de chocolate, mesmo o *maître* com seu cachorro, foram todos sugados com a mesma facilidade, como grãos de trigo despejados num funil.
> No entanto, o doutor Pappenheim ainda achou tempo de fazer a seguinte observação:
> — Se os vagões são tão sujos, é porque o caminho não é longo (p. 88).

Esse fecho, uma ponte para o vazio, protela de certo modo o final e empurra o leitor a completar a história não escrita das personagens. O autor faz o leitor construir as estruturas de referência que conectam essa cena com o seu conhecimento dos eventos terríveis que montam o contexto. A imagem que fica, uma vez terminada a novela, é a de um mundo nitidamente assimétrico, mas sem ênfase no *páthos* das relações entre vítima e agressor. Uns detêm as regras do jogo e outros as desconhecem, sendo nocauteados. Trata-se, sem dúvida, de uma alegoria do autoritarismo, que alude a um mundo do qual a coerência, a ordem e a lógica foram subtraídas. Através de estratégias e circuitos formais que deixam em elipse o miolo do horror, mas evocam-no como uma sombra suspensa, Appelfeld conduz sua narrativa segundo a lógica da alucinação, interrompendo-a no momento em que topa com o sinal vermelho: o que não pode ser dito não deve ser mencionado.

Se a arte exige certa intensificação, esse pressuposto não funciona na representação do Holocausto, cuja história parece completamente irreal, "como se não pertencesse à experiência de nossa geração e sim à mitologia",[13] conforme as palavras de Appelfeld. Trazer essa história para a realidade é fazer o ocorrido falar através do homem e de sua linguagem, deslocando-o da diminuição e do anonimato do número inscrito a que foi reduzido, para a forma humana que lhe foi roubada.

Esse é o empenho do autor e esse é o alcance da literatura.

7

As "crianças" de Alterman

Nancy Rozenchan*

Mais de 60 anos após o início da guerra que eliminou uma grande parte do povo judeu, praticamente não se pode esperar que surjam novos depoimentos de sobreviventes. O grande trabalho de preservação da memória do acontecido e dos sofrimentos cabe aos que procuram, através da análise e reavaliação dos dados, tornar constante a sua presença na consciência da humanidade. Uma parcela considerável do registro elaborado dos sentimentos pertinentes tem sido expressa através das artes, com destaque para o que se produziu e se continua eventualmente produzindo nos Estados Unidos, em alguns países da Europa e em Israel. A posição de Israel quanto ao registro da memória da Segunda Guerra Mundial, do genocídio judaico

---

* USP

e sua reelaboração é única, já que a maioria dos sobreviventes foi absorvida pelo então recém-criado país.

É fato, também, que, antes da guerra, o envolvimento dos judeus da Palestina com os que ficaram na Europa tinha sido muito intenso, visto que grande parte deles provinha dali ou tinha ali os seus familiares e já havia, em algum momento, passado por agruras pelo fato de ser judeu: *pogroms* no início do século XX, restrições de diversos tipos, discriminações, perseguições.

Os judeus que se dirigiram para a Palestina, nas primeiras décadas do século XX, foram movidos pelos ideais sionistas de construção do país, ou vinham tocados por desconfortos e perseguições sustentados pelo anti-semitismo que grassava nos seus locais de moradia na Europa, ou vieram quando a situação se tornou realmente ameaçadora e alarmante na década de 1930, em particular na Alemanha. Contudo, o acesso à então Palestina não estava ao alcance de todos os que procuraram o país.

Os ideais de construção do país, propugnados naquela época pelo sionismo moderno, visavam criar o modelo do hebreu novo, trabalhador, falante do hebraico, combatente quando necessário e, principalmente, desvinculado das tradições judaicas provenientes do Velho Continente e do modo de vida ali vigente. No campo da literatura, objeto deste texto, desenvolveu-se a disputa entre novos e antigos escritores e tradições, com o devido respeito à poética do renascimento de 100 anos atrás, e a luta entre as línguas ídiche e hebraico.

No modernismo, que despontou, então, particularmente na poesia e que levou rapidamente ao surgimento de vários periódicos dedicados à literatura, grupos sucediam-se pela primazia da condução das novas normas de expressão. Trataram de estabelecer e fixar os padrões de uma nova literatura e, obedecendo ou não às diretrizes que o modernismo impunha, de ligar-se às vivências do novo país e, em escala menor, às do povo judeu em geral, de que se distanciaram ao imigrar para a nova-velha pátria.

Dentre os poetas hebreus, destacou-se Natan Alterman (Varsóvia, 1910-Tel Aviv, 1970), que imigrou para a Palestina em 1925 com seus pais. Depois de estudar agronomia em Paris, dedicou-se à imprensa e à literatura em seu retorno a Tel Aviv. Iniciou sua atividade literária no âmbito do círculo modernista liderado por Avraham Shlonsky, mas rapidamente desvinculou-se de suas tendências. Exerceu importante trabalho voltado ao teatro, imprensa, traduções e, obviamente, à poesia. Foi um dos maiores nomes do país neste campo e sua influência fez-se sentir por ao menos mais uma geração após a sua. A exemplo da maior parte dos poetas de Israel, que estavam totalmente integrados à cultura do país que ajudaram a formar e que *não* vivenciaram pessoalmente o Holocausto, também ele deixou importantes textos referentes ao período. Dois poemas seus, um de 1938, mesmo ano em que publicou o seu primeiro livro, e o outro de 1946, em torno dos quais giram estas considerações, são indicadores dos critérios particulares que utilizou para referir-se aos sofrimentos dos judeus na Europa.

Temas declarativos, de admoestação, lamento, testemunho concreto ou não, de destruição, renascimento, revolta, desejo de vingança, tentativa de explicação, são recorrentes nos poemas sobre o genocídio, sendo que o viés da memória foi a filtragem mais destacada pelo qual se fizeram estes registros. Lawrence L. Langer, literato e autor norte-americano que trabalhou mais de mil depoimentos de sobreviventes, cunhou dois critérios para os níveis de memória que abordou: uma memória comum, em que há uma descrição cronológica ordenada e lógica dos acontecimentos, e uma memória profunda, em que as experiências da guerra se expressam através de uma carga imensa de dor, de caos e de perda irreversível. Estes dois tipos de memória interseccionam-se e interagem continuamente. Ainda que estes critérios se refiram a quem sofreu diretamente as agruras da época, considero que ele pode ser adaptado àqueles que lá não estiveram e que, mesmo assim, sentiram necessidade de se expressar, como é o caso de Natan Alterman.

A par de sua produção poética canonizada, Alterman manteve durante quase toda a sua vida uma coluna semanal de jornal na qual se manifestou sobre assuntos do momento. A primeira destas colunas, *Regaím (Momentos)*, cujo conjunto ele denominou posteriormente de *Poemas de época e de jornal,* foi publicada no jornal *Haaretz* de 1934 a 1942 e é dela que se destaca um poema, anterior ao genocídio, em que um dos aspectos das perseguições serve de foco.

"Lenda sobre crianças que vagaram pelas florestas" (29 nov., 1938) baseia-se nos eventos que abalaram mais ainda, em 1938, a vida dos judeus na Europa e, em particular, na Alemanha: campanhas anti-semitas, retirada das licenças de trabalho de médicos e advogados judeus, alterações dos nomes próprios, carimbo da letra J nos passaportes, expulsão dos judeus poloneses da Alemanha sem direito a entrada na Polônia, a "noite dos cristais" e, por fim, proibição às crianças judias de freqüentarem as escolas públicas alemãs, datando esta última medida do próprio mês de novembro de 1938. O problema, de ser obrigado a imigrar sem que haja qualquer país que abra as suas portas, é aqui estruturado sobre a história de Joãozinho e Maria, dos irmãos Grimm, que são expulsos pela madrasta e obrigados a vagar pela floresta.

Lenda sobre crianças que vagaram pelas florestas
Natan Alterman

Uma lenda alemã dos livros dos irmãos Grimm
sobre um menino e uma menina que vagaram pela floresta,
sobre Joãozinho e Maria, sobre dois imigrantes,
expulsos para a floresta, para colher grãos,
de noite, com medo, na tempestade.

E falou a irmã numa voz surda —
Apresse-se, apresse-se, irmãozinho, não chore, corajoso.
Porque é grande e forte o Terceiro Reich,
porque milhares de canhões tem o Terceiro Reich,
devora criancinhas
que choram de noite.

E o irmãozinho ouviu e calou
e disse a menina: Logo logo chegaremos.
Ainda existem países maravilhosos no mundo,
ainda há parlamentos bons no mundo
e muitos anjos no céu.

E eis de longe uma luz repentina tremulou.
Eis uma porta. Ambos batem à porta.
A história ainda não tem fim e um anjo não desceu,
há somente um povo! Um Reich! Um Führer!
diante de um menino
que chora na floresta.[1]

Alterman faz uso neste poema de motivos que poucos ousavam utilizar então na poesia para adultos: histórias e temas infantis. Este uso foi central em várias de suas obras, sem que ele buscasse nisto finalidades cândidas ou didáticas. Lendas infantis, aparentes reflexos de uma natureza harmônica, nada têm de perspectivas tranqüilizadoras: a madrasta, na história de Joãozinho e Maria, quer se livrar das crianças indesejáveis; a bruxa que os acolhe, tentando-os com sua casa de guloseimas, pretende devorá-los. Mas era nestas lendas infantis que as crianças eram educadas há séculos na Alemanha; elas serviam para torná-las alertas para os perigos das florestas, para tentações de atrações irrecusáveis, para nada esperar de madrastas, a não ser o pior.

    Alterman não escreveu poesia autobiográfica. Uma breve análise de alguns dados seus indica, porém, quanto de sua própria vida ele está rememorando nos poemas. Como mencionado, nasceu na Polônia; em 1914, devido à Primeira Grande Guerra, a família viu-se obrigada a mudar-se para Moscou, onde permaneceu até 1918, quando a Revolução Russa os fez procurar melhores condições em Kiev, na Ucrânia e, em 1919, em Kíshinev, na Romênia, para, enfim, esgotados e movidos pelo ideal sionista, dirigirem-se à Palestina. Já antes dele nascer, seu pai criara o primeiro jardim de infância hebraico modernizado de Varsóvia, mantinha um seminário destinado a formar professoras de jardim segundo métodos avançados e escreveu, traduziu, adaptou inúmeras histórias infantis para o hebraico, principalmente para fins educacionais. Manteve igualmente jardins em todas as cidades por onde vagaram até que as alterações das leis proibiram a liberdade de expressão e o seu conseqüente funcionamento. Seu tio materno foi também muito ativo na elaboração de literatura infantil hebraica, fazendo inúmeras adaptações de material europeu. O próprio Natan Alterman traduziu para o hebraico e publicou literatura infantil em 1933. A temática da literatura infantil, portanto, era-lhe muito próxima.

    A lenda mencionada no poema, mesmo se referindo especificamente "a expulsões da Alemanha", traz embutida a memória de todas as expulsões pelas quais o próprio autor passou, estruturadas dentro dos elementos do universo literário e de valores em que foi criado, amplamente desenvolvidos, ao menos até a chegada à Palestina, no seio de sua família.

Na realidade, esta história é parte do folclore alemão e, ao ser abordá-la como lenda, Alterman proporciona-lhe uma dimensão mais fantasmagórica. O uso que ele faz do termo "lenda" indica desde o princípio o tom irônico do poema. Se se trata de uma lenda, o que ela aborda se perdeu no tempo, pertence a um passado remoto e não deve ser obrigatoriamente entendido como fato verdadeiro. Todavia, como se tratava de acontecimento verídico (expulsões e perseguições), o fato de tratá-lo como lenda é contundente; nenhum leitor da época deixaria de perceber o tom sardônico utilizado; é possível, até, que o poema tivesse sido publicado na mesma página do jornal que anunciava as medidas nazistas. Paralelamente, pode-se auferir a idéia que expulsar os judeus da Alemanha era um fato já lendário, praticado há muitas gerações.

Alterman rompeu, neste poema, os elementos do conto infantil, do universo que parece oferecer a segurança do passado da infância, pois as crianças, acostumadas aos relatos amedrontadores, sabiam que o final era sempre bom, com punição dos maus, premiação dos bons e recuperação da harmonia.

Maria, no poema, dá nome ao monstro e sabe que ele devora criancinhas. Já foi suficientemente instruída nisto; anos e anos de vida alemã, com a repetição do conto (e dos atos persecutórios), tornaram-na bastante madura para, ao menos, reconhecer o perigo. O caráter declamatório típico destas histórias é mantido também quando ela faz a declaração altissonante, e altamente irônica, de que eles terão uma saída e serão acolhidos por algum bondoso país hospitaleiro. Mal sabia então o poeta o que estava por vir, que além de não haver países aos quais recorrer, o tal monstro devoraria não só criancinhas que choram à noite, mas todos os seus familiares.

 Mais surpreendente e inesperada é a declaração premonitória presente na última estrofe, reflexo, talvez, das memórias do autor, de que "a história não tem fim" e que, indubitavelmente, se referia ao longo passado de perseguições; então, o conto mais que centenário de Grimm continuaria a ser contado, continuaria a fazer parte da formação das crianças da Alemanha; quem sabe se chegariam, algum dia, à versão altermaniana sarcástica. Os chocolates e confeitos tentadores — leia-se países, parlamentos e anjos — eram apenas artifícios; desapareceriam diante da feiticeira — Reich — que tudo podia.

 Ao trabalhar, neste poema, o entroncamento de fatos pertencentes à história contemporânea e à memória formativa, Alterman atingiu resultados literários semelhantes aos daqueles que vivenciaram os fatos relatados.

 Langer, no estudo baseado em depoimentos, coloca, como uma das mais importantes questões vinculadas a este material, a ânsia dos que foram perseguidos de relatar o que passaram; esta necessidade está em conflito com a certeza de que aqueles que não sofreram as experiências terríveis da Segunda Guerra não podem compreender ou nem sequer acreditar nelas.

 Alterman, ao se reportar diretamente ao que era publicado na imprensa, como no caso deste poema, está enfatizando a crueldade da situação; ao revesti-la com os elementos da história de crianças, consegue expor mais cruamente o espanto e a total inabilidade e inexperiência das pessoas afetadas pelos atos de expulsão; como as crianças de Grimm, as pessoas estavam completamente desprotegidas e perdidas; os lemas gritados pelo Reich abafavam o choro do menino da floresta, que não tinha uma saída. A mescla dos elementos utilizados por Alterman soa chocante mesmo ao leitor do limiar do século XXI.

De 1943 a 1967, a coluna semanal de Natan Alterman foi publicada na seção *Hatur hashvii* (*A sétima coluna*) do jornal *Davar* com um total de 693 poemas. Grande parte destes, somados aos da série anterior, *Regaim*, foi coletada nos volumes denominados *Hatur hashvii* das *Obras completas*. Não são os poemas mais importantes de Alterman, pois sua arte poética, a poesia lírica pessoal, está reunida em alguns outros volumes, mas foram algumas delas que o tornaram o poeta mais importante e conhecido do país perante o grande público — o poeta nacional de então —, na maior parte dos anos em que manteve a coluna. Ela era ansiosamente aguardada, em particular nos anos que antecederam a criação do Estado de Israel; os anseios do povo ali se viram mais bem representados no que tange ao conflito contra os mandatários ingleses com suas leis restritivas, que eram o motivo para a maior luta de então: a proibição da entrada de milhares de imigrantes sobreviventes da guerra e do Holocausto e a reprovação destes mesmos ingleses e dos demais povos que agiam com indiferença e crueldade ante o destino do povo judeu. Houve ocasiões em que a coluna, a voz da comunidade, não foi publicada devido à censura, mas seu público fiel tomava conhecimento do texto mesmo que de forma clandestina, e durante muito tempo eles eram mencionados de cor. Alguns deles são usados como material didático até os dias de hoje.

Um dos mais conhecidos poemas de Alterman da época posterior à guerra é "Sobre o menino Abrão", publicado na mencionada coluna em 26 de abril de 1946 e que, como reza a epígrafe, trata de um menino que, dormindo nos degraus de sua casa na Polônia, no final da guerra, teme deitar em sua cama, pois os pesadelos com seus familiares mortos na guerra são insuportáveis. A segunda parte do poema, de menor peso para este texto, refere-se à condição dos refugiados e ao seu desejo e impossibilidade de entrar na terra dos antepassados, pois os mandatários ingleses estabeleceram um número muito limitado de certificados a serem expedidos aos que pretendiam chegar ao país, o que afetou os sobreviventes que não tinham para onde ir. Dezenas de milhares trataram de chegar ao país de forma ilegal.

Sobre o menino Abrão

Natan Alterman

que dormindo nos degraus de sua casa na Polônia no final da guerra, teme deitar em sua cama

Uma cidade polonesa.
Lua alta.
E como sempre — nuvens flutuam
ao anoitecer deita-se este menino Abrão
nas pedras dos degraus da casa.

Põe-se sua mãe diante dele
e com seus pés no chão não toca.
E diz: Abrão, a noite é fria e úmida.
Vem para casa, para a cama arrumada.

E responde-lhe Abrão:
minha mãe, minha mãe,
não dormirei na cama como toda criança.
Porque na cama te vi,
minha mãe, minha mãe,
dormindo, e em teu coração — um cutelo.

Põe-se seu pai e lhe estende a mão
e o admoesta, transparente e alto.

E lhe diz: Abrão, vem já para casa
meu filho Abrão, rápido para casa vem.

E responde-lhe Abrão:
meu pai, meu pai,
temerei lá fechar os olhos.
Porque na cama te vi,
meu pai, meu pai,
calado dormindo, sem cabeça nos ombros.

Então posta-se a irmãzinha ante ele
e o chama para casa chorando.
Mas responde-lhe Abrão: ali tu dormes
com a lágrima dos mortos na face.

Diante dele põem-se então as setenta nações
e dizem
vencer-te-emos!
Com setenta decretos e setenta machados
a esta casa te faremos voltar!

E te colocaremos na cama arrumada
e dormirás nela calado como teu pai!
E Abrão no sonho
grita "Meu pai!"
e chama o nome da mãe que responde:
Meu filho, feliz é... pois não fosse a faca em meu coração,
meu coração se romperia em dois

Então de noite reinou o silêncio
e a lua ofuscou-se
e ante o brilho dos punhais em busca de caça
veio a palavra de Deus a Abrão. A Abrão*
que dorme no corredor de casa.

---

* Depois destes acontecimentos, *Deus dirigiu a palavra a Abrão*, através de uma visão: *"Não temas, Abrão!* Eu sou o teu escudo; teu soldo será consideravelmente acrescido". Gênesis 15, 1.

Dizendo: não temas,
não temas, Abrão,*
pois grande e forte te colocarei.**
Vai-te, um caminho noturno de cutelo e sangue,***
à terra que te mostrarei.***

Vai-te no caminho noturno de cutelo e sangue
como um animal, como um verme, como um pássaro.
Os que te abençoarem, abençoarei, Abraão**** *****
e amaldiçoarei os que te amaldiçoarem.

❖

... assim. Este capítulo
na história
tem um nome: problema dos refugiados!
Mas não é este o problema,
funcionários corajosos...
e não é ele que rompe processos e arame farpado!

E não é ele que conduz os barcos ao mar!
Condu-los um trovejar antigo e alto,
porque condu-los uma ordem dos nascimentos do povo
porque condu-los a palavra de Deus a Abrão.

** *Não tenhas medo* de descer ao Egito, *porque lá farei de ti uma grande nação.* Gênesis 46, 3 (citação referente a Jacó).

*** Disse Deus a Abrão: "*Parte* da tua terra, da tua família e da casa de teus pais, *para a terra que eu te mostrarei.* Farei de ti um grande povo, e te abençoarei; tornarei grande o teu nome, de modo que se torne uma bênção. Gênesis 12, 1-2.

**** E não te chamarás mais Abrão, mas o teu nome será *Abraão*, pois te tornarei pai de muitas nações. Gênesis 17, 5.

***** *Abençoarei os que te abençoarem e amaldiçoarei aqueles que te amaldiçoarem.* Gênesis 12, 3

❖

> Temeu Abrão e prosternou-se
> e saiu de casa e da porta.
> Porque a ordem que trovejou a Abrão o pai
> troveja a Abrão o rapaz.

Mais uma vez o poema enfoca uma criança, desta vez no embate com os mortos, com sua memória e, por fim, com o universo dos vivos, as 70 nações que pretendem vencê-la. O confronto dramático neste poema, que Alterman elaborou com elementos da balada — gênero que lhe era caro —, adensa-se e amplia a tensão através do modelo repetido do diálogo. O discurso direto, sempre no presente, acentua a dramaticidade das cenas que, devido ao tempo usado, parecem continuar a se desenrolar ante o leitor. A cidade sombria, típica do gênero poético, do país da matança, cria o ambiente adequado das figuras fantasmagóricas. Não é apenas a mãe morta que está presente nos sonhos, mas é a imagem de alguém flutuando, com o símbolo da morte cravado no peito. Como o coração não se rompeu, a mãe pode continuar a amar o filho e preocupar-se com ele. O pai morto é uma imagem tenebrosa de um homem sem cabeça. As 70 nações, por sua vez (na linguagem talmúdica, todas as nações do mundo), pretendiam ter mais poder sobre o menino desamparado que seu pai e sua mãe.

O que Langer denomina de memória profunda, insuportável pela dor que aflora, pelo caos psíquico em que a vida do sobrevivente é transformada, é aqui fundida com uma memória histórica de maior peso para o povo judeu. Trata-se da história bíblica de Abraão, cujo nome é indicado no próprio título utilizado por Alterman e por diversas expressões ou partes de versículos do livro do

Gênesis, que aludem à escolha de Abraão por Deus.² Pode-se resumir a história bíblica de Abraão nos seguintes aspectos principais: sua escolha por Deus para formar um grande povo, recebimento da terra e a prova da fé quando é convocado para oferecer o seu filho, Isaac.³ Ele será o primeiro hebreu, o patriarca do povo.

O relato bíblico sobre a prova de Abraão é bastante complexo porque implica em um possível sacrifício humano, inconcebível pelos preceitos apregoados nos diversos ensinamentos. Além disso, é o fato de um pai que se propõe a sacrificar o filho no cumprimento de seu dever de fé. Do ponto de vista da fé absoluta e da crença em Deus, este é o texto individual mais importante do judaísmo; está presente nas orações do ano novo, nos momentos de maior devoção de comunidade.

O capítulo 22 do Gênesis, onde se narra isto, além de ser alvo de estudos e interpretações em todas as épocas, tem sido usado por diversos poetas contemporâneos de Israel para indagações sobre o sentido da escolha de Abraão por Deus, que vai desembocar na possibilidade de eliminação de seu principal descendente, transportada para realidades do povo judeu no século XX. Incluem-se aí o questionamento da validade desta escolha divina ante o genocídio europeu e as guerras de Israel; a declaração de que o sacrificado — ou outro termo que se queira usar para indicar aquele que mais sofreu com a prova — é o pai que aceita o desafio, e não o filho Isaac, que figura quase em segundo plano neste trecho do texto bíblico. Os poemas "Isaac", de Amir Guilboa, e "Legado", de Chaim Gúri,⁴ são alguns dos exemplos mais conhecidos destas formulações.

Curiosamente, o poema de Alterman não faz menção direta a Isaac ou que este servirá à prova à qual Abraão se exporá, segundo a Bíblia. Deve-se notar que o poeta se está referindo a Abrão — que ainda não tem filhos e que não recebeu as promessas divinas, portanto ainda não há por que ser testado —, e não a Abraão. Entretanto, assim como é impossível deixar de associar a personagem de Abraão à prova a que se propôs, o leitor do texto de Alterman em hebraico, além dos versículos já mencionados na nota de número 2, não deixa de perceber vários outros elementos da linguagem do capítulo 22 de Gênesis:

a) como armas assassinas são mencionadas, no poema, o *cutelo*, citado três vezes (vv. 15, 50 e 52), referidos uma vez em relação à mãe e nas outras duas por Deus, tradução do termo citado na Bíblia: "tomou a pedra-de-fogo e o *cutelo*" (22, 6); e outras duas armas, *faca* e *punhais* (vv. 40 e 44), mas que não fazem parte deste contexto bíblico e são citadas apenas uma vez por Alterman;

b) quando Deus chama Abraão, diz-lhe: "toma *teu filho*, teu único filho, que amas, Isaac..." (22, 2); o possessivo, em hebraico, é agregado como sufixo ao substantivo; Alterman faz construção semelhante nos versos 11, 14, 21, 24, 38 e 40, com o possessivo de primeira pessoa, referindo-se à mãe, ao pai e à resposta ao filho. Para o conhecedor do texto bíblico, e não é supérfluo frisar que este capítulo é um dos mais destacados, a simples menção das três primeiras palavras, "toma o teu filho", evoca, em seqüência, os demais atributos referentes àquele que deveria ser levado ao sacrifício, Isaac. Abraão era também pai de Ismael, filho da serva Hagar, porém os predicados estão ligados a Isaac. Assim, as seis repetições do possessivo no poema, ao acentuarem a vinculação entre as pessoas sacrificadas, remetem indubitavelmente ao capítulo 22 de Gênesis. No texto do poema, inversamente à fonte bíblica, há mortos e, como nos poemas de

outros autores, o leitor questionar-se-á sobre quem é o sacrificado; além disso, como o pai, a mãe e a irmã foram mortos, Abrão passa a ser o único que restou; o único filho, portanto, funde-se no papel de Isaac bíblico;
c) no versículo 11 do mesmo capítulo bíblico, o anjo chama Abraão para que detenha a sua mão que ergue o cutelo para o filho; no chamamento, o nome de Abraão é repetido duas vezes; no poema, a mãe e o pai são igualmente chamados duas vezes.

A figura de Abraão é inicialmente apresentada na Bíblia com o nome de Abrão, o mesmo que Alterman utiliza, exceto no verso 54. O Abrão de Alterman é o filho, ou um filho, não o pai, como consta na Bíblia. No relato bíblico, o nome original não se apresenta explicitamente com a interpretação etimológica comum àquele texto. Quanto ao nome Abraão, significando "pai de muitos povos", ele é atribuído quando Deus escolhe a personagem para esta função, ainda que, em realidade, o futuro patriarca não houvesse sido aquinhoado com descendentes até aquele momento.

A denominação utilizada pelo poeta, Abrão (em hebraico, *Avram*, que pode ser entendida como "pai elevado/superior" e como nome de um menino), indica uma intenção de reversão da história e da respectiva carga que isto representou para o povo judeu. Abrão, apesar de significar uma figura superior, não está pronto, não cresceu para poder ser pai de um povo, quanto mais de muitos povos; dessa forma, já desde o início do poema está estabelecido o seu destino: enquanto figura atual, marcado pela memória profunda, não poderá prosseguir, pois é assolado pelas imagens macabras de seus entes mais próximos; está desorientado devido a estas imagens e pelo fato de elas somente lhe apontarem um destino, também de morte; prosseguirá, não por decisão própria ou das nações do mundo, mas para obedecer ao preceito divino de ir — supõe-se — à terra prometida e ali originar um povo.

A escolha da figura bíblica e a sua introdução no universo da destruição européia faz-se por uma vertente mais trágica do que a da história original; o texto bíblico inicia-se informando que "Deus pôs Abraão à prova", que ainda não é um indicativo de sacrifício e morte, o que mesmo assim não reduz a dramaticidade do texto que se seguirá; ele tem uma continuidade não de todo trágica até um certo ponto, como se percebe a partir do momento em que Abraão despede os seus servos que o acompanhavam dizendo-lhes "... e depois voltar*emos* a vós" (22, 5). No poema de Alterman, a tragicidade, a morte, o desespero, indicados a partir da epígrafe, estendem-se por mais da metade dos seus versos e mesmo até o final do texto não haverá algo que o libere totalmente da tensão.

Em comparação, o contexto bíblico, a instrução de se dirigir ao país e a da promessa da terra, que obviamente não pode ser cumprida pelos familiares de Abrão, é acentuada por um detalhe de cada um dos três entes mortos: os pés da mãe não tocam o chão, o pai está decapitado e a irmãzinha tem lágrimas na face.

O destino do menino Abrão somente poderá alterar-se quando Deus reiterar as ordens e promessas bíblicas que ele fez a Abraão e não a Abrão. Contudo, o caminho para a terra escolhida é ensangüentado, é noturno e de luta; para chegar ali, ele é rebaixado à categoria animal. O Abraão bíblico fora aquinhoado com bens de forma mais tranqüila e, de todo modo, não era mais criança.

Somente quando Alterman altera o nome de Abrão para Abraão (vv. 54), é que dá indicação de que a promessa do texto bíblico poderá ser recuperada, ainda que esta parte do poema (vv. 54, 55), que acaba com uma paráfrase do texto bíblico, "os que te abençoarem, abençoarei, e amaldiçoarei os que te amaldiçoarem", exclua deliberadamente o final do versículo 3 bíblico, "Em ti, todas as famílias da terra serão abençoadas", bênção reassegurada pelas suas repetições no texto bíblico.

 O que se afigura impossível nas oito primeiras estrofes do poema é reconstruído nas duas que se seguem e que encerram a primeira parte: o Abrão-criança, que não chegaria a ser Abraão, era ele próprio o sacrificado (considerando que sacrificado não é obrigatoriamente aquele que morreu e, ainda mais, não morreu por nenhuma causa que justifique sacrifícios humanos, mas o que sofre pelas lembranças e pesadelos atrozes), e não precisaria ser colocado à prova, pois isto já ocorrera com ele mesmo. Tendo sobrevivido, ainda que alquebrado pelas dores, medo e por sua memória, recebe, em sonho, mais uma vez a promessa divina de se tornar forte e a ordem de partir para a terra escolhida. O Abrão-menino de Alterman de repente torna-se o Abraão adulto. Como muitas crianças que passaram pela guerra e experiências do genocídio, a puberdade e a adolescência foram apagadas de suas vidas.

 O texto bíblico, fragmentado e ampliado para poder conter a dor imensa da perda, é recosturado nestas duas estrofes finais da primeira parte do poema; porém, as promessas são mal recosturadas: punhais, cutelo, sangue, vermes, talvez retirados de outros versículos bíblicos, passam a também fazer parte do recheio da nova história de Abraão. O poeta age dessa forma pois foi isto que pôde ser feito naquelas circunstâncias. A memória histórica antiga sobrepõe-se a todas as catástrofes e é graças a ela que o povo se recomporá, remendado como o final do poema. A força da história é maior do que aqueles que quiseram destruí-la. As duas últimas partes do texto de Alterman assim o mostram.

Referências bibliográficas

ALTERMAN, Natan. "Lenda sobre crianças que vagaram pelas florestas" (29 nov., 1938) e "Sobre o menino Abrão" (26 abr., 1946). Reimpressas em Michal Popovsky, (ed.) *Documento e identidade — O Holocausto na visão da literatura 1938-1946*. Tel Aviv: Matach — Centro de Tecnologia Educacional, 1994, pp. 12 e 94 (edição experimental — em hebraico).
BÍBLIA HEBRAICA.
A BÍBLIA. Tradução ecumênica. São Paulo: Paulinas & Loyola, 1996.
BÍBLIA SAGRADA. Edição Pastoral, 6ª reimpressão. São Paulo: Paulus, 1996.
LAOR, Dan. "Elementos da balada nos poemas de Natan Alterman em *A sétima coluna*", *Hassifrut*, vol. IV, nº 1, jan., 1973, pp. 89-98 e IV-V (em hebraico).
MIRON, Dan. *Do detalhe ao principal*. Tel Aviv: Sifriyat poalim & Hakibutz hameuchad, 1981 (em hebraico).
SHAMIR, Ziva. *Ainda retorna a melodia*. Tel Aviv: Papirus, Universidade de Tel Aviv, 1989 (em hebraico).
WYMAN, David S. "You won't understand. You must understand", in *The New York Times — Book Review*, 21 abr., 1991. Resenha de Lawrence L. Langer, *Holocaust testimonies — The ruins of memory*. New Haven: Yale University Press, 1991.

8

ONDE ESTÁ *NOSSO IRMÃO* ABEL?[1]

*Andrea Lombardi**

Interpretação é assassinato.
SIGMUND FREUD

Há um conto dos irmãos Grimm intitulado "Os dois irmãos".[2] O conto começa da forma seguinte: "Era uma vez dois irmãos, um deles era rico e o outro, pobre. O rico era ourives e seu coração era mau; o pobre vivia de fabricar vassouras e era bom e honesto. Ele tinha dois filhos gêmeos, parecidos como duas gotas d'água". No decorrer do conto, aprendemos que o irmão rico e mau convence o próprio pai a abandonar os gêmeos, seus sobrinhos, na floresta. Segundo Bruno Bettelheim, uma das características típicas dos contos referentes a irmãos é a simbolização

---

* USP

da identidade.[3] Ele ressalta que os dois irmãos, os gêmeos, simbolizam uma unidade dividida, em conflito. Faltando a cooperação entre os dois aspectos da unidade, haverá uma desagregação da personalidade. "A história afirma implicitamente que, se os aspectos contraditórios da personalidade permanecem separados, a conseqüência inevitável é a infelicidade", ou seja, a duplicidade não assumida, não trabalhada, leva à infelicidade. Nesta história, os irmãos entram em conflito um contra outro, enquanto os gêmeos (os filhos do pobre e bom artesão) se ajudam mutuamente. Inútil dizer que há um final feliz que pertence aos gêmeos. São eles que cooperam e, desta forma, aceitam a alteridade, seguindo o raciocínio de Bettelheim. O final feliz, portanto, cabe à geração posterior (aos filhos dos irmãos).

Os contos de fada representam de alguma forma um resquício de oralidade, a memória de uma tradição cultural de que constituem o imaginário e o material para inúmeras releituras. Eles carregam, de certa forma, o ruído de fundo de uma civilização, pois as releituras não conseguem apagar sua crueldade, a violência, a injustiça. "Na maior parte das culturas", diz Bettelheim,[4] "não há uma demarcação clara que separe o mito do conto popular ou da fábula; elas constituem em sua totalidade a literatura das sociedades pré-letradas". Nas palavras de Italo Calvino — ele mesmo um grande apreciador de fábulas e organizador de uma coletânea de *Fábulas italianas* —, a tarefa dos irmãos Grimm "era descobrir os fragmentos de uma antiga religião da raça guardada pelos povos", com o objetivo de acordar "a consciência germânica".[5] No mesmo texto, ele afirma que a natural "barbárie" da fábula se dobraria, na tradição italiana, a uma lei da harmonia; não haveria aquele "disforme jorrar de sangue dos irmãos Grimm".[6]

O *complexo de Abel*

A relação entre os dois irmãos (e os gêmeos, seus sobrinhos) da fábula não se desenvolve num clima realmente "familiar"; na verdade, é o lado *sinistro*, o lado *perturbante* que aflora com força, que a psicanálise define como *Unheimlich*, a partir de um conto de E. T. A. Hoffmann, literalmente o "não familiar". Dada a interpretação de Bettelheim, devemos presumir que o conflito entre os dois irmãos revela, de fato, um conflito de identidade, entre o sujeito e seu *duplo* — um tema forte do Romantismo, que remonta originariamente à Antigüidade Clássica,[7] e que a psicanálise passou a estudar.[8] Torna-se visível o "lado obscuro" da personalidade: um lado *Unheimlich* quer dentro do próprio círculo propriamente familiar (simbolizado pelos laços de parentesco estreitos entre irmãos), quer na própria personalidade *dupla* do sujeito. O recurso à autoridade do pai, que será induzido pelo irmão mau a levar os sobrinhos na floresta, a levá-los literalmente à perdição (a perder-se, portanto, a morrer), conduz aqui ao conflito edipiano por excelência: os irmãos lutam pela conquista do amor do pai ou por sua confirmação.

Um exemplo de "perdição" paradigmática dentro de nossa cultura pode ser considerada a história de Caim e Abel, a progênie imediata de Adão e Eva, segundo o relato do Antigo Testamento (Gênesis, 4). Caim, o primogênito, cultivava o solo enquanto Abel, o segundo, tornou-se pastor de ovelhas. O conflito explode quando os dois resolvem fazer oferendas a Deus. A oferenda de Caim é recusada e sua reação é rápida e terrível: leva o irmão rumo ao campo e mata-o. "Onde está teu irmão Abel",[9] pergunta-lhe Deus. "Não sei. Acaso sou guarda do meu irmão?". Vai até aqui o relato bíblico. Não está claro o porquê da preferência (e injustiça) divina. Não há dúvida que Deus, aqui, simboliza o pai — portanto, uma espécie de superego freudiano *ante litteram*. Afinal, Eva afirma (Gênesis, 4, 1): "Adquiri um homem com a ajuda de Iahweh"; a *ajuda* pode ter sido menos simbólica. O texto do Antigo Testamento é sabidamente lacônico e deixa grandes espaços para que se introduza a interpretação. Há versões em que Caim é apresentado como irmão gêmeo de Abel.[10] E há etimologias variadas para seus nomes: segundo uma, Caim vem de "adquirir", segundo outra, de "cana", "junco de serralheiro". Abel mostraria ainda uma conexão com "vazio",[11] mas também "dor", "sopro, "vaidade". Para Graves,[12] "o nome de Abel, *Hebel*, permanece sem explicação, provavelmente porque a palavra *hebel* era conhecida e significava 'sopro', 'nulidade', 'fugacidade', referindo-se à vida humana (Salmos, 144, 4; Jó, 7, 16). Todavia, na tradução dos Setenta *hebhel* foi escrito 'Abel', que, transcrito em hebraico, se torna *abhel* ou *ebhel*: 'luto' ou 'dor'". Trata-se, portanto, de uma interpretação fundamentada numa dupla tradução. Após a tremenda ofensa recebida por Deus, Caim mostra-se irado, ou melhor, deprimido, ou as duas coisas juntas: "Caim ficou muito irritado e com o rosto abatido"[13] ou "e irou-se Caim, muito, e descai-lhe o semblante".[14] Restabelecendo a seqüência lógica dos acontecimentos, teremos inicialmente a rejeição do *Pai*, que causa uma depressão em Caim e, finalmente, o crime: o assassinato do irmão, como forma de vingança que entra em conflito com a lei moral. Após a morte, porém, Caim não demonstra nenhum sinal de arrependimento ("Acaso sou guarda do meu irmão?"), não há luto, não há arrependimento; só haverá uma queixa contra a culpa que ele carregará: "Minha culpa é muito pesada para suportá-la...". É interessante considerar que a interpretação do nome de Abel acima citada (a dor, o luto) reúne metonimicamente a dor da vítima do assassinato e o luto não realizado por Caim.

A tradição do Antigo Testamento apresenta muitas variações do conflito entre irmãos: é o caso de Isaac e Ismael, Esaú e Jacó, Lia e Raquel. Por sua vez, a teogonia grega também está repleta de episódios análogos, nos quais o conflito "interfamiliar", especialmente em sua versão edipiana, aflora com uma força até maior. É o caso de Urano que será castrado e destronado pelos filhos, capitaneados por Cronos que, por sua vez, sofrerá o mesmo destino, por seu filho Júpiter. A história de Roma está repleta de tensões semelhantes, basta pensar no conflito simbólico entre Rômulo e Remo, fundadores da cidade.

No primeiro momento, pois, Caim entra numa depressão. O texto é muito lacônico, mas, a julgar pelo tamanho de sua decepção, presume-se que a depressão seja realmente profunda. Sua reação posterior — o assassinato do irmão — decorre de sua inveja: "Nunca teria invejado meu irmão — reclama Caim com Deus — se tu não tivesses preferido suas ofertas às minhas", o que é evidentemente proibido pelas leis e pela moral dominante já naquele estágio da civilização. Se a reação de Deus, que chega a rejeitar Caim, não é compreensível, segundo muitos intérpretes, por apresentar um modelo de profunda injustiça, o fratricídio coloca-o no índice da civilização e requer outras versões. Uma delas afirma que Caim foi gerado de uma união entre Eva e Samael, a serpente ou o diabo. Nesta interpretação, é Samael que, ciumento pela união entre Adão e Eva, teria falado: "Destruirei Adão e casarei com Eva e reinarei realmente". No Novo Testamento (João, Primeira Epístola, 1, 3-12),[15] Caim é apresentado como representante ou filho do "Maligno", ou alguém "possuído" pelo espírito maligno — Satanás, Samael ou Lúcifer representam, antes de mais nada, a ambição desmedida e o ciúme: "O orgulho fez com que perdesse o juízo: 'Quero ascender acima das nuvens e das estrelas, disse [Lúcifer] e quero ser coroado no monte Saphon [...] e me tornar assim igual a Deus!'". O assassinato de Abel é uma transgressão, um pecado gravíssimo. Pode-se acreditar que o fratricídio transmita a Caim e a seus descendentes uma tremenda culpa. Caim torna-se um fora-da-lei, obrigado a fugir sempre ("terei de ocultar-me longe da tua face e serei um errante fugitivo sobre a terra"). Sua punição será ter um chifre sobre a testa, carregar a fama de fratricida e sempre estar possuído por uma angústia, ter uma fome insaciável e estar condenado à impossibilidade da realização de seus desejos, à insônia e ao afastamento da comunidade dos homens. Mas Caim não muda, apesar destas punições. "Ele não parava de cometer atos pecaminosos, acumular riquezas pelo crime, ensinar o mal e viver de forma luxuriosa. Foi ele que inventou o peso e as medidas, pondo um fim à simplicidade dos homens. Foi ele que cercou a terra e construiu cidades cercadas de muros". Contrariamente à fábula dos irmãos Grimm, nem a história de Caim e Abel, nem a história de Isaac e Ismael e nem a maioria das outras citadas pela Bíblia, terão um final feliz.

Caim mostra, portanto, um duplo recalque. Num primeiro momento, transforma a falta do afeto do pai em melancolia, dirigindo o ódio destinado ao pai contra sua própria pessoa. Após o assassinato — causado por uma transformação da melancolia em sadismo[16] —, não assume sua culpa nem empreende um trabalho de luto pela morte do irmão. Abel é representado metonimicamente pelo seu nome, que significa a *dor*. Simbolicamente, ele se torna o *luto* — outra acepção do nome —, que nunca foi realizado. Para Caim, também o nome é metonimicamente sua essência, pois a *cana* representa o instrumento que matou o irmão. Interpretando seu nome como *serralheiro*, ele se torna o símbolo do progresso, cujo avanço se fundamenta no assassinato. É, talvez, neste sentido que devemos interpretar a frase de Walter Benjamin: "Nunca houve um monumento da cultura que não fosse também um monumento da barbárie".[17] A história do conflito entre Caim e Abel é típica de nossa tradição cultural e repete-se, em outras situações e com outros nomes, mostrando uma compulsão à repetição. A falta de trabalho de luto pela morte de Abel é, de certa forma, um modelo que origina ou incentiva a falta de trabalho de luto em relação à história.

"O luto — diz Freud em seu famoso ensaio 'Luto e melancolia' — é normalmente a reação à perda de uma pessoa amada ou de uma abstração como pátria, liberdade, um ideal etc. que tomou seu lugar. Em algumas pessoas mostra-se no lugar do luto uma melancolia".[18] Nos primitivos (*Totem e tabu*), Freud detecta uma forte "ambivalência de sentimentos originária", em relação à morte de pessoas amadas. "A suposição que as pessoas amadas mortas se transformem após a morte em demônios deixa uma pergunta em aberto".[19] Isto acontece, segundo Freud, por que há uma insurgência, uma recusa em aceitar a realidade da perda. Contudo, não necessariamente a perda sofrida é real. "Numa série de casos é evidente que [a melancolia] pode representar uma reação à perda de um objeto amado; em outros casos pode-se reconhecer, que a perda é de natureza ideal [...]. Em outros casos ainda [...] não se pode reconhecer de forma clara o que foi perdido, e deve-se presumir que o próprio paciente não tem claro o que ele perdeu". A questão relevante é que a melancolia está ligada ao inconsciente, é resultado de um processo inconsciente. Quando ela substitui o luto, entram em jogo distúrbios, elementos patológicos dolorosos voltados contra o sujeito e contra os objetos de suas relações afetivas: "A melancolia se configura como um desvio doloroso da disposição do espírito, uma suspensão dos interesses pelo mundo exterior, uma perda da disposição em amar, um impedimento de qualquer capacidade e um rebaixamento da consciência de si...". A disposição melancólica transfere ao próprio "eu" tendências agressivas e sádicas que de certa forma são responsáveis por uma transformação da dor em comportamento agressivo: "Se o amor pelo objeto que não pode ser abandonado recuou em direção à identificação narcísica, o ódio se manifesta em relação ao objeto substitutivo pelo xingamento, rebaixamento; [...] esta dor lhe assegura uma satisfação sádica". A ambivalência dos sentimentos e a inversão das relações provocam no inconsciente uma transformação das manifestações afetivas, que, por sua vez, abrem a possibilidade a um comportamento agressivo ou sádico do sujeito melancólico.

Uma neurose diabólica

De fato, há outra versão da lenda de Caim e Abel que apresenta aquele como representante do diabo, de forma que justifica, por um lado, o comportamento injusto de Deus e, ao mesmo tempo, o tremendo crime de Caim. A inserção do diabo permite uma ligação direta entre inveja e sadismo, uma espécie de "exercício da pulsão de dominação".[20] A este propósito é interessante um curioso manuscrito do ano de 1677 onde o pintor Christoph Haitzmann descreve sua voluntária entrega ao diabo, aparentemente sem receber algo material em troca. O manuscrito é redescoberto por Freud, que dedica ao comentário um ensaio cujo título é "Uma neurose diabólica no século XVII".[21] O pacto de Haitzmann não é originado pela sua vontade de onipotência, mas é causado por uma depressão, ligada a um grande luto do protagonista e aí está a questão mais interessante. "Haitzmann faz o pacto com o diabo", resume Freud, "para se livrar de uma depressão". O que é que Haitzmann pede ao diabo? Segundo a leitura de Freud, seu único desejo é que o diabo "se empenhe a substituir seu falecido pai por nove anos. [...] Por causa da morte do pai, ele perdeu o ânimo e a capacidade de trabalho; recebendo uma substituição do pai, ele espera ganhar de volta o que perdeu". Freud a seguir se pergunta: "Alguém que se tornou melancólico por meio da morte do próprio pai deve ter amado esse pai. É muito estranho que esse homem chegue à idéia de substituir o pai amado pelo diabo". Estranho — talvez —, mas não impossível. Haitzmann terminará sua vida num mosteiro, como monge na ordem dos *irmãos piedosos* de Mariazell, na Áustria: o pacto com o diabo substitui, de certa forma, o trabalho de luto, e — inexplicavelmente — a história terá um "final feliz". O manuscrito citado constitui, segundo Freud, uma forte referência para a literatura posterior, incluindo o *Fausto* de Goethe. Em Haitzmann, a falta do trabalho de luto causa, em princípio, o sintoma da melancolia. Mas, num segundo momento, a melancolia é substituída por uma mania que, no caso específico, origina o pacto com o diabo. Não há registros histórico de que este pacto de Haitzmann com o diabo tenha acarretado algum crime, mas — dentro da hipótese de Freud — esta possibilidade está dada, pois o diabo poderia ter induzido o pintor a agir de forma transgressiva. Em *Moisés e o monoteísmo*, Freud defende a hipótese da existência de um vínculo muito singular entre o assassinato de Moisés por parte de seu povo (o "assassinato do pai"), e a persistência da religião judaica na história; a continuidade do judaísmo se deveria à memória recalcada deste crime horrível: uma hipótese fantasiosa, que estabelece uma clara hierarquia moral entre judaísmo e cristianismo. Com o "assassinato do filho" pelo cristianismo, ou seja, a morte de Jesus, a morte do pai teria sido resgatada, segundo Freud. Judaísmo e cristianismo, em Freud, aparecem como irmãos que brigam pela primazia diante do pai. Como *Caim* e *Abel*. A vida e sua representação, a literatura e a história, a psicanálise e a interpretação misturam-se, na medida em que o "caso Haitzmann" pode ajudar para a explicação do *complexo de Abel*.

O judaísmo do século XX

Estamos acostumados a tratar os nomes como se sempre eles correspondessem a coisas, como se eles tivessem o poder de evocar "a coisa". No caso do *judaísmo*, a correspondência entre o nome e referente revela-se logo como pouco apropriado. Já em 1948, Jean-Paul Sartre havia questionado se se podia identificar o *judeu* pela raça [sic], pela sua religião ou pela sua comunidade "nacional". À pergunta acerca do judaísmo, ele respondia que "é o anti-semita quem *faz* o judeu", ou seja, o judaísmo do século XX é um produto do anti-semitismo.[22] Embora haja uma velha polêmica anti-judaica,[23] parece mais próprio pensar, com Hannah Arendt, que "o anti-semitismo moderno começa a manifestar-se no final do século XIX".[24] Muitos são os autores contemporâneos que assumem seu "judaísmo" em oposição ao anti-semitismo, ou melhor, como reação a ele. Mas "assumir o judaísmo" significa, de certa forma, assumir uma determinada identidade, mudando a identidade anterior. Primo Levi formula isto de forma muito clara: "Fizeram com que me tornasse judeu. [...] Antes de Hitler eu era só um adolescente burguês".[25] O próprio Freud declarará em 1930: "Minha língua é alemã, minha cultura, minha formação são alemãs e eu me via espiritualmente como um alemão até perceber o crescimento do preconceito anti-semita na Alemanha e na Áustria alemã; desde então prefiro definir-me judeu". Nos caso de Primo Levi e naquele de Sigmund Freud, a identificação com o judaísmo é produto de uma escolha, uma reação ao anti-semitismo.

É difícil isolar no anti-semitismo os elementos originados dos vários preconceitos: sociais, religiosos, econômicos, ideológicos. Alguns aspectos e motivações do anti-semitismo estão ligados especificamente à tradição cultural de língua alemã. O parentesco tão próximo entre língua alemã e o ídiche, por exemplo, a língua mais falada por milhões de judeus orientais, tem certamente um peso grande. Há outros complexos, típicos da cultura alemã e de sua historiografia, ligados à própria história alemã.[26] O anti-semitismo típico do século XX acrescenta à tradição *antijudaica* a luta contra três elementos, de certa forma novos: o messianismo, a oralidade e a atitude iconoclasta, típica das vanguardas do início do século XX. Certamente, nenhum desses elementos pode ser considerado exclusivamente "judaico", mas deve com certeza muito à esta tradição. Neste sentido, não há como negar uma forte influência do messianismo judaico no enorme movimento social desencadeado pelo marxismo. Por sua vez, a forte ênfase dada à oralidade por parte da psicanálise (a "cura pela palavra") tem comprovadamente uma de suas fontes na tradição judaica. A atitude rebelde das vanguardas artísticas pode, finalmente, ser relacionada à recuperação de elementos da tradição judaica na literatura e na filosofia do início do século XX. O efeito de desestabilização social, cultural e "psicológica" destes três elementos no panorama da Europa da primeira metade do século XX é muito grande, levando-se em conta a força da tradição positivista. Há uma hipótese para esta crescente influência de elementos da cultura judaica no tecido cultural europeu: a tendência à integração e assimilação dos judeus na Europa do final do século XIX provocou, de certa forma, uma disseminação de elementos da tradição judaica, liberados do vínculo tradicional com a religião. Tudo isto leva a considerar o anti-semitismo extremado alemão uma condensação de elementos tipicamente alemães junto à reação a estes três elementos novos. Há certamente uma responsabilidade específica alemã em relação ao anti-semitismo. Mas o genocídio foi realizado na quase total indiferença da opinião pública ocidental e dos governos aliados, ou melhor, *graças* a esta indiferença, pois as informações sobre o genocídio circulavam publicamente. É impressionante a lista de informações e artigos sobre a realização do genocídio, publicadas *durante* a Segunda Guerra Mundial em revistas e diários — entre eles a *Newsweek* e o *New York Times*. Houve até encontros de delegações judaicas com o presidente americano Roosevelt e com o primeiro-ministro britânico.[27] Se o nazismo carrega a responsabilidade completa da monstruosa decisão de aniquilar as populações de origem judaica, os governos aliados e a opinião pública ocidental tornaram-se, no mínimo, co-responsáveis.

Judeus e greco-cristãos

Embora muitos especialistas identifiquem uma contraposição entre judaísmo e cristianismo, cuja existência analisam ou rejeitam,[28] segundo alguns autores a origem do conflito remonta ao século II a.C., quando judaísmo e mundo grego formavam os dois pólos.[29] O papel central do apóstolo Paulo no século I na gênese e difusão do cristianismo confirma esta interpretação; pois é ele quem sugere uma releitura que alegoriza e inverte a leitura do Antigo Testamento e, particularmente, reinterpreta o mito de Isaac e Ismael: "pois está escrito que Abraão teve dois filhos, um da serva e outro da livre. Mas o da serva nasceu segundo a carne, o da livre, em virtude da promessa. Isto foi dito em alegoria. Elas, com efeito, são duas as alianças" (Gálatas, 4, 21). É Paulo quem estabelece uma correspondência rígida entre os dois filhos de Abraão: Ismael com os judeus e Isaac com cristãos. O primeiro transforma-se, em sua interpretação, em filho "carnal", pois nasce da serva Hagar; o outro, filho de Sara "a livre", será considerado o filho legítimo. "Não há distinção entre *judeu* e grego — proclama Paulo —, pois ele é Senhor de todos..." (Epístola aos romanos, 10, 11). De fato, ele afirma que não há diferenças entre o *cristão* (*judeu* nas suas palavras) e o grego. O objetivo é mostrar o caráter universal do cristianismo e, com isto, aclimatar a nova religião à visão de mundo grega. A Bíblia já tinha sido traduzida pelos *setenta* sábios no século III a.C. (a tradução fora encomendada por Ptolomeu II para a Biblioteca de Alexandria). Depois do século IV haverá realmente uma progressiva transformação do cristianismo em religião oficial do império romano. Paulo, no século I, defende sua nova interpretação a partir do texto bíblico que havia absorvido aspectos decisivos do mundo grego e, num famoso versículo, uma inversão radical da leitura: "Agora vemos em espelho/ e de maneira confusa,/ mas, depois, veremos face a face" (Coríntios, I, 13,12). Como efeito desta leitura, o texto do Antigo Testamento é rebaixado a mero eco, antecipação da nova revelação, da nova aliança: "nada mais dizendo senão o que os Profetas e Moisés disseram que havia de acontecer" (Atos dos apóstolos, 26, 22).[30]

Nem todos os autores concordam com a existência de uma polarização dentro da tradição ocidental, entre as duas concepções, a "judaica" e a "cristã". O historiador A. Momigliano, por exemplo, é um autor que recusa com muitos argumentos a existência desta contraposição:[31]

> Não sinto nenhuma atração pela vaga terminologia que nossos teólogos exibem. Em alguns casos, eles opõem indo-europeus aos semitas, em outros os gregos aos hebreus, em outros ainda os gregos aos hebreo-cristãos ou unicamente aos cristãos. Não se procura definir tempos, lugares, autores. Afora isso, ao menos alguns dos nossos teólogos possuem idéias muito ingênuas a propósito da uniformidade do pensamento grego e da continuidade do pensamento hebraico.[32]

O autor citado recusa uma contraposição radical entre "visão de mundo judaica" e "visão cristã", pois ele suspeita que por trás dela aflore um preconceito racista, manifesto em pesquisadores anteriores ao fim da Segunda Guerra Mundial. O argumento que ele usa — a impossibilidade de estabelecer uma continuidade no pensamento hebraico ou cristão (a "uniformidade") — é fundamentalmente correto, visto que dentro da tradição judaica ou cristã convivem inúmeras perspectivas e interpretações diferentes. Segundo afirma Robert Alter,[33] é difícil definir se há ou não uma verdadeira e comprovada unidade entre os textos do Antigo Testamento, pois o princípio da "canonização posterior" torna-se, evidentemente, a releitura autorizada, embora os textos sejam heterogêneos. É fácil detectar na leitura de Paulo uma mistura de elementos gregos, da filosofia platônica, com os elementos do Antigo Testamento, já muito misturados com outras tradições.[34]

Há, porém, alguns elementos de distinção que podem ser identificados. Um deles é a própria releitura radical realizada por Paulo, pois ela mesma estabelece uma contraposição, insinuando, portanto, a existência de duas tradições. Um outro é o estatuto da escrita e, conseqüentemente, o estatuto da interpretação nas duas tradições.

O mito da escrita alfabética em Moisés e Thot

Há duas cenas fundadoras da origem da escritura em nossa tradição: o texto do Antigo Testamento, e particularmente a cena do *Decálogo* ligado à figura de Moisés, e a lenda de Thot, que Platão apresentou em seu *Fedro*. O primeiro teve sua importância relegada quase que exclusivamente à tradição religiosa. Ao contrário, a lenda de Thot exerceu a maior influência no pensamento ocidental. Embora os dois mitos tenham um estatuto muito diferente, pois estiveram ligados a diferentes tradições interpretativas, é interessante compará-los. Nenhum dos dois se fundamenta em fatos históricos e nem são históricas as figuras de Moisés e de Thot. Afora isso, a escrita alfabética não surgiu certamente da forma como os textos da Bíblia e do *Fedro* o relatam. Já havia escribas no século VI a.C., quando o texto do Êxodo foi redigido, ou no século XIII a.C., época em que o próprio texto bíblico situa a vida de Moisés. O deus Thoth do *Fedro* de Platão é muito provavelmente uma invenção do filósofo grego e substitui Palámedo ou Prometeu, mitos que estavam ligados à invenção da escrita na tradição grega.[35] No texto bíblico, a escrita alfabética sugere a existência de um vínculo histórico com a libertação do povo judeu da escravidão no Egito, pois à revelação segue-se a libertação e o Êxodo.

Dentro da tradição interpretativa judaica, há uma defesa da liberdade de interpretação e, particularmente, da interpretação *infinita*. Na *Cabala*, uma tradição exegética e mística dentro do judaísmo, esta questão é muito forte: "Existem 600.000 aspectos e significados na Torá. De acordo com cada uma dessas maneiras de explicar a Torá, a raiz de uma alma foi moldada em Israel. Na Era Messiânica, cada um entre os homens de Israel lerá a Torá de conformidade com o significado peculiar de sua raiz. E assim, também, é a Torá compreendida no Paraíso".[36] Já, ao contrário, o mito de Thot atribui à escrita um valor negativo e confirma a teoria platônica do conhecimento — as idéias são inatas, conseqüentemente, o texto deve ser considerado efêmero e imperfeito:[37]

> O jovem deus Thot, o inventor dos números e dos jogos de dados, apresentou sua nova invenção, a escrita, ao deus soberano e solar, Tamuz; [...] Thot a define como uma "droga para a memória e para a sabedoria". [...] Tamuz contradiz essa definição: a escrita só fará aumentar o esquecimento dos homens, pois eles colocarão sua confiança "em signos exteriores e estrangeiros" ao invés de treinarem a única memória verdadeira, a memória interior à alma...

A visão apresentada por Thot responde a uma visão depreciativa da função da escritura dentro da tradição ocidental, segundo a conhecida análise de Jacques Derrida: "A escritura, a letra, a inscrição sensível, sempre foram consideradas pela tradição ocidental como o corpo e a matéria exteriores ao espírito, ao sopro, ao verbo e ao *logos*".[38] Entre uma visão do texto aberto à interpretação de todos os leitores e, por outro lado, a *limitação* da interpretação, que o próprio Platão defende por motivos até compreensíveis,[39] há uma diferença muito grande e, embora a origem dos dois mitos seja tão diferente, uma contraposição entre eles pode tornar-se muito produtiva para se investigar as raízes do anti-semitismo ocidental. A hipótese que subjaz a esta indagação, e que justifica uma comparação aparentemente tão arbitrária, é de que haja dentro da tradição ocidental um conflito mortal entre dois mitos originários. Nascidos ambos dentro da tradição da cultura alfabética ocidental, eles podem ser considerados membros de uma única "família". Caim e Abel representariam simbolicamente os conflitos posteriores (entre Moisés e Thot, Isaac e Ismael etc.). Estaria justificada, aqui, a disputa pelo direito à primogenitura entre Thot e Moisés, ou seja, entre a cultura greco-cristã e a cultura judaica. Há outros elementos em jogo que respondem ao princípio do conflito dentro de uma única família: desde sempre, a vertente judaica da tradição considera-se "o povo eleito", o que pode ser interpretado como "o povo preferido pelo pai". A outra vertente, porém, gaba-se de possuir vínculos de parentesco muito próximos com os deuses, a começar pelos heróis gregos e romanos. Há, também, um resquício de preconceito de um em relação a outro, pois Moisés pode ser considerado expoente de uma cultura mais primitiva e grosseira, enquanto Thot representaria uma civilização mais refinada.

  As duas cenas da escritura podem ser consideradas simbolicamente os núcleos de um conflito entre duas tradições. É possível, porém, interpretar, como o faz Bettelheim com a história dos dois irmãos, que os dois mitos representam duas versões diferentes de uma cena originária *dentro de uma única tradição*, cuja identidade se expressa exatamente por uma duplicidade. Este ponto de vista permite aceitar duas perspectivas diferentes de leitura, fundamentadas nas duas concepções da escrita apresentadas.

9

ARI CHEN: O HOLOCAUSTO E O PÓS-HOLOCAUSTO NO TEATRO BRASILEIRO

*Regina Igel**

Ari Chen nasceu em Petrópolis, no Rio de Janeiro, em 11 de julho de 1929 e faleceu prematuramente em Jerusalém, Israel, enquanto se recuperava de um ataque cardíaco num hospital, em 12 de julho de 1959. Filho de imigrantes judeus da Bessarábia, chamava-se originalmente Leão Rinque (Rink), que ele mesmo traduziu para o nome hebraico com o qual assinou quase todas suas peças teatrais.[1] Ao tempo da sua morte, já era reconhecido, principalmente na Europa e em Israel, como um dramaturgo cuja obra se caracterizava por suas dimensões de crítica social, propostas para reflexões de índole filosófica e psicológica, pelo intrincado humor das suas comédias e pela ambientação surrealista sugerida para certos cenários.

---

* Department of Spanish and Portuguese University of Maryland (EUA)

A biografia de Ari Chen no Brasil, onde viveu até a idade de 23 anos, é simples: criou-se na mesma cidade em que nasceu, a montanhosa Petrópolis (que lhe ofereceria o pano de fundo para algumas de suas peças), numa atmosfera familiar afastada de preceitos religiosos, mas consciente das vertentes cultural e tradicional do judaísmo. Já na escola secundária, Ari mostrou grande interesse pela história judaica e à idade de 19 anos, tendo acabado de ingressar na Faculdade de Química, passou a relacionar-se com outros jovens judeus na militância socialista-sionista. Por seu inequívoco interesse pelo Estado de Israel e por seus ideais progressistas, tornou-se um dos líderes na formação de um núcleo do *Ha-shomer Ha-tzair*, uma organização judaica juvenil de orientação esquerdista. Suas atividades neste agrupamento levaram-no a fazer parte da organização da primeira fazenda experimental no Brasil, *Ha-Hashará*, na região de Campinas, no estado de São Paulo. Naquele lote de terra, logo transformado em espaço cultivável para jovens judeus serem treinados para as lides do campo, ele teve oportunidade de aplicar, com companheiros idealistas, conhecimentos do trato do solo e da lavoura, numa convivência de índole coletivista. Esta rotina iria acompanhá-lo na sua transferência para Israel, onde trabalhou como lavrador e tratorista numa fazenda coletiva, o *kibbutz Negbah*. Sua mudança para Israel não lhe foi fácil nem momentânea. Quatro anos passaram-se depois da guerra de Independência de Israel (1948) antes que se visse embarcando num navio para seguir sua intuição e ideais. Em seu diário, conservado por toda sua vida, Ari confessava e analisava sua dor em abandonar o Brasil:

> Sinto que estou me despedindo desse país que tanto amo, de meus pais, dos poucos amigos que conservei, de toda

uma cultura na qual me criei. Sinto isto e muito mais, que só poderei descrever pouco a pouco. [...] Levo comigo uma tarefa muito maior do que me imaginava. [...] Não é bastante mudar-me para Israel com todas minhas coisas e absorver uma cultura já existente. Algo me força a buscar mais. Transmutar e amalgamar a cultura brasileira, a qual me absorveu toda minha vida, com a que se está formando lá. [...] Essa é a raiz de toda minha perturbação intelectual atual diante da próxima absorção em Israel.[2]

O processo de "amalgamação" (termo químico que ele transpôs com êxito para a escrita literária pessoal, como visto acima) da cultura brasileira com a israelense se verteria em sua futura obra teatral: além de localizar alguns dos eventos de suas peças em cidades brasileiras como Petrópolis, Rio de Janeiro e São Paulo, ele incorporou alguns elementos africanos esotéricos, apreendidos no Brasil, amalgamando estes e demais componentes, como problemas dos estágios do desenvolvimento de Israel e seus vizinhos, numa linguagem cênica de ordem universal.

A administração do *kibbutz*, que foi sua residência e local de trabalho durante os primeiros sete anos de sua experiência em Israel, deu-lhe permissão para retornar ao Brasil apenas uma vez, para visitar a mãe doente, que faleceu 15 dias depois do encontro. Retirando-se da fazenda onde também tinha conhecido sua esposa (Sara, de origem iemenita), Chen filiou-se ao serviço diplomático israelense e viajou para o Brasil, como emissário cultural, com esposa e filho pequeno. Na ocasião, como se para compensar sua curta permanência anterior, ele e a família moraram no Rio de Janeiro por quatro anos (1963-1967).[3] Durante este período, Sara Chen lecionou hebraico, história bíblica e danças israelitas numa escola secundária judaico-brasileira, enquanto Ari, além de suas funções como representante cultural de Israel, dava aulas de história judaica em português, preparava jovens judeus para o ritual de ingresso na vida adulta e coordenava o departamento teatral da mesma escola.

Enérgico e agressivo, Ari entrosou-se com grupos teatrais cariocas e teve ocasião de testemunhar o êxito do seu drama *O sétimo dia (um exorcismo em dois atos e um epílogo)* no palco, de perceber a boa acolhida do público e da maior parte da crítica, além de presenciar leituras dramáticas de outras peças de sua autoria, no Rio de Janeiro.

O âmbito do teatro de Ari Chen ainda não foi criticamente percorrido em extensão nem em profundidade. Faz falta um corpo analítico que examine o pluralismo temático da sua obra teatral, a riqueza de suas ponderações de ordem filosófica e pragmática, o alcance poético dos diálogos encenados e por encenar e os recursos românticos, realistas e surrealistas que utilizou na armação do seu repertório teatral.

O presente estudo orienta-se na direção de um trabalho analítico específico, o exame das peças relacionadas ao período do pós-Holocausto. O Holocausto, termo com que se costuma designar as atrocidades cometidas pelos nazistas e seus simpatizantes, particularmente contra os judeus na Segunda Guerra Mundial (1939-1945), não foi visto nem sofrido diretamente por Ari Chen. Por não ter sido uma vítima individual da tragédia, o dramaturgo trabalhou com as seqüelas daquela experiência sofridas pelos sobreviventes, em seus sentimentos de desespero, frustração, saudades e absoluto espanto, nunca superado, com a hecatombe. Na linhagem do teatro shakespeariano, os personagens dos dramas de Chen ligados ao tema do pós-Holocausto estabelecem diálogos com seus mortos, que procuram ser ouvidos, fazer-se entender ou ser lembrados na convivência diária dos que sobreviveram. Imerso na técnica surrealista, Chen cria quadros que se sobrepõem ou se justapõem, invocando o passado e o presente através de uma máquina teatral montada de acordo com os sonhos e alucinações das personagens no cruzamento entre vozes vivas e mortas. Este ambiente é trazido ao palco através de relatos, lembranças e revelações dos vivos nas suas comunicações com seus mortos, os quais exercem uma participação ativa na convivência com os sobreviventes.

Chen deixou um acervo de quase 14 peças teatrais, entre dramas e comédias, das quais pelo menos dez encontram-se na sua língua original (português ou hebraico) e traduzidas num destes idiomas: inglês, alemão, holandês, francês, italiano ou em todos eles.[4] Ari escreveu comédias e tragédias, e em ambos os gêneros distinguem-se suas características essenciais, como a de convivência com temas de âmbito universal, seja instigando o humor ou provocando a solidariedade por meio de temas dramáticos. Outros de seus traços distintivos são a junção de elementos judaicos e não-judaicos em certas tramas e a possibilidade de leituras metafóricas vinculadas ao sistema cenográfico, principalmente nas peças que tratam da situação do judeu no mundo e, por extensão, de pessoas marginalizadas e excluídas do fluxo da sociedade. Chen entrosou-se com a modernidade teatral ao adotar, em muitos dos seus dramas, o supra-realismo no gênero chagaliano, como se salienta nas peças *O sétimo dia (um exorcismo em dois atos e um epílogo), Se eu te esquecer, Jerusalém* e *O julgamento (um monólogo com interferências)* a serem examinadas mais adiante.

Seus primeiros trabalhos teatrais encenados e publicados foram escritos em português e traduzidos por ele mesmo ao hebraico, quando Ari respondeu ao estímulo de um concurso radialista em Tel Aviv. Isto lhe proporcionou a oportunidade de ouvir suas duas peças premiadas, *O poço* e *O selo*, em transmissão pela estação de rádio.[5] A primeira delas faz referência a uma situação entre vizinhos, que disputavam um espaço reservado para crianças num pátio localizado entre prédios de apartamentos. Este era "o poço" de um *shikun*, complexo habitacional densamente povoado, típico da rápida urbanização israelense na década de 1960. A segunda peça premiada concentra-se no comportamento de um casal sob as tensões provocadas por um isolamento forçado num quarto sem portas.

Desde o início de suas atividades como dramaturgo, Chen demonstrou possuir imaginação diversificada, conhecimento de recursos cênicos e domínio da concisão teatral. No entanto, a escolha do idioma em que escreveria suas peças no início de sua trajetória teatral cobrou-lhe um período de hesitações e inseguranças, como declarou em entrevista: "Se de um lado eu gostava de escrever em português, minha língua materna, de outro lado não me sentia o bastante seguro para escrever em hebraico".[6]

Em seguida ao prêmio da estação de rádio, sua produção teatral deteve-se por algum tempo antes de projetar-se no cenário internacional. Um exame do conjunto de suas peças teatrais revela que certos dramas se prestam a uma dissecação do sistema social e das relações humanas aos níveis individual e coletivo. Eles exploram, em geral, certas condições complexas da vivência na Diáspora, como se estabeleceu chamar os territórios geográfico e espiritual que marcam a distância ou o distanciamento dos judeus em relação a Israel.

Algumas das suas tragédias revelam uma tonalidade dramática shakespeariana, evidente nos diálogos em que predominam profundos encontros com dúvidas existenciais, perguntas sem respostas e passagens por contemplações filosóficas, como nas peças *Excluso*[7] e *O espelho*.[8] Nas comédias, em menor número do que as tragédias, expõem-se situações decorrentes da perplexidade criada por *qüiproquós*, equívocos e surpresas resultantes de descobertas de identidades dissimuladas, como em *Karina...*[9] e em *Elas os preferem... um "pouquinho loucas"*.[10] A versatilidade de Ari correspondia a uma criatividade febril, como indica seu filho Gil-Ad Chen numa entrevista a mim concedida via Internet: "Meu pai levou apenas três dias para escrever e dar por finalizada a peça *Karina...*".[11] Na mesma ocasião, seu filho rememorou: "Lembro-me de quando eu era criança e adormecia com o som que o meu pai fazia na máquina de escrever, a velha máquina que fazia barulho...".

Na teatralização de temas ligados a guerras, destacam-se cinco peças: *O sétimo dia (um exorcismo em dois atos e um epílogo)*,[12] *Se eu te esquecer, Jerusalém*,[13] *O julgamento (um monólogo com interferências)*,[14] *Os vinte dias de Anna* (original em inglês, *script*: *The twenty days of Anna*)[15] e *O dia em que o mar subiu às montanhas* (original em inglês, *script*: *The day the sea came up the mountains*).[16]

Dentre as peças acima indicadas, serão aqui examinadas duas referentes ao período pós-Holocausto (*O sétimo dia* e *O julgamento*) e uma terceira relacionada ao período inserido na Segunda Guerra Mundial (*Se eu te esquecer, Jerusalém*). Todas as três se referem a situações relativas aos traumas decorrentes da guerra, relacionando vivos e mortos, coordenando lembranças e vivências, sonhos e realidade circunstancial. A armação fundamental das três obras indicadas é o elemento surrealista, explorando o extraterreno e a aproximação entre vivos e mortos. Tais cenas abrangem diálogos entre sobreviventes e assassinados na guerra, monólogos, lembranças de aspectos da vida passada e visões evocadoras de como a vida poderia ter sido antes de ser roubada a oportunidade de ser realizada.

O drama *O sétimo dia* apresenta um hibridismo cultural africano-brasileiro-judaico de localização temporal seqüente ao Holocausto. Os personagens principais são quatro pessoas residentes na cidade de São Paulo, com suas vidas normalizadas em atividades diárias, depois de terem escapado da Segunda Guerra. Na véspera de um sábado, cada um deles recebe a visita de seus entes queridos, desaparecidos no Holocausto e dados como mortos: Maurício e sua jovem esposa hospedam um casal que se apresenta como os pais dele; Marco, no mesmo bairro, é visitado por uma moça que tinha sido sua noiva até quando a guerra os separou; Rosa, moradora nas vizinhanças dos anteriores, recémcasada e com um filho pequeno, recebe a visita do homem que tinha sido seu marido. Os visitantes mostram-se seres vivos e atuantes, e, embora seus hospedeiros não o saibam, eles são espíritos que retornaram ao mundo terreno somente para aquele dia de sábado. Em todas as casas visitadas, os espíritos tentaram retomar a vida passada no ponto em que fora decepada pelos nazistas. As reminiscências que preenchem simultaneamente os espaços das três casas visitadas seriam uma alegoria do sonho alimentado pelos vivos, em fazer ressuscitar seus mortos através das lembranças. Assim, os personagens envolvem-se numa lenda judaica milenar pela qual se apreende que os mortos podem visitar os vivos pela duração de um sábado, ainda que seja somente na imaginação destes últimos. Na sua trajetória ao passado, os viventes traumatizaram-se, os espíritos continuaram frustrados, mas o encontro terá servido, para todos os envolvidos, como catarse, o *exorcismo* indicado no título da peça.

Nas instruções cenográficas para essa peça, Chen indica sua preocupação em manter uma atmosfera chagaliana no palco:

> Paredes e telhados, se houverem, deverão ser coloridos em tons fortes, inclinados, sem perspectiva, em feitio expressionista. Não é o Bom Retiro real que quis descrever, mas uma essência fantástica dele, que somente Chagal soube representar. Por isto, imaginaria dentro deste cenários (e perfeitamente compatível com o verdadeiro Bom Retiro)[17] silhuetas de sinagogas e igrejas inclinando-se reverentemente, uma para a outra; sobre algum telhado, um catavento em forma de galo, girando. Se houvesse um violonista alado disponível, ele passaria tocando no momento do casamento de Marco e Fanny. Anjos e demônios trariam em seus braços as visitas para o sábado. E muito mais. E sobre tudo, um manto de otimismo mesclado de infinita tristeza.[18]

Um prisma realista está incluído na trama por intermédio de quatro personagens não-judeus de distintas nacionalidades: o português Manuel, a italiana Maria e os brasileiros Nair e Francisco. Através deles, o autor transmite uma perspectiva empírica à história, pois, livres das evoluções do processo mental e psicológico dos demais personagens, esses representam os dados reais em contraste com os oníricos, o presente em relação ao passado e o mundo prático em comparação ao imaginado. É possível que o autor tente, com uma apresentação etnicamente diversificada, uma representação simbólica de várias reações à dor criada pelo Holocausto e permanente no período pós-Holocausto. Enquanto Nair oferece amor e apoio terapêutico a Marco, Maria e Manuel interpretam papéis que se relacionam ao coro grego, informativo, especulativo, com passagens pela ironia e por episódios que se cruzavam como boatos. Ao negro Francisco está reservada a missão de aplicar seus poderes secretos e esotéricos para fazer com que o tempo se suspenda. Se conseguisse suspender o dia, os visitantes não teriam que voltar a seus lugares de origem, o que serão forçados a fazer assim que o sol se ponha e que termine o sábado, dia sagrado para os judeus religiosos. Francisco parece resumir, em sua pessoa, diversas dimensões, sendo uma delas a representação de um hífen místico entre os dois grupos representados, os judeus (visitantes e visitados) e os não-judeus (os vizinhos e os amigos dos sobreviventes).

O drama, que havia recebido o Prêmio Nacional de Teatro de 1964, teve sua estréia na noite beneficente de reabertura do Teatro João Caetano, no Rio de Janeiro, em 8 de julho de 1967. Chen foi entrevistado pelos jornais mais destacados na ocasião e a peça e sua encenação foram examinadas por críticos de renome como Yan Michalski, João Bethencourt, Ney Machado, Van Jafa e Fausto Wolff.[19] Yan Michalski comentou que, para Rubem Rocha Filho, o diretor da peça, "o maior problema da encenação de *O sétimo dia* — drama que revela um autor brasileiro de nível internacional, inexplicavelmente ainda desconhecido no Brasil — é a conciliação de ambientes realistas com o envolvimento do sonho".[20] Michalski foi quem mais escreveu sobre o drama enquanto estava sendo encenado no Rio de Janeiro. Em outro de seus artigos, observou que "Ari Chen inaugura um novo filão na nossa literatura teatral: a temática judaico-brasileira. [...] aqui há um mundo de assuntos à espera de um poeta que queira explorá-los e transformá-los em realidade cenográfica. *O sétimo dia* é a primeira intenção, valorosa e determinada, de fazer isto".[21] Nesse mesmo artigo, Michalski indica que:

> os mortos que vêm visitar os vivos adaptados ao Bom Retiro não são, obviamente, mortos de verdade: são projeções e símbolos de doloridas lembranças que cada um dos sobreviventes busca, a seu modo, reprimir e eliminar de sua exis-

tência, a fim de alcançar uma adaptação fictícia à rotina diária. Mas somente depois desse sábado mágico, quando são forçados a confrontar-se e aceitar a lembrança do seu passado, de seus mortos, de suas raízes, é que os habitantes do Bom Retiro poderão aceitar todas suas responsabilidades e seguir com uma vida verdadeiramente autêntica.

Apesar de fazer elogios a Chen, observando que "o autor realiza, com segurança uma técnica surpreendente para um dramaturgo inexperiente, a fusão entre o meio ambiente realista e a intervenção do fantástico", o crítico também ressalta algumas faltas do dramaturgo, refletidas na peça. Essas se traduzem pela ausência de autocrítica, de capacidade de contenção e de controle de seus excessos, o que faz com que a mesma resulte num "delirante melodrama", como declarou no artigo "Uma questão de vivos e mortos"(ver nota 19).

Quando a peça de Ari Chen subiu ao palco carioca, o regime político brasileiro estava sob o poder militar. Durante esse período, conhecido por seus excessos despóticos e pela repressão cultural, a peça *Vereda da salvação*, de Jorge Andrade, estava sendo encenada por Antunes Filho, no Rio de Janeiro. Ela trazia ao espectador urbano uma faceta da realidade brasileira rural: o abandono do camponês, vítima de injustiça social e negligência; problemas para os quais ele mesmo teria que buscar uma solução, encontrada no "caminho da salvação", como sugerido no título da peça. Nesse ambiente de procuras, a peça de Chen representa uma dimensão mágico-onírica de problemas resultantes de outra ditadura militar, a alemã-nazista. Enquanto na peça de Andrade a revolta da gente do campo se propagou por um messianismo envolvido com a violência física, a peça de Chen exerce o fascínio do sonho, da ilusão, da busca de soluções além das circunstâncias físicas. Porque a guerra contra os judeus irremediavelmente decapitou esperanças e caminhos de suas vítimas, daí a busca por uma "salvação" em sendas fora da realidade empírica.

Ainda que as peças de Andrade e de Chen pareçam pertencer a mundos separados, com soluções artísticas diferentes quanto ao material comunicativo (ao realismo materialista de Andrade contrasta o realismo mágico de Chen), elas coincidem no fato de que ambas tratam de situações aflitivas, resultantes de ditaduras, freios sociais e da ausência de liberdades individual e coletiva.

Outro drama composto por Chen, dentro do mesmo esquema onírico ou chagaliano e, possivelmente, revestido de grande força dramática no palco, é *Se eu te esquecer, Jerusalém*, em três atos. O personagem principal, Dan, é um jovem militar israelense que, como parte da Brigada Britânica, foi gravemente ferido na campanha da Itália, em 1945. Perdeu os braços, as pernas, sentidos e sensações, só lhe tendo restado o tronco, um rosto esfacelado, a cabeça e suas funções mentais. Durante os 18 anos que se seguiram ao desastre, ele procura escapar da solidão e da loucura através de lembranças de Jerusalém, onde passou sua infância, e de reminiscências de cenas diárias de sua vida adulta, já terminada para todos efeitos práticos.

A solução cenográfica para expressar as projeções mentais do protagonista e do mundo ativo ao qual ele deixou de pertencer é orientada pelo autor, que manda dividir o palco em duas partes: uma, que se chamaria de plano exterior, no qual se passarão os acontecimentos reais, tangíveis; a outra, o plano interior, no qual serão vistas as lembranças e as visões numa tela para projeções dos quadros mentais do paciente imobilizado numa cama hospitalar. Chen alerta para que os dois planos estejam sincronizados, pois as cenas lembradas do passado são simultâneas ao mundo imaginado no tempo do agora do personagem: "Como grande parte da ação será simultânea nos 2 planos, é necessário sincronizá-las com o máximo de cuidado".[22]

A vivência mnemônica do soldado desconhecido não conta com a compreensão científica, como se evidencia pela clara alienação do médico ao diagnosticar seu paciente no hospital:

> Sim. Ele está ditando as suas memórias. As memórias do corpo. (*Pausa*) Não vê que está tudo em frangalhos dentro dele? Sem nenhuma coordenação motora, Susan. Depois de tudo que passou, tenho a certeza que ele não está bom da cabeça. Quer dizer: do que sobrou dela. Você já viu como há loucos que movem a cabeça todo o tempo? Uma espécie de auto-hipnotismo. É o que ele faz. Uma pessoa isolada completamente do mundo como ele enlouqueceria em pouco tempo. Ele é um corpo que deixou de ser humano, Susan. Tem de ser alimentado e cuidado até que Deus tenha piedade.[23]

Muitos aspectos da vida do ex-combatente desenvolvem-se através da sua memória, quando o palco se povoa com paisagens das colinas da Judéia e com espectros de sua noiva, de um tio e de sua mãe, que aparece erguendo uma gaiola por onde entra e sai um pássaro que pode ser emblemático da prisão em que se tornou sua vida e da possível libertação pela morte. Esta mesma gaiola atinge gigantescas proporções e servirá de refúgio a Dani, como era chamado na sua vida anterior aos ferimentos que recebeu na Segunda Guerra. Balançando-se entre lembranças e sonhos, ele revê pessoas emitindo palavras fragmentadas, sentenças que não se completam, pensamentos soltos, como se imitassem a incomunicabilidade típica de sonhos. Sua versão de si mesmo era coerente com os monumentos surrealistas que se erguiam ao seu redor, de acordo com sua imaginação alterada e, ao mesmo tempo, de uma conscientização básica do seu ser.

No entanto, o desconhecido tinha uma versão própria da sua pessoa, na multipersonalidade com que se apresentava na sua imaginação:

> Boa tarde. Eu sou a nova aquisição do Zoo Bíblico de Dr. Shulow. Bicho raro e muito bíblico. Se bem que um pouco herege: um centauro. Sim. Um centauro da Judéia. Bastardo de algum profeta louco com uma égua selvagem. Que tal? (*Relincha*) A cabeça pensa, mas a boca relincha. Muito engraçado e exótico. Quando você voltar a Londres, conte o que viu nas colônias. Ao Rei e à Rainha. Talvez até o Rei queira me comprar para as corridas de Ascot? Muito veloz. E não precisa de jóquei. Um cavalo que é seu próprio jóquei! (*Galopa em redor da gaiola gargalhando*).[24]

Chen equilibra as reminiscências do paciente com cenas passíveis de serem vividas pela noiva do soldado, pela mãe e pelo tio mortos no Holocausto, revezando o passado com a atualização do presente em diversos hospitais europeus. Num deles ocorrem cenas de alta tensão dramática, quando o soldado é chamado para fora dos seus caminhos alucinatórios por um velho, plausível personificação da Terra Prometida, que o ensina a comunicar-se, codificando as cabeçadas do paralítico e enviando-lhe toques de dedos na testa, na sua ansiedade de fazê-lo voltar à corrente da vida. Na história de Dan talvez fosse factível encaixar a história do povo judeu, pela rota de suas batalhas ou talvez pelas tentativas que se fizeram no mundo para o seu aniquilamento, para a paralisação de seus movimentos e estancamento da sua voz. Uma mensagem de apelo universal parece estar inserida na sua última cena, mostrando Dan nos braços da mãe, um quadro devidamente orientado pelo autor: "(Por algum tempo resta um foco de luz sobre a mãe abraçada ao corpo de Dan. Como a 'Pietá' de Miguelangelo.)".[25] No abraço mortuoso de Jesus estatuário no colo de Maria, sua mãe, e na dor que ela demonstra pelo filho morto pode-se perceber uma forma ecumênica encontrada por Ari Chen para representar o sofrimento transcendental de uma mãe e o sacrifício do filho, extrapolando fronteiras nacionais e circunstâncias ocasionais. *Se eu te esquecer, Jerusalém* parece endereçar-se a revelar a importância das relações humanas, associando-se aos que já não podem falar e salientando o significado do passado, da tradição, do uso que se pode fazer da inteligência e da bondade, e da busca de um significado para o sofrimento.

A terceira peça dessa trilogia armazenada em traumas causados pelo Holocausto é *O julgamento (um monólogo com interferências),* cuja arquitetura cenográfica também a insere nas coordenadas surrealistas que informam sobre visões de personagens.[26] O drama, ainda em *script*, foi objeto de leitura dramática por estudantes de teatro durante um seminário de dramaturgia no Rio de Janeiro no tempo em que o autor aí residia. A questão que sustenta o desenvolvimento da tragédia é familiar aos sobreviventes no período pós-Holocausto: surgindo uma oportunidade, a vítima deve pessoalmente vingar-se ou deixar passar a ocasião de confrontar um nazista que tenha sido seu carrasco ou assassino de parentes e outros? Ari Chen enfrenta esta questão aberta através da pergunta formulada por T. S. Eliot, epígrafe da peça: "After such knowledge, what forgiveness?" (Depois de saber, como perdoar?). A história que se desenrola sob essa chamada envolve principalmente um sobrevivente (Sami) que perdeu a irmã (Faiga) no Holocausto. Outros personagens são sua esposa (Marta) e filho (Sérgio); um homem preso a uma cadeira de rodas (O Mutilado); um rabino, incapaz de satisfazer Sami com suas respostas teológicas ou com seu silêncio; o sócio de Sami (Fernando), iniciador de trapaças nos negócios; um advogado (Bauer), procurado por Sami que pedia auxílio da Justiça para processar o carrasco; e o alemão nazista, identificado como Werner. Deste trecho dos diálogos entre Sami e "O Mutilado" revela-se o tema da complicada gestação de um problema que se manifestou no pós-guerra para alguns sobreviventes:

> O Mutilado: Agora você tem uma meta.
> Sami: Eu pensei que tinha antes: o trabalho, a família.
> O Mutilado: Esta é a verdadeira.
> Sami: Justiça?
> O Mutilado: Vingança. A justiça não existe.[27]

Ambientando a trama no Brasil, Chen utiliza a voz de Sami para explicar à sua mulher, não-judia, o que foi, em parte, o campo de Auschwitz, de onde escapou. Mas não só nessa pauta pedagógica reside a importância da explicação de Sami. Ao aproximar o sacrifício de Tiradentes ao hábito do enforcamento semanal de judeus em Auschwitz, o autor releva o alcance transcultural e atemporal da tragédia humana:

> Tudo isto já aconteceu antes! O Tiradentes. Em frente ao nosso barracão. Lá. Nenhum livro de História ensina isto. Eles enforcaram um homem. O exemplo semanal. E ele ficou pendurado até que apodreceu. E os pedaços foram caindo. E os urubus. E nós tínhamos que formar em frente a — àquilo — àquela coisa. Agora você entende porque nós somos coisas? Ele era o nosso Tiradentes. E os barra-

cões eram as casas de Ouro Preto, você me entende, Marta? Tudo já aconteceu. Eu tenho que sair disto![28]

O monólogo de Sami, repartido entre personagens vivos e mortos, também revela uma espécie de moldagem gestaltista, transmitida principalmente por sua determinação de confrontar-se com seus temores, seu passado e seu ódio. No início do seu monólogo compartilhado, o espírito da irmã procura dissuadi-lo de ter reconhecido seu antigo algoz. Enquadrando-se no pensamento gestaltista, seu argumento é que Sami teria tido uma percepção forçada do nazista mais do que realmente uma visão acertada dele:

> Faiga: Você sempre foi mau fisionomista.
> Sami: Tem razão, mas eu podia jurar que eu reconheci...
> Faiga: Areias movediças. E você está livre delas.
> Sami: Faiga, eu vi!
> Faiga: Você quis ver.
> Sami: Eu não quis. Eu simplesmente vi. Não me interrompa.[29]

O final da peça, surpreendente pelo posicionamento de Sami após uma confrontação pessoal com o assassino da sua irmã, talvez possa indicar uma resposta à pergunta de T. S. Eliot:

> Sami: Eu acho que eu preciso me habituar a viver com o ódio. Não há outro jeito. Acordar, cada manhã, e recomeçar a luta contra o caos (*Pausa*). Terá sido assim? (*Sami abre a urna. Tira dela um punhado de cinzas*). Estas cinzas, eu raspei de dentro dos fornos (*Sami começa a cobrir sua cabeça com as cinzas*). Esta é a herança, Sérgiz.[30]

As peças examinadas acima demonstram, como embasamento comum, além dos temas referentes às seqüelas do Holocausto e artifícios cênicos firmando as armações surrealistas dos enredos, similaridades quanto ao tratamento do tempo. Em *O sétimo dia*, a medida de 24 horas entre uma sexta-feira e um sábado ultrapassou os limites cronológicos das vidas passadas, assim como a medida comum dos 18 anos de agonia e de anonimato em *Se eu te esquecer, Jerusalém* é tão imponderável como a passagem dos anos em *O julgamento*.

Entre os veios reflexivos que se podem extrair do teatro dramático de Ari Chen, representado pelas peças acima, incluem-se uma articulação da sensibilidade para a compreensão da memória e sua angustiosa relação com a morte e denotação do tempo nas vidas dos parcos indivíduos que sobreviveram ao Holocausto. Por essas instigações reflexivas e mais outras, indicadas no transcorrer deste estudo, as peças acima examinadas são intelectual e emocionalmente intrigantes.

10

SIMJA SNEH Y LOS LÍMITES DE LA REPRESENTACIÓN TESTIMONIAL DE LA SHOAH*

Leonardo Senkman**

Los estudios sobre literatura de los sobrevivientes de la Shoah intentaron canonizar un conjunto de textos escritos por aquéllos que dieron testimonio de su imposibilidad de representar Auschwitz, así como de los límites de la representación del universo concentracionario. Este cuerpo canonizado se integra con los valiosos testimonios de aquellos escritores que sufrieron la catástrofe, y que después de sobrevivir se midieron con la impostergable necesidad de dar testimonio de una radical experiencia innombrable, cuya aparente inverosimilitud histórica se

---

* Revisto pelo professor-doutor Ángel Humberto Corbera Mori, IEL, UNICAMP.
** Universidad Hebraica de Jerusalén

resistía a ser representada por el lenguaje de la memoria: sólo podía inscribirse mediante la escritura con el socorro de la imaginación. Insuficiencia de las palabras para nombrar los fantasmas del horror; representación de los límites, no la imposibilidad de la representación del sujeto reducido a la pura nada de cuerpos dispersados en el humo; necesidad de la imaginación creadora para socorrer a la memoria: he aquí los tres paradigmas fundamentales del canon de la narrativa testimonial de la desubjetivación.[1]

Quedaron fuera de este canon importantes testimonios narrativos escritos por combatientes judíos del Este Europeo que, tras su huída del avance alemán, se plegaron a los ejércitos aliados y, luego de ser desmovilizados al finalizar la segunda guerra mundial, sobrevivieron totalmente desarraigados. La experiencia fundamental que desearon narrar estos sobrevivientes no fue la lucha armada contra los ejércitos del Eje, ni el destino trágico de sus camaradas de armas prisioneros de la Werhmacht,[2] sino el deambular dislocados por Europa, Asia y Medio Oriente mientras se incorporaban a los ejércitos aliados. El acto generador de su literatura de testimonio es, precisamente, esa dislocación que provocó en sus vidas no exactamente la Segunda Guerra Mundial sino la Shoah: sobrevivir sin rumbo.

Pero su testimonio no se propone contar lo indecible del exterminio de los suyos ni intenta escribir el heroísmo de ellos. Tampoco se trata de una literatura de refugiados que fueron arrojados en barcos fantasmas para mendigar infructuosamente asilo por puertos neutrales con la esperanza de ser recibidos.

La materia narrativa de algunos de estos testimonios está construida con el trabajo de la memoria para relatar acontecimientos puntuales en que les tocó participar como combatientes de campañas militares durante la guerra, pero sin pretensiones de escribir novelas históricas ni crónicas autobiográficas documentadas de su actuación bélica. Lo original de esta literatura testimonial surge por la voluntad empedernida de sus autores de escribir, desde la perspectiva del combatiente, una ética de la memoria sobre los testigos y cómplices de la Shoah, imaginando el destino trágico de sus víctimas.

Un ejemplo de esta perspectiva es la trilogía *Sin rumbo* de Simja Sneh, judío polaco que inmigró para Argentina en 1947, luego de ser desmovilizado en Londres de la Brigada Judía en el ejército británico. Escrita en idish (*Na venad*), fue publicada originariamente en el diario *Di Presse* de Buenos Aires, a través de 150 capítulos semanales aparecidos entre los años 1947 y 1952. Sólo la primera de las tres partes de la obra fue publicada en idish en 1952 en Buenos Aires, y obtuvo el Premio Zwi Kessel de México. La edición completa en español de la obra de Sneh recién será publicada en Buenos Aires en seis tomos entre 1993-1997 por la Kheila AMIA de esa ciudad, con traducción del autor.[3]

Un primer nivel de lectura es la crónica memoriosa del combatiente en tres ejércitos distintos a los que decidió alistarse, y sus diversos escenarios bélicos donde le tocó luchar como soldado. La primera parte de *Sin rumbo* narra en los tomos 1 y 2 los comienzos de la Segunda Guerra Mundial y las consecuencias de la invasión a Polonia para el relator cuando huyó hacia el Este: Lvov, cruzó la frontera soviética y se alistó en el ejército rojo. Este primer ciclo narrativo se organiza con los recuerdos de los combates contra la Werhmacht, el recorrido junto a su regimiento por el interior de la URSS hacia la frontera asiática: Irkutsk, Dniepropietrivsk, el Dnieper, el Don, hasta llegar a Tashkent, Iangui-Iul. El relato continúa con el enrolamiento del narrador en el recientemente creado ejército polaco del general Anders y su partida en misión militar hacia el Medio Oriente. La segunda parte, corresponde a los tomos 3 y 4 y la acción evocada transcurre entre los fatídicos años 1942 y 1944, cuando el narrador se hallaba lejos de la Europa del exterminio enrolado como soldado del ejército polaco del general Anders en Irak y en Palestina, enfrentado al clima antisemita de sus propios camaradas de armas. Finalmente, el narrador relata su experiencia de alistamiento a un tercer ejército anti-nazi: la Brigada Judía de la Palestina Mandataria en el ejército británico y su misión en Italia. La tercera parte, en los tomos 5 y 6, constituye el testimonio del narrador de los finales de la guerra mundial y mediados de 1947, su participación en la Brigada Judía en el norte de Italia, su posterior traslado a Holanda, Bélgica y la región de Lorena, la búsqueda de sobrevivientes en Polonia y en los campamentos de desplazados en la Alemania ocupada por ejércitos aliados. Un nuevo ciclo narrativo se abre con la desmovilización de la Brigada Judía, el deambular sin rumbo y sus dudas sobre el futuro mientras decide vivir temporalmente en Londres hasta su decisión de emigrar a la Argentina en 1947.

La voluntad de Sneh en prestar testimonio personal de la experiencia de la dislocación de una enorme multitud de desarraigados sin hogar a consecuencia de la Segunda Guerra, al modo de un cronista memorioso, es el primer rasgo que caracteriza a *Sin rumbo*. Sin embargo, también la necesidad de acudir a la imaginación artística forma parte inseparable de su escritura, cuyas marcas de obsesivo trabajo de la memoria, crónica periodística y escritura literaria constituye a sus propios ojos una mezcla inevitable de estilo y género narrativo. Empezó a escribir *Na venad* a partir de 1947, cuando aun no se hablaba de literatura de la Shoah sino de sus testimonios. Su autor procuró diferenciar la materia con la que construía su obra en idish de los materiales que se recogían de la catástrofe y del heroísmo, al mismo tiempo que reivindicaba estatuto literario a la hibridez textual de su escritura. El mismo narrador lo afirma en la carta a los lectores de *Di Presse* cuando clausuró la última entrega de su obra en 1951:

> Tengo plena conciencia de que este ciclo de notas y artículos se ve afectado por varias faltas y errores. En primer término, por la fusión, tal vez incorrecta, de elementos puramente literarios con los periodísticos; de entretejer el material definible como crónica, por un lado, con las descripciones que lindan con el arte literario, por el otro. Resulta, sin embargo, que tal proceder se tornó inevitable. Me resulta imposible establecer la delimitación estricta de los géneros mencionados. Me dominaba la conciencia de la responsabilidad y del deber de anotar y registrar *todo* lo visto y oído y que tuviera una relación con la vida judaica, en todas las etapas de mi andar por el mundo. Así sucedía por el hecho de que no fue apenas mi recorrido, sino el camino de miles y decenas de millares de refugiados judíos, a quienes el *Na venad*, ese andar por el mundo, los llevaba a las mismas o similares rutas... Creí, y sigo creyendo, que es un deber irrenunciable juntar todo este material, del mismo modo como se han acumulado los concernientes a los Campos de Concentración, al martirologio de los guetos, a los campos de muerte y aniquilación. A todo ello hay que agregar estas andanzas sin rumbo, los sufrimientos de los "judíos errantes"..., del "judío desarraigado", del judío que había perdido su hogar destruido por las llamas... (*Di Presse*, 22 de diciembre de 1951 e *Sin rumbo*, tomo 6, pp. 245-46).

El testigo — combatiente de las dramáticas dislocaciones del pueblo judío por la Segunda Guerra Mundial — utiliza la palabra "tesoro" para denotar el material grabado en su memoria durante las andanzas, desplazamientos y deambulares por innumerables comarcas lejanas. El narrador artístico, en cambio, es más humilde en su caracterización del oficio de escribir sobre el trauma de su vida que lo transformó en escritor: se disculpa que "ni siempre me preocupó el *atuendo* artístico-literario", porque "ni siempre buscaba *las formas* adecuadas" (el primer subrayado es mío LS, el segundo del autor).

Precisamente, el objetivo de este artículo es analizar las *formas narrativas adecuadas* por los cuales esa literatura de testimonio de un combatiente, pertrechada obsesivamente de la memoria para representar los límites de la Shoah, intenta franquear esos límites, socorrido por la imaginación.

Sneh, testigo de la invasión alemana y soviética a Polonia

A pesar del antisemitismo, cerca de 150 mil judíos (19% del total de fuerzas movilizadas) se habían alistado al ejército polaco en vísperas de la invasión alemana del 1º de setiembre de 1939. Sneh había cumplido el servicio militar en el ejército polaco de la pre-guerra, pero al estallar la invasión alemana retornó a su pueblo natal de Pulawy, región de Lublin. El número de combatientes judíos en las batallas de setiembre fue extremadamente elevado: las estimaciones oscilan entre 30 mil y 60 mil. Soldados judíos y cristianos del ejército polaco fueron detenidos por la Whermacht en campos de Stalags, Prusia Oriental. Desde el comienzo de 1940, los soldados fueron liberados y repatriados, pero los judíos compartieron el destino de sus correligionarios en los guetos. Sin embargo, miles de esos judíos detenidos fueron trasladados a campos de trabajo forzados cerca de Lublin. Muchos fueron asesinados por los nazis y otros murieron de hambre. Un puñado logró escaparse de los campos y organizar la resistencia en unidades de judíos partisanos, cerca de 20 mil soldados judíos fueron tomados prisioneros por el ejército rojo, en las zonas que había invadido la Urss el 17 de setiembre de 1939 como consecuencia del pacto de no agresión firmado por Molotov y Ribbentrop. La mayoría fueron libertados y más tarde se plegaron al ejército rojo, junto a otros civiles polacos como Sneh. Oficiales judíos, al igual que sus camaradas polacos cristianos, fueron deportados a los campos en Kozielsk, Starobielsk y otros. Ambos grupos compartirán el destino trágico de ser asesinados por orden personal de Stalin, Beria y demás jerarcas del Politburó soviético en la famosa masacre de Katyn de la que sobrevivieron muy pocos oficiales judíos. La situación cambiará completamente como consecuencia de la invasión alemana a la Urss en junio de 1941.[4]

Antes del enrolamiento al ejército rojo en vísperas de la invasión nazi a la Urss, el narrador testimonia la suerte corrida por miles de judíos polacos fugitivos después de la ocupación alemana de Polonia, deambulando entre ciudades y regiones semi-urbanas, cerca de la línea de frontera que separaba a ambas zonas divididas del país.

Los soviéticos permitieron libre paso por la frontera hasta fines de octubre de 1939. Desde entonces, y hasta fines de ese año, sólo unos pocos consiguieron traspasar la frontera que luego fue cerrada herméticamente. El cruce se hizo tanto de forma legal con permisos de las autoridades de ocupación a través de todos los medios de transporte, pero también clandestinamente para eludir las restricciones severas de los alemanes para llevar bienes, mediante coimas que recibían los contrabandistas fronterizos. Se calcula que unos 300 mil refugiados pasaron de Polonia ocupada por los nazis a los territorios anexados por la Urss.[5]

Sin embargo, del testimonio de Sneh es posible conocer que a partir de la primavera de 1940, miles de judíos polacos fugitivos hacia la zona soviética, intentaron regresar a sus hogares abandonados en las aldeas y ciudades bajo ocupación alemana, angustiados por las cartas que recibían de sus familiares confinados, hacía tiempo, a residir en guetos. Esta decisión dramática de retornar a la trampa mortal que se tendía en el viejo hogar sin tener conciencia de los riesgos, constituye el núcleo dramático de la narración de Sneh en el primer tomo de *Sin rumbo*. El autor había escapado del pueblo natal Pulawy, junto con dos hermanos, a la zona soviética y siempre se lamentara puesto que el resto de su familia no quiso huir. Desde Lvov y Bialystok el narrador reconstruye el llamado de aquellos familiares que se quedaron bajo la ocupación alemana a través de la estrategia de hacer oír un coro de voces con "las cartas que llamaban", tal como denomina el capítulo 14. Esas voces epistolares permanecen anónimas en el relato y describen los sufrimientos de la política nazi *judenrein* y del confinamiento en guetos:

> Comenzaron a llegar cartas de los pequeños villorrios, en los que ya se había iniciado la expulsión de los judíos. Otras misivas llegaban desde los lugares en los que se concentraba a los judíos de otros pueblos, de los llamados "pueblitos con gueto" [...]. En esas cartas había... descripciones de como se hacía correr a la gente por caminos cubiertos de nieve, durante días y noches enteras, por kilómetros y kilómetros, también contaban de ancianos y niños que no lograban sobrevivir al frío, de gente que caía al costado del camino, exhausta... que los alemanes mataban de un disparo. Los cadáveres permanecían en las rutas nevadas o se los colgaba de las ramas de los árboles a la vera del camino [...]. También se notaba en esas cartas una enorme añoranza por quienes

habían logrado pasar a Rusia, se dejaba escuchar un grito desesperado que, en los blancos de lo escrito, llamaba y clamaba-con giros oscuros y alusiones-por la presencia de los que habían partido. Uno llegaba a pensar, al llegar a leer una carta desde "ahí", que sólo una cosa hacía falta: si Schloime o Iukl volviera a casa, ya podría encontrar la manera de arreglárselas y sobrevivir. Tales opiniones parecían sumamente lógicas, puesto que si tal o cual hombre hubiera permanecido junto a su mujer, en la zona alemana, hubiera podido, de algún modo, hacer algo por su familia [...]. Quien recibía semejante carta, no sabía que hacer; olvidaba los peligros que le amenazaban; no pensaba en lo que pudiera ocurrir; el mundo entero perdía su importancia y comenzaba a ver la manera de volver a casa (tomo 1, pp. 166-67).

Luego de fracasar en la utilización de *majers* y contrabandistas "schvartzer"que ofrecían sus servicios para cruzar clandestinamente la frontera a Rusia de familiares bajo ocupación alemana a cambio de enormes sumas de dinero, los fugitivos decidieron ellos mismos emprender el camino inverso. Al vagar en la zona de frontera, esos judíos polacos que arriesgaban retornar al hogar se cruzaban con la multitud de otros judíos fugitivos de sus hogares intentando conseguir el permiso de los guardias rojos para ser internados en remotos territorios soviéticos:

Eran, en su inmensa mayoría, judíos provenientes de los pueblos que, por orden de los alemanes, debían quedarse *judenrein*. También llegaban judíos varsovianos que hasta entonces habían vacilado pero que, cuando empezó el confinamiento en los guetos, habían decidido irse. Las patrullas alemanas habían recibido órdenes de dejarlos pasar. Pero sucedía que, una vez que los judíos habían logrado abrirse paso a través de las patrullas alemanas, golpeados y despojados de su dinero, medio muertos de miedo, se topaban con las patrullas soviéticas; y aquí les esperaba otra amargura. Nielziá, no se puede — decían los rusos. Los judíos rogaban diciendo: "— Ahí asesinan a la gente. Queremos salvarnos. Además nos han dicho que, si llegábamos a la frontera, nos dejaban pasar". Los soviéticos contestaban: "Uds. quieren ingresar en este territorio, pero los que se encuentran aquí detenidos, desean irse. Tú quieres escapar del alemán porque eres judío, y he aquí que ellos también son judíos y desean volver ahí donde está el alemán. ¿A quién debemos creer?". Y toda esa gente se agolpaba en la angosta franja que separaba a los guardias soviéticos de los guardias alemanes, en una suerte de "tierra de nadie", y se sentían inútiles, indeseables, gente a quien nadie quiere y de cuyo destino nadie se ocupa... (p. 180).

Esa tierra de nadie configura el espacio literario de la narración testimonial de Sneh. Antes de su enrolamiento militar, y después que se alistará al ejército rojo, es el espacio donde el narrador mejor conjura sus fantasmas en el relato mientras vagan des-corporizados por su memoria. En ese espacio de fronteras confusas y confundidas tuvo lugar la verificación del canje de población de sendas comisiones de autoridades alemanas y rusas establecidas en las ciudades de Lvov y Brest para registrar a candidatos que cruzaban ambos lados de la frontera de un modo legal. La mayor parte de los que acudieron del lado ruso eran *volkdeutsche* quienes, a diferencia de judíos y de otras nacionalidades, tenían derecho a registrarse independientemente de residir o no en un determinado lugar antes de la guerra. Fueron beneficiarios también ucranianos, campesinos polacos, y prisioneros de guerra, que pudieran demostrar de que sus tierras y familias se encontraban del otro lado de la frontera rusa. Los soviéticos estaban interesados en depurar sus territorios de elementos anticomunistas y pro-fascistas polacos de la Oboz Narodowo Radykalny (ONR) y de la Ukrainska Organizacia Wosskowa (UOW), así como de delincuentes peligrosos para el régimen. Del testimonio de Sneh surge que de la ciudad de Brest habían partido tres trenes repletos de judíos en la primavera de 1940, seguidos de otros más que deberían trasladar a sus lugares de origen a "decenas de miles de judíos" con permisos:[6]

"Los oficiales alemanes contemplaban aquella masa de judíos en constante movimiento con una suerte de sonrisa victoriosa, teñida de burla y desdén, menosprecio y asco, ironía y hostilidad. Pero tras esa ironía en los ojos alemanes asomaba algo más: la sorpresa y el desconcierto. ¿Cómo puede ser que los judíos — parecían preguntarse los alemanes — se empecinen tanto en viajar precisamente hacia esas regiones donde se les despoja de toda imagen humana, donde se los aglomera en los guetos y donde uno puede hacer de un judío lo que se le antoje? Enviaban extensos informes sobre esto a su Estado Mayor. Subrayaban que la población odiaba a los bolcheviques a tal grado que incluso los judíos deseaban evadirse de ellos..." (p. 193).

La frustración de miles de judíos polacos de retornar a sus hogares bajo ocupación nazi a consecuencia del cierre de las oficinas de registro alemán se agudizó por la orden soviética de internación hacia zonas orientales despobladas de la URSS de elementos considerados peligrosos y hostiles, así como también de refugiados desocupados arribados en 1939; mismo los judíos sin trabajo hacían todo lo posible para no abandonar Lvov ni aceptar desprenderse de los documentos polacos a cambio de un pasaporte soviético que les permitiera trasladarse a otro sitio dentro de la URSS, el cual, por otra parte, "podría dañar la posibilidad de obtener visa de ingreso a cualquier otro país de ultramar" (p. 172). El testigo-relator de aquella ceguera de sus correligionarios que se resistían a ver el peligro inminente se pregunta en el primer tomo de *Sin rumbo*: "¿Cómo podía uno saber, o siquiera, presentir, que aquéllos que se quedaban se condenaban a sí mismos a una muerte segura? ¿A quién se le hubiera ocurrido que precisamente aquéllos considerados los peores, los elementos más "dañinos", eran a quienes se los conducía a la vida, mientras aquéllos a los que se permitía permanecer en sus hogares eran los condenados a una muerte segura?" (p. 202).

Los judíos que antes buscaban a los *majers* para lograr el traspaso clandestino a la Polonia ocupada por los alemanes, ahora les compraban permisos de residencia pagando sumas enormes para permanecer con certificados fraguados como "trabajadores imprescindibles" en empresas y fábricas de Lvov, Brest, Bialystok y otros sitios cercanos a la frontera que los alemanes habían de cruzar en junio 1941 (pp. 204-05). Pero los *majers* no pudieron burlar el control de la depuración, la *tchistka* ordenada por dotaciones especiales de la NKVD que sólo permitía la residencia a quienes tenían pasaporte soviético de larga duración. Miles de refugiados judíos, en particular aquéllos que se negaban a la naturalización soviética y querían repatriarse a la Polonia ocupada por los alemanes, junto con ucranianos sospechosos de ser fascistas o criminales comunes, serán internados en campamentos de trabajo en las remotas estepas y taigas heladas siberianas.[7]

Antes de la invasión alemana de junio, el relator vuelve a utilizar el procedimiento de las cartas, esta vez remitidas por los "infelices" judíos polacos internados en el Este, para parodiar por contraste la "afortunada" situación de los judíos polacos que lograron permanecer en las ciudades de Bialystok y Lvov, y que ahora se compadecían del hambre y la desolación de sus conocidos al recibir cartas desde exóticos territorios de Arjangieslsk y de Murmansk, o desde las orillas del lejano río Lena:

Todas esas cartas sin excepción, concluían del mismo modo: "traten de mandarnos ropa; vean si pueden hacernos llegar algo de grasa "¡Mándenos ¡Envíenos ¡ Ustedes los afortunados que han permanecido ahí...! ¡Manténganos en vuestro recuerdo!... Los "afortunados" daban vueltas y vueltas a esas cartas, escritas en papel duro, ignorando lo que podían hacer. Ellos, que habían logrado evadir el traslado, siempre se habían considerado "inteligentes", "previsores", "gente que sabe lo que hace". No era para menos. Haber logrado eludir semejante desastre, haber logrado permanecer en su lugar, no tener que pasar por todo lo que describían las cartas. Estaban satisfechos de sí mismos, pues no sabían aun que se habían quedado para caer en manos de los asesinos... (pp. 211-12).

Los judíos son enunciados en el discurso narrativo de Sneh a través de sus voces gramaticales, sin nombrarlos como condenados inminentes. Las formas gramaticales del relator para nombrar a sus hermanos en el discurso no deja espacio a la nada de su próxima desaparición, pero tampoco al trauma de saberse excluidos de elegir alternativas para seguir siendo seres humanos. Los judíos aparecen como seres sin subjetividad y sin anclaje en lo real: ellos aun no miran su destino con la mirada del espanto, pero tampoco el relator los mira con horror. El relator — soldado que elige huir al Este — intenta explicar, a través de un malestar indefinido próximo a la angustia, porque sus otros hermanos desean retornar al Oeste como fantasmas de sus muertes futuras. Precisamente, es en esta narración donde el relator no permite que el lector olvide la abolición del horizonte fantasmático de sus hermanos por los nazis, aunque infructuosamente intente recuperarlo con las palabras. Ante lo siniestro del deseo de los hermanos transfigurados en su discurso de volver al hogar, sólo queda para leer lo irreparable de su fin, sin conocer otra cosa que el gesto de su regreso.

La invasión de junio de 1941 pondrá fin a la ilusión de vivir sin hambre y tranquilos en la soleada Byalistok o Lvov bajo ocupación soviética, donde el ejército rojo hacía todo lo posible para restablecer la normalidad e infundir seguridad a pesar de la situación bélica. También los judíos polacos se contagiaron con la frivolidad de planear "cómo pasar las vacaciones de verano" en ese fatídico junio de 1941, tal como se denomina el capítulo 20 del primer tomo de *Sin rumbo*. La narración de la retirada del ejército rojo de Lvov ocupa un lugar central en la representación de la indecisión de los judíos polacos de juntarse a los soldados soviéticos ante el arrollador avance alemán, y utiliza nuevamente la parodia para representar la falta de determinación de los judíos frente a la inminencia del desastre. Por empezar, el relator parodia su reacción ante la vertiginosidad de los acontecimientos que provocó una huída desordenada donde "ni siquiera había trenes para viajar hacia el Este", y solo se podía "escapar a pie con niños y ancianos". Pero también se parodia el temor "a donde escapar desde Lvov", pues los alemanes cortarían las comunicaciones y pronto ocuparán Tarnopol. Finalmente, el relator parodia el aspecto que más le desagradaba de los judíos en Lvov en vísperas del desastre: la confianza de poder continuar la vida bajo ocupación alemana:

> Claro que la calamidad es enorme, el mal que se avecina es terrible, que más de un judío perecería; pero, por otra parte, nadie se empecinaría en exterminar un mundo entero. He aquí que, con todo, siguen viviendo judíos del otro lado de la frontera, bajo dominio alemán, que sufren mucho, y que la vida se ha tornado terrible. Pero, con todo, siguen con

vida... Una gran parte de ellos decidió quedarse. Resurgió en ellos la gran añoranza por sus antiguos hogares; ansiaban ver a sus familiares. Esa añoranza que se había despertado en ellos hace un año y medio volvió a atormentarlos. Antes tenían una excusa: no les era posible ver a sus familias puesto que la frontera estaba cerrada y no había manera de vencer esa barrera. Pero ahora, cuando la llegada de los alemanes se tornaba, de todos modos, inminente, cuando todas las circunstancias hacían desaparecer los impedimentos de poder ver, de nuevo, a los familiares, cuando el camino "a casa" se abría de una manera tan inesperada, continuar huyendo al Este, junto con las tropas soviéticas que se retiraban, les parecía a todos una suerte de cobardía egoísta... (pp. 267-68; ver también pp. 223-24).

Ni bien comenzó la invasión, los judíos que habían cumplido el servicio militar en el ejército polaco, como integrantes de unidades técnicas y sanitarias, se ofrecieron para la reserva del ejército rojo, seguidos de jóvenes voluntarios que acudían al centro de reclutamiento; muchos de ellos eran esa "misma muchachada" que se había ofrecido valientemente para sofocar a los *haidamacos* ucranianos y cosacos fascistas insurrectos en Lvov contra las fuerzas soviéticas (pp. 263-64). Pero al igual que el juramento del relator, los reclutas uniformados y armados juraban venganza como judíos, a pesar de acatar la ceremonia castrense de defender a la madre patria soviética: "Por fin se podrá-de una vez por todas tomar una arma y con las propias manos judías pagarles a los alemanes por los sufrimientos, persecuciones y tribulaciones" (pp. 250-51).

En realidad, el enrolamiento del relator al ejército rojo marca el verdadero comienzo del testimonio literario de Sneh. A partir de la voluntad de vengar con las armas todas las humillaciones perpetradas por los nazis, el autor elige una estrategia de representación que le permitirá esquivar lo *impensable e inenarrable* a ser abierto por la Shoah en relación con las víctimas. Primero, el relator deambulará *sin rumbo* como combatiente hacia el Este, mientras retrocede junto al ejército rojo en un fragmentado frente de lucha con batallas en Dniepropietrosk y en aldeas de la costa del mar Azovio, hasta ser desmovilizado cuando se preparaba romper el sitio de Rostov a orillas del Don; luego se alistará al ejército polaco del gobierno en el exilio y, siguiendo sin rumbo la marcha hacia el Este, en la Palestina mandataria británica culminará su enrolamiento en el tercer ejército aliado: la Brigada Judía.

La historia de vida y la hoja personal de servicios de Sneh, le ofrecerá al relator que escribiera el testimonio de *Sin rumbo* adoptando una manera peculiar de afrontar los tres actos de representación sobre esa discontinuidad radical e intolerable que instaura la guerra mundial. A la discontinuidad geográfica, se superpone inmediatamente la discontinuidad nacional en los ejércitos combatientes anti-nazi. Así, el narrador relata el tremendo impacto que le provoca la discontinuidad nacional cuando recibió la orden de desmovilización del ejército rojo por razones de seguridad a causa del apresurado reclutamiento de polacos: ese relato está escrito como la representación de una dolorosa discriminación anti-judía de las autoridades militares de Moscú. El narrador quiso alistarse en esa "guerra contra los judíos" para vengar el ultraje, pero el admirado ejército rojo lo desmoviliza por su "ciudadanía polaca" (tomo 2, pp. 41, 45). El único consuelo que le queda es continuar sin rumbo la marcha hacia Stalingrado y ofrecerse como voluntario en el nuevo ejército polaco a ser creado por el jefe del gobierno en el exilio.

Desde entonces, Sneh luchará para vengar el ultraje judío, pero desde su ciudadanía polaca inexistente, tal como lo hicieron miles de otros judíos polacos.

Simja Sneh relata en el tomo 2 su desmovilización del ejército rojo en la región de Rostov, en virtud de la orden que liberaba a todos los combatientes que hasta 1939 no habían sido ciudadanos soviéticos. Viajó a Taschkent en la República de Uzbekistán y trabajó durante algunos meses en un koljoz. De allí siguió la marcha migratoria hacia el Este y en la ciudad de Guzar se incorporó al ejército polaco del general Anders.

El gobierno polaco en el exilio, liderado por el general Wladyslaw Sikorski con sede en Londres, elaboró la estrategia de crear el ejército polaco como su más importante objetivo de influir sobre los Aliados para la causa de la liberación de Polonia. El acuerdo franco-polaco del 1º de enero de 1940 permitió que el ejército polaco de cerca de 72 mil soldados y oficiales operase junto al ejército francés, incluido unos 14 mil judíos compuestos por emigrantes de Polonia y aquéllos que huyeron de la derrota de setiembre de 1939. En junio 1940 combatientes judíos del ejército de Sikorski lucharon heroicamente, con numerosas víctimas, junto a los franceses para detener infructuosamente la conquista alemana de París. Tras la invasión nazi, el ejército polaco en el exilio se trasladó a Londres.

Del ejército polaco del general Anders a combatiente de la Brigada Judía

Después de la invasión alemana a la URSS en agosto 1941, y al cabo de calculadas negociaciones, se firmó un pacto militar entre Stalin y Sikorski para permitir que el ejército polaco en el exilio operase sobre suelo soviético, y pudiese luchar junto al ejército rojo bajo las órdenes del general Wladyslaw Anders. La comunidad polaca en la URSS estaba compuesta por ciudadanos polacos libertados de los campos de concentración y de trabajos forzados, además por aquellos refugiados que huyeron a Rusia. Entre ellos la población judía alcanzaba alrededor de 300 mil ciudadanos polacos que lograron escapar del oeste de Polonia. Sin embargo, la hostilidad y prejuicio antisemita de los polacos bloquearon el enrolamiento en el ejército de Anders de una importante cantidad de judíos libertados de los campos de trabajos de Siberia y de otros sitios: hacia fines de 1941, el 90% de los entusiastas voluntarios judíos fueron descalificados por supuestos "defectos de salud". Los escasos judíos aceptados hallaron abierta hostilidad de parte de los oficiales y soldados. Por su parte, a consecuencia que las relaciones de desconfianza entre rusos y polacos aumentaron hasta la exasperación luego de la masacre de 15 mil polacos POW en Katyn, fue decidido, con intervención del propio Churchill, que el ejército de Anders abandonase la URSS con destino a Irán. La evacuación fue completada en agosto 1942: de 114 mil ciudadanos polacos evacuados de la URSS, había 75.400 soldados del ejército polaco, frente a sólo 3.588 judíos, y de los cuales únicamente 600 fueron admitidos como soldados.[8]

El así denominado Polish Army East (PAE), comandado por el general Anders, tuvo actuación en Irak, Irán y Palestina bajo la coordinación estratégica del comando militar británico, en el que participaron 4 mil judíos, entre ellos 176 oficiales a finales de 1943. Finalmente, el PAE será trasladado al frente italiano en que el Segundo Cuerpo de ejército polaco participó en la histórica Batalla de Monte Cassino en mayo de 1944. Es posible leer en el testimonio de Sneh este itinerario del ejército de Anders en que le tocó participar en una base cercana a Teheran (Persia), luego en Habania, unos veinte kilómetros al Este de Bagdad, y finalmente en Palestina.

El entrenamiento militar del narrador en el 23º Regimiento de Infantería de la 7ª División del ejército polaco durante su travesía por Persia e Irak en vísperas de la derrota alemana de Alamein sólo lo preparara para descubrir que su deseo de venganza judía no coincidía necesariamente con los designios nacionalistas polacos de luchar para la liberación de la patria polaca, sojuzgada por los nazis y también por los soviéticos, y que estuvo acompañada de sentimientos antisemitas hacia los zhideks polacos. Pocos meses después, el regimiento del relator será trasladado a Palestina Británica, donde emisarios sionistas tomaron contacto con los soldados judíos para convencerlos de permanecer en el "país judío". No es casualidad que la sed de venganza del narrador recién podrá representarla cuando se enrolara, junto con "soldados hermanos" de Eretz Israel y otros soldados judíos desmovilizados del ejército polaco de Anders, a la recién creada Brigada Judía en la Palestina Británica, dentro de la Compañía REME 319 de mecánicos especializados.

Tal como testimonia el autor, los tres batallones que partieron en la primavera de 1944 a Europa desde Palestina Hebrea eran percibidos como "Ejército de Venganza Judío" y también "Ejército de Liberación Judío": "Ellos, los pocos miles de soldados judíos, con símbolos y emblemas hebreos y con una bandera judía, debían convertirse tanto en combatientes como en libertadores y portadores del honor y la dignidad judías" (*Sin rumbo*, tomo 4, p. 119).

A pesar del común dolor fraternal, las hondas diferencias motivacionales entre los brigadistas eretz-israelíes y los judíos polacos son agudamente testimoniadas por Sneh, en vísperas de su partida hacia el frente de Italia. Mientras que los primeros estaban movilizados por principios ideológicos sionistas que les impedía comprender la catástrofe del judaísmo europeo, los segundos se negaban a renunciar a su identidad cultural y lingüística de la diáspora destruida:

> ¿Y he aquí que los judíos eretz-israelíes pensaban en una sola cosa: cómo convertir a esos judíos galúticos en sabras en el pleno sentido de esa expresión?... Se burlan de las palabras pronunciadas en idish, así como lo hacían, en un tiempo, los muchachos polacos, en el antiguo hogar. No soportan ni el sonido del idish. Pero esto no es lo único que no quieren soportar. Les resulta difícil oír lo que se relata sobre el Holocausto. "Un niño no debe hacer oír sus lamentos" — dicen — "un judío debe conservar su orgullo y frenar sus lágrimas mordiendo los labios". Así se les había enseñado en las escuelas, en los grupos juveniles, en las organizaciones militares del Palmaj y del Irgun. Exigen sólo una cosa: "Abandonen su psicología galútica, ustedes ya se encuentran en Eretz Israel". Sí, a ellos les resulta muy fácil argumentar de esa manera. Ellos no han perdido sus hogares y se encuentran muy cerca junto con todos sus familiares... Se creen superhombres judíos, ejemplo de lo que un judío debiera ser. Hablan del Holocausto como de un acontecimiento anónimo y lejano, que ha acontecido porque debió suceder con estos judíos que no quisieron llegar a este país. Aun cuando lamentan la catástrofe se puede percibir en sus palabras un sentido oculto, característico del vencedor: "Ustedes han sido prevenidos y no nos hicieron caso" (tomo 4, pp. 124-25).

Esta actitud de *los jalautzim* hebreos ante el dolor del desastre revela parte de las verdaderas intenciones del liderazgo sionista de presionar a Gran Bretaña en la segunda mitad de los años de contienda bélica para obligarla a crear la Brigada Judía como instrumento proto-estatal, con el fin de demostrar que la comunidad hebrea en Palestina mandataria contribuyó al esfuerzo bélico junto a los aliados, mientras el principal cometido era encauzar a los sobrevivientes del Holocausto hacia el futuro Estado judío. El uso político e instrumental del Holocausto, no el deseo de venganza anti-nazi, por parte del liderazgo sionista ante los aliados constituyó el propósito principal de la participación tardía de una brigada judía bajo bandera británica en las acciones posteriores a la liberación en Libia en 1943, en Italia y Grecia, entre 1933-1945 y en los campos de "displaced persons" entre 1945-1946.[9]

Pero Sneh también testimonia los recelos de los británicos que se oponían a cualquier intento de que la Brigada Judía asumiera un rol étnico nacional diferenciado de las fuerzas armadas coloniales de su majestad (p. 195). En noviembre de 1944 fueron transferidos los soldados de la brigada de los campos de entrenamiento de Bordzh-el-Arlab a las afueras de Roma, en la aldea de Fiuggi, para dirigirse a la costa del Adriático cerca de la localidad de Rimini y llegar al frente en las inmediaciones de Ravena donde lucharan tres brigadas: una escocesa, una hindú y la judía. La Brigada Judía donde participó Sneh combatirá autónomamente en las proximidades de la ciudad de Faenza, cerca del río Senyo a fines de marzo 1945, bajo las órdenes del 10º Cuerpo, luego que rechazó incorporarse al 2º Cuerpo del ejército polaco, comandado por el general Anders (p. 199).

La representación iracunda del combatiente: venganza y paternalismo

Pero el verdadero combate de los brigadistas se librará en el campo de batalla simbólico del honor y la dignidad judía frente a los nazis y también frente a los aliados. El comienzo de la liberación de la brigada de "los vengadores judíos orgullosos de ostentar la insignia con la estrella de David en los hombros" se inicia con la celebración de Pesaj en la primavera de 1945. Inmediatamente después, el relato de la marcha de los brigadistas por las calles de Roma es representada por el autor como la venganza de los ex-desterrados de Judea que atraviesan los lugares de la memoria del oprobio imperial, ante el Arco Triunfal de Titus levantado para conmemorar la conquista de Jerusalén, "al que los judíos siguen denominando *Titus Harasha* (El Malvado)" y donde "se pueden discernir las figuras de los héroes del Reino de Iehuda atados con sogas, llevando los candelabros del Templo hacia el Foro Romano...". Pregunta orgulloso el relator: "¿Quién ha vencido, Titus o los judíos?" (tomo 4, p. 207).

Pero el orgullo se mezcla con el deseo de venganza cuando desde Spoletto los brigadistas judíos fueron apostados al control de una franja del Tirol, en la frontera italiana con Austria y Yugoeslavia. El primer contacto de los soldados de la Brigada con soldados alemanes en desbandada después del armisticio tuvo lugar en hospitales militares. Uno de estos hospitales fue puesto bajo la vigilancia de una unidad judía: "De acuerdo al reglamento, los prisioneros de guerra debían saludar a los oficiales de las fuerzas victoriosas. Pero los alemanes temblaban de sólo ver a esos soldados con la estrella de David en sus hombros y saludaban también a los soldados rasos". El placer de la venganza, en este primer encuentro, se limitó a obligar al suboficial alemán humillarse ante un soldado judío yemenita que lo contemplaba "apoyado en su rifle, mientras en su rostro aparece la sonrisa de un chico juguetón y alegre" (pp. 221-22). Más tarde disfrutarán del sentimiento de venganza los soldados judíos al tener la misión de controlar la aldea fronteriza de Valbruna en las estibaciones montañosas con Austria donde residía población de habla alemana. "Todo ese terreno montañoso yacía, quieto y sumiso, bajo el poder judío!", afirma el narrador. Los soldados de la Brigada cantaban en hebreo para violar el bucólico silencio del paisaje boscoso del Tirol germánico, pero el placer mayor era oír el silencio de los propios alemanes: "Los alemanes y austriacos, los antiguos pobladores de la región desde hacia muchísimos años, se mordían los labios para no pronunciar palabras en alemán, mientras algún soldado judío se encontraba cerca". (tomo 4, p. 226). Después las pequeñas venganzas en los pueblitos fronterizos se hizo violenta: desde golpes e insultos hasta "la cachetada en pleno rostro", como se titula el capítulo 7 del tomo 5. Pero también se tramaba una venganza ejemplar: "Pesaba sobre ellos la conciencia de un deber: el de la venganza, puesto que si no ellos, ¿quién vengará la sangre de los muertos, de los asesinados, de los degollados?" (tomo 4, p. 229). Sin embargo, este profundo deseo de venganza contradecía tanto los planes militares de los británicos que prohibieron atentar contra prisioneros de guerra alemanes, pero también se oponía a los planes sionistas de concentrar todos los esfuerzos de los brigadistas en rescatar sobrevivientes para encauzarlos al "país judío", en colaboración con las organizaciones de la Aliah B ilegal.[10]

Un tono paternalista predomina en el relato del primer encuentro en la frontera italiana de los brigadnikers con los sobrevivientes judíos de los campos de Austria, propio del *eretzisraeli* fuerte e intrépido, y que viene a salvar a los débiles y anónimos hermanos en desgracia, "piel y huesos, hasta carentes ya de las fuerzas necesarias para odiar" (tomo 4, p. 250). En este encuentro que se realiza con la gramática del habla de un operativo militar se encuentran dos mundos judíos totalmente diferentes: los brigadnikers que formulaban constantemente preguntas, y los sobrevivientes que carecían de respuestas pero también de odio.

Sin embargo, hay momentos en que el narrador atisba situaciones del encuentro fraternal con sobrevivientes, que desea expresar mediante un lenguaje extraliterario, consciente de la impotencia de las palabras para ubicar en su escritura el lugar del hermano de discurso que participe de su habla.

Uno de esas situaciones ocurre cuando se improvisan representaciones escénicas y corales que tienen lugar en el precario edificio situado próximo de la frontera austriaca donde pernoctaban los refugiados rescatados por la Brigada Judía antes de emprender el camino hacia el sur italiano para el operativo clandestino de inmigración a Palestina. Un soldado eretz-israelí canta y hace monólogos en idish con acento originario de la región de Volynia. Los jóvenes huérfanos sobrevivientes se entusiasman y también ellos irrumpen con canciones en idish de la infancia que les tarareaban sus madres desaparecidas. Es entonces que la palabra ausente para nombrar a sus madres asesinadas se hace canto, y su melodía re-significa el pozo de ceniza donde es ilegible cualquier trazo de escritura testimonial. El idish melódico del mundo desaparecido se torna en el único significante sobreviviente:

> Desde el pequeño estrado de madera fluía la jugosa y dulce canción popular idish, esa misma canción que ellos habían

absorbido en sus años de infancia, tan cercana y lejana a la vez. ¿Adónde se habían ido sus madres? ¿En qué montones de cenizas habría que hurgar para encontrar los restos de sus cuerpos, envenenados con gases y quemados en los crematorios? Tan sólo habían quedado esas canciones maternas que, en un tiempo, aleteaban por sobre las camitas infantiles; esas canciones lo habrían sobrevivido todo y, ahora, fluyen en el aire y parecen acunar las cabezas soldadescas, las nubes silenciosas del anochecer que flotan en el cielo y las coronas verdes de los pinos en el bosque cercano (tomo 5, pp. 253-54).

El brigadnik que expresa en hebreo a los camaradas de armas su seguridad y determinación eretz-israelí de combatir al nazismo y salvar a sus hermanos logra solamente rozar el mundo desaparecido gracias a las resonancias familiares de la lengua idish de los sobrevivientes en todos sus dialectos: el idish polaco, "en el que se introduce el angosto y un tanto frenado idish lituano", junto al profundo eco del idish de Besarabia, y tintinea el idish húngaro "como un plato sobre una mesa tambaleante".

El hebreo de los bravos soldados brigadistas no les inspira confianza a los sobrevivientes, y sus intentos lingüísticos los deja como ridículos parientes extraños:

> Los *sabras* se muestran un tanto enojados, aunque lo disimulen. Hay entre ellos algunos que también quieren hablar en idish, pero cada intento suscita un estallido de risa. El idish de los sabras recuerda el lenguaje de *los shabes-goim*. También ellos, *los sabras*, parecían no judíos que, por casualidad, se encontraban en un ambiente judío (tomo 5, p. 252).

Esa extranjería desaparece cuando el habla del hebreo vulgar de los soldados se torna familiar, y ellos dejan de ser Otros, al mecharse con expresiones del campo semántico popular idish. Un ejemplo: el narrador observa que la expresión *Al tenadned* (no me aburras) que exclamaba el chofer brigadista del transporte militar provenía de la palabra idish *nudnik* : "*Al tenadned* era una suerte de fusión de idish con hebreo, como ese sabra que había viajado con la misión de traer del otro lado de la frontera a refugiados de los campos" (tomo 5, p. 250).

Los amores de los jóvenes sobrevivientes con los soldados brigadistas también repite en el relato relaciones metonímicas de la fusión de idish y hebreo para rozar apenas el universo desaparecido. Sin embargo, la palabra naufraga aun en los encuentros amorosos y la pregunta: ¿*De dónde eres?*, apenas es respondida por las muchachas abrazadas a los soldados, balbuceando el nombre del pueblo arrasado y los santos y señas de cómo y cuándo tuvo lugar la *aktion*. En esos encuentros el narrador prefiere detenerse en la descripción de situaciones idílicas de las nuevas parejas, o en el silencio de los niños huérfanos mientras se alimentan con un plato caliente de sopa:

> Los chicos guardan silencio. Se lavan los rostros y siguen callados. Toman la sopa, beben el té y no pronuncian palabra. No se quejan ni tampoco conversan o ríen. Se han acostumbrado a ese comportamiento: cuando se les da algo bueno, hay que callarse. Hay que guardar el secreto de lo bueno. Lo han aprendido en el campo, en el gueto, durante todo su largo andar..." (tomo 5, p. 258).

El esfuerzo de representar a sobrevivientes

La imposibilidad del combatiente de la Brigada Judía de penetrar en el mundo de los sobrevivientes en los campos de los así llamados "displaced persons" de Alemania es suplido por el narrador a través de una mirada descriptiva de sus conductas de sobrevivencia. Los "laguiernik verdaderos", aquéllos que pasaron la Shoah en los campos, son apenas mencionados por el narrador, en comparación con la descripción de los nuevos *laguierniks* desplazados y arribados después del fin de la guerra. Ambos tienen en común la dificultad de hablar del desastre, y no obstante el narrador espera que ellos le cuenten una historia imposible de ser narrada, pero también de ser oída completamente. En forma impersonal, el relator confiesa:

> (De modo) que los refugiados... hablaban sus relatos y recuerdos se aglomeraban en el alma de los oyentes. Las palabras formaban estratos de piedra que oprimían el corazón. Junto a las palabras golpeaban las miradas. A veces, parecía que predominaba un deseo de olvidar todo, de eludir esos torrentes de recuerdos, de evadirse y no escuchar más.... (tomo 6, p. 49).

La estrategia narrativa elegida, en la mayoría de esos casos, es el relato de conductas transmitidas por los sobrevivientes y la dramatización de situaciones que se imagina el relator. Una conducta de sobrevivencia minuciosamente descripta es la del deseo del sobreviviente de contar al soldado de la Brigada Judía su decisión de comerciar y enriquecerse rápidamente para recuperar la dignidad pisoteada durante los años del laguer. Uno de estos *laguierniks*, feliz de poder encontrase con soldados de la Brigada Judía que llegaron de visita al campo de la Mehl-Strasse de Munich, confiesa al narrador:

> Tal como puedes ver, somos comerciantes. Compramos, vendemos, cambiamos [...]. Cambiamos marcos por dólares, dólares por libras esterlinas, francos por oro, oro por

marcos alemanes. Vendemos diamantes y toda clase de piedras preciosas. Compramos y vendemos. Todo lo que hacemos debe realizarse rápidamente [...]. Debes comprender que ni siempre las cosas van bien [...]. A veces el resultado es puro humo, una burbuja que, a nuestros ojos, se torna multicolor, nos engaña y juega de modo tal que nos exponemos al peligro de perderlo todo, incluso la capacidad de mirar. Pero nosotros permitimos y hasta alentamos este engaño. No nos importa, puesto que sin él, no sabríamos adónde hemos de dirigir nuestra mirada [...]. Debes comprender! Estuve tres años en un Campo de Concentración [...]. Por más que quisiera explicarte lo que era eso, no lo comprenderías. Se debe haber pasado por eso uno mismo. ¿Cómo se dice? ¿Experiencia propia? Cada día era algo así como una muerte, una agonía lenta. No, no era muerte [...]. La muerte significa que todo lo que le rodea a uno se escurre y desaparece en una *nada negra*. Pero el día en el katset era como una herida fluyente y roja, que dolía constantemente, sin pausa alguna. Una herida doliente y roja que despedía el hedor de la sangre mala, sangre descompuesta, envenenada [...]. Yo me atrevía en aquella circunstancia, a soñar con un pancito blanco con manteca, y, al mismo tiempo, me imaginaba el gusto de un café con leche [...]. (Pero) Yo, mientras estaba en el laguier, solía soñar con sentarme en un café y llamar al mozo. ¿Te imaginas lo que significa llamar a un mozo? ¿Acaso te das cuenta lo que significa decirle a alguien: has de hacer tal o cual cosa? [...]. He aquí que puedes ver lo que significa que ese sueño se cumpla por cambiar un dinero por otro, todo va a ir creciendo, cada vez más y más. Recién entonces podré percibir el verdadero gusto de la vida. El sueño de los años pasados del katset será ya una realidad. Podré morder y masticar la vida con toda mi boca, con la lengua y los dientes. Me será dado sentir, antes que muera, que mi existencia es real... (tomo 6, pp. 50-51).

La obra testimonial de Sneh sólo podrá representar la muerte de los combatientes: casi nunca el fin de los exterminados judíos. En el campo de batalla, *la mala muerte* es representable por el soldado como una posibilidad inscrita en el espanto mismo de la batalla, mientras *la buena muerte* es deseada como una bendición (tomo 1, p. 310). "¿Quién ha dicho: huele a sangre en el aire? Esta es una mentira ¡La sangre no huele, apesta!" (p. 307). En cambio, el relator jamás podrá oler la sangre de sus hermanos gaseados ni imaginarse la "mala muerte" de Auschwitz. En su representación de los límites de la muerte imaginada por el sobreviviente, el narrador habla de la *herida doliente y roja*: no del despertarse todo los días mientras se está muriendo, que testimonió Primo Levi[11] para imaginar el deseo más querido. Hay una discontinuidad radical imposible de representar en el lenguaje elegido por Sneh para hablar de la muerte: esa que conoció cara a cara como combatiente en los campos de batalla anti-nazi y la que le cuesta imaginar como escritor para representar *la nada negra* de la Shoah. Sin embargo, en este testimonio del sobreviviente el relator recoge el deseo de dinero para transfigurar su mirada de condenado a *la nada negra* en mirada de un ser humano que instala el goce del Otro a través del horizonte fantasmático del café con leche.

Otra estrategia narrativa de Sneh es utilizar informantes que hablen de indicios — "el más mínimo signo del día de ayer" — con el fin de representar el hogar paterno de la Polonia de pre-guerra, a pesar que son vanas las esperanzas de encontrar ningún rastro.

El narrador hace hablar a informantes localizados que habían sobrevivido en los campos de Alemania y a quienes se les pide conocer los rastros de los seres queridos. La respuesta impersonal es un discurso perverso que se burla de la obscenidad de osar conocer la suerte de lo siniestro:

> "Ah, ¿eres tú el fulano que anda en busca de mengano? Y... bien, claro, recuerdo muy bien a tus padres, a tus hermanos [...]. Sí: preguntas dónde se encuentran. ¿Acaso no lo sabes? Están donde están todos los judíos que vivían allí [...]". Luego, asomaba a los ojos del "informante" una mirada insensible, en la que no había condolencia ni, menos, aun tristeza. Tan sólo una dosis de burla y de asombro por el hecho de que alguien insiste con estas tontas preguntas... (tomo , p. 36).

Polonia: de país desterritorializado a tierra maldita de Caín

La perspectiva polaca del narrador, combatiente primero en el ejército rojo y luego en el ejército polaco en el exilio, es la del judío doblemente desarraigado de su patria y desamparado del destino de su comunidad. A diferencia del sentimiento nacionalista de voluntarios polacos, ucranianos, bielorrusos que se presentan a las comisiones de enrolamiento en los territorios occidentales de la ex-República de Polonia, el narrador es percibido como un judío sospechoso de comunista, mientras que para los soldados rusos es ciudadano polaco. Los combatientes del ejército de Anders hablaban de luchar hasta la liberación de su país bajo la advocación de la trinidad Dios, Patria y Honor, mientras que el soldado judío inspiraba desconfianza por estar dispuesto a luchar contra los nazis "sólo para volver a casa". Aun en los campos de trabajos forzados en la URSS, los judíos polacos confinados son representados en el tomo 2 de *Sin rumbo* como discriminados tanto por patriotas polacos en el exilio como por los soviéticos. Así, los *osadniks*, colonizadores nacionalistas polacos en las regiones de Polonia occidental habitadas por bielorrusos y ucranianos, llamaban hostilmente *zhid* cuando reñían con los judíos en los laguier, mientras los rusos los llamaban *ievréi*. Esos *osadniks*, junto con los *starostvo* y *plutonovy* y ex agentes de policía polacos, también los denominaban *zhidocomuna* porque no les perdonan haber dado la bienvenida a los tanques soviéticos luego del tratado Molotov-Ribbentropp de agosto 1939 (pp. 80-81).[12]

> Todavía en los campos los polacos amenazaban a los judíos con que llegaría el tiempo en que Polonia resurgiría de nuevo, y entonces, llegaría también la hora de ajustar cuentas con los judíos. ¿Quién los necesita en nuestro ejército?, argüían los polacos, Todos ustedes son bolcheviques. Nosotros queremos tener un ejército polaco puro, sin judíos.... (tomo 2, p. 114).

Al ser liberados los judíos de los Láguiers soviéticos junto a los otros reclusos de la República Polaca, el cuartel general del ejército en el exilio empezó a adoptar medidas limitacionistas ante la enorme cantidad de voluntarios judíos que se presentaban en la ciudad de Buzulúk en la región de los Urales. "No eran los reproches los que herían, sino la conciencia de la soledad, de la extrema y excepcional situación en la que se encontraban... Los soviéticos los definían como polacos, y los polacos los llamaban comunistas y bolcheviques" (tomo 2, p. 115).

Pero aun los propios camaradas de armas cristianos que admitían la ciudadanía polaca de los judíos, le mostraban una distancia infranqueable que no era sólo intolerancia religiosa. El relator describe la hostilidad que sentían los soldados polacos al comprobar que los judíos que no participaron de la misa, habían sido los primeros en sacar ventaja de la situación y esperar un plato de comida:

> Luego del almuerzo los ánimos vuelven a tranquilizarse. Este zhidek (judihuelo) es, con todo y pese a todo, un zhidek polaco. Domina la lengua polaca a la perfección, es un judihuelo propio, un judihuelo polaco. Pero, a pesar de ello, a uno le causa agrado reírse de él. Supuestamente, de manera bonachona, como con un buen compañero, sin malas intenciones, un pinchazo no le hace mal a nadie... (tomo 2, pp. 238-39).

Los trece brigadistas que deciden viajar a Polonia para descubrir rastros de sus seres queridos saben desde el inicio que no han de encontrar a nadie con vida. Las únicas pistas materiales que aparecen son listas de algunos pocos sobrevivientes polacos que el comité judío de la comunidad judía local publicaba con información de sus paraderos, generalmente en los campos de desplazados en Alemania y Austria. Pero aun cuando uno de los brigadistas se esfuerza por intentar llegar hasta la localidad polaca de su hogar materno, sabe que ese mundo familiar ya no está más, es una nada visible aunque no haya quedado en ruinas bajo la desolación de los bombardeos. El relato de Sneh no se construye con el esfuerzo de representar los espectros del viejo hogar devastado, o de conjurar sus fantasmas ocultos al oír el habla de su arrasamiento a través de las voces de los vecinos católicos en la nueva casa ocupada que simulan su complicidad. Tampoco el relato se nutre del esfuerzo de los brigadistas de hablar, a pesar de la absoluta opacidad de la nada polaca, ni escribe de la dificultad de rendir postrero homenaje a sus muertos sin sepulturas. El relator no se enfrenta con la corrosión del lenguaje para representar lo irreparable de este mundo violentamente expulsado de Polonia con el fin de reintegrarlo al discurso. El objetivo de los brigadistas es otro: viajan a Varsovia después de finalizada la guerra, pero no para hacer el duelo en los sitios de exterminio — los campos, campamentos y guetos — sino para constatar la pura nada en que se esfumó el suelo en que desaparecieron sus seres queridos en medio del boscoso paisaje polaco. De ahí que la apremiante estrategia testimonial de Sneh haya sido narrar su retorno para maldecir el país natal utilizando metáforas cuyos significantes son pobres eufemismos para representar lo innombrable: un "cementerio en ruinas y sin lápidas", una "tierra arrasada", un "mundo de pesadilla". Los brigadistas sionistas intentan libertar a los sobrevivientes para una nueva vida sin comprender aquella imposibilidad que Jorge Semprún sintió: jamás tuvo la sensación de haberse libertado de la muerte después de haberla atravesado en Buchenwald.[13] Esa imposibilidad se acentúa porque el narrador soldado no descubre con espanto la mirada aterrorizada del Otro fraterno sino que intenta infundirle optimismo al sobreviviente quien, gracias al operativo rescate de los brigadistas, dolorosamente descubre ser la alteridad de los que no sobrevivieron. Los límites de la representación del trauma del sobreviviente son doblemente infranqueables para el narrador: ha dejado de ser un semejante de quienes no sobrevivieron y, además, la mirada compasiva de quienes lo rescatan lo convierte en un puro dolor de ser un extraño pariente cuyo relato de su propia muerte parece inverosímil cuanto más se esfuerzan en ver a ese espectro como el candidato para una nueva vida.

De ahí que para la estrategia representativa de Sneh sea más fácil hablar con odio de los polacos cristianos que fueron colaboracionistas en tornar Polonia *judenrein*. Simbólicamente, el autor titula "La tierra de Caín" al capítulo 15 correspondiente al relato del reencuentro con algunos conocidos no judíos de Varsovia, y que finaliza con esta maldición: "Maldita sea esta tierra, pues es la tierra cuyos habitantes ayudaron a Caín a matar a su hermano Abel!" (tomo 5, p. 148). Precisamente, esta maldición culmina con la decepción del narrador al reencontrar antiguos conocidos de Varsovia, quienes se sorprendían cínicamente de que él aun estuviera vivo. Ejemplo paradigmático es la interrogación del imprentero católico de la calle Zlota y Sosnowa de Varsovia al darle la bienvenida al brigadnik que conoció en la pre-guerra: "¡Así que aun vives! ¿Cómo lo has logrado? A todos los tuyos los han degollado aquí....". El narrador se pregunta decepcionado: "¿Por qué odia a este judío que ha sobrevivido a la gran hoguera y ha llegado con la intención de saludarlo, [...] y estrechar su mano....?" (pp. 146-47).

Las pocas escenas donde se representa el destino trágico de amigos-familiares del relator comparten la conducta de otro "buen polaco", apodado sarcásticamente así en el capítulo 16, tomo 5. Este buen cristiano polaco temeroso de Dios, después de la "aussiedlung" se arriesgó por un breve tiempo a esconderse en su casa de la zona aria de Varsovia a la hermana de uno de los *brigadnik*; pero finalmente tuvo miedo y le confiesa que obligó a la hermana a abandonar el escondite de su casa y a marcharse al gueto por el chantaje de un vecino que exigía dinero para no delatarlo. La confesión de su "inocencia" finaliza, además, con la obscena aclaración de honradez del buen polaco: jura que no se quedó con ninguna prenda personal de la hermana: "Era una mujer excepcional, se despidió de nosotros de una manera amistosa. Y todas sus pertenencias se las llevó consigo [...]. No ha dejado nada en mi casa" (tomo 5, pp. 152-57).

Sin embargo, el relato se resiste a detenerse y narrar, precisamente, esa nada que dejaron los judíos tras su desaparición. Los pocos testimonios alusivos surgen de los "buenos vecinos polacos" que otrora vivían cerca de los barrios judíos, y ahora relatan a los soldados detalles del aniquilamiento. En sus tonos y miradas se refleja una suerte de satisfacción mal oculta:

> Parecían estar gozando de lo que habían visto. Por otra parte, cuidaban mucho cada palabra, se podría decir cada sílaba. Sí, ellos lo habían visto todo: lo que ha sucedido y como sucedió. Se cuidaban bien la lengua para que nadie pudiese acusarlos, puesto que la culpa la tenían los alemanes. Al mismo tiempo, solían echar una mirada, llena de sospecha y temor, a ese soldado llegado del extranjero. Les extrañaba el hecho de que ese mismo soldado no les preguntase cómo y por qué ese polaco vive, ahora, en una casita judía... (tomo 5, p.151).

La sed de venganza del narrador brigadnik le impide conectarse con sus muertos. Las dificultades para representar a sus seres queridos desaparecidos en Polonia se nutren de esa sed y del odio hacia la población civil polaca que colaboró con los nazis delatando a judíos escondidos o entregándolos directamente.

Pero el testimonio de Sneh también se nutre del odio contra aquellos polacos que responsabilizaban a los judíos repatriados de territorio soviético, de colaborar con el nuevo régimen comunista de Polonia de pos-guerra brutalmente expresaban su decepción por que los condenados a la nadificación burlaron el destino de la solución final y, para colmo, se ingeniaban ahora en dominar al nuevo régimen:

Aquí, en su hogar de otrora, los polacos consideraban a los "repatriados" como una nueva plaga, espíritus resurgidos de un mundo desaparecido de una vez y para siempre. Eran los que se habían salvado por casualidad, los "no-degollados por una que otra circunstancia"... He aquí — decían — que regresan esos judíos de la Unión Soviética, y ocupan todos los puestos gubernamentales, llegan a las posiciones más altas y trabajan para el afianzamiento del nuevo régimen comunista. "¡Esperen!", tan sólo esperen un poquito... murmuraban seseando, en voz baja, nosotros terminaremos el trabajito que los alemanes no alcanzaron a concluir (tomo 5, pp. 141-42, ver también pp. 154-55).

De la supresión del sujeto a la representación de la supresión de la tierra natal

El primer límite infranqueable de representar literariamente la supresión del sujeto durante la Shoah que presenta la estrategia del testigo soldado surge al transformar a sus brigadistas en temerarios integrantes de una patrulla de salvataje para localizar sólo a familiares y amigos *vivos,* con el fin de sacarlos del país maldito.

Ahora bien: si la "maldita" Polonia del narrador constituye el siniestro páramo donde se emplazan los lugares de la memoria del exterminio, el segundo límite imposible de atravesar en la representación escritural del tomo 5 de *Sin rumbos* surge cuando el narrador regresa al país natal para borrar su topografía. De fosa colectiva de los desaparecidos, Polonia es transfigurada en país maldito por el esfuerzo de Sneh en representarlo como el lugar condenado a ser eternamente *judenrein,* y que los sobrevivientes deben abandonar inmediatamente. Precisamente, las huellas de la Shoah están representadas en la novela de

Sneh por dos desplazamientos: el de los sobrevivientes que abandonan Polonia pero, al mismo tiempo, la vacían de su pasado judío, y por el operativo de rescatarlos para Palestina bajo custodia de la Brigada Judía.

Sólo en los momentos en que el relator cruza la frontera y se olvida de su uniforme de brigadista al reconocer el paisaje de su infancia, no reprime la emoción de descubrir la topografía de su tierra natal. Involuntariamente, y quizá a pesar de su orgullo de ostentar en sus hombros la estrella de David, asoman los lugares apacibles de la memoria de su infancia que la Shoah hizo desaparecer también de la sensibilidad del autor, pero que intermitentemente fulguran. Son los momentos en que el narrador descubre el oxímoron de "la nieve cálida" de su infancia al cruzar la frontera polaca con el camión Austin de la Brigada. La nieve no sólo instaura relaciones metonímicas con el paisaje sepultado de sus muertos, sino recuerda también el mundo judío desaparecido del hogar:

> La nieve seguía cayendo sobre los ramajes de los árboles, y permanecía colgada de los hilitos negros de las ramitas. Parecía que no fueran estas ramitas las que sostienen a la nieve, sino que precisamente es la nieve la que se ha entretejido en la espesura de ellas. El aire era frío, severamente invernal. Pero, con todo, no era aquel frío hostil e inmisericorde, que uno recordaba haber atravesado en lejanías inhóspitas, sino que había una suerte de calidez inmersa en su constante caída [...]. A veces una "hojita de nieve" le caía a uno a la mejilla y se deshacía a causa de la calidez del rostro. En tal oportunidad parecía que un fluido cálido — así es, cálido y no frío — le corría a uno por el rostro; durante un momento breve se podía ver aun el tejido, parecido a una tela formada por estrellitas palpitantes. Todo ello se dejaba absorber por la mano, como si fuese tan sólo un palpitante recuerdo de

los años idos, distantes y casi olvidados: lamparitas hechas de papel, especialmente para la festividad de Januca, cuyas lucecitas penetraban en la atmósfera profundamente azulina de la noche invernal; bolas de nieve que los chicos lanzaban a uno en el rostro. Todo ello formaba una corriente de risa joven y gritos: "¡Ay, qué bien!". También se recordaba la nieve que cubría las montañas de Tatry, mientras uno se deslizaba hacia abajo en las montañas sureñas, aprendiendo a usar sky. Se deslizaban rápidamente, a veces en silencio y otras chillando, mientras el viento golpeaba en el rostro, quemando y acariciando. Y el mundo era tan blanco que parecía que jamás podía perder esa hermosura. Uno sentía, a veces, ganas de abrazar ese universo y rodar, cada vez más rápido, hacía una alegría blanca y luminosa, que seguía esperando la llegada de uno en una esfera blanca, ahí donde comenzaba el sinfín... (tomo 5, p. 94).

La representación del río Vistula también establece ese doble par de relaciones metonímicas. Desde una ribera, el río es la fuente veraniega del aire fresco y vivificante, la superficie plana de hielo cuando llegaba el invierno, el "bolso rojizo dorado del que la mano de Dios sacaba, al amanecer, una nueva luminosidad"; pero también el río de Varsovia era el sustituto del Nilo en la versión del "Moischele in Koischele", según el legendario relato bíblico que le contaba la *bobe* del narrador. Desde la otra ribera, el Vistula es la frontera que separa ambas mitades de Varsovia: la costa roja destruida y la ribera de enfrente, llamada "Praga", que logró sobrevivir. El narrador le pregunta a las aguas ensangrentadas del río:

Dónde estás ahora, mi Vistula de los años infantiles y bondadosos? Ese río brama, iracundo en medio de las ruinas abandonadas, desérticas, cubiertas de nieve... Aquél, tan cercano y arraigado en nuestros corazones.. se ha ido para siempre y nos ha abandonado. Ahora flota, por sobre la superficie de plomo de ese río ajeno, una niebla invernal de desesperación petrificada, gritos acallados, de eterno duelo por un mundo desaparecido que jamás volverá... (tomo 5, p. 132).

Imposibilidad de representación de los sobrevivientes judíos de Varsovia

Sin rumbo se inicia en su primer tomo con la dificultad de representación narrativa de los judíos de Varsovia en el comienzo de la guerra mundial, y tal dificultad será una constante en toda la obra de Sneh, y culminará en el tomo 5 cuando el relator intenta dar testimonio de los sobrevivientes de la ciudad, inmediatamente finalizada la Shoah.

En efecto, la primera imagen de Varsovia en el capítulo 2 del tomo 1 es la descripción de la aviación alemana sobrevolando la capital polaca y el comienzo de la huida de sus habitantes jóvenes hacia el Este. El núcleo que carga de sentido a la representación de la ciudad es la ofensiva aérea alemana, y la descripción de judíos en fuga aquella noche de otoño del 7 de setiembre 1939, cuando sus habitantes se sienten desamparados al saber que el gobierno abandonó Varsovia (tomo 1, pp. 35-36). Los primeros intentos de testimoniar a los judíos varsovianos corresponden a escenas de jóvenes y adultos huyendo ante la inminencia de la ocupación nazi, quienes desde la calles Nalewski, Guensha, Dzika, Stawski, de la Mila Angosta y la Mila Ancha, y también de los barrios elegantes Hozha, Zhuravia y Piekna, se marchan junto a la multitud que cruzaba los puentes Poniatowski y Kierbedzi hacia el amplio suburbio de Grojov para alcanzar la ruta hacia el Este (pp. 42-43). Inmediatamente después, la narración se focaliza en las humillaciones que sufrieron los judíos en los primeros días de la ocupación. Esa misma línea de representación continuará en el villorrio de Pulawry, aldea natal del narrador, y en Lublin, desde donde los judíos intentarán huir hacia el territorio ocupado por el ejército rojo. Precisamente, es en las líneas de fuga hacia los márgenes de Polonia, donde el relato va esfumando y desvaneciendo el significado palpitante del judaísmo polaco en forma paralela a la condena nazi de abolir su cuerpo en vísperas de la guerra mundial, cruzando primero fronteras inciertas hacia el Este y después atravesando tierras de nadie, hasta alcanzar el territorio soviético de ocupación. Antes de que el judaísmo polaco desapareciera por la Shoah, su significante humano y significado cultural ya aparecen ilegibles y desterritorializados en el primer tomo de *Sin rumbo*. Una lectura posible de esta estrategia representativa es acompañar el deseo de Sneh de nombrar el eufemismo de su ilegibilidad y dispersión desde los márgenes de Polonia.

Esta lectura se hace aun más necesaria durante el relato del regreso a Varsovia para buscar sobrevivientes, en los márgenes del centro judío desaparecido más importante de la Polonia de pre-guerra.

El relator intenta recuperar la memoria de los entrañables lugares de la Varsovia anterior a 1939 que frecuentaba con sus amigos más íntimos. En el capítulo "La jevre", los cuatro sobrevivientes que se reencuentran en el invierno de 1946 visitan el lugar destruido de la calle Targowa, en el suburbio varsoviano Praga, para conjurar los recuerdos dichosos de aquellos viernes de noche de la "jevre" de pre-guerra, y evocar a la "muchachada que ya no está más", a quienes el relator llama en idish *eiguene iatn* (muchachos de la familia). Significativamente, los cuatro únicos sobrevivientes de la *jevre*, son recordados por sus lugares de fuga: uno resistió en Auschwitz, otro huyó a los Urales, el tercero se plegó al ejército de Anders, el cuarto logró esconderse en la zona aria. Todos desean recordar únicamente las viejas discusiones ideológicas de los viernes a la noche, o el flirt con las novias, y la camaradería compartida a altas horas de las madrugadas en las calles varsovianas con los faroles silenciosos que iluminaban su alegría de vivir. El único relato que se atreve a recordar la Shoah del capítulo es el eufemismo del "afortunado judío" que logró obtener papeles para residir en la zona aria, mientras los nazis conducían a su esposa al Umschlagplatz, junto a la columna de los deportados, sin que él intentara acompañarla, "y ahora lo contaba como si todo eso hubiese sido algo comprensible y natural, algo que cualquiera en su lugar hubiera hecho" (tomo 5, p. 179).

Las líneas de fuga de los judíos polacos, y su marcha "sin rumbo", acompañarán la representación narrativa antes, durante y, en especial, luego de perpetrada la Shoah. Hemos visto que el relator del tomo 5, cuando regresa a Polonia después de la guerra, ya dejó de ser el joven soldado del ejército rojo o el combatiente anti-nazi del ejército del general Anders, para transformarse en el orgulloso miembro sionista de la brigada judía lacerado por el deseo de venganza. Sin embargo, el relator no regresa a Polonia como un ángel exterminador. Pero tampoco vuelve al viejo hogar para hacer el duelo del centro judío destruido: la acción del relato se demora en las peripecias destinadas a ayudar a los pocos sobrevivientes que necesitan huir del país maldito e iniciar una nueva vida en Eretz Israel.

Donde más flagrantemente aparecen los límites de la representación del mundo desaparecido es en el relato de los testigos judíos de villorrios arrasados por los nazis. El distanciamiento del narrador se intensifica no sólo porque apela a informantes anónimos de Varsovia para conocer la suerte de víctimas judías genéricas, sino porque incorpora a su relato la crónica — cliché sobre las deportaciones y el fin trágico de las víctimas. (p. 150). El testimonio se hace aun más distanciado en la descripción de la búsqueda de sobrevivientes y sus propiedades abandonadas en villorrios inspeccionados por los soldados de la brigada. La técnica utilizada es la del reportero de una patrulla militar que notifica de una insoportable transgresión:

> Merodeaban con el dedo puesto en el disparador del revólver, sospechando que cada rumor que llegaba a sus oídos, alertas y tensos al extremo, con ira y sed de venganza en la garganta. Podían ver, con sus propios ojos, pueblitos otrora judíos, convertidos en tumbas, en cuya superficie crecía tan sólo la vida de los polacos. Podían ver casas judías convertidas en hogares de familias polacas, sinagogas convertidas en establos o en depósitos de granos; negocios, otrora judíos, atendidos por vendedores y comerciantes polacos; callejuelas, pobladas en un tiempo por judíos, que aun parecen gritar: "Oye Israel" ¡Este grito había quedado, suspendido en el aire, en el centro mismo de las risas polacas, pero a los judíos no se los podía ver en ninguna parte (p. 151).

Los sobrevivientes del mundo devastado interesan al relato en la medida que son signos de una precaria reconstrucción de emergencia, o porque huyen del país.

Algunas situaciones narradas así lo demuestran: 1) La descripción del Comité Central Judío de Varsovia se limita sólo a aludir a las tareas de reconstrucción comunitaria y asistencia social: apertura de un orfelinato, organización de una cooperativa de sastres y zapateros etc.

(pp. 143-44); 2) Los brigadniks "no encontraron a nadie" en las listas publicadas por el Comité Judío de Varsovia, y estos registros con nombres y las respectivas localidades donde se podrían ubicar a sobrevivientes "ya no tenían nada que decir a los ojos de los *brigadnik*... El mundo que buscaban estaba muerto" (pp. 149,139). Y a pesar de que el relator se pregunta la verdadera cuestión: "¿Dónde se debe buscar a los no registrados? Usted dice que no han venido a registrarse. Y bien, ¿qué es lo que esperamos? Vamos a buscarlos! Vamos a buscar los nombres no registrados...!"(p. 135), los brigadniks del relato tampoco van a buscarlos; 3) La alusión a quienes sobrevivieron con documentación aria e identidad fraguada, y que cambiaban constantemente de dirección, no merece al narrador ningún desarrollo narrativo, salvo un modo enunciativo que les niega la calidad misma de sobrevivientes: "simplemente continuaban siendo arios también entre amigos y conocidos". Además, aquellos sobrevivientes que decidieron no huir durante la ocupación alemana, continúan invisibles en la Polonia de pos-guerra porque, según el relator, sólo "buscaban por todos los medios ocultarse... pero desde siempre ignoraban su condición judía" (p. 143). El mismo modo enunciativo de su invisibilidad aparece en el relato del encuentro con mujeres sobrevivientes cuyos maridos esperaban ser repatriados desde la URSS a donde huyeron. Similarmente, no interesa desenrollar el tema de las cartas de quienes anhelaban repatriarse desde la URSS a sus antiguos "hogares polacos", aunque estos ya no existían. Importa más al relator subrayar las quejas del comportamiento de las autoridades soviéticas para conceder permisos de traslado que el modo de sobrevivir durante la ocupación alemana con la ayuda de majers o gestores "que, por unos pocos centenares de dólares, podían traer a cualquier persona que se encuentre en la URSS" (p. 140). En los casos relatados de repatrío, la materia del relato es la decepción de descubrir una Polonia que se imaginaban "diferente de los tiempos de Pilsudskyi y de Skldkowski" (p. 141). La representación más lograda no está destinada a contar como sobrevivieron la Shoah, sino a representar el común sentimiento de hostilidad y extranjería que sintieron al retornar a Polonia después de haber sufrido la hostilidad xenófoba en la URSS (tomo 5, pp. 141-42).

La transformación narrativa de sobrevivientes legales a inmigrantes ilegales

En contraste, al relator le interesa representar a los judíos que quieren abandonar el "país maldito". Precisamente en el capítulo 19 titulado "Los judíos que se iban", el relator evoca situaciones de total desarraigo de aquellos repatriados de territorios uzbekos y de las montañas de los Urales que no toleraban ver a "esa tierra, tan cálida y bien amada en los tiempos idos" convertida "en un suelo duro y seco" de la cual había que irse.

Tal voluntad de irse era impulsada por los partidos judíos representados en los comités regionales y en el Comité Central de los Judíos de Polonia, a pesar que apoyaron la reconstrucción de la vida comunitaria. Hasta los propios miembros de la Sección Judía de la Polska Partja Robotnicza (Partido Obrero Polaco) fingen en la novela saber que soldados de la brigada judía arribaban a Polonia para rescatar a sus familiares. Algunos de esos miembros están representados como divididos ciudadanos polacos comunistas que buscaban la reconstrucción de la patria instando a los judíos a no emigrar, al tiempo que se sorprendían que "ni siquiera el mismo poder estatal polaco se oponía a que abandonasen el país [...]. Había un pacto tácito entre las nuevas autoridades polacas y la masa de refugiados judíos: si se proponían irse del país, nadie les exigía permisos ni documentos" (pp.184, 186).

Pero también el relator da por obvio el otro pacto tácito entre los brigadniks y los sobrevivientes para que fuesen aceptados a huir de Polonia a través de la emigración ilegal a Palestina desde el sur de Italia. Ellos son representados en la narración como si, de pronto, al ingresar en el espacio simbólico sionista del camión militar de la Brigada Judía, sufrieran de una fulminante amnesia. El futuro inmediato de Eretz Israel, no el mundo que sobrevivieron de la Polonia de ayer, es el único discurso predicativo de las distintas voces narrativas. Pero cuando una niña huérfana, que sobrevivió simulando ser cristiana, narra a los soldados cómo reprimió su llanto mucho tiempo, y por eso anhela ahora reencontrarse con su tío de Petaj Tikva "para poder llorar libremente mi dolor", le replica un espartano brigadnik: "A Eretz Israel no se viaja para llorar. Ahí uno canta mientras trabaja [...]. No creas que nadie ahí te va a tener mucha lástima. A lo mejor, un suspiro, tal vez. Los eretz-israelíes ni siquiera se tienen lástima a sí mismos, menos aun la tendrán con otros [...]. Y tú misma olvidarás las ganas de llorar. Aprenderás a cantar o a callarte..." (tomo 5, p. 221).

Del mismo modo que la sed de venganza de los soldados de la brigada judía dificulta su conexión profunda con los muertos de la Shoah, su mirada sionista les impide ver el trauma de los sobrevivientes para hacer el duelo de su mundo judío desaparecido sobre la faz de la tierra polaca.[14]

La representación de la ciudad de Lodz y zonas aledañas en los comienzos de 1946, donde se encontraba el residuo de "la comunidad más grande de la judeidad polaca", controlada por soldados del nuevo ejército polaco que vestían uniformes soviéticos, no abre el registro para darle voz testimonial a ese remanente del exterminio.

El relato se focaliza sólo en dos aspectos: el Comité Judío de la Región de Lodz y la vida comunal en preparación del kibutz que integrarán jóvenes ex-partizanos, esperando emigrar clandestinamente a Eretz Israel, asistidos por organizaciones de la *Aliah B* (inmigración ilegal). Resulta emblemática la descripción del joven judío armado que recibe a los 13 soldados de la brigada a la entrada del edificio donde se alberga la comuna kibutziana de la calle Poludniowa:

> Lleva el fusil al hombro y ha cubierto su cabeza con una gorra ladeada, desafiante [...]. El frío, al parecer, no ejerce dominio alguno sobre ese muchacho que salió hace muy poco del bosque [...]. Tan sólo sus ojos son distintos..., que evidencian una enorme tristeza. Helo aquí! El primer judío que encontraron en Polonia de pos-guerra, un judío combativo, orgulloso, crecido en los lejanos caminos de las tormentas y vagabundeos, de la inseguridad y las penas, de miedos y luchas (tomo 5, p. 117).

La representación omite casi por completo hablar de los otros sobrevivientes; y cuando recuerda a las calles Piotrkowska y Cegielniana, y al barrio obrero de Balut, el narrador se apresura en comentar que los jóvenes "se niegan a caminar por esta tierra, cuyo suelo empapado de lágrimas y sangre, está quemando sus pies" (tomo 5, p. 121). Todos quieren abandonar el país para siempre, inclusive numerosos judíos comunistas. Por eso no extraña que la línea final de los dos capítulos consagrados a Lodz finalicen desvaneciendo los contornos del paisaje urbano de la ciudad obrera judeo-polaca, hasta hacerla desaparecer completamente. En el capítulo 12, Lodz se evapora a través de una traspolación con la imagen del "lejano y bondadoso sol de los montes de Galilea" reverberando en la calle Poludniowa de la comunza kibutziana, (tomo 5, p. 121); y en el capítulo 13, la imagen de la nieve que cae blanda y silenciosa tapa la ciudad "como si dijera: de todos modos esos tiempos caerán en el olvido... no vale la pena cuidar la memoria" (tomo 5, p. 127).

Los brigadniks no comprendían tampoco el remordimiento de los sobrevivientes de haber sido rescatados, ni su culpa por tener el privilegio de huir a Eretz Israel haciendo planes de una nueva vida. Y la representación de la muerte esta interdicta en el relato de los viajeros que se despedían de sus muertos en Polonia para inmigrar al "país judío":

> Era una suerte de despedida. Por eso se hablaba de la manera de vivir, de los sueños, de las esperanzas y desilusiones de todos los que quedaron. Pero nadie mencionaba a la muerte... Todos los que estaban en el Austin conocían la historia de aquellas muertes y preferían no hablar, no tocar el tema. Los soldados que estaban sentados junto a los sobrevivientes, tampoco podían soportarlo. Esos soldados intentaban desviar toda mención de la muerte hacia otros temas, hacia el futuro... Hablaban tan sólo de esa vida que había surgido en un nuevo país judío... (tomo 5, p. 223).

Los límites de la memoria en el gueto de Varsovia y las posibilidades del Kadish en Auschwitz

Finalmente, es posible verificar cómo la estrategia del distanciamiento narrativo del combatiente de la Brigada Judía muestra sus límites para dramatizar las ruinas del gueto de Varsovia. Dado que ninguno de los trece brigadistas "sabían en qué lugar estaban los restos de los suyos y de otros seres queridos" decidieron que "simbólicamente" había que honrar el *Keiver Oves*, las tumbas de los familiares muertos, "en el sitio donde estaba el gueto, e inclinarse ante la tumba de la Varsovia judía de otrora" (tomo 5, p. 191). La representación de los exterminados se instala en el lugar del gueto para transformarlo en el memorial colectivo y simbólico. Pero la estrategia narrativa utilizada esta tironeada por el esfuerzo del relator de reconstruir, mediante el trabajo de la memoria, la vida de los sitios conocidos del gueto de la pre-guerra, a los cuales conducía los pies del niños que creció entre sus plazas y callejuelas de la infancia, mientras la cabeza del brigadista intenta infructuosamente atravesar "la nube blanca" que flotaba en medio de la muerte. Todo el discurso se desdobla entre ambos tironeos opuestos: la pugna entre hablar con los fantasmas de sus muertos atravesando el "desierto blanco de la enorme tumba congelada", y el deseo de recordar la vida desaparecida de los edificios en ruinas:

> (Pero) el soldado quisiera experimentar, él mismo, la muerte de ese edificio. Tal vez — pensaba — podría, de esta manera, obtener la exoneración por el pecado de seguir viviendo, mientras todo agonizaba en medio de llamas y de sangre. Pero el edificio se niega a hablar de muerte, sino sobre la vida que, en un tiempo, había florecido entre sus paredes (p. 194).

En este tironeo entre pesadilla y memoria, espectro y fantasma, muerte y trauma, puro dolor y nostalgia, triunfa el deseo de recordar la vida de las calles del gueto, el parque Krasinski, las tiendas de la calle Nalewski y la editorial de Guitlen, el agente de policía cristiano de uniforme azul oscuro amigo de los judíos, que dirigía el tránsito en la esquina de la calle Guenscha, cerca del poste de hierro, el golpeteo de las patas de caballos que conducen vehículos cargados de tejidos, los gritos de hombres y mujeres vendedores ambulantes, el niño que ofrece la típica limonada Kvas, las voces y chistes judíos, y las resonancias dialectales del idish galitziano que no gusta la dura "ese" de los "litvak", y el "iej" de Lublin distinto del "iaj" varsoviano (tomo 5, pp. 196-97).

Al elegir hablar de lo representable y no de lo indecible e innombrable del gueto de Varsovia, el testigo da pruebas de los límites de la representación de su escritura en torno al "desierto blanco": su testimonio, lejos de probar la verdad del mundo desaparecido, se propone una escritura a través de la cual el testigo sólo prueba la inscripción del sujeto sobreviviente en relación a su lugar en el discurso sobre la Shoah.[15] Ahora bien: el lugar del discurso donde eligió inscribir su experiencia el autor de *Sin rumbo* es la del combatiente. Por eso no extraña que el relator, en el límite de nombrar lo innombrable, haya inscrito ese límite de la representación del gueto imaginando ver a un combatiente y no a sus familiares exterminados. La palpitante vida del gueto se detiene, de pronto, ante los ojos alucinados del soldado testigo que ve levantarse entre las sombras blancas del bunker destruido algunos de sus habitantes heroicos que lucharon contra los nazis en los días de la rebelión. Así, aquel niño vendedor ambulante de kvas "transformó su botella de limonada en botella de nafta que arrojó al tanque alemán", y luego de ser aplastado entre los ladrillos del buker cañoneado, resucita para "dar la bienvenida al visitante de la brigada de Eretz Israel", rogándole que lo lleve junto a él, porque no soporta que lo lloren ni más tarde lo honren entre las ruinas de la calle

Mila, con "grandes monumentos de piedra y discursos" frente a la destrucción y el exterminio (pp. 195-201).

Semejante desenlace narrativo se reitera en la representación del silencio neblinoso sobre Auschwitz, cuyo siniestro paisaje la nieve no alcanza a cubrirlo totalmente. A diferencia de la estrategia elegida por el narrador de hablar sobre la vida desaparecida del gueto de Varsovia, su representación de Auschwitz comienza con el intento de oponerlo a la inocente vida apacible del pueblo cervecero polaco que lo había precedido: *Oschwientchim*. Pero al entrar los brigadniks al campo de la muerte, y escuchar las preguntas del sorprendido aldeano polaco guardián del arrasado "laguier" en ese gélido invierno de 1945-1946, al narrador se les congelan las palabras, y hasta las lágrimas se cristalizan en un silencio absoluto de nieve. No tiene posibilidad alguna de representación de Auschwitz con palabras: "Reinaba el silencio. Nadie se atrevía a pronunciar una sola palabra. Caminaban en puntas de pie y la nieve absorbía sus pasos. Parecía que ese espacio no soportaba los sonidos de las palabras... porque se constituía en una suerte de profanación. Nadie lloraba. Existe un dolor que no admite siquiera la posibilidad del llanto en voz alta. Es el dolor más espantoso y terrible-el dolor de la lágrima inútil, detenida en un solo punto..." (p. 227).

Al narrador le quedan sólo dos recursos narrativos en este punto de suspensión de la escritura: provocar al guardián polaco para que narre lo sucedido a los judíos, o provocar un desenlace simbólico y extra-textual, generando un acto conmemorativo. Este último recurso clausura el capítulo "Nieblas sobre Auschwitz", pero también interrumpe el relato literario, al ceder la palabra de la ficción a la palabra oral del *Kadish* que santifica la memoria de los muertos. El kibutnik de la Galilea que recita el kadish, había abandonado Lvov hacía 25 años, y ahora llena una latita vacía de conservas con tierra y cenizas que desenterró del campo para llevarla a su hijo frente al mar Kineret, y narrarle el mandato bíblico: *"VeHigadta le binja"* (Y narrarás a tus hijos). Mostrará a su hijo la ceniza y le contará todo. Todos deben sentirse obligados a contarlo. Todos tienen el deber de transmitir ese testamento de cenizas a sus hijos y a las generaciones venideras" (p. 231).

  Tal cesión de la palabra escrita a la palabra oral marca la imposibilidad literaria de escribir de los desaparecidos, *no* de dar testimonio; y el testamento de cenizas para el hijo inscribe el límite de la representación del discurso sobre los judíos gaseados y cremados en Auschwitz que el narrador-soldado infructuosamente intenta imaginarlos en su narración (pp. 231-32).

11

ESTE CORPO, ESTA DOR, ESTA FOME: NOTAS
SOBRE O TESTEMUNHO HISPANO-AMERICANO

*João Camillo Penna**

Em 1992, quando se "comemoravam" os quinhentos anos da "conquista" da América, o conferimento do Prêmio Nobel da Paz à ativista política indígena quiché guatemalteca — Rigoberta Menchú, pelo seu testemunho *Meu nome é Rigoberta Menchú e assim me nasceu a consciência* (1983), editado a partir de depoimento dado à antropóloga venezuelana, Elizabeth Burgos-Debray — constituiu um acontecimento ambíguo, cuja teia complexa seria difícil de esgotar em uma análise. Em termos gerais, ele deve ser lido como um gesto simbólico de tentativa de *restituição*,[1] ou de "desculpas", por parte da prestigiosa organização sueca, em nome do Ocidente como um todo,

---

* UFRJ

pelo genocídio das culturas que originalmente povoaram as Américas. Ele dava continuidade, assim, na esteira da rubrica "crimes contra a humanidade", à discussão em escala mundial sobre a viabilidade de uma "compensação", inclusive material, com os problemas que um programa desta natureza coloca (responsabilidade por crimes, localização das vítimas, quantificação de perdas e de mortes, especulação sobre o que poderia ter sido...), a povos que sofreram injustiças históricas nas mãos das grandes potências em nome do progresso da humanidade, discussão esta que retornaria com força, a respeito da escravidão africana, na Conferência sobre o Racismo na África do Sul, em 2001. Em segundo lugar, deu visibilidade internacional à "causa" indígena latino-americana, constituindo uma caixa de ressonância midiática para as milhares de denúncias da Anistia Internacional de desaparecimentos e abusos de direitos humanos, cujos números vinham crescendo na virada da década de 1970 para a de 1980, nas guerras civis que se desenrolaram na América Central e especialmente na Guatemala. A contrapelo da repressão violenta militar e paramilitar centro-americana apoiada pela CIA, como o massacre dos movimentos libertários nacionalistas e indigenistas, o conferimento do Nobel a uma ativista do Comitê de Unidade Camponesa (CUC) guatemalteco, uma comunidade de base ligada à Teologia da Libertação, esboça uma nova forma de ativismo político a partir da reestruturação em outras bases de movimentos indígenas, ecológicos e agrários. Com a clareza que o olhar retrospectivo nos dá, podemos discernir, nesta articulação entre movimentos locais e organizações internacionais, o contorno dos novos movimentos pós-nacionais anti-globalização, que se cristalizariam a seguir na insurreição do Exército Zapatista de Libertação Nacional, em Chiapas no México em 1994, no Movimento Sem Terra no Brasil, assim como em manifestações políticas como a de Seattle em 1999 e Davos, Porto Alegre e Gênova em 2001 orquestradas por coalizões do tipo da AFL–CIO (American Federation of Labor–Congress of Industrial Organizations), ou como a do Greenpeace.

O referente histórico a que remete o testemunho de Rigoberta Menchú é, portanto, a violenta contra-insurgência do início dos anos 1980, a resposta militar à guerrilha indígena iniciada em 1978, que se constituíra a partir de uma forte mobilização em sindicatos de trabalhadores agrícolas etnicamente mistos (Zimmerman, 1992, p. 238), e que poderia ter levado a Guatemala a uma revolução indígena. Uma avaliação retrospectiva mais sóbria, que leve em conta a amplitude dos estratos sociais envolvidos nesta contra-insurgência, pergunta se havia de fato alguma possibilidade de que tal movimento fosse bem sucedido:

> A Guatemala esteve às portas de um Holocausto político. Centenas de aldeias foram eliminadas, milhares de pessoas foram torturadas e assassinadas e pelo menos 1 milhão foi deslocado; virtualmente todos os antropólogos que estavam ligados à Guatemala foram afetados pela situação. O trabalho de campo normal tornou-se impossível desde 1980, sendo já difícil desde a década anterior. Assim, a rica onda de trabalhos etnográficos que tivera lugar entre 1930 e 1970, e que compreendia a maioria das pessoas ainda comprometidas com o trabalho na Guatemala, passou aos temas do genocídio, refúgio político e direitos humanos (Smith e Berger, p. 206 apud Zimmerman, 1992, p. 232).[2]

A série de testemunhos indígenas realizados nesta época (Zimmerman menciona a existência de centenas, muitos deles não transcritos, armazenados no porão do

Instituto Folklórico de la Universidad de San Carlos [1992, p. 242]) surge no contexto de um quase-Holocausto indígena, uma espécie de atualização do outro, da colonização, como parte de um trabalho de campo etnográfico "modificado", uma reflexão a *posteriori* sobre o fracasso do projeto revolucionário, documento e denúncia do estado de coisas na Guatemala dos anos 1980. Testemunhos como o de Menchú, privilegiado dentre tantos por razões específicas que trataremos adiante, remetem a um tipo de coalizão que corta transversalmente segmentos sociais e nacionais, envolvendo organizações não governamentais ou instituições do tipo da Fundação Nobel, a academia latino-americana e primeiro-mundista (sobretudo a americana), e inserem-se em um movimento de solidariedade internacional de denúncia dos abusos do governo guatemalteco e do apoio dos Estados Unidos à contra-insurgência militar.

O interesse da crítica proveniente dos Estados Unidos (principal objeto do presente estudo) pelo testemunho hispano-americano deve ser entendido no contexto deste movimento de solidariedade internacional em face das atrocidades cometidas nas guerras civis na América Central e da repressão na Argentina (Moreiras, 1996, p. 220). Isso explicaria, por exemplo, o fato de o testemunho ter adquirido visibilidade apenas nos anos 1980, embora seu nascimento enquanto forma autoconsciente date dos anos 1960, em torno da revolução cubana (1959).[3] Mas a sua inserção dentro de uma política de solidariedade não explicaria por si só o interesse pelo testemunho. Mais importante do que isso, ele consiste na entrada no cenário transnacional de um modelo latino-americano de *política identitária*, que propõe uma forma de expressão intimamente ligada aos movimentos sociais, e marca a irrupção (midiática, comercial, política, acadêmica) de sujeitos de enunciação tradicionalmente silenciados e subjugados, diretamente ligados aos grupos que representam, falando e escrevendo *por si próprios*. Haverá contradição entre esta articulação do testemunho a um movimento internacional e o fato de ele ser um "falar e escrever por si próprio", entre o passo importante que é o testemunho — no sentido de uma autodefinição e autoproblematização da América Latina em seus próprios termos, na linhagem aberta, por exemplo, pela "transculturação" de Fernando Ortiz (G. Williams, 1993, p. 97) ou pela "formação" de Antonio Candido — e a sua relação intrínseca com uma coalizão internacional que é em parte responsável pela sua produção? Em primeiro lugar, para que não fique nenhuma dúvida, é preciso, quem sabe, lembrar o óbvio (mas nunca é ocioso lembrá-lo): os movimentos emancipatórios, com sua dimensão complexamente modernizante, aos quais o testemunho se liga, *não são* produzidos por estas coalizões internacionais. A questão propriamente ontológica da *produção* dos movimentos de resistência é um tema espinhoso, que não pretendo esgotar aqui. Uma medida de precaução, no entanto: o momento atual requer uma concepção mais fluida da criatividade dos movimentos sociais, fora de bases nacionais. Há algo de espantoso no argumento identificado a uma certa esquerda que considera os movimentos identitários (de minorias) como importações provenientes dos centros metropolitanos. A prova disto seria o fato de eles supostamente não se coadunarem com a tradição nativa dos movimentos em bases nacionais (brasileiras, por exemplo), propondo que a fragmentação identitária serviria aos interesses escusos do capital, agora em sua fase pós-nacional, e portanto prescindindo do projeto desenvolvimentista (nacional) para atuar. Contudo, ao negar aos países periféricos a possibilidade de criatividade política, demonstram uma subserviência insuspeita ao capital, e uma confiança irrestrita nos poderes insidiosos do império, que surpreende justamente partindo de quem parte. É preciso substituir esta interpretação totalizante dos processos econômico-sociais pela hipótese de uma multicentralidade da criação política, que conduziria, em última análise, a uma articulação entre forças de diversas origens e localidades, a uma causalidade ou produção múltipla e disseminada — este seria sem dúvida o momento político identitário contemporâneo.

Por outro lado, não é menos verdade que parte da "novidade" da construção identitária testemunhal é a sua constituição articulatória, o oposto do sujeito livre liberal (e neo), autônomo e auto-suficiente[4] (inscrito por exemplo, hoje em dia, na expressão jargônica "mundo livre", *free world*, que designa a nova ordem imperial), mas que obviamente não tem nada de autônomo e auto-suficiente, em que pese o complicado dilema contido no prefixo *auto-*, presente também em "autodefinição" e "autoproblematização" (acima). O sujeito testemunhal opõe-se ao individualismo autotélico (Yúdice, 1992, p. 11; Eagleton, 1990), que define a autobiografia, como os críticos do testemunho não se cansaram de demonstrar. Está claro que o testemunho introduz uma dimensão constitutiva, que extrapola os limites nacionais, os estratos sociais, as segmentações de classe e que remete a uma constituição heterogênea ou *híbrida*, para utilizar o conceito de Canclini (por exemplo, 1998), comprovando, de uma certa maneira, ao trazer a exterioridade para o interior do sujeito, a tese da constituição exterior da subjetividade (produzida a partir de forças múltiplas distintas, na formulação nietzschiano-deleuzeana), ao contrário daquela outra (cartesiana, estética) de uma autoconstituição ou autonomia do sujeito.

No entanto, já suficientemente complicada como está, a questão da "colaboração" entre o sujeito testemunhal e seus "patrocinadores" transnacionais ainda contém um problema suplementar: a elaboração teórica sobre o testemunho, sobretudo de extração (norte-) americana, parte do que poderíamos chamar o *efeito testemunho*, justamente aquela, que viu nele de maneira mais aguda as possibilidades de uma política identitária, estetizou-o. No lugar do "nobre selvagem" colocaram o "nobre revolucionário", como escreve com certa maldade Enrico Santí (1992, p. 94). O testemunho, ou o "desejo chamado testemunho", conforme expressão de John Beverley (1996, p. 282), constrói seu objeto na justa medida de um programa político preestabelecido, que cabe a ele encarnar ou vicariamente realizar. Sintoma disso é a generalidade ou não-especificidade das categorias utilizadas, que perdem de vista a especificidade de cada testemunho, enxergando nele embates tão vagos como o entre o terceiro/primeiro mundo, grupos marginalizados/grupos hegemônicos ou o diagnóstico de um movimento globalizado de resistência à dominação do capital transnacional. Ou como resume com propriedade Gareth Williams: "Em grande parte de sua recepção 'metropolitana', o *testimonio* vem a ser retratado como ferramenta discursiva projetada em última análise para facilitar o desmantelamento pós-colonial da dominação metropolitana, capitalista" (G. Williams, 1993, p. 85). A formulação não esconde o seu aspecto especular, como se no fundo não saíssemos da metrópole, até mesmo e principalmente no desmantelamento do sonho metropolitano de dominação que surge de um desejo nascido também na metrópole, e que, no limite, caberia ao testemunho local exemplificar e aos movimentos identitários a ele ligados espelhar. Este aspecto projetivo obviamente não dá conta dos movimentos iden-

titários e do testemunho — que existem lá fora, longe-perto das metrópoles, freqüentemente indiferentes aos desígnios a eles reservados pelos centros metropolitanos —, mas diz algo sobre a natureza do "desejo chamado testemunho" tal qual se configura *nas metrópoles*.
    Como entender este *desejo* e a estetização a ele ligada? Sem pretender esgotar aqui o problema, convém apenas sublinhar na crítica do testemunho o (des)interesse de um prazer subjetivo, que se quer, no entanto, essencialmente político (não-subjetivo e antiestético), e nada prazeroso.[5] A origem da postulação do problema encontra-se no programa benjaminiano, segundo o qual a estetização da política deve ser substituída por uma politização da estética. A nova estética proposta pela crítica testemunhal tem como corolário essencial a promessa de sua dissolução na política, entendida como exterioridade ao sujeito, seguindo uma opção ética que opõe a uma auto-indulgência fetichizante, estética, um compromisso eminentemente político. A questão está embutida na própria análise textual, que salienta no testemunho o seu caráter extraliterário de "narración de urgencia"; na formulação de René Jara (apud Beverley, 1993, p. 73), uma história que ao mesmo tempo que *precisa* ser contada, requer do leitor que passe à prática, exatamente a práxis solidária. Que a teoria enquanto produção autônoma seja abolida e ceda lugar a um engajamento solidário, eis aqui o cerne do programa. Todavia, o contrário se deu: a teoria testemunhal multiplicou-se, e a prática na qual ela supostamente se dissolveria, enquanto seu limite externo, tem um estatuto duvidoso. Ter-se-ia portanto construído uma estética não muito diferente da estética tradicional, com seu devido benefício (des)interessado produzido no sujeito? É esta a suspeita que se coloca aqui. A articulação de todos estes dilemas fornece o contorno do problema (teórico? prático?)

que o testemunho propõe à crítica. O presente ensaio tenta entender esta construção, sobretudo em seu desdobramento crítico americano, mapeando os seus principais temas e reconstituindo as articulações mais importantes da crítica testemunhal.

A importância do testemunho na América Latina espanhola está ligada à possibilidade de dar expressão a culturas com uma inserção precária no universo escrito e uma existência quase que exclusivamente oral. Como a distribuição entre escrita e oralidade repete uma segmentarização social em grande escala — conseqüência de um processo de aculturamento e modernização que transcreve o legado colonial, perpetuando a exclusão e a marginalização das culturas que não passam pelo processo de "letramento" ou da escrita —, o testemunho latino-americano acaba possibilitando a expressão de culturas e subjetividades emergentes (R. Williams, 1977, pp. 124-25), explorando uma zona de confluência com a antropologia. Os modelos para o testemunho hispano-americano devem ser encontrados, por um lado, nas biografias — ou "histórias de vida", produzidas por antropólogos, freqüentemente ligados à escola de Chicago, como *Juan Pérez Jolote. Biografía de un tzotzil* (1952), do antropólogo mexicano Ricardo Pozas, e *Los hijos de Sánchez, autobiografía de una familia mexicana* (traduzida para o espanhol em 1964) do antropólogo americano Oscar Lewis — e no romance-reportagem de Truman Capote, *A sangue frio* (1966), por outro. John Beverley elenca ainda como fontes do testemunho a tradição das crônicas coloniais, o ensaio nacional *costumbrista* (como *Facundo* de Sarmiento ou *Os sertões* de Euclides da Cunha), os diários de guerra (como os de Bolívar e Martí) ou, mais proximamente, os relatos participativos de ativismo político ou de guerra cubanos, como as *Memorias de la guerra revolucionaria cubana* de Che Guevara (Beverley, 1993, p. 72). O testemunho latino-americano canônico, considerado o primeiro, é a *Biografía de un cimarrón* (1966) do cubano Miguel Barnet, que narra em primeira pessoa a vida de um ex-escravo (fugido: *cimarrón*), Esteban Montejo, a partir de depoimentos gravados fornecidos pelo próprio, que Barnet encontrou em 1963, com 103 anos. Este constitui o modelo para o chamado "romance-testemunho", conforme designação conferida por Barnet posteriormente, que se coloca numa zona ambígua entre o documentalismo etnográfico e a ficção, a fidelidade referencial e a intervenção mais ou menos pronunciada do editor ou "gestor", como é chamado, definindo logo de início a vocação essencial do testemunho hispano-americano de constituir subjetividades subalternas (Moraña, 1995, p. 488 e seg.).[6]

A quantidade de testemunhos que surgiram desde então na América Latina espanhola foi imensa. Dentre os mais importantes podemos citar — além de *Yo me llamo Rigoberta Menchú: hasta no verte Jesús mío* (1969), sobre uma empregada doméstica, e *La noche de Tlatelolco* (1971), sobre o massacre estudantil ocorrido na cidade do México no dia 2 de outubro de 1968, ambos de Elena Poniatowska — *"Si me permiten hablar...". Testimonio de Domitila, una mujer de las minas de Bolivia* (1977) da educadora brasileira Moema Viezzer; *La montaña es algo más que una inmensa estepa verde* (1982) de Omar Cabezas, transcrição direta do depoimento gravado, sem edição do "gestor", sobre a guerrilha na Nicarágua; e *No me agarram viva. La mujer salvadoreña en lucha* (1987) de Claribel Alegría e D. J. Flakoll, colagem de histórias de vida de mulheres que morreram na guerra civil em El Salvador. A decisão da Casa de las Américas (o Ministério da Cultura de Cuba) de criar um prêmio especial para a categoria de *testimonio* em 1970 explicita o vínculo entre a Revolução Cubana e a criação deste espaço enunciativo na América Latina (Beverley, 1993, p. 71).

A teorização inicial do testemunho aparece em textos do próprio Miguel Barnet, que é centrado na definição do papel do transcritor dos materiais orais e na relação entre informante e transcritor ou gestor:

> E aqui nos aproximamos de outro ponto que considero imprescindível para a execução da novela-testemunho: a supressão do eu, do *ego* do escritor ou do sociólogo; ou se não a supressão, para ser mais justo, a discrição no uso do eu, na presença do autor e seu *ego* nas obras... Despojar-se de sua individualidade, sim, mas para assumir a do seu informante, a de sua coletividade, que este representa. Flaubert dizia: "Madame Bovary, c'est moi". O autor no romance-testemunho deve dizer junto com seu protagonista: "Eu sou a época" (Barnet, 1983, pp. 23-24).

O transcritor (o autor) deve portanto se apagar para chegar a uma "despersonalização" quase que absoluta, só subsistindo de forma residual — como veículo para o sujeito testemunhal, que em última análise se confunde com a coletividade como um todo e com a própria história — o sujeito popular como sujeito da história. Claro está que este suposto desaparecimento ideal não deixa de ser problemático, e o próprio Barnet desloca-o ao restabelecer o papel da ficção e ao nomear o gênero que inventa "*romance*-testemunho", mas que, ao fazer isso, retoma a questão em termos do imaginário (ficcional) e acaba desmerecendo a originalidade da descoberta, falseando a questão essencial do testemunho. A crítica posterior (por exemplo, Vera León, 1992) compreenderá a relação entre informante e gestor como negociação ou articulação complexa de diferenças: discurso oral e escrito, povo e elite, movimentos sociais e intelectual universitário, sujeito subalterno e sujeito letrado, antropologia e literatura, discurso referencial da verdade e discurso auto-referencial do texto, sem que haja fusão ou conciliação possível entre os dois mundos. Note-se que não há em Barnet uma ênfase na função referencial (mimética), no que seria uma modalidade ideal de realismo, ou num gênero que reproduziria de forma transparente a verdade do real, e sim numa vocação subjetivante ou representativa (no sentido político do termo). O que importa aqui é a verdade do sujeito testemunhal compreendido como sujeito coletivo.

A relação entre testemunho hispano-americano e antropologia requer algumas pontuações finas, conforme podemos observar no testemunho de Rigoberta Menchú, no qual o componente da cultura tradicional maia-quiché constitui um estrato importante, mas não o único. Para a ativista política, filha de ativistas políticos, missionária católica, organizadora de comunidades indígenas, a mobilização de um passado cultural tradicional está articulada à tematização da prática política. O que estabelece dentro do relato uma polaridade passado–futuro, cultura tradicional (antropológica, em sentido estrito) e cultura política emancipatória. Rigoberta Menchú está longe de ser uma indígena "autêntica", embora ela não deixe de *usar* a autenticidade como um dos materiais a sua disposição, como quando ela usa o vestimento tradicional maia, o *huipil*, em público (o escritor guatemalteco Arturo Arias conta que Menchú prefere usar T-shirt e calças jeans em particular [apud Beverley, 1996, p. 278]). A categoria de autenticidade passa a segundo plano, e o que é mais relevante é a maneira como o plano da cultura tradicional é modificado e reescrito pela prática emancipatória, subordinando-a aos interesses da construção identitária. O essencial, portanto, consiste na postulação de um sujeito que se escreve, autodefine e autoproblematiza em seus próprios termos, para retomar o mote citado acima; um sujeito em suma em controle de seu próprio discurso, precisamente o contrário do informante antropológico objetivado ou da vítima passiva. Daí o enfoque da crítica no rastreamento das marcas de decisões tomadas pelo sujeito testemunhal, suas manipulações na transmissão da informação, a maneira como a sua voz transparece por detrás ou nos interstícios da construção necessariamente deformante do testemunho, a começar pelo fato de se dar em uma outra língua (o espanhol) que não a sua.

O grande interesse do livro situa-se exatamente na imbricação e inseparabilidade destes dois pólos, o que fará a crítica testemunhal em seus momentos mais fortes procurar localizar pontos de reconciliação ou fusão (Yúdice, 1996, p. 56), reescritura e tradução (G. Williams, 1993, pp. 89-97), entre a cultura indígena religiosa tradicional e a premissa identitária, autodeterminante (marxista, católica...) testemunhal, ou identificar um movimento de ida e vinda entre o ritual camponês coletivo e a história como catástrofe brutal que fratura a comunidade (Jameson, 1996, p. 187). Assim, Yúdice descobre sintonias profundos entre uma visão ético-ecológica comunitarista da terra/natureza/corpo como instrumento de sobrevivência da comunidade, na cultura maia-quiché, e formas do cristianismo primitivo, que operariam em profundidade nas comunidades de base (Yúdice, 1996, pp. 53-57). Já Gareth Williams situa os pontos de descontinuidade entre a cultura tradicional e o engajamento político — como a decisão de não ter filhos ou a possibilidade de matar um ser humano na guerrilha, contrariando frontalmente os preceitos maias — ou de continuidade, como a que faz com que o recontar de uma vida que ocorre no testemunho reinscreva de forma deslocada a cerimônia maia de contar a sua própria vida antes da morte (G. Williams, 1993, pp. 92-93). Para Williams, tanto a descontinuidade quanto a continuidade remetem a uma perda essencial de identidade (tradicional) de que o testemunho consiste em trabalho de luto. A categoria de "incorporação" (*embodiment*) passa a ser para Yúdice e Williams a topologia destas superposições ou reinscrições de uma cultura na outra, retornos de uma convertidos em progressão na outra, como fórmula de uma identidade em transformação, que o testemunho tem por missão enunciar. A existência de um princípio emancipatório ao nível comunitário/ritual/arcaico, ecoando o de extração moderna (colonial, marxista etc.), é condição essencial, pois estabelece uma anterioridade mínima da prática identitária com relação à colonização, fazendo do sujeito testemunhal algo diferente de uma simples *produção* colonial (externa, transnacional, moderna). A crítica do testemunho se preocupará em identificar as repetições e transcrições entre estes dois mundos — como antídoto contra a possibilidade de a identidade ser produzida simplesmente de fora, como corolário da dominação colonial, que fabrica a própria noção de identidade — o que transformará o sujeito identitário em resíduo da dominação, e não em modelo de uma autodefinição e autoproblematização em seus próprios termos, conforme o nosso mote. Isso remete mais uma vez ao problema ontológico da proposta identitária, que requer a noção de uma causalidade múltipla e de uma constituição subjetiva articulatória, o que explica este traço biunívoco, repetitivo.[7]

O cerne do testemunho de Rigoberta Menchú consiste na narração da experiência do racismo e da destruição de sua família e comunidade, dos trabalhos nas fazendas de algodão, da execução de seu irmão, pai e mãe pelo exército guatemalteco e da redenção dessas experiências na formação de sua consciência política, encaminhada pela decisão de aprender espanhol (antes ela só falava quiché), pela conversão a um cristianismo sincrético, marxista, politizado e finalmente pelo seu engajamento na organização comunitária. O termo *consciência*, que aparece já no título do livro, coloca no centro o problema da "conscientização", o que não deixa de ser uma espécie de *Bildungsroman* não-ficcional, como a crítica tem observado (Sommer, 1996, p. 148; Jameson, 1996, p. 182; e Beverley, 1996, p. 268), ou uma "pedagogia do oprimido" nos moldes de Paulo Freire. Com a diferença de que enquanto o *Bildungsroman*, ou a autobiografia, narra histórias de vida individuais, o testemunho de Menchú, ou o testemunho em geral, narra a construção de subjetividades coletivas, como veremos adiante.

Lugar-comum dos testemunhos, este estatuto coletivo do sujeito é estabelecido freqüentemente logo na primeira frase:"... quero deixar bem claro que não sou a única, pois muita gente viveu e é a vida de todos, a vida de todos os guatemaltecos pobres e procurarei oferecer um pouco minha história. Minha situação pessoal engloba toda a realidade de um 'povo' (Burgos, 1993, p. 32)".

Ou a mineira boliviana, Domitila Barrios de Chungara, que inicia assim o seu testemunho:

> Não quero que interpretem, em nenhum momento, a história que vou relatar somente como um problema pessoal. O que me aconteceu pode ter acontecido a centenas de pessoas no meu país... É por isso que não quero tão só relatar uma história pessoal. Quero falar do meu povo. Quero deixar um depoimento de toda a experiência adquirida através de tantos anos de luta na Bolívia, e aportar um grãozinho de areia com a esperança de que nossa experiência sirva de alguma forma para a nova geração, para a gente nova (Viezzer, 1974, p. 11).

George Yúdice contrasta este sujeito coletivo ao conceito lukacsiano de escritor profissional representante do "povo todo", o "mediador" que objetiva a voz popular, generalizando-a, diria Adorno (Adorno, 1975, p. 344), traduzindo a sua materialidade em consciência abstrata. "Lukács não poderia conceber os próprios elementos populares como enunciadores da história", diz Yúdice (1996, p. 43). Este conceito corresponderia, por exemplo, à função generalizadora do herói épico do romance histórico, a la Walter Scott. Ao contrário, o *próprio* sujeito testemunhal coletivo é representativo de sua comunidade, não precisando da mediação do intelectual, que aqui, na figura do gestor, apaga-se e despersonaliza-se, transformado em puro veículo para a apresentação do sujeito coletivo. A referência ao "povo", em ambos os trechos de testemunho citados acima, não deve enganar-nos quanto à natureza do vínculo entre o sujeito representante e a comunidade que representa. O que é representado aqui não é uma totalidade social, mas uma totalidade relativa, fragmentária, remetendo a identidades locais, o que, para Yúdice, ligaria o discurso testemunhal à noção de pós-modernismo, tal qual elaborada por Jean-François Lyotard, enquanto postulação de uma crise nas "grandes narrativas" legitimantes que produziriam os grandes sujeitos da história: o estado-nação, o proletariado, o partido etc. (Yúdice, 1996, pp. 43-44).

O que está em jogo neste debate é uma crítica da função representativa na literatura, levada a cabo tradicionalmente pelo intelectual concebido como porta-voz do povo, e a estruturação de um *novo conceito de representação*, ligado ao estabelecimento de identidades políticas. Uma referência neste passo, que sem dúvida deve ter sido importante para os críticos recentes do testemunho, parece-me ser a conversa entre Foucault e Deleuze, de 1972, em que se desenha o contorno de uma nova relação entre teoria e prática, em que Deleuze defende, por exemplo, a necessidade de se "criar condições para que os presos pudessem falar por si mesmos" (Foucault, 2000, p. 70). Para estes críticos (principalmente latino-americanistas norte-americanos), trata-se da possibilidade de constituição de subjetividades excluídas, em bases radicalmente diferentes da dos sistemas tradicionalmente existentes na América Latina. Assim, a postulação da radicalidade do testemunho partirá sempre de uma crítica do sistema intelectual latino-americano como instituição de subjetivação[8] do *subalterno*, a partir da recuperação do conceito gramsciano operada pelo Grupo de Estudos Subalternos, composto de pesquisadores da cultura e da história da Índia.[9] O que está sendo visado aqui é nada mais nada menos que a literatura latino-americana como um todo e a exclusividade da representação político-literária da nação, que *se* constitui ao *constituir* o sujeito subalterno (ao subjetivá-lo), posicionando-se como seu representante.[10]

O paradigma fundacional desta relação vertical, nacional de representação, seria o poema de Pablo Neruda "Alturas de Machu Picchu" (do *Canto geral*), em que o poeta, diante das ruínas da cidade inca, convida os seus habitantes mortos, metonímia das massas latino-americanas excluídas e silenciadas pela colonização, a "levantar-se e nascer comigo": "Eu venho falar por vossa boca morta.../ Acudi a minhas veias e à minha boca/ Falai pelas minhas palavras e meu sangue" (apud Beverley, 1993, pp. 16-17; Yúdice, 1996, p. 42; Moreiras, 1996, pp. 201-04).

Note-se a circularidade característica do processo de subjetivação/objetivação (Foucault), da fala/boca, de forma que, por um lado, é o poeta que fala pela boca morta ("vossa boca") e, por outro, são as massas silenciadas, mortas, que falam pela boca do poeta ("minha boca"). A redenção da morte diante do cenotáfio funciona como uma "transfusão" que faz a voz circular nas "minhas veias", e no "meu sangue". O resultado é a constituição do sujeito poético latino-americano ("eu venho..."), que se configura ao se outorgar a vocação de ser o órgão da voz dos excluídos. A crítica a este processo de autoconstituição recorrerá às categorias de autoria/autorização/autoridade, segundo a qual a *autoria* (do sujeito latino-americano) só se dá mediante sua *autorização* como porta-voz dos excluídos, que lhe confere a *autoridade* enunciativa. A esta estrutura representativa vertical (Neruda fala a partir das *alturas* de Machu Picchu), típica do intelectual progressista de esquerda, opõe-se uma estrutura enunciativa horizontal de articulação direta com grupos sociais subalternos, segundo a prática da solidariedade, e ligado a possibilidade de emergência de identidades minoritárias. Os modelos destas práticas são, por exemplo, a pedagogia de Paulo Freire ou a das comunidades de base ligadas à Teologia da Libertação (Yúdice, 1992, pp. 208-09), o movimento feminista ou os "novos movimentos sociais" como as organizações das Madres de la Plaza de Mayo, na Argentina, o Comitê de Unidade Camponesa de Rigoberta Menchú, o ativismo gay de ACT UP etc.

John Beverley utiliza o exemplo do feminismo para explicar esta nova prática da solidariedade: "A teoria e crítica feminista acadêmica não 'representa' simplesmente uma prática político-legal que ocorre essencialmente fora da universidade; o movimento contemporâneo de mulheres *atravessa* a universidade e o sistema escolar" (Beverley, 1993, p. 18). Esta articulação entre movimentos sociais *lá fora* e espaços acadêmicos *aqui dentro* sugere possibilidades de ação que extrapolam os limites de ambos, estabelecendo uma linha transversal (Deleuze e Guattari, por exemplo, Guattari e Negri) que atravessa os segmentos estanques permitindo novas articulações entre teoria e prática. O modelo mais próximo para a crítica à estrutura clássica de representação parece-me vir do tratamento das questões de subalternidade, pelo que se convencionou chamar os estudos pós-coloniais. A questão central aqui é a relação intrínseca entre o projeto nacionalista hegemônico e a exclusão do subalterno. Esta exclusão é "necessária" para que se viabilize o processo de independência (isto é, a separação da metrópole), já que as (ex-)colônias acedem à nacionalidade emprestando a *forma* nacional à metrópole. A exclusão do subalterno é portanto uma condição para que a resistência ao imperialismo seja coerente, já que não há nenhuma resistência organizada no início da construção do processo de independência. Neste contexto, o subalterno consiste numa metáfora ou alegoria da nação (Spivak, 1988b, p. 244). A relação configurada pela sinédoque (ou prosopopéia, dirá Moreiras, 1996, p. 200) estabelecida por Neruda entre populações indígenas silenciadas e sujeito poético nacional (ou latino-americano) oblitera ou escamoteia, por meio de um processo mágico (transfusional), as diferenças radicais que ela pressupõe, suturando a fissura constitutiva essencial que a estrutura. O outro em mim ou eu no outro — eu falo pelo povo ou o povo fala através de mim — constituem processos reversíveis e complementares, baseados no intercâmbio e absoluta substituibilidade metafórica entre povo e eu. Spivak diria, jogando com a polaridade retórica, sentido próprio *versus* sentido figurado, em glosa do Derrida de "A mitologia branca": a construção figurativa, trópica (ou tropical, poderíamos dizer) de um sujeito nacional (ou continental) é baseada na apropriação de um outro como emblema (figura) de si mesmo, tornando-o próprio, ou seja, "rasurando" a ("esquecendo-se" da) absorção figurativa e desta forma naturalizando-o. Na construção do nacional, o subalterno é o tropo da nação.[11]

Contra isso, as teorias do testemunho elaboram uma nova forma de política centrada na coalizão solidária de identidades diferentes, ou contraditórias, mas que se entrerrespeitam, num "sujeito plural" que produz identidades relacionais e não identificatórias, metonímicas e não metafóricas, a partir da proposição de um *eu* (o sujeito testemunhal) que radicalmente recusa a identificação. Trata-se de um tema básico da crítica do testemunho: a diferença entre as narrativas em primeira pessoa que postulam uma experiência individual e particular, que correspondem às formas literárias hegemônicas da autobiografia e do *Bildungsroman*, e a formação de uma subjetividade coletiva do testemunho. Ninguém melhor do que Doris Sommer descreve esta reivindicação de uma radicalidade formal do testemunho latino-americano. Ela começa a sua reflexão interrogando-se sobre os inúmeros pontos no testemunho de Rigoberta Menchú em que ela se recusa a revelar certos detalhes sobre fatos ocorridos, sonegando informações a Elizabeth Burgos-Debray e a nós, leitores, explicitando uma reserva para conosco.[12] Rigoberta está completamente consciente (este é talvez um dos sentidos mais fortes do tema da conscientização no livro) dos processos insidiosos de constituição hegemônica de identidade a partir da identificação, do papel essencial que a exotização ou fetichização de sua própria identidade pode desempenhar no testemunho. Uma longa passagem de Doris Sommer, a seguir, detalha a novidade política de uma construção identitária baseada na reserva e na resistência representada pela "recusa à intimidade com o leitor":

O "eu" testemunhal nestes livros não presume nem convida a identificar-nos com ele. Somos demasiado estranhos a ele, e não há pretensão aqui de uma experiência humana universal ou essencial. É por isso que, ao final de uma longa narrativa em que Rigoberta nos contou tanto, ela nos lembra que estabeleceu limites que precisamos respeitar. A reivindicação de que ela é representativa ajuda a explicar por que, como os autobiógrafos, ela usa o pronome singular "eu", e não "nós", ou seja, ao mesmo tempo em que ela recusa a intimidade com o leitor — já que a intimidade convida à identificação e talvez a nossa substituição imperialista dela como protagonista da história —, ela também se preocupa em não substituir a sua comunidade com um gesto totalizante. Ao invés, a sua singularidade consuma a sua identidade como extensão da coletividade. O singular representa o plural, não porque ele substitui ou compreende o grupo, mas porque a falante é uma parte indistinguível do todo. Em termos retóricos, cujas conseqüências políticas devem estar evidentes neste ponto, há aqui uma diferença fundamental entre a *metáfora* da autobiografia e da narrativa heróica em geral, que propõe uma identidade-por-substituição, de forma que um significante (superior) substitui o outro (eu substitui o nós, o líder substitui o seguidor, Cristo substitui o fiel), e a *metonímia*, um movimento lateral de identificação-através-da-relação, que reconhece as possíveis diferenças entre "nós" enquanto componentes de um todo descentrado. É aqui que nós leitores entramos, convidados a *estarmos* com a falante, ao invés de *sermos* ela (Sommer, 1996, p. 146).

Na leitura do testemunho subalterno, assim como em qualquer narrativa, sobretudo as em primeira pessoa, desdobra-se um drama imperialista ou colonial em miniatura. A identificação (sentido preciso da mimese ou imitação, ver a respeito Lacoue-Labarthe) é o canal através do qual se estabelece o domínio do eu heróico e admirável (a ser imitado) enquanto ideal do ego, nas formas literárias hegemônicas em primeira pessoa ou no império fascinado com o outro-subalterno do leitor do testemunho. O processo identitário é sempre o mesmo e consiste essencialmente na substituibilidade metafórica que faz com que a figura (heróica) nos substitua imaginariamente, no momento em que nos colocamos (empaticamente) no lugar do protagonista — procedimento pedagógico da *paidéia* grega, da *imitatio* latina (e *Christi*), e procedimento voyeurístico imperial da antropologia, da colonização e da leitura testemunhal. Contra isso, todo o cuidado é pouco, e Rigoberta estrategicamente evita, recusa, subtrai informações e nisso contraria o nosso mais recôndito desejo de saber. Senão, pergunta-se Sommer, como se explicaria que estas manifestações encenadas, comuns em entrevistas a informantes na antropologia, não tenham sido omitidas na edição do testemunho? Não, a recusa reticente consiste numa decisão do sujeito testemunhal mantida e confirmada pela editora do testemunho.

Esta recusa a ser absorvida (por nós) complementa-se com uma recusa em absorver (a sua comunidade). A noção de representatividade explica o uso da primeira pessoa do singular e de um sujeito coletivo-comunitário, mas não deve ser entendida como substituição totalizante dos outros, do grupo. O formato estrutural do testemunho que contém um interlocutor implícito, e a presença inscrita de um "você" dentro da textura narrativa, solicitado pelo "eu" que conta a sua verdade, remete ao nível da comunidade que representa à existência de outros representantes comunitários (Sommer, 1996, p. 152). O "eu" é uma singularidade plural, por assim dizer. A sua relação com o grupo pressupõe diferentes estratos identitários, da mesma forma como funcionamos cada um em diferentes estratos e registros. Rigoberta é mulher, indígena, marxista, cristã etc., todos estes registros remetem a grupos e multiplicidades contidas no sujeito, e a relação com o grupo é uma relação entre multiplicidades. A narradora interpela-nos,[13] da mesma forma como interpela a gestora do testemunho. Não podemos identificar-nos com ela, mas identificamo-nos com o seu projeto e com a "comunidade política a qual ela pertence". A narradora não reivindica a sua diferença especial, não se propõe como grandiosidade heróica, a ser imitada e/ou negada — ela solicita a nossa cumplicidade. Não podendo *ser ela*, e conseqüentemente não podendo imaginariamente substituí-la, diz Sommer, "o mapa de identificações possíveis se espalha lateralmente ao longo do texto". Assim como a comunidade é composta de diversos papéis e diferentes representantes, nós também nos sentimos impelidos a ocupar um outro papel qualquer na comunidade, e não o do protagonista. A identidade que se constitui desta maneira evoca uma pluralidade descentrada de códigos, todos limitados e intersticiais, todos respeitando a possibilidade de existir um outro (código) diferente de nós (do nosso). Esta formação identitária produz uma imagem sem-imagem de uma aliança metonímica entre diferentes identidades, coalizões de diferentes grupos, que se constroem relacionalmente na articulação com os outros grupos.

É esta a forma antimimética, *irrepresentável* da identidade, solicitada pela política identitária testemunhal. Segundo Sommer, ela, de fato, em seu nível mais profundo e radical, não proporia nenhuma figura, modelo ou imagem. É no segredo, na recusa de intimidade *encenada* explicitamente por Rigoberta, que repousa o segredo da identidade, e da identidade como segredo não-absorvível pelo outro. Não é apenas que todos são outros — forma ainda simplória e individualizada da alteridade, na formulação de Rimbaud, passível de assimilação pela estrutura especulativa alienação/desalienação, outro/mesmo —, mas que eu-é-com, já que o eu só existe na comunidade de outros não iguais a *eu*, composta a partir de irredutíveis diferenças, e que só pode existir enquanto forma intersticial *entre* diferenças não-essenciais.

 Não se deve esperar uma homogeneidade ou consenso entre os teóricos dos testemunhos com relação a seu objeto. Seria inclusive contrário à própria perspectiva teórico-prática que o testemunho abre. O crítico uruguaio Hugo Achugar, por exemplo, é profundamente cético quanto às possibilidades radicais de constituição subalterna identitária, tal como construída por Doris Sommer, entre outros (o fato de Achugar não ser americano e de que, de uma maneira geral, as vozes céticas sobre a possibilidade do estabelecimento de uma função identitária a partir do testemunho tampouco o serem, parece confirmar o diagnóstico de uma distribuição político-teórica em bases geopolíticas. Embora suspendendo por ora qualquer resposta definitiva a este respeito, não resta dúvida, no entanto, de que os campos teórico-práticos dos países que compõem a América Latina são profundamente diferentes dos da América do Norte, apresentando contrastes muitas vezes irredutíveis). Para Achugar, a política solidária não estabelece uma forma irrecusável e não absorvível de identidade comunitária, entendida como uma comunidade de diferentes representantes e diferentes representações. A proposição que ele vai atacar é precisamente a da *representatividade* do sujeito coletivo testemunhal e seu suposto "respeito" pelo(s) outro(s) representante(s). Seu ponto de partida são os relatos tradicionais (hegemônicos, diria Sommer), do tipo das *Vidas paralelas* de Plutarco, que determinam modelos de conduta, exemplarizam, privilegiam certas experiências e as propõem como narrativas de vida. A proposta de uma política solidária vai também escolher e privilegiar seus modelos identitários e expô-los como exemplos. Um trecho de Achugar, que sugestivamente traça a própria história do testemunho, será suficiente aqui:

> O "animar-se" a dar um testemunho tem sua origem ou sua própria história na história etimológica do termo; etimologia que é também a história do testemunho. Originalmente "testemunho" vem do grego "mártir", "aquele que dá fé de algo" e supõe o fato de se haver vivido ou presenciado um determinado fato. Entre os gregos, de fato, o uso de mártir conota sofrimento ou sacrifício e atende basicamente ao fato de ser fonte de primeira mão. Ao passar ao latim, e sobretudo com o advento da Era cristã, mártir adquire o significado hoje vigente daquele que dá testemunho de sua fé e sofre ou morre por isso. Aqui é, pois, quando o termo adquire o sentido de conduta exemplar. A vida do mártir é oferecida em narração biográfica como um exemplo a respeitar e eventualmente a seguir; quer dizer, a narração de sua vida é oferecida como uma conduta moral exemplar e exemplarizante. A relação testemunho–mártir destaca o aspecto moral exemplarizante e mostra que o relato testemunhal de uma dita vida aspira a cumprir, e de fato funciona desta forma, uma função exemplarizante em uma determinada comunidade (Achugar, 1992, p. 59).

Voltemos à *paidéia* grega e a *imitatio* latina dos exemplos. A relação de representatividade entre aquele que presta o testemunho e a comunidade que representa, longe de ser respeitosa, camufla escolhas e privilegia certas vidas sobre outras, propondo-as como exemplo. A experiência do sofrimento ligada à etimologia do testemunho corresponde a uma função modelizante e moral, a função da vítima, numa passagem sutil entre "dar fé de algo" e "sofrer pela fé" que se sente. Testemunha-se sobre este sofrimento, e é este o seu interesse moral. O sujeito testemunhal não é determinado por uma radicalidade democrática, de cumplicidades laterais, alternâncias de papel e posição, mas corresponde à apresentação de uma figura ou modelo privilegiado e um interesse político específico. O testemunho utilizado pelas políticas identitárias não deixa de produzir seus próprios modelos e ideais do ego e de configurar sua própria visão de uma comunidade a ser construída pelo testemunho e imitada pela comunidade de seus leitores. O protocolo do testemunho supõe um procedimento de *autorização*: sua origem oral autoriza-o, dando-lhe um formato documental de verdade; sua relação com um sujeito real autoriza-o como modelo comunitário; sua relação institucional (com o sistema universitário, intelectual, na figura do gestor, da editora, do grupo cultural ou político que se reclama do testemunho) autoriza-o como veículo político. Daí a impossibilidade de um testemunho apócrifo (Achugar, 1992, p. 64), o que simplesmente o converteria em ficção, e portanto não testemunho.

Introduzindo a dimensão da *escritura* inexistente nas colocações de seus interlocutores, Gareth Williams retoma as primeiras linhas dos testemunhos de Rigoberta Menchú e Domitila Barrios de Chungara, citadas acima, e repensa de maneira rigorosa o problema da representação do coletivo. O sujeito coletivo não é um mero veículo transparente, uma simples sinédoque da comunidade que representa; o testemunho não é um simples registro referencial de práticas sem qualquer resíduo, como às vezes Beverley parece crer, mas constitui-se na e pela escritura, num gesto radicalmente ambíguo, que, ao mesmo tempo em que reata o vínculo essencial do sujeito com a comunidade a que pertence, o individualiza irremediavelmente e separa-o dela. No mesmo momento em que Menchú ou Barrios enunciam suas próprias vidas como "vida de todos", em que pedem que o que vão dizer não seja interpretado "somente como problema pessoal", elas instauram uma separação ou uma fissura radical entre esta experiência coletivo-comunitária e o discurso representativo que veiculam, silenciando (mais uma vez) aquela mesma comunidade a que pretendem dar voz. Isto porque a transposição escritural do discurso oral comunitário — submetendo a fala à cadeia significante da escritura (Vera León, 1992, p. 188) e introduzindo no sujeito a falta, como diria Lacan, da sua própria comunidade e a comunidade como falta — repete e atualiza o gesto colonial que troca a palavra falada pela palavra escrita, que faz calar a língua local trocando-a pela língua colonial (o espanhol) e, assim fazendo, reinscreve o primeiro assassinato em que consistiu o encontro entre as duas culturas, atualiza a série de assassinos posteriores que se seguirão, a que se resume afinal de contas a colonização. Mas esta atualização ocorre agora com sinal invertido, o sujeito testemunhal incorpora o inimigo; ao introjetar a colonização e o colonizador, este a transforma em enunciação da comunidade, que ele enuncia exatamente no momento em que dela se separa. A produção discursiva aliena o sujeito de sua comunidade, tornando Menchú e Barrios outras, introduzindo entre elas e suas comunidades respectivas a fissura da diferença escritural, ao incorporar o discurso do colonizador (G. Williams, 1993, p. 88); mas é exatamente ao se perder irremediavelmente enquanto tal (enquanto sujeito idêntico a si mesmo), ao se perder o "eu" originário de uma cultura autóctone, que a comunidade retorna, na escritura, nas fissuras do discurso proferido, na sintaxe imperfeita do testemunho...

    O testemunho enquanto escritura não só reinscreve, traduz e transcreve o memorial destas mortes, pautando-se por uma memória interna dos assassinatos (as mortes de agora lembram as mortes da época da colonização), mas também da resistência histórica nativa (o guerrilheiro nicaragüense Omar Cabezas ouve a história da luta de Sandino, o que o inspira a seguir o seu caminho) e ao reconfigurá-las como lamentação realiza o trabalho de luto por estas perdas, transformando-as num ato de resistência (Williams, p. 94). A referência que trabalha em filigrana o texto de Gareth Williams é o Derrida, de *Farmácia de Platão*, e o problema do parricídio operado pela escritura, enquanto técnica que assassina o *lógos* oral da presença, mumificando-a e fixando-a como ausência. Daí os temas da modernização e da perda do objeto original, ou do "eu" autóctone, que não devem ser lidos com facilidade eufórica como se tem a tendência de ler Derrida, mas como lamento, luto impossível, mas impossível de ser evitado. A questão de fundo que Gareth Williams procura pensar aqui é a de um processo de modernização em bases democráticas, progressistas (e não conservadoras, como o que ocorreu na América Latina), e para isso ele utiliza o modelo freudiano do trabalho de luto — como incorporação essencialmente ambivalente do objeto da perda, relido como perda tanto do projeto de modernização *como* da cultura tradicional, do "eu" autóctone *como* do colonizador e do colonizado —, trabalho de luto que se consumaria na incorporação (*embodiment*) destes mortos (destas mortes) no discurso emancipatório testemunhal.

    Partindo de um outro ângulo, Alberto Moreiras baseia-se na noção de "latino-americanismo" — cunhada a partir da de "orientalismo" elaborada por Edward Said, ecoando o programa estabelecido por Enrico M. Santí[14] — para fazer uma crítica contundente à teoria do testemunho, enquanto construção disciplinar discursiva (por exemplo, Foucault, 1999) da América Latina. O "latino-americanismo" no fundo continuaria repetindo de maneira sintomática o gesto fundador (fetichizante, exotizante) de Neruda, ao falar *pelos* que não falam, já que, contrariamente ao que dizem os latino-americanistas — precisamente porque eles o *dizem* — e às expectativas da suposta obrigatoriedade (ética) de que uma prática solidária seria a única resposta possível solicitada pela leitura do testemunho, assiste-se a uma proliferação discursiva impressionante e a nenhuma prática. "Minha proposta é a de que a solidariedade, embora ela possa ser de fato representada, é um fenômeno afetivo de natureza não-representativa. Enquanto tal, ou bem ela se manifesta como prática ou então ela não é por definição nada além da falsa consciência epigonal de uma bela alma hegeliana" (Moreiras, 1996, p. 198). Teríamos então, no máximo, uma poética da solidariedade e não uma prática da solidariedade, uma poética de identidades e não uma prática identitária. A extraliterariedade, que diferencia o testemunho da literatura concebida como discurso disciplinar e que define a novidade radical do testemunho como representação não mimética, verdade irrepresentável de uma prática, foi substituída por uma literariedade crítica exacerbada, que retorna com força reduplicada sob a forma de uma proliferação crítica fantástica erigida em torno de uma forma supostamente não literária. Ao invés do planejado desbancamento uma vez por todas do aparato ideológico da literatura latino-americana, assistiríamos a uma forma insidiosa de ideologia, a mesma sob outra forma, uma ideologia da crítica do testemunho, que falaria por ele, preencheria suas lacunas e silêncios, criando um discurso sobre a abolição do discurso, uma poética da pós-literatura, ou seja, uma nova política literária. E assim fazendo, no fundo, ter-se-ia simplesmente alimentado do testemunho, no momento de exaustão do parâmetro crítico estabelecido pelo *boom* literário hispano-americano dos anos 1960 e 1970, e da proposta de uma literatura "alta" de formato vanguardista-modernista, de certa forma permitindo a este modelo uma sobrevida, ou pelo menos uma sobrevida do projeto crítico. Ter-se-ia, desta forma, *autorizado* e se apropriado da forma testemunhal para se constituir como representação legítima de uma cultura subalterna, que caberia a eles (os latino-americanistas) ventriloquamente enunciar e, assim fazendo, provar mais uma vez, contra o que eles próprios diziam, a tese famosa de Spivak que responde negativamente à pergunta *"Can the subaltern speak?"*, "Será que o subalterno pode falar?" (Spivak, 1988).

Retomemos por um momento a crítica de Achugar sobre a exemplaridade testemunhal e um certo heroísmo modelizante que aí opera na eleição de certos testemunhos em detrimento de outros. Poderíamos, desta forma, tomar como contra-exemplo, que oporíamos aos testemunhos exemplares eleitos pelos críticos do testemunho, as observações de Marc Zimmerman sobre os diários do índio guatemalteco Ignacio Bizarro Ujpán, *Son of Técun-Umán* (1981) e *Campesino* (1985), traduzidos e editados pelo antropólogo James D. Sexton (Zimmerman, 1992, p. 230). Os paralelos e contrapontos com relação ao testemunho de Rigoberta Menchú são tantos que tornam Ujpán uma espécie de seu duplo invertido. O período (1972-1983), os temas, os acontecimentos cobertos pelos diários são mais ou menos os mesmos que os cobertos por ela. Todavia, Ujpán parte de uma visão fundamentalmente oposta: "enquanto Menchú é partidária de uma mudança social e de uma aliança indígena-ladina para o futuro dos maias, Ignacio parece estar a favor de uma assimilação indígena dentro do sistema capitalista" (pp. 230-31); enquanto ela se vê como sujeito de uma experiência coletiva, Ujpán, quem sabe não menos representativo que ela, enuncia no entanto o ponto de vista de um estrato de "indígenas mais individualizados e ladinizados"; enquanto Menchú presta um depoimento oral, Ujpán é letrado e escreve o seu próprio testemunho. Os paralelos continuam. Com tudo o que sabemos — e já sabíamos no auge da crítica testemunhal — sobre o que se desenrolou desde a insurgência indígena guatemalteca, a contra-insurgência militar e o fracasso da revolução indígena, parece claro, como escreve Zimmerman, que o testemunho de Ujpán, que representa um setor mais ao centro do espectro político, é de fato *mais* representativo do que o de Menchú, que representa as possibilidades radicais de mudança social. Quem sabe Ujpán possa-nos ensinar mais sobre o que aconteceu na Guatemala nos anos 1980 do que Menchú? Entretanto, não resta dúvida sobre as preferências da crítica. Zimmerman cautelosamente opõe a seu colaborador freqüente, John Beverley, uma visão menos eufórica e mais modesta do testemunho: "O testemunho pode muito bem apresentar todos os sintomas de forças profundas de transformação da nação ou de um modo de produção, como o argumenta John Beverley...; mas, dado o complexo jogo de forças nacionais e internacionais, não pode necessariamente significar uma transformação decisiva e definitiva" (Zimmerman, 1992, p. 230).

Zimmerman faz referência aqui às teses provocadoras de Beverley sobre as relações entre modo de produção, lutas sociais e forma literária, que partem de desdobramentos clássicos de Marx, sobre a acumulação primitiva e a mercadoria, e de Lukács da *Teoria do romance* e do *Romance histórico*. Toda a abordagem de Beverley é orientada por uma analogia mestra, entre dois momentos de "transição" ou de "crise", definidas por uma mudança radical de modo de produção — o século XVI (do feudalismo ao capitalismo) e o século XX (do capitalismo ao socialismo [?]) — numa estrutura circular em duas pontas unidas por uma continuidade problemática: a ocupação colonial de espaços e povos que subsistem ou resistem à margem do império.

Resumindo a tese desenvolvida ao longo de dez anos em uma série de textos afins: o "herói problemático", versão (transcendental, imaginária, ideológica) do sujeito burguês, protagonista do romance como "épica da alienação", formaliza uma prática específica, a experiência de marginalização social (daí o fato de ele ser preferencialmente "o louco, o delinqüente, o órfão, o mendigo" [Beverley, 1987, p. 50]), deste excedente constituído em relação ao mercado de trabalho (Marx, apud Beverley, 1987, p. 55), segundo o roteiro marxiano da acumulação primitiva. Ora, o protótipo de Dom Quixote é o pícaro, protagonista do romance picaresco do século XVI, como o Lazarillo de Tormes, herói do romance anônimo em primeira pessoa (*La vida de Lazarillo de Tormes, y de sus fortunas y adversidades* [1554]), que apresenta de forma aguda a experiência da pobreza e da marginalidade social de sujeitos convertidos em resto do capital na época do seu nascimento, cujas vivências são inabsorvíveis pelas formas medievais de representação, e que portanto requerem a criação de uma nova forma: o romance. É esta prática que será em seguida contida ou subsumida no dialogismo de *Dom Quixote*, que transcendentaliza, por assim dizer, um problema coletivo (o da população que fica de fora do modo de produção feudal e não fora absorvida pelo capitalista) vivido como destino solitário (subjetivo, heróico). O que faz a modernidade do *Lazarillo*, no entanto, o "primeiro romance moderno" ou o "primeiro romance burguês" e uma espécie de testemunho, é um duplo sucesso mimético das duas faces da representação do modo de produção capitalista: por um lado, é o primeiro texto que representa o efeito da implantação do capitalismo *na vida humana*; por outro, e em sentido inverso, representa a frustração deste mesmo "impulso capitalista na Espanha" (Beverley, 1987, p. 63), Lazarillo é o "proletário fracassado" (p. 60) ou o trabalhador que não foi, num mundo já essencialmente burguês e moderno. Lazarillo apega-se ao desejo burguês de fazer-se a si mesmo, contrariando o determinismo escolástico, mas não consegue, no ambiente conservador que é o seu, uma mudança de *status* significativa. A sua recusa em aceitar as carreiras a sua disposição (criado de cardeal ou de burocrata), permanecendo nas zonas fronteiriças da sociedade, torna-o um herói, por escolha (neste sentido fiel ao critério da liberdade burguesa), da fronteira dos estratos sociais. As polêmicas em torno da significação literário-histórica do *Lazarillo*, em sua profunda ambigüidade ideológica, têm por sua vez como substrato um duplo aspecto extra-literário: a "discussão política sobre a possibilidade e a direção da mudança social no presente" (Beverley, 1987, p. 63) e o registro "na vida", no limite das possibilidades mimético-representativas, dos efeitos do programa capitalista. Note-se, de antemão, o foco de Beverley: os interstícios do aparato *mímesis*-capital entendido como duas faces do mesmo sistema, o que o torna objeto da *mímesis* paradoxal — daí seu interesse — enquanto registro (apenas liminarmente mimético) precisamente daquilo que *excede* ao aparato mimético *e* ao modo feudal-capitalista. A representação é, ao mesmo tempo, o que decide sobre o destino dos corpos — assinalando-os de maneira determinada, quanto ao registro do efeito destas assinaturas, "na vida humana" — ou ainda o material bruto da prática (a "mudança social") ambiguamente literária e extraliterária.

O interesse da tese de Beverley neste passo é, portanto, estabelecer uma relação complexa, biunívoca (não de causa e efeito), entre o nascimento da forma-romance (contemporânea da forma-estado, e da forma-sujeito, todas versões da forma-mercadoria da primeira parte de *O capital*) e as disputas sociais engendradas pelo excedente produtivo da acumulação primitiva; restabelecendo para os estudos da literatura e da política uma bifrontalidade ontológica dos movimentos sociais e do plano mimético com o desdobramento desta zona liminar da prática extraliterária. Ora, o corolário da acumulação primitiva é a colonização, o que prepara a segunda parte da tese histórica de Beverley. Trata-se da exportação para as colônias, entre outras benesses, do modelo do capital, do genocídio e da ocupação imperial, assim como da literatura, configurando uma continuidade entre os séculos XVI e XX e abrindo o momento contemporâneo.

  A analogia contemporânea explica-se por si só: o testemunho seria hoje em dia este registro bruto (liminarmente mimético) da prática não de um herói problemático, mas de uma situação coletiva problemática (Beverley, 1996, p. 27) e que, exatamente como a picaresca no século XVI,[15] tem uma inserção complicada no *corpus* literário — é considerado um gênero extraliterário ou não literário. Os traços de voz testemunhal no romance contemporâneo latino-americano, variando em graus de apropriação e de matizes políticos tanto à esquerda quanto à direita, no *boom* e pós-*boom*, apontam para um trabalho formal análogo ao que a picaresca e o romance burguês operaram no século XVI e XVII. Beverley enumera as muitas semelhanças entre a picaresca e o testemunho (como a narração em primeira pessoa), mas sobretudo o fato de, exatamente como o testemunho hoje em dia, o *Lazarillo* ter sido considerado, no século XVI, não literatura, seu herói não universal e o seu estilo, grosseiro (Beverley, 1987, p. 168). A história das práticas sociais e das formas contém uma mesma lição de alargamento de fronteiras: assim como hoje não temos problema em aceitar a novela picaresca como literatura, também o testemunho será incluído no futuro dentro do espaço literário num processo de expansão ou de incorporação de suas margens, que já podemos acompanhar em nossa época através dos avatares do testemunho na novelística contemporânea. Há uma continuidade direta entre o momento de acumulação primitiva no século XVI e o momento imperial atual: também hoje se trata de absorver ou "integrar" estas populações que se encontram à sua sombra, nos subúrbios dos subúrbios do império em que consiste o terceiro mundo (Beverley, 1987, p. 64), ou no coração das velhas cidades industriais arruinadas do primeiro, a sobra do fetiche da mercadoria, os espaços que representam o limite (ainda) não apropriado pelo capital. O testemunho, exatamente como a picaresca, seria portanto uma "forma para dar voz às vítimas do capitalismo" (Beverley, 1987, p. 64), que assim "entram" na literatura, de onde elas foram (são) geralmente excluídas (Beverley, 1996, p. 29).

A originalidade da tese de Beverley é identificar uma "criatividade" dos movimentos sociais *e* da forma literária, criatividade esta com sinal político indecidível, para retomar um conceito derridiano. No caso que nos interessa aqui mais de perto, o da literatura, ela pode servir a propósitos progressistas (a picaresca, o testemunho) ou até mesmo revolucionários, como veremos, ou a um uso conservador (como a exportação colonial da disciplina da literatura para a América Latina, o *boom* dos anos 1960 etc.). O seguinte trecho retoma em essência toda a tese:

> O testemunho guarda a mesma relação com a novela moderna do que a novela picaresca com os gêneros de narrativa

idealista do Renascimento. Se o romance teve uma relação especial com o desenvolvimento da burguesia européia e com o imperialismo, o testemunho é uma das formas em que podemos ver e participar, ao mesmo tempo, da cultura de um proletariado mundial em *sua* época de surgimento... (Beverley, 1996, p. 29).

A analogia tem o formato de uma regra de três e configura uma proporcionalidade entre as partes. Observemos, no entanto, a inserção em surdina do verbo "participar" após o "ver" e a junção de duas posições distintas: uma descritiva-científica ("ver") e outra prática-revolucionária ("participar") e, o que é mais essencial, a possibilidade de fazer *as duas coisas ao mesmo tempo*. "Com ar de quem não quer nada" é a proposta de uma prática da teoria ou de uma possível inserção do intelectual na prática dos movimentos sociais que está sendo avançada aqui. Desdobrando o embutido na frase: enquanto na ascensão da burguesia e no aparecimento de seu corolário literário, vemo-nos limitados a entender o mecanismo social que constituiu a picaresca ("ver", procedimento descritivo-científico, análise histórica), hoje em dia, podemos entender o mecanismo que faz surgir o testemunho *e* participar dele, ou seja, ter um papel prático no "surgimento" desta nova prática e deste novo gênero pós-literário, quase pura prática, que teria por vocação precisamente superar a própria categoria de literatura, abrindo o espaço para uma "cultura do proletariado mundial". As duas posições são apresentadas sob a forma de uma alternativa na primeira frase de "The margin at the center": "Será que lutas sociais *fazem surgir* novas formas de literatura ou será que a questão é mais a da adequação da representação destas lutas em formas narrativas existentes?" (1996, p. 23, grifo meu). A alternativa remete a uma função ontológica (fazer surgir, participar) e representativa (mimética) das lutas sociais. A perspectiva de Beverley, com variações ao longo dos anos, acredita na criatividade dos movimentos sociais, segundo a qual ele (nós) poderia(íamos) e deveria(íamos) participar na criação destes movimentos, e disso trata essencialmente a crítica: abrir este espaço participativo no interior da elaboração formal. É esta prática participativa que se encarnará adiante na solidariedade, mas que tem, no calor da hora dos primeiros textos sobre o testemunho, outros desdobramentos possíveis. Assim, ao tratar da nova poesia revolucionária (Ernesto Cardenal, na época ministro da cultura do governo sandinista da Nicarágua, e Roque Dalton, poeta militante salvadorenho morto na clandestinidade), ele polemiza com Fredric Jameson, que postulara o abandono pelo marxismo da possibilidade de "projetar visões políticas e socialmente atrativas de um futuro radicalmente diferente" (Jameson, apud Beverley, 1987, p. 123). Beverley problematiza o diagnóstico da crise do marxismo e matiza o decreto da renúncia da proposta revolucionária, defendendo a hipótese — possível quando escreveu o livro (1983, mas da qual ele se distanciará a seguir) em um contexto hispânico (o livro é escrito em espanhol, versões em inglês do mesmo tema terão matizes distintas) — de uma escrita "desde la revolución". É portanto na vizinhança de Lênin (de "O que fazer?") e do problema da "produção" (não espontânea) da "consciência revolucionária", como "criação social" por meio da fusão da classe trabalhadora com uma *intelligentsia* radicalizada (1987, pp. 124-25; 1996, p. 31), que se coloca a "participação" do intelectual na produção (proposta ontológica, "fazer surgir") das lutas sociais. A relação entre as forças que compõem a equação não são de mesma natureza, e elas operam em registros diferentes. Contrariamente às aparências, a relação não repete a tradicional repartição de poder/saber (antropológica, imperial), de dominador/dominado. Há aqui reciprocidade: Elisabeth Burgos Debray utiliza-se de Menchú, mas Menchú também se utiliza de Burgos-Debray. Os movimentos sociais assim engendrados, como vimos, têm nome: trata-se dos novos movimentos identitários, numa clara reconfiguração da prática revolucionária, atualizados para o contexto pós-guerra fria. Mais adiante (1993), a fusão entre intelectual e forças populares, matriz do testemunho, conforme Beverley não cansa de apontar, não levará mais à revolução, mas aos "movimentos de resistência", à "prática dos direitos humanos e aos movimentos de solidariedade" (1993, p. 78). E mais adiante ainda, como veremos, será decretada a superação do testemunho ou o esgotamento do seu interesse político.

Fica claro, portanto, por que escolher Rigoberta e não Ujpán. O "x" do problema reside na representatividade do testemunho, ponto nevrálgico da ponderação de Achugar. Mas enquanto este trabalha a questão pelo ângulo da modelização testemunhal (a vítima-herói exemplar), Beverley está interessado no potencial ontológico, produtivo deste gênero apenas tangencialmente literário, e na criação de movimentos sociais. A sua resposta à ressalva de Zimmerman (por que Menchú e não Ujpán?) seria simplesmente que o critério de escolha privilegia as possibilidades práticas de produção de movimentos, e não as teóricas (função descritivo-científica), a representatividade objetiva de Ujpán sobretudo considerada a história subseqüente da Guatemala. No entanto, a ressalva de Zimmerman introduziria uma fissura entre literatura e movimento social, teoria e prática, "ver" e "participar", ou "representação" e "fazer surgir", para reconstituir toda a série de dicotomias, e quebraria a "plenitude" prática que Beverley almeja. É claro que a ponderação de Zimmerman, de que "o complexo jogo de forças nacionais e internacionais [em jogo no testemunho] não pode necessariamente significar uma transformação decisiva e definitiva" (Zimmerman, 1992, p. 230), vai prevalecer, e Beverley também mudará de opinião o que o levará eventualmente a decretar que o testemunho perdeu seu interesse político. Mas, reconstituindo por um momento o percurso de Berverley em sua formulação essencial, as duas coisas deveriam estar juntas (ver e participar), pois justamente a postulação "produtiva", prática, deveria subsumir a oposição ou torná-la irrelevante. Beverley é nostálgico do momento épico de "plenitude narrativa", na tipologia da *Teoria do romance*, em que alma e mundo, desejo e possibilidade (Beverley, 1993, p. 49) estão unidos. O sujeito testemunhal, como o herói da epopéia de Lukács, é uma sinédoque da coletividade (neste sentido, Sommer, ao postular um sujeito intersticial, uma identidade avessa à identificação, já incorpora as críticas a esta perspectiva de Beverley): ele é o porta-voz da sua coletividade e a substitui numa fusão pura, "orgânica" diria Lukács, "totalidade concreta" comunitária, anterior à divisão entre sujeito e objeto, completa em si mesma e impermeável a quaisquer preocupações (formais) arquiteturais exteriores (Lukács, 1971, pp. 66-69). Se é verdade que a autonomia interior é impensável no mundo épico, anterior à diferenciação entre os homens (à individualidade que vai definir por exemplo a forma-romance), é porque nele a comunidade é uma totalidade imanente, plena de sentido e avessa à qualquer exterioridade a si mesma; trata-se de uma totalidade significante, sem exterioridade e sem consciência de si.

Beverley repisa com freqüência a homologia entre testemunho e épica. Por exemplo: "O narrador testemunhal recupera a função metonímica do herói épico, sua representatividade, sem assumir suas características hierárquicas e patriarcais" (1987, p. 160; 1996, p. 27) ou a citação recorrente da expressão de Jara e Spadaccini do testemunho como uma "epicidade cotidiana" (1996, p. 27). Note-se o reparo interessante com relação à ortodoxia lukacsiana: evita-se aqui explicitamente o programa do romance histórico, ou socialista (Beverley e Yúdice coincidem nesta crítica), de uma representatividade autoral, do trabalho essencial da mediação/formalização/universalização de conteúdos materiais/locais. O testemunho não pode ser entendido a partir da categoria de realismo, pois tem como vocação mais essencial a sua exterioridade com relação à imitação.[16] O problema da representatividade, e portanto da referência, testemunhal é delicado: a formalização/generalização operada pela síntese novelística, que evoca o trabalho representativo do intelectual de partido (em Lênin, por exemplo), segundo um modelo clássico de representação, deve ser substituído por uma "imediatidade" (sem mediação) concreta da enunciação, enquanto forma diretamente prática, e por uma "consciência" interior aos movimentos sociais. Todo o problema da referencialidade, que o testemunho divide com o realismo, será recolocado em termos de uma prática dos movimentos sociais, na qual a forma literária estaria inscrita. É esta transparência do ato (a prática) que é em si já símbolo, anterior ao divórcio entre interioridade e aventura (Lukács, 1971, p. 66), que Beverley empresta à caracterização lukacsiana da épica, que será ligada por ele à prática identitária.

No entanto, ponderaríamos, com certo ceticismo, o que é o "gestor", o sujeito pára-textual do testemunho, senão uma espécie de formalizador/universalizador? Neste sentido, a sua tarefa não seria igual à do sujeito autoral do romance e seu *analogon*, o intelectual de vanguarda do partido? O próprio Beverley não diz exatamente isso, ao comentar a "produção" não espontânea de movimentos sociais e sublinhar uma articulação entre segmentos radicalizados populares e da *intelligentsia* ou ao opor, na esteira de Mao, as "contradições no interior do povo" (modelo do testemunho) às contradições entre o povo como um todo e o imperialismo, por exemplo, como contradição não articulável ou simples dominação (Beverley, 1996, p. 33)? Em outras palavras, como distinguir entre a contradição interna ao povo, a partir de uma perspectiva de coalizões contra um inimigo comum (ou análogo), e a contradição exterior, que configuraria o trabalho antropológico do "informante nativo"? Se Rigoberta é ela própria uma "organizadora" ou ativista (Beverley, 1993, p. 89), o trabalho formal da representação já é, de uma certa maneira, realizado por ela mesma (ela é representativa) e prescinde-se do trabalho formal do intelectual; mas se for assim, como entender exatamente o papel do intelectual? Tudo vai depender de por onde passa a linha que separa o interior da coletividade plena de sentido (conforme Lukács, referindo-se à épica), e se a articulação intelectual faz ou não parte dela — do exterior do qual esta enunciação do grupo se separa e a ela se opõe. Mas não é o intelectual exatamente quem traduz e converte, transcreve e portanto generaliza ao fazer-se instrumento desta representação coletiva local que é o testemunho? Gareth Williams tem razão em não inocentar o ato da escrita, entendendo-o como técnica modernizante e eminentemente ambígua, da qual o sujeito testemunhal é trágica e irremediavelmente cúmplice. No entanto, falta ainda entender exatamente o *desejo* daquele que se oculta por detrás da voz que enuncia, a natureza exata da prática daquele que não é porta-voz, mas *porta a voz* do outro ao transcrevê-la, e que se esgueira por detrás da plenitude comunitária da voz que transcreve.

Não se trata apenas de uma contradição em Beverley, mas, de maneira mais essencial, de um ocultamento no interior da mecânica da produtividade do testemunho, do desejo e do investimento prático do intelectual, o sujeito pára-textual, aquele que fornece o quadro e o enquadramento da enunciação testemunhal. Se o "gestor" ocupa uma dupla posição — é, ao mesmo tempo, articulador–produtor de movimentos, e desta maneira a eles exterior (mesmo que esta exterioridade seja cúmplice), *e* está oculto por detrás da voz coletiva plena em si mesma e privada de divisão, que o sujeito testemunhal veicula —, é porque não se pensou ainda, em profundidade, a contradição que separa uma posição da outra. A homologia entre "participar" e "ver", para retomar os termos iniciais de Beverley, pode esconder uma mobilização *voyeurística* do intelectual participante, como impensado desta prática que se oculta por detrás da plenitude visível da voz que ele porta. O que é ocultado aqui é exatamente o *olhar* do intelectual que constrói o seu objeto como objeto *estético* — para que ele brilhe solitariamente, pleno em si mesmo, como voz grupal, objeto abjeto (concreto, orgânico, diria Lukács) desejável da prática solidária —, muito próximo no final das contas do *aesthetic fix*, que Yúdice diagnosticara como fixação na perda subjetal do horror kristeviano no pós-modernismo primeiro-mundista (Yúdice, 1996, pp. 49-53). Há um parentesco entre a solidariedade do intelectual norte-americano engajado e a fixação estetizante do intelectual hegemônico e seu "interesse" pelos cadáveres latino-americanos, enquanto restos de suas revoluções falhadas: em ambas desaparecem o sujeito e seus desígnios,[17] o que demonstra que não poderia ser este o critério ético a distinguir um pós-modernismo hegemônico do testemunhal. A representatividade identitária, inclusive em seus matizes arcaizantes (a semelhança com a epopéia), na medida em que por detrás de sua concretude comunitária (ou solidária) esconde-se o investimento do intelectual cúmplice, corre o risco de configurar uma estética e estetizar o seu objeto autárquico de reflexão, separando-o daquele cujo desejo se oculta na estrutura narrativa do testemunho. O que em si não constituiria um problema, não fosse o fato de que este desejo se esconde, pretendendo puritanamente desaparecer, transformando-se em solidariedade participante e assim se revelando por detrás do engajamento político sob a forma de denegação de um ou outro *interesse* inconfessável.

Passando do problema da crítica à própria estrutura do testemunho e fazendo as vezes de "advogado do diabo", poderíamos opor à tese de Sommer de uma identificação lateral, que, ao invés de propor uma imagem, propõe a identificação com projetos diferenciados de coalizões que coexistem e não se excluem mutuamente, a hipótese de que o testemunho simplesmente substitui a identificação com o sujeito testemunhal pela identificação com o gestor, o sujeito pára-textual do testemunho, como aquele que gere e gerencia a fala testemunhal. Ele (ou ela) pertence ao mesmo universo cultural (e de classe) do leitor, que se identifica com o projeto salvacionista de tipo etnográfico colocado em prática pelo sujeito que propõe, seleciona, edita e que invisivelmente (lembremo-nos da "supressão do eu", de Barnet) estabelece a identidade da política identitária. A uma identificação de tipo romanesco (com um personagem, com o narrador em primeira pessoa da autobiografia) substituir-se-ia uma identificação estrutural com o dispositivo e uma modelização de tipo diferente, um heroísmo da prática do intelectual bem-intencionado (liberal) de esquerda e a uma prática da crítica. O gestor do testemunho não estaria muito distante portanto do narrador do romance transcultural, tal qual sistematizado por Angel Rama, que se oculta por trás da máquina narrativa ao apagar as *comillas*, que separam a (sua) fala culta da fala popular, regional, e que revoluciona a narrativa regionalista ao unificar os estratos culturais distintos (Rama, 1987, pp. 32-56; Larsen, 1990, p. 56). A integração entre a escrita culta e a oralidade popular operada pela novelística transcultural (Rulfo, Arguedas, Guimarães Rosa) ainda espreitaria o modelo narrativo do testemunho e informaria o seu sonho mais profundo, mas sonho, é verdade, unificado, estruturalmente identificado com a função democrática, homogeneizante e hegemônica do sujeito pára-textual do testemunho. O que estaria ocorrendo então seria uma mera substituição da formalização (autonomista, subjetiva) nacional de um autor que ficcionaliza a voz popular por uma outra transnacional, modernizante, que registra e edita o testemunho? Neste sentido, a avaliação latino-americana do testemunho e da política identitária como um todo (por oposição à avaliação norte-americana), tanto à esquerda quanto à direita, será muito clara: ela acusa, não sem um certo ressentimento nacionalista, esta substituição de ser mera transferência para as metrópoles da criatividade de subjetividades locais.

 É claro que há uma certa má-fé de minha parte em identificar a narrativa testemunhal à transcultural. Não deve permanecer nenhuma dúvida sobre a diferença essencial entre os dois constructos: o aporte de uma política enunciativa, da apresentação de uma voz representativa, substitui o problema da *mímesis* e da representação, que faz da narrativa transcultural um realismo, que propõe *objetos* e não *sujeitos*, como o testemunho o faz. A importância da forma e da formalização na síntese realista (mimética) transcultural é reduzida ao mínimo, substituída, por exemplo, por um simples gravador ou pelo registro documental, uma reprodução mecânica, editada pelo autor pára-textual. A aproximação entre as duas serve, no entanto, para detectarmos um projeto comum, que situa o testemunho na mesma linhagem da narrativa transcultural, ao mesmo tempo que nos força a localizar as diferenças essenciais entre elas. Portanto, não se pode negar a existência no testemunho desta identificação de tipo estrutural com o dispositivo ligada a um certo heroísmo etnográfico. É preciso, no entanto, explicitá-la, e não escondê-la por detrás de um purismo político qualquer. Ao invés de configurar uma espécie de "museu" etnográfico de oralidades autênticas mumificadas pelo narrador-museólogo, conforme descrição de Neil Larsen da narrativa transcultural (Larsen, 1990, p. 59), no testemunho, a meu ver, o sujeito pára-textual não esconde o seu projeto e o seu "interesse" explicitados enquanto tais, e que não devem ser confundidos com o projeto e o "interesse" do sujeito testemunhal. A oralidade testemunhal propõe sua própria síntese emancipatória e sua própria formalização, sua própria visão de mundo, que o gestor registra, edita, de forma transparente, dizendo que o está fazendo. A noção de coalizão (Laclau e Mouffe) que pressupõe diferenças essenciais, ao mesmo tempo que afinidades estratégicas contingentes não menos essenciais, implica em uma aquisição teórica importante para se pensar o testemunho, porém não deve servir para esconder o investimento do gestor e o do leitor, ao nível da estrutura do testemunho, e tampouco um sistema figurativo-representativo-identificatório sutil, mas poderoso, produzido pela narrativa testemunhal.

Diante de dificuldades deste tipo, John Beverley decreta, em gesto que lembra uma *Aufhebung* hegeliana, a superação do testemunho: que a política de solidariedade acabou, que estamos agora escrevendo o epitáfio do testemunho (Beverley, 1996, p. 281), que o "desejo chamado testemunho" evanesceu. O epitáfio e seu diagnóstico, no entanto, são sintomas de uma insidiosa "estetização da política", para retomarmos os termos de Walter Benjamin (1994, p. 196), onde menos se esperaria encontrá-la. Ao contrário do que quer Beverley, o testemunho continua mais vivo do que nunca, e, ao que me parece, a realidade que deu e dá lugar a ele mais ainda. Concordamos com a avaliação histórica de Beverley:

> O testemunho estava intimamente ligado às redes internacionais de solidariedade em apoio de movimentos revolucionários ou lutas que revolviam em torno dos direitos humanos, do apartheid, e da democratização; mas foi também uma maneira de testar as contradições e limites dos projetos revolucionários e reformistas estruturados ainda em parte em torno de suposições sobre o papel da vanguardas culturais (Beverley, 1996, p. 281).

Mas a suposta morte do testemunho (ele perdera sua força de estranhamento, o *ostranenie* dos formalistas russos, nós nos acostumamos com o testemunho [sic]), que, em dado momento, quando ele ainda era vivo, dera lugar a uma revisão dos preconceitos da elite vanguardista, provém ainda de um preconceito dessa vanguarda cultural, da qual Beverley não deixa de fazer parte. O "desejo chamado testemunho" pode ter sido um desejo (estético, desinteressado) volúvel, especificamente latino-americanista, na acepção de Alberto Moreiras, o que não implica que o testemunho tenha morrido. Ele perdeu o seu poder de estranhamento *para* o latino-americanista, mas isso não altera nada em relação ao seu objeto de desejo. Afinal, o próprio Beverley reconhece: "não são apenas os *nossos* objetivos que contam em relação ao testemunho (!!)" (Beverley, 1996, p. 282).

Assim, o que fazer com a histriônica reprovação de Georg Gugelberger à "apropriação" midiática de Rigoberta Menchú, que contaminara a "nossa" Rigoberta, fazendo dela uma personagem de novela mexicana, espantando-se com o que ela "virou"?

> Recentemente o jornal chileno *La Epoca* imprimiu o seguinte anúncio matrimonial: "A prêmio Nobel da Paz, a guatemalteca Rigoberta Menchú, está feliz de haver contraído matrimônio e espera procriar [sic] dois filhos com seu esposo Angel Francisco Canil... Menchú disse estar 'muito contente' de haver se casado com alguém do seu mesmo grupo étnico, um companheiro de luta a quem definiu como 'um gordinho encantador, carinhoso e simpático...'". Tudo soava tão familiar, exatamente como o final de uma telenovela. O que acontecera com o nosso "ícone" com um segredo? (Gugelberger, 1996, p. 1).

Mas, afinal de contas, não se tratava aqui de uma voz comunitária, e a escolha do matrimônio e da procriação, ainda mais salvaguardado o princípio da identidade étnica, não significaria a continuidade de etnias minoritárias? É certo que esta escolha havia sido explicitamente excluída anteriormente em favor da opção pelo ativismo solitário, a vocação missionária que pressupunha o sacrifício da felicidade individual em favor da causa coletiva. Mas, dando-se o devido desconto, deveríamos convir que não há nada de tão grave neste *happy ending kitsch*. No entanto, esta proposta de felicidade familiar, que apaga o seu potencial *Unheimlich* transgressivo anterior, contraria o desejo (do) intelectual. Permanece o sentimento de decepção: Rigoberta não tem nada a esconder, ela é afinal de contas igual a todos nós, com os mesmo desejos, igualmente burgueses (nós que somos todos mais ou menos burgueses, mais ou menos casados, mais ou menos com filhos). E nós só podemos admitir como nossa representante heróica — pois na verdade somos nós os representados — nesta prática política, da qual participamos em solidariedade, aquela que é irredutivelmente diferente de nós. Sua semelhança equivale a uma queda do pedestal exemplar, daí a nossa decepção. Afinal, não pudemos confiar nela, ela nos traiu. O cenário da *traição* ou da *decepção*, é claro, deve ser lido sintomaticamente, remetendo ao registro amoroso, que Beverley resgata não sem auto-ironia ao comparar Rigoberta à dama intocável do amor cortês, objeto impossível que se confunde com o obstáculo, ou seja, o real lacaniano (1996, pp. 266, 277).[18] Não deixa de haver, portanto, algo de curioso neste desejo de Midas, que contamina tudo o que toca, e na negatividade (no sentido da dialética negativa ou da teologia negativa) desta prática política do "segredo", que só é efetiva enquanto invisível ou cuja efetividade coexiste praticamente com o momento de sua neutralização, e que transforma Rigoberta em resto ocioso para o intelectual deleuzeano a procura de fluxos desterritorializados ou novos objetos "puros", *ostranenie, food for thought*, ainda não apropriados pela máquina espetacular do capital? A prática seria este fulgor efêmero, fogo-fátuo, que duraria o instante do seu vislumbrar *pelo intelectual*? Estaríamos assim perigosamente próximos do excedente ao modo de produção medieval e capitalista e ao processo da colonização, em que Beverley localizara inicialmente o papel do testemunho. Ter-se-ia produzido assim uma espécie insidiosa de modo de produção, o modo de produção intelectual, mas que no fundo não se distingue muito da expansão incorporativa colonial e de seu braço acadêmico-midiático. Será que o "desejo" do intelectual se identifica ao desejo do capital, que por sua vez se confunde com seu próprio limite: é exatamente aquilo que o resiste e por isso pretexta a sua expansão? Rigoberta deveria então haver-nos "rejeitado" para permanecer ativamente prática (como limite que nos restringe, margem não absorvível do capital), mas em lugar disso ela nos aceitou, embora casando-se com outro, e por isso a desprezamos. Tudo não passa de um pequeno drama passional, e ao que parece não teríamos saído nunca do desejo do intelectual. Chegamos, assim, ao último fio nesta teia de problemas e questões que compõem a cena proposta no início deste ensaio: o Nobel de Rigoberta Menchú. A disposição restitutiva que revelamos inicialmente (o pedido de "desculpas" do Ocidente, o Nobel, as ressonâncias da mídia) em toda a sua generalidade propriamente representativa (Rigoberta como *sinédoque* dos povos dizimados na colonização, recipiente de uma restituição que corresponde a uma "culpa" não específica, ocidental) encontra aqui uma forma curiosa: o fantasma amoroso que duplica imaginariamente o seu objeto e o constrói à imagem de si mesmo, enquanto objeto dessemelhante e impossível, puro obstáculo.

Ao contrário desta disposição ciclotímica, que oscila entre a euforia e a decepção, que se apropria e rejeita, que ama para desprezar, de *nossa* parte, preferimos permanecer fiéis aos temas básicos do testemunho, aferrando-nos às possibilidades que o gênero abre. Mantemos assim as proposições centrais sobre o que o testemunho produz ou visa a produzir: "o deslocamento do sujeito-mestre da narrativa" (Beverley, 1996, p. 267) e "da centralidade dos intelectuais e o que eles consideram cultura — incluindo a própria literatura" (Beverley, 1996, p. 272). Preferimos ficar com a hipótese de que o testemunho fala e narra o nosso encontro com o Real do trauma, assim como concebido por Lacan, o encontro com estas experiências do corpo que sofre com a fome (Beverley, 1996, p. 274), com algo que resiste à simbolização da narrativa, e que apesar de tudo, apesar dela própria, a narrativa revela. Os segredos de Rigoberta, seus silêncios encenados, o martírio e a tortura de seu irmão que ela ficcionaliza para esconder e assim mais profundamente revelar a morte e a tortura de seu irmão que *realmente* aconteceu,[19] todas as manifestações dessa prática extraliterária, de uma ação, de uma política identitária constituem o cerne da questão que o testemunho continua colocando para nós, o que nos permitiria explicar a grande importância no testemunho dos dêiticos ou das notações indiciais: *este* corpo, *esta* dor, *esta* fome. Mas quem sabe não o corpo, a dor ou a fome que os críticos do testemunho esperavam e desejavam, mas a política da escuta desses corpos sentindo dor e com fome, que continuamos tendo que atestar, apesar e por causa deles não provocarem a prática e a ação que projetávamos sobre eles, que queríamos que eles realizassem por nós, para redimir o nosso desejo restitutivo culpado, mas que, confirma a nossa culpa, e sem resolvê-la, acusa sempre a nossa culpa irrevogável, o testemunho não deixa de contar. Este é e continua sendo o real do testemunho.

Referências bibliográficas

ACHUGAR, Hugo. "Historias paralelas/historias ejemplares: la historia y la voz del otro", in J. Beverley e H. Achugar (eds.), *La voz del otro: testimonio, subalternidad y verdad narrativa*. Lima, Pittsburg: Latinoamericana Editores, 1992.

ADORNO, Theodor. *Aesthetic theory*. Trad. R. Hullot-Kentor. Minneapolis: University of Minnesota Press, 1997.

_____. "Discurso sobre lírica e sociedade", in L. C. Lima (ed.), *Teoria da literatura em suas fontes*. Rio de Janeiro: Francisco Alves, 1975.

ALEGRÍA, Claribel e FLAKOLL, D. J. *No me agarran viva. La mujer salvadoreña en lucha*. San Salvador: UCA Editores, 1987.

ALTHUSSER, Louis. *Aparelhos ideológicos de estado*, 7ª ed. Trad. W. J. Evangelista e M. L. Viveiro de Castro. São Paulo: Graal, 1998.

BARNET, Miguel. *Cimarrón*. Buenos Aires: Ediciones del Sol, 1987.

_____. *La fuente viva*. Havana: Editorial Letras Cubanas, 1983.

BENJAMIN, Walter. "A obra de arte na era de sua reprodutibilidade técnica" (primeira versão), in *Obras escolhidas. Magia e técnica, arte e política*, 7ª ed. vol. 1. Trad. S. P. Rouanet. São Paulo: Brasiliense, 1994.

BEVERLEY, John. *Del Zararillo al sandinismo*. Minneapolis: Prisma Institute, 1987.

_____. *Against literature*. Minneapolis: University of Minnesota Press, 1993.

_____. "The real thing", in G. M. Gugelberger (ed.), *The real thing*. Durham: Duke University Press, 1996.

_____. "Introducción", in J. Beverley e H. Achugar (eds.), *La voz del otro: testimonio, subalternidad y verdad narrativa*. Lima, Pittsburg: Latinoamericana Editores, 1992.

BEVERLEY, John e ACHUGAR, Hugo (eds.). *La voz del otro: testimonio, subalternidad y verdad narrativa*. Lima, Pittsburg: Latinoamericana Editores, 1992.

BEVERLEY, John e ZIMMERMAN, Marc. *Literature and politics in the Central America*. Austin: University of Texas Press, 1990.

BOSSEN, Laurel Herbenar. *The redivision of labor. Women and economic choice in four guatemalan communities*. Albany: State University of New York Press, 1984.

BURGOS, Elisabeth. *Meu nome é Rigoberta Menchú, e assim nasceu minha consciência*. Trad. L. L. de Oliveira. São Paulo: Paz e Terra, 1993.

CANCLINI, Néstor García. *Culturas híbridas*, 2ª ed. São Paulo: EDUSP, 1998.

CANDIDO, Antonio. *Formação da literatura brasileira*, 6ª ed. Belo Horizonte: Itatiaia Limitada, 1981.

CLASTRES, Pierre. *Archeology of violence*. Nova Iorque: Semiotet(e), 1994.

DAVIS, Harles T. e GATES JR., Henry Louis (eds.). *The slave's narrative*. Oxford: Oxford University Press, 1985.

DERRIDA, Jacques. *Farmácia de Platão*, 2ª ed. São Paulo: Iluminuras, 1997.

_____. "A mitologia branca", in *As margens da filosofia*. Trad. J. T. Costa e A. M. Magalhães. Campinas: Papirus, 1991.

FELMAN, Shoshana e LAUB, Dori. *Testimony: crises of witnessing in literature, psychoanalysis, and history*. Nova Iorque: Routledge, 1992.

FOUCAULT, Michel. *A verdade e as formas jurídicas*. Trad. R. Machado. Rio de Janeiro: Nau, 1999.

_____. *Dits et écrits*. Paris: Gallimard, 1994.

_____. *Microfísica do poder*, 15ª ed. Rio de Janeiro: Graal, 2000.

GRAMSCI, Antonio. *Selections from the prison notebooks*. Trads. e eds. Q. Hoare e G. N. Smith. Nova Iorque: International Publishers, 1971.

GUATTARI, Félix e NEGRI, Toni. *Communist like us*. Nova Iorque: Semiotext(e), 1990.

GUGELBERGER, Georg M. (ed.). *The real thing*. Nova Iorque: Routledge, 1996.

GUHA, Ranajit e SPIVAK, Gayatri Chakravorty (eds.). *Selected subaltern studies*. Nova Iorque: Oxford University Press, 1988.

HARLOW, Barbara. *Resistance literature*. Nova Iorque: Methuen, 1987.

JAMESON, Fredric. "On literary and cultural import-substitution in the Third World: the case of the testimonio", in G. M. Gugelberger (ed.), *The real thing*. Durham: Duke University Press, 1996.

LACAN, Jacques. *Les quatre concepts fondamentaux da la psychanalyse*. Paris: Seuil, 1973.

_____. *L'éthique de la psychanalyse*. Paris: Seuil, 1986.

LACLAU, Ernesto e MOUFFE, Chantal. *Hegemony and socialist strategy. Towards a radical democratic politics*. Londres: Verso, 1985.

LACOUE-LABARTHE, Philippe. "Tipografia", in *Imitação dos modernos*. Trad. J. C. Penna. São Paulo: Paz e Terra, 2000.

LARSEN, Neil. *Modernism and hegemony. A materialist critique of aesthetic agencies*. Minneapolis: University of Minnesota Press, 1990.

LATIN AMERICAN SUBALTERN STUDIES GROUP. "Founding statement", in J. Beverley e J. Oviedo, *The postmodernism debate in Latin America*. Durham: Duke University Press, 1993.

LLOYD, David. *Nationalism and minor literature*. Berkeley: University of California Press, 1987.

LUKÁCS, Georg. *The theory of the novel*. Trad. A. Bostock. Cambridge: MIT Press, 1971.

MANZANO, Juan Francisco. *Autobiography of a slave/Autobiografía de un esclavo*. Detroit: Wayne State University Press, 1996.

MORAÑA, Mabel. "Testimonio y narrativa testimonial hispanoamericana", in A. Pizarro (org.), *América Latina. Palavra, literatura e cultura. Vanguarda e modernidade*, vol. 3. Campinas: Editora da UNICAMP, 1995.

MOREIRAS, Alberto. "The aura of testimonio", in G. M. Gugelberger (ed.), *The real thing*. Durham: Duke University Press, 1996.

——————. "A storm blowing from paradise: negative globality in Latin American cultural studies", in *Cânones contextos. 5º Congresso ABRALIC-Anais*, vol. 1. Rio de Janeiro: ABRALIC, 1997.

ORTIZ, Fernando. *Contrapunteo cubano del tabaco y del azúcar*. Havana: Editorial de Ciencias Sociales, 1991.

PONIATOWSKA, Elena. *Hasta no verte Jesús mío*. Havana: Casa de las Américas, 1991.

RAMA, Angel. *Transculturación narrativa en América Latina*, 3ª ed. México: Siglo XXI, 1987.

RAMOS, Julio. *Paradoja de las letras*. Quito: Universidad Andina Simon Bolivar, 1996.

SAID, Edward. *Orientalism*. Nova Iorque: Vintage Books, 1979.

SANTI, Enrico M. "Latinamericanism and restitution", *Latin American Literary Review*, vol. 20, nº 40, jul.-dez., 1992.

SOMMER, Doris. "No secrets", in G. M. Gugelberger (ed.), *The real thing*. Durham: Duke University Press, 1996.

SPIVAK, Gayatri. "Can the subaltern speak?", in C. Nelson e L. Gorssberg (eds.), *Marxism and the interpretation of culture*. Urbana: University of Illinois Press, 1988.

——————. *In other worlds. Essays in cultural politics*. Nova Iorque: Routledge, 1988b.

VERA LEÓN, Antonio. "Hacer hablar: la transcripción testimonial", in J. Beverley e H. Achugar (eds.), *La voz del otro: testimonio, subalternidad y verdad narrativa*. Lima, Pittsburg: Latinoamericana Editores, 1992.

VIANNA, Hermano. *O mistério do samba*. Rio de Janeiro: Jorge Zahar, 1995.

VIEZZER, Moema. *"Se me deixam falar... Domitila, depoimento de uma militante boliviana"*. São Paulo: Global, 1974.

WILLIAMS, Gareth. "Translation and mourning: the cultural challenge of Latin American testimonial autobiography", *Latin American Literary Review*, vol. 21, nº 41, jan-jun., 1993.

WILLIAMS, Raymond. *Marxism and literature*. Oxford: Oxford University Press, 1977.
YÚDICE, George. "*Testimonio* and postmodernism", *Latin American Perspectives*, vol. 18, nº 3, issue 70, verão, 1991.
_____."Postmodernity and transnational capitalism", in G. Yúdice, J. Franco e J. Flores (eds.), *On edge*. Minneapolis: University of Minnesota Press, 1992.
_____. "Testimonio y conscientización", in J. Beverley e H. Achugar (eds.), *La voz del otro: testimonio, subalternidad y verdad narrativa*. Lima, Pittsburg: Latinoamericana Editores, 1992.
_____. "*Testimonio* and postmodernism", in G. M. Gugelberger (ed.), *The real thing*. Durham: Duke University Press, 1996.
ZIMMERMAN, Marc. "El otro de Rigoberta: los testimonios de Ignacio Bizarro Ujpán y la resistencia indígena en Guatemala", in J. Beverley e H. Achugar (eds.), *La voz del otro: testimonio, subalternidad y verdad narrativa*. Lima, Pittsburg: Latinoamericana Editores, 1992.

12

LITERATURA E CATÁSTROFE NO BRASIL: ANOS 70

*Renato Franco**

Literatura e catástrofe

Em passagem célebre, o filósofo alemão Theodor W. Adorno afirmou em ensaio de 1949 — logo após o fim da guerra, portanto — que "Escrever poesia após Auschwitz é um ato de barbárie". A frase — polêmica, sem dúvida — não deve ser interpretada de modo literal: ao contrário, com ela o autor parece antes apontar para o desconforto que doravante toda arte ou obra literária — talvez até mesmo toda produção cultural que não se tenha degradado em mero entretenimento — teria que enfrentar, visto que, enquanto manifestação espiritual, inte-

* UNESP

lectual — regida pelo princípio de estilização artística —, ela não poderia mais ignorar o horror e o sofrimento experimentado pelas vítimas do nazismo nos campos de concentração. Afinal, as obras de arte participam da sociedade e, nessa medida, da barbárie, pois esta não foi ainda superada: uma sociedade que permitiu o aniquilamento planejado de multidões afeta, como uma mancha indelével, toda configuração estética e converte em escárnio a obra que finge não ouvir o grito de horror dos massacrados. Essa situação desconfortável da literatura de nossa época exige dela dois aspectos fundamentais: a de lutar contra o esquecimento e contra o recalque, isto é, lutar contra a repetição da catástrofe por meio da rememoração do acontecido. A observação de Adorno parece assim conter uma exigência: a de que, mediante tal postura, a arte deve auxiliar os homens a lembrar do que as gerações passadas foram capazes para, desta maneira, poderem efetivamente evitar que a catástrofe possa ainda eclodir. A arte, neste sentido, pode ser considerada uma forma de resistência e compreende uma dimensão ética, enquanto manifestação de indignação radical diante do horror.

Como ela, porém, pode apenas resistir à lógica embrutecedora da sociedade, mas não eliminá-la, a possibilidade de que a catástrofe venha novamente a ocorrer é sempre uma ameaça real: tal fato não só não permite à arte livrar-se dessa condição desconfortável, como a reforça permanentemente. Assim, embora ela tenha desde então combatido, à sua maneira, para que nenhuma catástrofe pudesse ocorrer, sua objetiva impotência — que não a desmerece — tornou-se manifesta, por exemplo, com o aparecimento das ditaduras militares nos países da América Latina — como no Chile, na Argentina e no Brasil — que propiciaram o ressurgimento de novas ondas de catástrofe, as quais implicaram em políticas de extermínio premeditado de contingentes de opositores, em massacre dos humilhados, em supressão dos direitos civis, em tortura sistemática contra vítimas indefesas, em repressão e censura indiscriminada, em imposição de brutal sofrimento físico a considerável parte das populações desses países, entre outras atrocidades. Como conseqüência deste período truculento e sombrio de nossa história política recente, uma das questões que se impõe ao pensamento que, de um modo ou de outro, tenta se opor à versão oficial dos acontecimentos — ao contexto de ofuscamento que a reveste — é a de investigar como a produção cultural — particularmente a literária — configurou essas atrocidades perpetradas à época da ditadura militar no país (1964-1985) e como reagiu — literariamente, é claro — a elas. Esta é a matéria central desse ensaio.

A cultura da derrota

Logo após a decretação do AI-5, em dezembro de 1968, o governo militar procurou interferir na vida cultural por meio da adoção de rígida censura dirigida tanto a seus vários setores como contra todo tipo de obra: essa censura — tentativa de suprimir a voz da sociedade — não foi senão a conseqüência, ou mesmo o prolongamento, da política fortemente repressiva por ele adotada no combate aos partidos e organizações de esquerda remanescentes da década anterior. A censura exigiu da produção cultural da época o rompimento dos laços entre a cultura e a política, os quais foram tecidos nos anos 1960 ao sabor de acentuada radicalização ideológica de alguns dos setores da classe média, como os estudantes. Desta maneira, se, na década anterior, a prosa romanesca pôde experimentar uma pluralidade de rumos — entre os quais se destacam tanto a via literária, que pode ser denominada de "romance da desilusão urbana", a qual inclui obras como *Engenharia do casamento*, de E. Nascimento (1968), ou *Bebel que a cidade comeu*, de I. L. Brandão (1968), como a do romance propriamente político, como *Quarup*, de A. Callado (1967), ou *Pessach: a travessia*, de C. H. Cony —, no início da década de 1970 a literatura se viu forçada ou a elaborar intensa sensação de sufoco ("de esquartejamento") que contaminava a atmosfera truculenta de então — tarefa que predominou na poesia, hoje chamada de "marginal" ou de "geração do mimeógrafo" — ou a narrar os impasses do escritor que não sabia decidir se era mais necessário escrever ou fazer política, constituindo assim um tipo de romance desiludido tanto com as possibilidades de transformação revolucionária da sociedade como com sua própria condição, do qual *Os novos*, de L. Vilela (1971), *Combati o bom combate*, de A. Quintella (1971), e *Bar Don Juan*, de A. Callado, são os mais representativos. Essa cultura despolitizada, vigiada e administrada pela censura, desiludida com a derrota das esquerdas, podemos chamar de "cultura da derrota".

Enquanto alguns dos romances dos anos 1960 recorreram, por força de seu próprio movimento, à adoção de procedimentos literários pouco explorados em nossa história literária — como a fragmentação e a montagem, que constituíram representações diversas do processo revolucionário ou, ainda, exploraram a conversão do escritor profissional em militante revolucionário, configurando desse modo o ideal do escritor engajado —, os romances da cultura da derrota aparentam maior apego às formas consagradas em nossa prosa de ficção e elegem como temas fundamentais alguns dos dilemas ou dos aspectos típicos dessa conjuntura. Deste modo, eles tematizam o fracasso das esquerdas — com a conseqüente introjeção da derrota, coisa que afeta até mesmo a linguagem da obra, como acontece com *Bar Don Juan* —, a derrocada do pacto político entre intelectuais e massas trabalhadoras — o que suscita, por um lado, a sensação de desgarramento histórico do escritor enquanto personagem, como em *Os novos*, ou como o personagem Gil, do romance citado de Callado, e, por outro, a configuração do massacre das massas desiludidas como em *Cidade calabouço*, de Rui Mourão —, a busca do grande assunto para o romance, aliada à representação dos impasses do escritor dividido entre a literatura e a política, como em *Os novos*, e a desconstrução do ideal do escritor engajado, como em *Bar Don Juan*. Além disso, o espaço privilegiado desses romances, no qual se verificam grande parte dos acontecimentos, é o bar e, portanto, o local da boêmia, que é, a um só tempo, refúgio (in)seguro e local de oposição, fato sem dúvida bastante significativo, visto que tal espaço não é propriamente o da ação, mas o da tagarelice.

Em *Bar Don Juan* — obra representativa desse período —, A. Callado, aparentemente, afasta-se do universo de seu romance anterior, *Quarup* (publicado em 1967, mesmo ano da publicação de *Pessach: a travessia*, de C. H. Cony): nesta obra, o autor narra a deseducação religiosa — e a conseqüente educação para a vida e a política, portanto — do padre Nando que, após conhecer a experiência erótica, cercado por orquídeas e folhagens selvagens no interior do país, transforma-se antropofagicamente no guerrilheiro Levindo, que, com o tropeiro Manoel e seus homens, dá início ao processo da revolução nacional e popular que deveria se alastrar do Nordeste para o Sul, onde ela seria decidida. Esse romance — algo afinado com os ideais da Teologia da Libertação — mantém relações com o de

Cony, que narra tanto a transformação do escritor Paulo Simões, existencialista e pequeno burguês, em escritor engajado e militante revolucionário, como a preparação da luta guerrilheira no Sul do país, concebendo a revolução como violenta e sangrenta, o que contrasta com a revolução pacífica entrevista no de Callado. *Bar Don Juan*, ao contrário, apresenta um projeto literário bastante próximo do jornalismo: ele almeja narrar a origem equivocada, o desenvolvimento atrapalhado e o conseqüente fracasso da guerrilha na América do Sul. A guerrilha, nessa obra, é configurada como o movimento político de jovens boêmios cariocas — freqüentadores do Bar Don Juan — que resolvem deslocar-se para Corumbá, no interior do país, próxima à fronteira com a Bolívia, a fim de preparar a eclosão da luta: a origem, porém, contaminaria todo o projeto, tornando-o inviável. O romance apresenta ainda outro ponto de bastante interesse: o personagem Gil, que é escritor, diz em certo momento decisivo:

> Vocês ainda querem fazer a revolução, não é? Pois eu colecionei as revoluções brasileiras para vocês... Notas e notas para o grande romance da revolução brasileira... Documentei tudo, arrumei tudo e esperei até agora o fio condutor, numa bela história qualquer... Os personagens estão aí nessas folhas feito troncos secos armados em fogueira... Pode-se fazer ficção de quase tudo, mas inventar uma revolução é impossível... (Callado, 1974, p. 112).

Com tal atitude, ele renuncia a ser um escritor engajado — tal como este foi representado no livro de Cony — e, portanto, ao grande romance brasileiro, cujo assunto central seria a narração da revolução. Sem motivo para continuar, diante da percepção de que a derrota ocorreria e de que a revolução seria impossível, ele opta por escrever ou uma história regional ou uma história de amor. No entanto, sem assunto privilegiado, o livro míngua sensivelmente — e fracassa — enquanto o escritor engorda continuamente.

Visão semelhante exala do romance de L. Vilela, *Os novos*, que narra os impasses literários e políticos de um grupo de rapazes mineiros que, enquanto não consegue optar entre a atividade política e a literária, passa os dias discutindo as vantagens e desvantagens de cada uma dessas alternativas nos bares da cidade. Um de seus personagens afirma:

> [...] não sei, acho que a verdadeira revolução ainda não começou no Brasil, nem sei quando poderá começar ou quem a poderá fazer... Francamente, é uma situação confusa a do Brasil de hoje. A gente não pode prever nada. Já é difícil entender o que está acontecendo, quanto mais prever. Alguma coisa está acontecendo, isso a gente vê, alguma coisa está se modificando. Mas uma visão clara da situação e uma perspectiva do futuro, isso agora me parece simplesmente impossível. Vamos ter que esperar mais um tempo para isso (Vilela, 1971, p. 128).

Entretanto, diferentemente de Gil (de *Bar Don Juan*), tal personagem, após essa constatação acerca da impossibilidade da revolução, decide que ao menos é necessário continuar a escrever, mesmo que o grande assunto adequado ao romance não possa ser elaborado. Assim, embora o livro de Vilela introjete a derrota das esquerdas revolucionárias, ele, diferentemente do de Callado, termina por tomar partido pela narração, o que pode ser interpretado como uma resistência à censura.

Esse período conheceu ainda vários outros romances, embora poucos tenham merecido maior atenção por parte do público ou da crítica. De qualquer modo, tal produção serve para negar certa visão que insiste em afirmar que nos anos 1970 a produção literária foi coibida pela censura e que, deste modo, as gavetas permaneceram vazias. Dentre os romances que mereceriam destaque, cabe assinalar os de Rui Mourão, *Curral dos crucificados* (1971) e *Cidade calabouço*; *Pilatos* (1974), de C. H. Cony (1974); *Paixão bem temperada* (1970), de E. Nascimento; e *Um dia no Rio* (1969), de O. França Júnior. Ainda desta época, mas não-afinados com a cultura da derrota, cabe também destacar três romances significativos, que atestam o nascimento de certo inconformismo nas letras, o qual irrigaria o terreno literário após a abertura política: *Incidente em Antares*, de E. Veríssimo (1971), *As meninas*, de L. F. Telles (1973) e *Sargento Getúlio*, de J. U. Ribeiro (1971). O de Veríssimo, por exemplo, é um dos primeiros romances da década a privilegiar a tarefa literária de constituir a memória por meio da recomposição do passado enquanto ruína, que, relembrada no presente, atualiza esse passado, fazendo ecoar seu grito no aqui e agora: modo, portanto, da literatura opor-se tanto ao esquecimento — sempre socialmente provocado — quanto à "história oficial".

O romance à época da abertura política: reportagem e denúncia

Em 1975, com as alterações ocorridas no governo, os militares adotaram a política da abertura "lenta e gradual" para, entre outros objetivos, obter maior apoio político e, dessa forma, administrar o fim do "estado de exceção", que vigorava desde o início da década. Essa política, que reforçou o poder estatal e constituiu a face mais moderna de sua organização repressiva, causou grande impacto na vida cultural:

ela implicou de fato a supressão da censura que se havia, nessa nova conjuntura, tornado um anacronismo. Sua eliminação logo estimulou a produção literária a elaborar diferentes tipos de romances, a fim de responder às exigências que emanavam dessa nova situação. Um desses foi o romance (impropriamente?) denominado de "romance-reportagem"; outro foi o "romance de denúncia". Ambos, porém, têm em comum tanto o fato de resultarem quase que imediatamente do fim da censura como o de almejarem denunciar a violência e as atrocidades cometidas pelos militares e, dessa maneira, relatar os acontecimentos políticos da década que até então, por força da interdição, só comportavam a versão oficial dos fatos. No primeiro caso, cabe lembrar os livros de J. Louzeiro — como *Lúcio Flávio, o passageiro da agonia* e *Aracelli, meu amor* —, que buscou no jornal tanto a matéria histórica de suas obras, particularmente nas páginas policiais, como o próprio modelo narrativo, baseado na reportagem. No segundo caso, exemplo dos mais sintomáticos é *Os que bebem como os cães*, de A. Brasil (1975), que é movido pelo acentuado desejo de expor — e denunciar — a truculenta repressão do início da década, as práticas de tortura e a vida dos prisioneiros políticos. Embora esses temas sejam os mesmos de vários outros romances posteriores, seu desenvolvimento, nesse livro, descamba tanto para a representação abstrata, no mais das vezes, forçada, dos sofrimentos dos prisioneiros políticos, como para a adoção de um tipo de metafísica "baça" — conforme conceito elaborado por Adorno no ensaio sobre o engajamento — que sustenta "que o humano floresce sempre em qualquer situação". Neste sentido, o romance não provoca nem o espanto ante a natureza bárbara de sua matéria, nem seu ritmo narrativo conduz o leitor à indignação diante do horror, mas, ao contrário, parece desencadear um efeito "de desrealização" dos acontecimentos que reconforta e tranqüiliza — já que sempre é possível sobreviver — quem o lê.

A "geração da repressão": literatura de testemunho

Outro modo literário de reagir à brutalidade de nossa história política da década de 1970 é constituído pelo que poderíamos chamar de romance da "geração da repressão" (conforme sugestão de A. Candido), composto por obras de ex-militantes revolucionários que, após serem presos e torturados, resolvem relatar suas experiências, constituindo assim uma verdadeira literatura do testemunho: dentre estas, merecem destaque *Em câmara lenta*, de R. Tapajós (1977), e *O que é isso, companheiro?*, de F. Gabeira (1979). Esses dois livros atualizam uma constante em nossa literatura: eles são, em certo sentido, textos memorialistas. Entretanto, se, no mais das vezes, a presença deste tipo de obra entre nós deve-se ao fato de que a paisagem social brasileira muda muito rapidamente — particularmente no século passado, tornando assim necessária a lembrança do que desapareceu —, estes dois testemunham experiências traumáticas verificadas na luta revolucionária e, em especial, nas prisões organizadas pela repressão política do Estado militar — matéria semelhante a de *Memórias do cárcere*, de G. Ramos. Desse modo, eles testemunham acontecimentos excepcionais que, para um leitor incrédulo ou politicamente não-desconfiado o suficiente, podem parecer, por sua natureza absurda, bárbara, quase inverossímeis, fato que cria dificuldades consideráveis a este tipo de obra. A tarefa de lembrar a tragédia, de narrar o núcleo dos fatos — enfim, de narrar a história a contrapelo —, envolve ainda o enfrentamento, por parte do narrador, do sofrimento experimentado, além de alimentar nele esperança de que tal narração seja um meio de acusar o inimigo pela barbárie perpetrada, impedindo-o assim de continuar a adotar tais práticas.

  O livro-depoimento de F. Gabeira é amplamente significativo não só por apresentar uma prosa depurada, como também por reconstituir os vários aspectos implicados na experiência traumática daqueles que aderiram à guerrilha e à luta armada, além de desvendar a brutalidade extrema das práticas adotadas pelos órgãos de repressão política. Apresentam também extraordinário interesse tanto o relato do despreparo prático dos revolucionários ou das condições precárias em que atuavam como o do lento e terrível processo de fuga e de insulamento a que foram submetidos. O livro é, neste sentido, o relato "de uma verdadeira descida ao inferno", conforme assinalou D. Arrigucci (1987, pp. 119-40).

  Se Gabeira optou pelo depoimento direto, ou seja, pelo testemunho, o livro de R. Tapajós — que também deve ser incluído na literatura de testemunho — opta pela via estética para desenvolver a narração do trauma fundamental sofrido pelo narrador-personagem. Vale aqui lembrar que o trauma é o acontecimento que não pode ser assimilado nem enquanto ocorre, nem mesmo em tempos posteriores, a não ser de modo pouco satisfatório, conforme assinalou M. Seligmann-Silva (1999, pp. 40-47). O trauma, no caso, resulta da prisão e da bárbara tortura sofrida por sua companheira — que, como ele, era também militante da mesma organização revolucionária —, seguida de sua execução cruel, em estabelecimento militar. Incapaz tanto de enfrentar tal acontecimento como de entender a cadeia de fatos que culminaram com tal acontecimento trágico, o núcleo do trauma — a execução, sob tortura, da sua companheira — é freqüentemente repetido na narração, como se fosse um *flash back* cinematográfico exibido em câmera lenta. A narração é assim a tentativa, por um lado, de esclarecer tal tragédia e, por outro, a de narrar sua própria prisão e o simultâneo desmoronamento do projeto político revolucionário acalentado pela organização em que militou. Ela é, sobretudo, um esforço descomunal para narrar a história inteira, isto é, para recompor todos os nexos que teceram a fina malha dos acontecimentos que culminaram na execução de sua companheira. O ato de narrar assemelha-se portanto a um instigante quebra-cabeça, que, pouco a pouco, por meio do acréscimo de detalhes mínimos à experiência traumática, acaba por adquirir configuração nítida. Reconstruir essa história — salvá-la do esquecimento — é, no entanto, também um formidável ataque ao inimigo, uma vez que ela abrange tanto a denúncia da barbárie e das atrocidades por ele cometidas como a reconstituição do rosto desfigurado dos mortos, os quais tentaram, no passado, construir uma vida diversa da do atual presente. Narrar as ruínas dessa tentativa é um modo de atualizá-las. O livro não realiza assim apenas a tarefa de cultuar e redimir os mortos, já que, ao mesmo tempo, inscreve no céu atual o brilho de relâmpago daquilo que em outro tempo foi sonhado ou pensado: ele libera, nesse clarão, a centelha de vida que ainda pulsa no coração gelado daquilo que se converteu em ruína.

O *romance de resistência*

A produção literária, após o início da política de abertura, não se resumiu a esses tipos de obras: ela conheceu também o aparecimento de uma formidável safra de romances originais, que superou tanto a pouca ousadia estética predominante no início da década como o universo temático característico da cultura da derrota. Ela retomou a elaboração do que denominei de "linguagem de prontidão" (Franco, 1998) — isto é, de uma linguagem literária capaz de incorporar, em seu corpo de signos, os elementos do presente (como cartazes, manchetes de jornais etc.) ou os procedimentos técnicos oriundos de outros meios expressivos (como rádio, cinema ou televisão) —, a qual confere ao romance um valor de atualidade, mesmo diante do imenso poder da televisão: assim, essa safra recorreu ao uso da montagem, da fragmentação, à multiplicação dos pontos de vista narrativos — modo de diferenciar sua linguagem da televisiva — e, ao mesmo tempo, narrou a contrapelo a história política pós-1968, esmiuçando seus vários aspectos e constituindo, desse modo, uma figuração desse universo até então reprimido ou recalcado. A essa safra literária — que inclui obras como *Cabeça de papel* (1976) e *Cabeça de negro* (1978), ambos de P. Francis; *Reflexos do baile* (1976), de A. Callado; *Zero* (1979), de I. L. Brandão; *Confissões de Ralfo* (1975), de S. Sant'Ana; *Operação silêncio* (1979), de M. Souza; *A luz do dia* (1977), de O. Louzada; *Lavoura arcaica* (1976), de R. Nassar, entre outros —, podemos chamar de "romance de resistência", visto que de fato essas obras souberam oferecer respostas literárias tanto às atrocidades do período ditatorial como à modernização econômica e social, autoritária e conservadora, que o país então conheceu.

Parte desse romance de resistência, porém, não se limitou a elaborar a linguagem de prontidão ou a narrar os aspectos mais sombrios originários dos conflitos políticos do período — como a tortura, a perseguição política, a repressão violenta (que não atingiu somente os militantes), as prisões, os seqüestros, a intimidade das organizações ou dos partidos revolucionários, o funcionamento do aparato repressivo do Estado, a violência cotidiana, o sofrimento das camadas populares ou o insulamento dos militantes, a loucura, o exercício arbitrário do poder —, mas também se propôs a produzir uma consciência literária original acerca da própria condição e alcance do romance em uma sociedade autoritária e na qual viceja a poderosa indústria cultural: a esse romance — parte do "de resistência" —, podemos chamar de "ficção radical". Seus melhores exemplos são dados por *A festa* (1976), de I. Ângelo, *Quatro-Olhos* (1976), de R. Pompeu, e *Armadilha para Lamartine* (1976), de Carlos Sussekind.

    A festa pode ser considerado o romance paradigmático da década de 1970: de fato, nele se cruzam, de modo complexo e nem sempre bem articulado, tanto a tradição documental de nossa literatura — que o anima a narrar o universo politicamente conflitante do período ou a denunciar a violência nele contida — como a tendência que obriga o romance a refletir sobre sua natureza ou sobre sua condição de existência em uma sociedade que lhe é hostil. Com isso, ele apresenta uma estrutura complexa composta, de um lado, por fragmentos à moda de contos autônomos que, porém, estão relacionados na parte final, e, de outro, por reflexões fragmentárias do narrador não só sobre a elaboração da própria obra, mas também sobre os impasses gerais da literatura nessa época. *A festa*, nesse aspecto, é um romance alegórico, isto é, não apresenta mais uma totalidade orgânica, mas, ao contrário, uma autonomização de cada parte, o que requer tanto a fragmentação como a montagem (Franco, 1998).

    Quatro-Olhos é, sem dúvida, um dos romances mais instigantes da época, embora talvez não seja dos mais prestigiados pelo público leitor. Nesse aspecto, as obras do memorialismo suplantam-no, assim como ocorre em *A festa*, que teve grande repercussão. No entanto, embora o livro de R. Pompeu ocupe lugar destacado — por sua originalidade — na constelação literária dos anos 1970, ele não deixa de desenvolver temas análogos aos de muitos romances do período. Pode-se, inclusive, observar que ele mantém relações estreitas com *Em câmera lenta*: como este, é também obra que pode ser classificada como "literatura do trauma" (Seligmann-Silva, 1999, pp. 40-47). Em certo sentido, o de R. Tapajós, por efetuar uma espécie de crítica a *Pessach: a travessia*, de C. H. Cony — visto que seu narrador é um ex-militante revolucionário que narra para entender a lógica dos acontecimentos que o vitimaram, enquanto o deste se transforma em revolucionário —, ajuda na tarefa de superar a narração política rumo à valorização da política da narração, ou seja, ao reconhecimento das possibilidades críticas contidas no ato narrativo, o que não deixa de ser um modo de resistir à censura — que, apesar de tudo, ainda não fora completamente extinta — e à repressão política.

Quatro-Olhos é obra elaborada e bastante singular: articula várias narrativas simultâneas, fragmentárias, pouco afeitas a um coração cronológico, freqüentemente sustentadas por uma linguagem aparentemente de caráter anti-realista, que, porém, provém da natureza rarefeita das próprias relações sociais modernizadas. Sua matéria principal resulta da experiência traumática do narrador, a qual lhe é socialmente imposta: Quatro-Olhos teve o apartamento invadido pela polícia política que tentava capturar sua mulher — professora universitária e militante revolucionária —, que, no entanto, conseguiu fugir. A polícia vasculhou a residência e confiscou um livro, que ele disciplinadamente havia escrito "durante todos os dias, exceto numa segunda-feira em que fora acometido de forte dor-de-cabeça" entre os 16 e 29 anos. Como a mulher e o livro eram seus únicos elos com a realidade e como, nessa ocasião, foi também proibido de continuar a escrever — coisa que lhe proporcionava genuíno prazer e lhe servia de aconchegante refúgio tanto contra o trabalho rotineiro e brutal como contra o desconforto cotidianamente experimentado —, desenvolveu completo alheamento diante da realidade, sendo então internado em uma clínica de saúde mental. Ao se reabilitar, tratou de reaver o livro perdido; entretanto, após inúmeras tentativas — algumas verdadeiramente extravagantes — concluiu que tal proeza seria completamente impossível. Decidiu, então, reescrevê-lo, mas ao tentar fazê-lo percebeu que não se lembrava de nada dele.

    Reescrever o livro perdido, cuja substância fora olvidada, obriga o narrador a enfrentar nova ordem de dificuldade que, no entanto, realça a natureza de seu esforço: este tem conseqüências políticas. De fato, ao tentar lembrar-se daquilo que outrora ele próprio narrou, é obrigado, nesse movimento, a se deparar com sua condição de homem cindido: o conteúdo do esquecimento está relacionado à sua própria identidade, ao que, no passado, ele mesmo foi. Torna-se, assim, consciente de como está dilacerado, incapaz de unir o passado ao presente. Desta maneira, a narração agora comporta duplo sentido: a luta pela reconstituição do livro original é tanto a luta para superar o esquecimento — para recuperar a matéria socialmente recalcada — como para reconstruir sua própria história e, nessa medida, sua identidade, o que talvez só seja viável em outra condição social. Esse aspecto confere à narração tanto a dimensão de denúncia do sofrimento a que a sociedade o submete — o que a transforma em um modo de criticar a realidade política de então — como, por inversão dialética, a de manter as esperanças de que um dia a vida não seja assim. A narração neste sentido aspira à felicidade: "Me pus a escrever para criar um mundo correto em meio ao mundo falso em que vivia" (Pompeu, 1976, p. 127).

O narrador narra, portanto, porque pressente que algo de fundamental foi esquecido; mas, enquanto não puder eliminar esse esquecimento, só poderá narrar tomado por forte sentimento de desorientação, de angustiante sensação de "desmoronamento do mundo": "vi a minha vida como uma casa desabada", afirma (Pompeu, 1976, p. 100). Nesse sentido, ele implica diferentes tentativas inúteis para reescrever o livro perdido: essas tentativas são os (des)caminhos necessários da narração e remetem aos itinerários imprevistos das narrativas kafkianas, as quais não miram alvo algum. Esses (des)caminhos do texto, ainda que não conduzam à recuperação do livro original, são um modo de manter viva a chama que aquece o desejo de narrar. Nesta medida, o alvo secreto do narrador não é mais recuperar o material esquecido, o saber e a experiência nele eventualmente contidos, mas o de comunicar que algo de fundamental foi esquecido.

A narração final — a do livro verdadeiramente escrito — não coincide com a do livro original. Vista desse ângulo, ela reitera a situação inicial e redunda em fracasso. Entretanto, a existência mesma do livro é um modo de resistir àquelas forças sociais do presente que exigem o esfacelamento do indivíduo, da subjetividade ou de tudo aquilo que elas não podem submeter, por não tolerarem o que difere delas mesmas. Dessa maneira, o livro de R. Pompeu pode também ser visto como um modo de narrar justamente os impedimentos sociais do ato narrativo e, portanto, como forma de resistência às atrocidades da época: contra a sociedade repressiva, ele privilegia o próprio ato de escrever — exercício radical de liberdade, que exige coragem civil. *Quatro-Olhos* é a comunicação de uma experiência que não pode mais ser comunicada e, nessa medida, como outros da época, logrou atender às exigências contidas na frase citada de Adorno, extraindo da situação desconfortável da literatura um ataque ao princípio de realidade vigente.

Referências bibliográficas

ADORNO, T. W. *Primas: la crítica de la cultura y la sociedad*. Barcelona: Ariel, 1962.
ÂNGELO, I. *A festa*, 3ª ed. São Paulo: Summus, 1978.
ARRIGUCI JÚNIOR, D. *Achados e perdidos*. São Paulo: Pólis, 1979.
_____. *Enigma e comentário*. São Paulo: Companhia das Letras, 1987.
BRANDÃO, I. L. *Bebel que a cidade comeu*. São Paulo: Brasiliense, 1968.
_____. *Zero*, 3ª ed. Rio de Janeiro: Codecri, 1979.
BRASIL, A. *Os que bebem como os cães*. São Paulo: Círculo do Livro, Nórdica, 1975.
CALLADO, A. *Bar Don Juan*, 5ª ed. Rio de Janeiro: Civilização Brasileira, 1977.
_____. *Quarup*, 8ª ed. Rio de Janeiro: Civilização Brasiliense, 1978.
_____. *Reflexos do baile*, 3ª ed. Rio de Janeiro: Paz e Terra, 1977.
CONY, C. H. *Pessach: a travessia*. Rio de Janeiro: Civilização Brasileira, 1967.
_____. *Pilatos*. Rio de Janeiro: Civilização Brasileira, 1975.
FRANÇA JÚNIOR, O. *Um dia no Rio*, 2ª ed. Rio de Janeiro: Codecri, 1981.
_____. *Cabeça de negro*, 2ª ed. Rio de Janeiro: Nova Fronteira, 1979.
_____. *Cabeça de papel*. Rio de Janeiro: Nova Fronteira, 1976.
FRANCO, R. *Itinerário político do romance pós-64: a festa*. São Paulo: Editora da UNESP, 1998.

GABEIRA, F. *O que é isso, companheiro?*, 29ª ed. Rio de Janeiro: Nova Fronteira, 1982.
LOUZADA FILHO, O. G. *A luz do dia*. São Paulo: Perspectiva, 1977.
LOUZEIRO, J. *Aracelli, meu amor*. Rio de Janeiro: Record, 1979.
_____ . *Infância dos mortos*. Rio de Janeiro: Record, 1977.
_____ . *Lúcio Flávio, o passageiro da agonia*. Rio de Janeiro: Record, 1978.
MOURÃO, R. *Cidade calabouço*. São Paulo: Quíron, 1973.
_____ . *Curral dos crucificados*. Belo Horizonte: Tendência, 1971.
NASCIMENTO, E. *Engenharia do casamento*. Rio de Janeiro: Record, 1968.
_____ . *Paixão bem temperada*. Rio de Janeiro: Civilização Brasileira, 1970.
NASSAR, R. *Lavoura arcaica*. Rio de Janeiro: José Olimpio, 1975.
POMPEU, R. *Quatro-Olhos*. São Paulo: Alfa-Omega, 1976.
QUINTELA, A. *Combati o bom combate*. Rio de Janeiro: José Olimpio, 1973.
RIBEIRO, J. U. *Sargento Getúlio*. São Paulo: Record, Altaya, s. d.
SANT'ANNA, S. *Confissões de Ralfo (uma autobiografia imaginária)*. Rio de Janeiro: Civilização Brasileira, 1986.
SELIGMANN-SILVA, M. "Literatura do trauma", *Cult*, nº 23, jun., 1999.
SOUZA, M. *Operação silêncio*. Rio de Janeiro: Civilização Brasileira, 1979.
SUSSEKIND, C. e C. *Armadilha para Lamartine*. Rio de Janeiro: Labor do Brasil, 1976.
TAPAJÓS, R. *Em câmera lenta*. São Paulo: Alfa-Omega, 1977.
TELLES, L. F. *As meninas*, 8ª ed. Rio de Janeiro: Livraria José Olímpio, 1976.
VERÍSSIMO, E. *Incidente em Antares*. Porto Alegre: Globo, 1971.
VILELA, L. *Os novos*. Rio de Janeiro: Gernasa, 1971.

13

O TESTEMUNHO: ENTRE A FICÇÃO E O "REAL"[*]

Márcio Seligmann-Silva[**]

A ironia é uma potente máquina de desleitura: o leitor nunca sabe como se comportar diante dela; se deve tentar separar o verdadeiro do falso, o sério da brincadeira, e se o que ele toma por sério não é, no final das contas, justamente uma armadilha montada pelo autor da ironia. A leitura do texto irônico é, portanto, vertiginosa, porque a todo momento o chão sobre o qual se trilha começa a ruir. Pulando de um ponto a outro, o leitor acaba muitas vezes por simplesmente se abandonar ao ritmo da ironia: ele salta no precipício do não-sentido. Ao terminar a leitura,

---

[*] Trabalho apresentado originalmente no II Encontro Brasileiro de Estudos Judaicos organizado pelo Programa de Estudos Judaicos da Universidade do Estado do Rio de Janeiro, no dia 25 de novembro de 1999.
[**] UNICAMP

ele parece estar com as mãos vazias; na verdade ele leva apenas a certeza de que o único sentido da ironia é justamente a inexistência de algo como o "sentido".[1]

Podemos dizer, portanto, que a ironia implode a leitura na medida em que obscurece e desarticula as funções referenciais e comunicativas do discurso. Ela na verdade abre o campo da *auto-referência* da linguagem: e não é de modo algum casual que a ironia moderna tenha sido pensada, genialmente praticada e teorizada pelo mesmo círculo de pensadores que estabeleceu o conceito moderno de *literatura* no final do século XVIII, a saber, pelos poetas e filósofos Friedrich Schlegel e Novalis. A literatura, como é bem sabido, também trabalha no campo minado da fronteira — impossível de ser traçada! — entre a referência e a auto-referência. Como a ironia, ela também pode ser vista como um espaço de auto-reflexão da linguagem, como um *medium* do trabalho de Penélope de costura e descostura da nossa subjetividade com o mundo, ou ainda, como uma oficina de aprimoramento da linguagem enquanto uma máquina não tanto de "representar" o "real", mas sim de dar uma forma a ele.

Afinal, já é praticamente um consenso entre os teóricos literários que a literatura não é uma mera imitação do mundo. Por outro lado, a própria literatura realizada no século XX percorreu certos caminhos que parecem apontar na direção oposta à da auto-referência do discurso. Pode-se dizer, retomando a metáfora esboçada acima, que o leitor — assim como o autor — foi como que de encontro ao chão do precipício da fala irônica no qual ele flutuava. O modelo paradigmático dessa literatura antiirônica — que poderíamos chamar, com o cuidado da aplicação das aspas, de literatura do "real" — é representado pela *literatura de testemunho*. É justamente a sua peculiar capacidade de entrecruzar literatura e "mundo fenomênico" que será tematizada neste texto. Tendo em vista o pouco tempo de que disponho aqui, terei que me contentar em apresentar alguns pontos-chave da discussão que eventualmente poderão futuramente auxiliar nessa tarefa de teorizar essa literatura do "real" que é, antes de mais nada, ao mesmo tempo antimimética — pensando-se no sentido tradicional do conceito de imitação — e antiirônica.

Para evitar confusões, devo deixar claro desde agora dois pontos centrais:

(a) A literatura de testemunho é mais do que um gênero: é uma face da literatura que vem à tona na nossa época de catástrofes e faz com que toda a história da literatura — após 200 anos de auto-referência — seja revista a partir do questionamento da sua relação e do seu compromisso com o "real".

(b) Em segundo lugar, esse "real" não deve ser confundido com a "realidade" tal como ela era pensada e pressuposta pelo romance realista e naturalista: o "real" que nos interessa aqui deve ser compreendido na chave freudiana do *trauma*, de um evento que justamente resiste à representação.[2]

Testemunho

Em latim pode-se denominar o testemunho com duas palavras: *testis* e *superstes*. A primeira indica o depoimento de um terceiro em um processo. No quinto livro de Moisés encontra-se uma passagem clássica que exemplifica esse sentido do testemunho como "terceiro": "Uma só testemunha contra ninguém se levantará por qualquer iniqüidade, ou por qualquer pecado, seja qual for o pecado que pecasse; pela boca de duas testemunhas, ou pela boca de três testemunhas, se decidirá a contenda" (Êxodo, 19, 15). Também o sentido de *superstes* é importante no nosso contexto: ele indica a pessoa que atravessou uma provação, o *sobrevivente*. O conceito de *mártir* está próximo a essa acepção do sobrevivente. *Martyros* em grego significa justamente testemunha. Se a noção de testemunha como terceiro já anuncia o tema da verificação da "verdade", ou seja, traz à luz o fato de que o testemunho por definição só existe na área enfeitiçada pela dúvida e pela possibilidade da mentira, a acepção de testemunho como sobrevivente e como mártir indica a categoria excepcional do "real" que o testemunho tenta dar conta *a posteriori*.[3]

A tensão que habita a literatura na sua relação dupla com o "real" — de afirmação e de negação — também se encontra no coração do testemunho. Literatura e testemunho só existem no espaço entre as palavras e as "coisas": "o testemunho tem sempre parte com a *possibilidade* ao menos da ficção, do perjúrio e da mentira, afirma Derrida. Eliminada essa possibilidade, nenhum testemunho será possível e, de todo modo, não terá mais o sentido do testemunho".[4]

Na concepção jurídica de testemunho, a literatura — no seu sentido de ficção — deve ser totalmente eliminada. Habermas, na sua crítica das posturas pós-estruturalistas diante do discurso dito sério e seguindo a linha de filósofos como Frege e Austin, apresenta-se como um defensor da separação estrita entre o discurso literário e o "cotidiano". Segundo ele, a relação entre o sentido e a *Geltung* (vigência ou validade) é totalmente diferente na literatura e na linguagem cotidiana: no primeiro caso, as reivindicações de validade possuem força apenas para os personagens do livro. Daí ele afirmar que "die literarischen Sprechhandlungen [sind] illokutionär *entmächtigt*" ("os atos de linguagem literários são *desativados* em termos ilocucionários"),[5] ou seja, eles não levam a ações. Ora, é justamente essa relação com as ações e com o mundo extraliterário que a literatura de testemunho vai reivindicar. Nesse sentido, é muito mais correto aceitar, como Manfred Frank, o fato de que é o leitor que cria a mensagem literária. A relação entre o texto e os fatos depende da leitura e, de resto, também existem argumentos na literatura, e a imagem que ela abarca não é de modo algum indiferente à "verdade".[6]

O caso da perseguição e condenação à morte de Salman Rushdie é um bom exemplo da força da literatura. Todorov defende Rushdie, no entanto, ressaltando o fato da obra ser uma ficção — o que decerto implica a *responsabilidade* do seu autor diante do seu texto, mas de modo algum pode justificar a sua condenação.[7] A verdade é que esse limite entre a ficção e a "realidade" não pode ser delimitado. E o testemunho justamente quer resgatar o que existe de mais terrível no "real" para apresentá-lo. Mesmo que para isso ele precise da literatura.

Testemunho e ficção

Que a leitura determina o texto é evidente: mas afirmar isso não resolve de modo algum a complexidade da relação entre a literatura e "realidade". O sobrevivente, aquele que passou por um "evento" e viu a morte de perto, desperta uma modalidade de recepção nos seus leitores que mobiliza a empatia na mesma medida em que desarma a incredulidade. Tendemos a dar voz ao mártir, vale dizer, a responder à sua necessidade de testemunhar, de tentar dar forma ao inferno que ele conheceu — mesmo que o fantasma da mentira ronde as suas palavras. Um texto totalmente ficcional de testemunho, mas que é apresentado como autêntico, mobiliza os leitores como se não se tratasse de um texto apócrifo. Não importa, nesse caso, se o autor agiu de boa ou de má-fé visando iludir os seus leitores.

Existe uma tradição de dissimulação da autenticidade do conteúdo do texto e mesmo do seu autor que mostra uma tendência inerente à literatura a questionar o *status* da sua veracidade. A ironia — no seu sentido de dissimulação — pode voltar-se contra o autor/a autoridade do texto. Um caso famoso, nesse sentido, é o livro de Pierre Louÿs, publicado em 1895, *Les chansons de Billitis*.[8] Billitis supostamente era uma poetisa contemporânea de Safo: mas não restaram poemas dela e talvez ela não tenha sequer existido. A obra de Louÿs constitui na verdade uma peça muito bem montada de ironia e de paródia da erudição acadêmica e de pastiche da poesia helênica. Se houve críticos argutos que souberam valorizar o jogo de Louÿs, também as críticas negativas não faltaram. A mais interessante delas no nosso contexto é a do importante helenista alemão Ulrich Wilamowitz-Moellendorf. O que é digno de nota na resenha de Wilamowitz-Moellendorf é que ele procede como um *expert* capaz de perceber os "erros" de Louÿs: ele afirma que os camelos não eram empregados como metáforas na Antigüidade Clássica, que os coelhos não seriam animais sacrificiais e que o autor teria empregado comparações atípicas para o contexto. Louÿs posteriormente respondeu a esse ataque envolvendo Wilamowitz-Moellendorf na farsa: em uma reedição de 1898 das *Chansons de Billitis*, ele adicionou uma bibliografia fictícia, na qual constava uma edição alemã desse livro apócrifo atribuída ao "professeur von Willamowitz-Moellendorf". Interessa-nos aqui mostrar nessa história, por um lado, que se pode parecer estar copiando/traduzindo algo que na verdade está sendo inventado, como também, por outro, as modalidades da recepção dessa prática: que vão desde o reconhecimento e a aceitação do jogo (no caso, inofensivo, do ponto de vista de um crítico não preso a regras acadêmicas mofadas) até à reação detetivesca do professor que quer desmontar a farsa e defender a honra da sua disciplina.

Mas e se a farsa não envolvesse uma poetisa do sexto século antes da nossa Era, mas sim um evento do nosso século cujos sobreviventes ainda estão vivos? O que tinha um tom irônico passa a ter um valor amoral. É exatamente o que acontece no caso da obra do autor suíço Binjamin Wilkomirski, aliás Bruno Doessekker (a saber, a bem da verdade, antes de receber o nome dos pais adotivos: Bruno Grosjean!), autor do volume *Bruchstücke* (*Fragmentos*) publicado em 1995.[9] Wilkomirski apresenta-se como um sobrevivente do Holocausto não apenas no seu relato que ele denomina de autobiográfico e equipa com um posfácio — uma peça de retórica digna de ser lida sobretudo após a revelação da farsa. Também nos "pára-textos" que acompanham o seu livro, nas dezenas de entrevistas e de palestras que ele deu pelo mundo ele sempre afirmou essa identidade falsificada. Ele não só não é judeu como apenas conheceu os campos de concentração na qualidade de turista e de estudioso da história. Mas essa obra merece atenção da parte dos estudiosos, sobretudo devido a sua inegável força. A recepção espetacular que esse livro teve — em pouco tempo ele se tornou uma referência obrigatória nos *Holocaust-studies* — só pode ser justificada pela conjunção única presente nessa obra entre encenação do trabalho da memória e as imagens mais fortes jamais descritas pelos verdadeiros sobreviventes. Acrescente-se a isso o ponto de vista da criança — Wilkomirski/Doessekker narra a sua suposta passagem pelos campos de concentração quando ele tinha pouco mais de três anos de idade.

A força dessa obra advém justamente do fato de ela ser fictícia: as pessoas que realmente passaram pelas situações que o autor descreve — baseado na leitura de dezenas de textos autobiográficos e de documentos e livros de história —, esses autênticos sobreviventes, justamente são incapazes de narrar com tanta precisão os detalhes do "olhar da medusa". Nesse sentido, a frase de Privo Levi deve ser considerada com todo o seu teor de verdade: "Chi há visto la Gorgone non è tornato per raccontare, o è tornato muto. Come nessuno è mai tornato a raccontare la sua morte" (*I sommersi e i salvati*). Apenas um estudioso e erudito na Shoah como Wilkomirski poderia construir uma peça tão impactante quanto *Fragmentos* (mesmo que essa obra de fato realize a promessa contida no seu nome, ou seja, arrebente-se em fragmentos, diante da revelação da farsa).[10]

Essa força da ficção para narrar os eventos do Holocausto já havia sido comprovada há muitos anos por um outro caso. Em 25 de setembro de 1946 foi publicado no *Yiddische Zeitung* de Buenos Aires um texto denominado "Jossl Rakowers Wendung zu Gott" ("Yossel Rakover volta-se para Deus") de autoria de Zvi Kolitz, um judeu da Lituânia, nascido em 1919 e que se encontrava então de passagem pela Argentina para levantar apoio para a fundação do Estado de Israel.[11] Zvi Kolitz compôs esse texto em Buenos Aires mesmo, no *City Hotel*: um texto que pouco tempo depois se tornou, pelas vias mais inesperadas, um dos exemplos máximos da literatura das testemunhas — note-se: *oculares* — da Shoah, apesar do autor estar em Israel desde 1940. O seu texto apresenta a fala irada de um judeu nos estertores do gueto de Varsóvia que se volta para

Deus em busca de uma resposta para o que se passava com o seu povo. O texto começa do seguinte modo:

> Em uma das ruínas do gueto de Varsóvia foi encontrado, entre um monte de pedras carbonizadas e de restos humanos, o seguinte testamento em uma pequena garrafa, escondida e dissimulada, escrito nas últimas horas do gueto de Varsóvia por um judeu de nome Yossel Rakover:
>
> Varsóvia, 28 de abril de 1943.
> Eu, Yossel, o filho de Davi Rakover de Tornpol, discípulo do Rabbi de Ger e descendente dos justos, sábios e virtuosos da família Rakover e Meils, escrevo essas linhas enquanto as casas do gueto de Varsóvia estão em flamas e a casa na qual eu me encontro é uma das últimas que ainda não queima...[12]

Em 1953 o texto de Kolitz foi enviado para publicação na revista israelense *Die Goldene Keit* de Tel Aviv: só que o texto chegou sem o nome do autor ou local de publicação. A revista publicou o texto no ano seguinte como "um documento autêntico". Mais um ano e o texto, traduzido, já era transmitido pela Radio Berlim e publicado na França na revista sionista *La Terre Retrouvé*. Em 1965, o texto foi publicado pela primeira vez em hebraico, em Jerusalém, sendo que ainda levava o título "testamento". Em meados de 1960, Paul Badde — o editor alemão do texto — conta-nos que se podia ler em uma obra publicada em Israel que o "Yossel Rakover" era considerado um dos textos fundadores do movimento "Gush Emunim" (partidários da grande Israel). Nos Estados Unidos, ele é integrado a livros de reza tanto entre os judeus ortodoxos como também entre os reformados. Apesar de Zvi Kolitz ter reivindicado a paternidade do texto, aparentemente muitos editores, leitores e rabinos preferem ainda hoje a versão do texto sem o "Zvi Kolitz" no seu cabeçalho. O que importa é que sem ter visto o gueto de Varsóvia, ele redigiu um dos textos mais fortes sobre esse evento; daí Lévinas, no final da década de 1950, ter afirmado justamente que esse texto só poderia ser uma ficção — numa época em que pouquíssimos sabiam disso — pois ele é "beau et vrai, vrai comme seule la fiction peut l'être". Mas o filósofo logo acrescenta: "ce texte [...] traduit une expérience de la vie spirituelle profonde et authentique".[13] Trata-se sem dúvida de uma *tradução* de algo não visto, mas sentido e imaginado, cujo conteúdo responde em vários níveis a uma representação da morte do mártir, essencial para a memória do Holocausto.

Jorge Semprún, um sobrevivente de Buchenwald, redigiu o seu testemunho sob a forma de romances, nos quais a sua experiência é narrada em meio a um enredo que mistura ficção e realidade, como em *A grande viagem* e em *Um belo domingo*.[14] O seu testemunho autobiográfico "testamental" (cf. *testis*), ou seja, redigido programaticamente "fora" do gênero romance de testemunho, ele publicou apenas em 1994 com o título *L'écriture ou la vie*.[15] Aí ele insiste várias vezes na *necessidade do registro ficcional* para a apresentação dos eventos no campo de concentração. Apenas a passagem pela a imaginação poderia dar conta daquilo que escapa ao conceito. Semprún e outros sobreviventes da Shoah sabem que aquilo que transcende a verossimilhança exige uma reformulação artística para a sua transmissão.[16] Mas a imaginação não deve ser confundida com a "imagem": o que conta é a capacidade de *criar* imagens, comparações e sobretudo de *evocar* o que não pode ser diretamente apresentado e muito menos representado. Eis o motivo, por exemplo, da opção do cineasta Claude Lanzmann no sentido de abolir as imagens de documentário do seu filme *Shoah*: as imagens devem surgir apenas pela evocação comandada pelas palavras e pelos cenários em ruína dos campos de concentração no nosso *presente*. Não podemos esquecer aqui que a lei mosaica que proíbe as imagens de Deus está na origem da tradição alegórica, da indicação via símile daquilo que não pode ser representado.

Mas esse *Bildverbot*, proibição das imagens, não foi sempre seguido pelos autores que tentaram retratar o Holocausto. A dificuldade dessas tentativas de traduzir esse evento em imagens pode ser representada de modo emblemático pelos mais de dez anos de debate na Alemanha em torno da forma que o monumento em memória dos judeus assassinados no Holocausto deveria ter.[17] O problema é que não existe comensurabilidade quando se fala do Holocausto e de outras catástrofes radicais. Essa impossibilidade de criar comparações e metáforas, em suma, de simbolizar o "real", é que torna o trabalho de luto e de perlaboração uma tarefa (*Aufgabe*)[18] sem fim, ao menos *do ponto de vista* das vítimas.

É interessante lembrar neste contexto uma carta que Art Spiegelman enviou à redação do *The New York Times Book Review*. Nessa carta, ele reclamou o fato da sua obra *Maus* (uma história em quadrinhos que relata tanto a vida do seu pai — um sobrevivente da Shoah — como a história do seu relacionamento com ele) ter sido classificada na lista dos *best-sellers* na coluna de "ficção". Spiegelman aceita o teor "literário" da sua obra, mas, como ele escreve com toda razão, isso não implica em afirmar o teor "fictício" da mesma: "'fiction' indicates that a work isn't factual", ele afirmou na carta. É claro que a ficção, por outro lado, não pode ser equacionada com "mentira": no campo da estética só existe a "verdade estética" (para falar com Baumgarten). A questão de Spiegelman é que ele vê a sua obra como uma obra de *testemunho*: que remete a algo "que de fato ocorreu". Não é invenção, mas narração — ou mesmo, construção — do "real",[19] ou seja, o autor de *Maus*, uma história em quadrinhos, reivindica o seu teor de verdade e exige uma *"terceira coluna"* que conjugue "ficção" e testemunho. Optar pela distinção "literatura/não-literatura", como Spiegelman aventa na mesma carta, não resolveria a questão, pois, como é bem conhecido, também "a possibilidade da literatura não pode ser derivada".[20]

O comprometimento com o "real" faz com que o autor exija um redimensionamento do conceito de literatura. A relação desse autor com o passado ao qual ele tenta dar uma forma tem o caráter de um compromisso *ético*. A ironia encontrar-se-ia deslocada ou, no mínimo, teria de ser redefinida nesse contexto. A história em quadrinhos, enquanto uma filha da tradição da caricatura e do grotesco, encontra-se redimensionada no âmbito da Shoah (poderíamos tratar também das tentativas irônicas de trabalhar com o Holocausto, como na literatura de David Grossmann e de Yoram Kaniuk ou no cinema de Benigni e em *Train de vie* do romeno Radu Mihaileanu (1998). É certo que essa ironia encontra uma grande resistência, mas também tem um efeito terapêutico, de distanciamento e aproximação do "evento". Nesse sentido, também a ironia é redimensionada no contexto da Shoah: como nas *comédies larmoyantes* do final do século XVII, que misturavam os gêneros da tragédia e da comédia. Esses gêneros mistos não por acaso são típicos de momentos de inflexão na história das artes).[21]

Na literatura de testemunho não se trata mais de *imitação* da realidade, mas sim de uma espécie de "manifestação" do "real". É evidente que não existe uma transposição imediata do "real" para a literatura: mas a *passagem* para o literário, o trabalho do estilo e com a delicada trama de som e sentido das palavras que constitui a literatura é *marcada* pelo "real" que resiste à simbolização. Daí a categoria de o *trauma* ser central para compreender a modalidade de o "real" de que se trata aqui. Se compreendemos o "real" como trauma — como uma "perfuração" na nossa mente e como uma ferida que não se fecha — então fica mais fácil de compreender o porquê do redimensionamento da literatura diante do evento da literatura de testemunho. Não se trata apenas de "psicanalisar" a literatura, pois o testemunho, como vimos, é não apenas *superstes*, ou seja, a voz de um sobrevivente, mas também *testis*, enfrentamento, por assim dizer, "jurídico" com o real (sem aspas!) e reivindicação da verdade. Verdade esta que pode também transformar algumas vezes a ficção em documento *avant la lettre*, como no caso de Zvi Kolitz: seu "Yossel Rakover" acabou de fato, como Kolitz escrevera na abertura do seu texto, "entre um monte de pedras carbonizadas e de restos humanos", quando o prédio do centro cultural judaico de Buenos Aires, na calle Pasteur 633, foi explodido em 1994 em um atentado terrorista, soterrando quase uma centena de pessoas e os últimos exemplares do *Yiddishe Zeitung* no qual o texto fora publicado.[22]

Referências bibliográficas

AGAMBEM, Giorgio. *Quel che resta di Auschwitz. L'archivio e il testimone*. Torino: Bollati Boringhieri Editore, 1998.

AIZENBERG, Edna. "Las piedras de la memoria: Buenos Aires y los monumentos a las víctimas", *Iberoamericana. América Latina — España — Portugal*, vol. 1, nº 1, 2001.

BENJAMIN, Walter. "Die Aufgabe des Übersetzers", in R. Tiedemann e H. Schweppenhäuser (orgs.), *Gesammelte Schriften*, vol 4. Frankfurt a. M., 1972.

BENJAMIN, Walter. *O conceito de crítica de arte no Romantismo alemão*. Trad. M. Seligmann-Silva. São Paulo: Iluminuras, EDUSP, 1993, coleção Biblioteca Pólen.

BUSTAMANTE, Francisco. "La impronta jurídica y religiosa en el testimonio literario latinoamericano", in H. Achugar (org.), *En otras palabras, otras historias*. Montevidéu: Universidad de la República, Facultad de Humanidades y Ciencias de la Educación, Departamento de Publicaciones, 1994.

DERRIDA, J. *Demeure. Maurice Blanchot*. Paris: Galilée, 1998.

FRANK, Manfred. "Wittgenstein Gang in die Dichtung", in M. Frank e G. Soldadti (orgs.), *Wittgenstein Literat und Philosoph*. Tübingen, 1989.

_____. *Stil in der Philosophie*. Stuttgart: Reclam, 1992.

HABERMAS, Jürgen, "Philosophie und Wissenschaft als Literatur?", in *Nachmetaphysisches Denken. Philosophische Aufsätze*. Frankfurt a. M., 1988.

_____. *Der philosophische Diskurs der Moderne*. Frankfurt a. M., 1985.

HOROWITZ, Sara R. "Auto/Biography and fiction after Auschwitz: probing the boundaries of second-generation aesthetics", in E. Sicher (org.), *Breaking crystal. Writing and memory after Auschwitz*. Urbana, Chicago: University of Illinois Press, 1998.

KOLITZ, Zvi. *Jossel Rakovers Wendung zu Gott*. Munique, Zurique: Piper, 1999.

LACAPRA, Dominick. "Twas the night before Christmas: art Spiegelman's *Maus*", in *History and memory after Auschwitz*. Ithaca, Londres: Cornell U. Press, 1998.

LÉVINAS, "Aimer la Thora plus que Dieu", in Z. Kolitz (org.), *Yossel Rakover s'addresse à Dieu*. Calmann-Lévy, 1998.

SELIGMANN-SILVA, Márcio. *Ler o livro do mundo. Walter Benjamin: romantismo e crítica poética*. São Paulo: Iluminuras, FAPESP, 1999.

_____. "História como trauma", *Pulsional. Revista de Psicanálise*, n°s 116-117. S. l.: Escuta, dez.-jan., 1998-1999. (Agora in M. Seligmann-Silva e A. Nestrovski (orgs.), *Catástrofe e representação*. São Paulo: Escuta, 2000.)

_____. "Filosofia da tradução — Tradução de Filosofia: o princípio da intraduzibilidade", *Cadernos de Tradução*, n° 3. UFSC, 1998.

_____. "Os fragmentos de uma farsa", *Cult*, n° 23, jun., 1999 (dossiê: "Literatura de testemunho").

SELIGMANN-SILVA, Márcio. "A literatura do trauma", *Cult*, nº 23, jun., 1999 (retomado neste volume).

_____ . "Do delicioso horror sublime ao abjeto e à escritura do corpo", in A. L. Andrade M. L. de Barros Camargo e R. Antelo (orgs.), *Leituras do ciclo*. Florianópolis: ABRALIC, 1999.

SEMPRÚN, Jorge. *Le grand voyage*. Paris: Gallimard, 1963. (*A grande viagem*. Rio de Janeiro: Bloch editores, s. d.)

_____ . *Um belo domingo*. Trad. A. Rodrigues. Rio de Janeiro: Nova Fronteira, 1982.

_____ . *L'écriture ou la vie*. Paris: Gallimard, 1994.

SPIEGELMAN, Art. *Maus. A survivor's tale*. Nova Iorque: Pantheon, 1973-1991.

TODOROV, Tzvetan. *O homem desenraizado*. Trad. C. Cabo. Rio de Janeiro: Record, 1999.

WILKOMIRSKI, Binjamin. *Bruchstücke. Aus einer Kindheit. 1939-1948*. Frankfurt a. M.: Suhrkamp, 1995 (*Fragmentos. Memórias de uma infância 1939-1948*. Trad. S. Tellaroli. São Paulo: Companhia das Letras, 1998).

14

CATÁSTROFE, HISTÓRIA E MEMÓRIA EM WALTER BENJAMIN E CHRIS MARKER: A ESCRITURA DA MEMÓRIA

*Márcio Seligmann-Silva**

"Escrever" a história, (re)contar os "fatos", interpretar o mundo: todas essas tarefas são muito bem conhecidas daquele que transita no mundo das "ciências humanas". "Como" esses três passos — na verdade indissociáveis — se dão, qual a modalidade dessa escritura do espaço e do tempo, isso, como é bem sabido, pode variar de inúmeras formas. Pensando nos termos de uma apresentação esquemática dessa questão, poderíamos pensar, grosso modo, em um modelo mimético — no sentido mais restrito desse termo, enquanto *imitatio* — da escritura da história que se oporia a um outro, marcado não

---

* UNICAMP

mais pelo paradigma da "representação", mas sim pelo da "apresentação" — que, pensando em termos kantianos, é o único adequado para as idéias estéticas e éticas.

No presente texto reflito sobre alguns aspectos da concepção benjaminiana da escritura do tempo/espaço que se articulou sempre a partir dessa segunda modalidade de apresentação. Com isso, também estaremos enfocando um aspecto, central para mim, da atualidade do pensamento de Benjamin, a saber, a sua teoria da história que, como veremos, é sobretudo uma teoria da memória. Esse aspecto da obra de Benjamin tem sido de grande importância nas atuais discussões e pesquisas acerca da assim chamada "literatura/ arte de testemunho". Eu me refiro aqui sobretudo àquela literatura produzida a partir da Shoah (às obras de autores como Primo Levi, Jean Améry, Aharon Appelfeld, Paul Celan, Jorge Semprún, Robert Antelme, Charlotte Delbo ou Nelly Sachs). Também nesse ponto, Benjamin mostrou estar à frente da sua época: creio que ele é o pensador que melhor pode instrumentalizar-nos na leitura dos textos de testemunho. Se a arte e a literatura contemporâneas têm como seu centro de gravidade o trabalho com a memória (ou melhor, o trabalho *da* memória), a literatura que situa a tarefa do testemunho no seu núcleo, por sua vez, é a literatura *par excellence* da memória. Mas não de simples rememoração, de "memorialismo". Antes, essa literatura trabalha no campo mais denso da simultânea necessidade do lembrar-se e da sua impossibilidade; para ela não há uma mera oposição entre memória e esquecimento. Benjamin — na primeira metade do século XX e em conjunto com outras tentativas mais ou menos isoladas — tentou rever o projeto moderno/iluminista, típico do século XIX, mas que o transcendeu, que reduzia a relação com o passado ao registro da historiografia. Como Gabriel Motzkin já apontou,[1] a historiografia tradicional, tal como ela se expressou do modo mais claro no Historicismo alemão, parte do pressuposto de que a historiografia pode subsumir a experiência privada/pessoal do passado (eliminando assim a modalidade do *testemunho*); para ela, o passado deve ficar restrito à *ciência* do passado (a historiografia), descartando desse modo também a memória coletiva (e para Maurice Halbwachs, vale lembrar, a memória é sempre coletiva);[2] e, finalmente, para o Historicismo a consciência temporal (seja ela do passado, do presente ou do futuro) deve ser sempre histórica, descartando assim a memória individual. Contra o Historicismo — que apenas reproduz a alienação entre a experiência e o indivíduo moderno —, Benjamin reafirmou a força do trabalho da memória: que a um só tempo destrói os nexos (na medida em que trabalha a partir de um conceito forte de presente) e (re)inscreve o passado no presente. Essa nova "historiografia baseada na memória" *testemunha* tanto os sonhos não realizados e as promessas não-cumpridas como também as insatisfações do *presente*. Essa reescritura se dá em camadas: ao invés da linearidade limpa do percurso ascendente da história (do "Ocidente", do "Geist") tal como era descrita na historiografia tradicional, encontramos um palimpsesto aberto a infinitas re-leituras e re-escrituras. Tentemos agora nos aproximar mais desse modelo benjaminiano da temporalidade e do seu necessário e impossível "registro".

Walter Benjamin foi um dos pensadores que mais e melhor refletiu sobre a História e a sua escritura. Eu me pergunto, no entanto, se seria correto afirmar que ele possuía uma "filosofia da História". Ele foi, sem dúvida, um pensador e filósofo do tempo, mas denominar a sua teoria de "filosofia da História" implicaria vinculá-lo à tradição (sobretudo alemã) de *Geschichtsphilosophie*, filosofia da História, ou seja, ao pensamento de Herder, Kant e Hegel — para mencionarmos três dos principais representantes dessa tradição. Mas Benjamin nunca foi "apenas" um "pensador e filósofo do tempo": ele também era um teórico das *imagens* — e da dimensão espacial das mesmas. Tempo e espaço não constituíam para ele — kantianamente — apenas a grelha transcendental do nosso modo de pensar; assim como a História não era o discorrer linear do tempo rumo à sociedade perfeitamente "racional". Antes, Benjamin estava preocupado em estabelecer, ou, na verdade, em desvendar o elemento *espacial* que envolve e *detém* o tempo. A sua reflexão sobre a História valoriza a sua *interrupção pontual* — determinada num *aqui* e *agora*; privilegia a *cesura* no tempo: o verso/volta, a dança em ziguezague e não a prosa linear. O tempo para ele não é vazio, mas sim *denso*, poroso — matérico. Nas suas mãos, a teoria da História, antes ligada à *ciência* da História, passa a ser uma teoria da memória e assume os contornos de um trabalho mais próximo do artesanal, no qual o "historiador" deixa as marcas digitais na sua obra. O tempo deve deixar sua marca no espaço; ele é telúrico, pesado: como nas esculturas e quadros de um Anselm Kiefer. Nesse sentido, não podemos mais falar de *mímesis* no seu sentido de *imitatio*, mas de uma outra modalidade da *mímesis*, que Benjamin sempre soube valorizar como poucos: o mundo das afinidades e *semelhanças*, que constituía para ele tanto a "magia" da linguagem quanto fundamentava a relação de cada *agora* com um determinado "ocorrido" (V, 578).[3]

A historiografia — com essa concepção de tempo — deixa de ser a narração de uma história de sucessos (e *do* sucesso) e explode em fragmentos e estilhaços — vale dizer: em ruínas. *Ruínas* representam aqui justamente a síntese paradigmática entre tempo e espaço; a ruína é uma *imagem-tempo*. A visão — barroca — da história como um amontoado de ruínas — descrita tanto no livro sobre o drama barroco alemão, como nas teses "Sobre o conceito de História" — indica um primeiro sentido do conceito de catástrofe que permeia toda a reflexão histórica de Benjamin. Neste trabalho, tentarei descrever essa concepção da História — e do cotidiano — como catástrofe que convive na obra desse filósofo ao lado de uma concepção ambígua de catástrofe como ruptura absoluta — que no seu pólo negativo implica a destruição e desmoronamento da História e no positivo leva à sua redenção integral.

História como catástrofe

A teoria da alegoria que Benjamin desenvolve no seu livro sobre o drama barroco alemão ressalta o papel desse tropo na destruição da "falsa aparência da totalidade" (I, 352). Essa destruição é correlata ao "culto da ruína" (I, 354) e do fragmento.

> Quando, com o drama barroco [*Trauerspiel*], a história adentra no palco, ela o faz como escrita. Na face da natureza encontra-se a palavra "história", com os caracteres da transitoriedade. A fisionomia alegórica da natureza-história, que é posta na cena com o *Trauerspiel*, é efetivamente presente enquanto ruína. [...] O que encontra-se aí desfeito em escombros, o fragmento altamente significativo: esta é a matéria da criação barroca (I, 353 e seg.).

Para o homem barroco, poderíamos dizer numa expressão extrema, a vida se resume à produção do cadáver. Não apenas o mundo do teatro barroco está dominado pela triste figura ambígua do soberano que "segura em suas mãos o acontecimento histórico" (ODBA, 88),[4] na verdade no século XVII o palco também adentra a História e um dos modos de se perceber esse fenômeno consiste em observar o novo conceito de soberania dessa época. O poder que as teorias políticas atribuíam então ao príncipe era um fruto direto do pensamento da Contra-Reforma. O Príncipe fora investido de poderes totais, pois a sua singular figura é a resposta à visão da História como *Ausnahmezustand* (estado de exceção, I, 246; ODBA, 89). "Quem reina já está desde o início destinado a exercer poderes ditatoriais, num Estado de Exceção, quando este é provocado por guerras, revoltas ou outras catástrofes". O homem barroco

> está obcecado pela idéia de catástrofe, como antítese ao ideal histórico da Restauração. É sobre esta antítese que se constrói a teoria do Estado de Exceção. [...] Se o homem religioso do Barroco adere tanto ao mundo, é porque se sente arrastado com ele em direção à catarata. O Barroco não conhece nenhuma escatologia; o que existe, por si mesmo, é uma dinâmica que junta e exalta todas as coisas terrenas, antes que elas sejam entregues à consumação (ODBA, 89 e seg.).

É essa dinâmica que está na base da alegoria barroca como exercício de *ressignificar* infinitamente um mundo/significante desencantado de qualquer sentido totalizante. O homem que sente que logo cairá no abismo agarra-se à terra como um último gesto de salvação. Suas garras — *Griffe* — são os conceitos — *Be-griffe*.

A alegoria no século XIX, ou melhor, a alegoria baudelaireana, uma vez que esta forma não era de modo algum a predominante naquele século,[5] nasce do sentimento de transitoriedade que é radicalizado com o advento da cidade moderna. A lei da cidade — a lei de Hausmann, o prefeito de Paris que quis redesenhar a face da sua cidade — é a da constante destruição e construção. O fotógrafo Eugène Atget — cujas fotografias de Paris, nas quais a cidade surge desabitada, encantaram não apenas aos surrealistas, mas ao próprio Benjamin — *documenta e testemunha* com a sua "fotografia pura" uma cidade que se transformara na ruína de si mesma: nos textos que acompanham as tiragens das suas fotos, ele anotava "va disparaître".[6] Para Benjamin "o interesse originário pela alegoria não é lingual [*sprachlich*], mas sim ótico: 'Les images, ma grande, ma primitive passion'" (I, 686), afirmava Baudelaire. No poema "Le goût du néant", este constatou melancolicamente que "Le printemps adorable a perdu son odeur" (I, 641; OE, III, 135).[7] O culto baudelaireano das imagens é justamente a resposta à constante perda irreparável: "Aquilo de que se sabe que logo não mais se terá diante de si se torna imagem",[8] afirmou Benjamin no seu "A Paris do Segundo Império em Baudelaire" ("Das Paris des Second Empire bei Baudelaire") de 1938. Este sentimento de *efemeridade* do mundo gera a melancolia, o *"spleen"*, que Benjamin define como "o sentimento que corresponde à catástrofe em permanência" (V, 437). E, ainda, ele também afirma que "A experiência da alegoria, que a detém nos escombros [*Trümmern*], é propriamente a da efemeridade eterna" (V, 439). Ao invés do sentimento de continuidade do tempo, tem-se a sensação de se afogar na avalanche dos segundos: "os minutos cobrem o homem como flocos de neve", afirma ele. E continua: "Esse tempo é sem história" (OE, III, 136 e seg.). O indivíduo moderno como que perdeu o bonde da História: ele ficou na estação, paralisado. "Para que falar de progresso", pergunta-se Benjamin, "a um mundo que afunda na rigidez cadavérica? [...] Deve-se fundar o conceito de progresso na idéia da catástrofe. Que tudo 'continue assim', isto é a catástrofe. Ela não é o sempre iminente, mas sim o sempre dado" (V, 592; I, 682 e seg.; OE, III, 173 e seg.). O historiador/alegorista benjaminiano é aquele que se dirige para as ruínas da história/catástrofe para recolher os seus cacos. Diante dessa visão da história, não há mais lugar para a historiografia tradicional — representacionista — que pressupunha tanto uma "distância" entre o historiador e o seu "objeto" como também a figura correlata do historiador como alguém presente a si mesmo e que segurava com firmeza as rédeas do seu saber.

É essencial reter na teoria da alegoria de Benjamin essa confluência entre a transformação do real/ruína (vale dizer, da História) em uma escritura imagética, hieroglífica (soma de imagem e *logos*), que pode, por um lado, ser infinitamente *re-inscrita*, mas nunca definitivamente traduzida, e, por outro, a visão do mundo dominado por um *Ausnahmezustand*, estado de exceção (que Benjamin, vale lembrar, teorizou inspirado em outro pensador, a saber, em Carl Schmitt). Essa concepção de uma escritura imagética hieroglífica, não por acaso, encontra-se no centro da concepção freudiana do nosso aparelho psíquico (cf. sobretudo a última parte da sua obra *Die Traumdeutung* e o pequeno texto de 1924-1925 "Notiz über den 'Wunderblock'"). Em Benjamin, a historiografia ganha o caráter de um "aparelho" muito semelhante ao nosso "aparelho psíquico": o "passado" é *lido* como uma escritura que só se deixa perceber em um determinado "agora". Já a concepção de *Ausnahmezustand* é central para nós, pois ela justamente permite analisar a literatura dos campos de concentração ou escrita a partir dessa que foi uma manifestação máxima da suspensão dos direitos, o Terceiro Reich alemão.

Freud, com efeito, é uma referência central na visão benjaminiana da historiografia como uma *grafia* da memória. No ensaio "Em alguns temas em Baudelaire" (1939) nosso autor desenvolveu uma concepção do tempo do presente como *tempo do choque*. Na modernidade o que antes era a exceção — o choque — se torna agora a regra. Partindo de uma leitura do texto de Freud "Jenseits des Lustprinzips" (1921),[9] Benjamin destaca a incompatibilidade na nossa economia psíquica entre o sistema percepção/consciência e a memória. Citando Freud, ele afirma que "o consciente surge no lugar de uma impressão mnemônica" (OE, III, 108). Não caberia aqui retraçar a teoria freudiana do trauma, mas apenas notar como Benjamin traduz em termos proustianos a equação dela derivada: "Só pode se tornar componente da *mémoire involontaire*", ele afirmou, "aquilo que não foi expressa e conscientemente 'vivenciado', aquilo que não sucedeu ao sujeito como 'vivência'" (OE, III, 108), *Erlebnis*, termo que ele opõe à *Erfahrung*, experiência. O mundo moderno seria o mundo dos choques e os seus habitantes estariam totalmente mobilizados para apará-los e, desse modo, impedir o esfacelamento do Eu. Essa vigília atenta também impede para Benjamin a construção da autêntica experiência, na qual "entram em conjunção, na memória, certos conteúdos do passado individual com outros do passado coletivo" (OE, III, 107). Ele detecta a vivência do choque tanto no transeunte da multidão (como nas figuras narradas por Poe no seu "O homem da multidão") como também na vivência do operário diante da máquina ou do pedestre em meio ao tráfego. Daí porque para ele "A catástrofe [deve ser vista] como o *continuum* da história" (I, 1244), ou ainda, de modo seco: "A catástrofe é o progresso, o progresso é a catástrofe" (I, 1244). Se ele dá uma "definição do presente como catástrofe" (I, 1243) é porque justamente "O ideal da vivência do choque é a catástrofe" (I, 1182). Por outro lado, para Benjamin, o tempo da *experiência* é o que se depreende a partir da rítmica do trabalho artesanal; no universo benjaminiano as atividades que correspondem à experiência são, além do artesanato, a agricultura e a viagem. A *mémoire involuntaire*, no entanto, não pode restaurar esse tempo orgânico do mundo da experiência; também ela é "sem história" (OE, III, 136).

A catástrofe destruidora e redentora

Benjamin possuía uma concepção do tempo histórico que não pode ser separada da sua concepção de escritura da história. O momento dessa escritura é marcado pela catástrofe. Assim, nos seus "Comentários aos poemas de Brecht" (1939), discutindo o comentário como forma ele afirma:

> Se algo pode nos encorajar para esse ensaio é a idéia que deve hoje, de resto, fazer com que criemos a coragem [a partir] do desespero: a saber, que já o dia que se aproxima pode trazer aniquilações [*Vernichtungen*] de uma escala tão gigantesca que nós nos veremos separados como que por séculos dos textos e produções de ontem (II, 540).

Uma catástrofe sem precedentes seria responsável por um tal corte na História. Entre nós e Benjamin podemos localizar agora claramente essa aniquilação sem limites — ainda que tendo acontecido na sua versão absolutamente negativa e não-redentora.[10] Se para o nosso autor o presente era sempre um "presente catastrófico" e — além disso — haveria uma catástrofe qualitativamente muito diversa, muito mais intensa e devastadora que afetaria em breve o curso da História, esse corte concretizou-se na Segunda Guerra Mundial e, mais especificamente, na Shoah. Se "O ideal da vivência do choque é a catástrofe", esse ideal foi atingido com esse evento de um modo inimaginável. Se Benjamin enquanto leitor do Barroco e da Modernidade já não podia mais pensar a história como representação, agora com mais razão nos deparamos com uma visão da História como ruína e aniquilação: que exige e resiste à sua (re)escritura.

Mas o conceito de choque/catástrofe em Walter Benjamin — como muitos de seus conceitos — possui uma face dupla. Só podemos fazer jus ao incomensurável trabalho desse autor de salvar o século XIX e boa parte da tradição crítica e poética para além da catástrofe dos anos 1930 e da Segunda Guerra se levarmos em conta essa tensão que marcou cada um dos seus textos, todas as suas frases e quase todas as suas palavras. A sua linguagem testemunha essa *passagem* pelo evento tal como Paul Celan a descreveu:

> Alcançável, próximo e não-perdido permaneceu em meio das perdas este único: a língua. Ela, a língua, permaneceu não-perdida, sim, apesar de tudo. Mas ela teve que atravessar as suas próprias ausências de resposta, atravessar um emudecer, atravessar os milhares de terrores e o discurso que traz a morte. Ela atravessou e não deu nenhuma palavra para aquilo que ocorreu; mas ela atravessou este ocorrido. Atravessou e pôde novamente sair, "enriquecida" por tudo aquilo.[11]

Para Celan, a destruição é catastrófica, mas também existe um "outro lado" do evento. Também para Benjamin a língua é, ao mesmo tempo, abismal — nascida de uma *falta* — e a sobrevivente da catástrofe. A língua é sobrevivente da catástrofe e é a única que porta tanto o ocorrido como a possibilidade de trazê-lo para o nosso agora. Essa atualização é ela mesma violenta. "A intervenção [*Zugriff*] segura, aparentemente brutal pertence à imagem da 'salvação'" (I, 677). Essa salvação é o *corte* no *continuum* da História que é visto como a continuidade da opressão (I, 1244): "Marx afirma que as revoluções são as locomotivas da história do mundo. Mas talvez isso seja totalmente diferente. Talvez as revoluções sejam o freio de emergência da humanidade que viaja neste trem" (I, 1232).[12] A essa interrupção da História corresponde o gesto do historiador/alegorista que também congela o passado *em imagens*. O famoso conceito benjaminiano de *imagem dialética* é o resultado dessa concepção da historiografia como destruição da "falsa aparência da totalidade":

> Pertencem ao pensamento tanto a paralisação [*Stillstellen*] quanto o movimento dos pensamentos.[13] Onde o pensamento se paralisa numa constelação carregada de tensões aí aparece a imagem dialética. Ela é a cesura no movimento do pensamento [*Es ist die Zäsur in der Denkbewegung*]. Naturalmente o seu local não é arbitrário. Ela deve ser procurada, com uma palavra, onde a tensão entre os opostos dialéticos se encontra no máximo. Assim, a imagem dialética é o objeto mesmo construído na exposição histórica materialista. Ela é idêntica ao objeto histórico; ela justifica o seu arrancar para fora do *continuum* do percurso da história (V, 595).

Assim como para o alegorista o mundo desvencilhado de todo significado ontologicamente determinado transformava-se num conjunto de imagens que deveriam ser re-investidas de sentido, do mesmo modo o historiador/colecionador vê a História desmoronar em imagens carregadas de tensões: ele as desperta a partir do seu *agora* (V, 578). As imagens dialéticas são definidas ainda por Benjamin como "a memória involuntária da humanidade redimida" (I, 1.233), ou seja, o agora que está na base do conhecimento da História estrutura, para Benjamin, o *reconhecimento* de uma imagem do passado que, na verdade, é uma "imagem da memória. Ela aparenta-se", afirma ele, "às imagens do próprio passado que surgem diante das pessoas no momento de perigo" (I, 1243).[14] Ao invés da busca da representação (mimética) do passado "tal como ele foi", como as posturas tradicionais historicistas e positivistas (em uma palavra, representacionistas) da História o postulavam, Benjamin quer articular o passado historicamente apropriando-se "de uma reminiscência". O historiador deve ter presença de espírito (*Geistesgegenwart*) para apanhar essas imagens nos momentos em que elas se oferecem: assim ele pode salvá-las, paralisando-as (I, 1244). Essa história construída com base na memória involuntária despreza e liquida o "momento épico da exposição da história", ou seja, a sua representação segundo uma narração ordenada monologicamente. "A memória involuntária nunca oferece [...] um percurso, mas sim uma imagem (Daí a 'desordem' como o espaço-imagético da memória involuntária.)" (I, 1243).[15] Essa imagem é *lida* pelo historiador e, portanto, é uma imagem hieroglífica, uma escritura: "Ler o que nunca foi escrito" (I, 1238), essas palavras do poeta Hofmannsthal citadas por Benjamin poderiam muito bem figurar como mote na sua obra.

A essa leitura que se guia pelo ritmo caótico da memória involuntária corresponde uma historiografia fragmentada (que não é simples *mímesis* da onipresença do choque e do trauma na modernidade, pois o historiador dirige o seu conhecimento para uma intervenção *política*[16] no *seu presente*: mas que, por outro lado, não nega ou encobre a perda da *Erfahrung*). Benjamin incorpora a essa historiografia — orientada pelo *princípio de similaridade* que comanda a memória — o princípio artístico central das vanguardas, a saber, a montagem (V, 574). O que cede sob a força destrutora do princípio da montagem é uma certa modalidade da tradição, a saber, a da *Würdigung als Erbe*, da apologia enquanto herança, que Benjamin denomina de uma modalidade *catastrófica* da tradição, na medida em que ela *encobre* os momentos frágeis a partir de onde a continuidade pode ser quebrada (V, 591 seg.; I, 1.246). Na montagem do *Trabalho das passagens*, os fragmentos deveriam ser colados como os fotogramas que compõem um filme. Esse método ele já ensaiara de modo brilhante — ainda que não tão radical — no seu livro sobre o drama barroco alemão, feito sob a égide não da montagem vanguardista, mas sim do mosaico medieval (I, 210).

A topografia e a arqueologia do tempo

A tradução das ruínas e fragmentos da História — que se transformam em imagens da memória e são reunidos/traduzidos em montagens de citações numa espécie de reescritura barroca do tempo — tende para uma *espacialização* do temporal. Em Benjamin, o tempo é explodido; só restam as ruínas onde a memória passa a habitar. O próprio Eu é representado por uma imagem peculiar, a *soleira*, *die Schwelle*.[17] Pode-se falar de uma verdadeira fixação de Benjamin nas imagens que representam a soleira — portas, portões das cidades, o despertar e as passagens de Paris constituem as modalidades da soleira mais reincidentes ao longo da sua obra (cf. V, 139)[18] —, essa fixação não é de modo algum casual: a soleira e todas as suas manifestações concretizam a concepção benjaminiana de Ser como passagem constante entre os seus pólos diferenciais: Ser como tradução constante de si mesmo, diria Novalis.

Uma das conseqüências mais importantes dessa noção espacial e densa do tempo como local de uma passagem, como oscilar entre diferentes pontos, é a visão da historiografia como uma atividade tanto *topográfica* como *arqueológica*. As obras de Benjamin visam freqüentemente o mapeamento de espaços — históricos, sentimentais e até mesmo conceituais, pois para ele a historiografia topográfica é uma modalidade da filosofia; elas constituem como que móbiles, montagens ou uma exposição dos cacos da história recolhidos e colecionados ao longo dessas expedições.[19] Como em Aby Warburg, Benjamin também visa "descobrir na análise do pequeno momento singular o cristal de todo o ocorrido" (V, 575). No nosso contexto, ao invés de apontar esse aspecto no *Trabalho das passagens* — o que seria absolutamente factível —, optei por expô-lo — infelizmente de modo esquemático — com base nos textos autobiográficos de Benjamin, nos quais ele não apenas encena esse misto de topografia e expedição arqueológica, como também reflete teoricamente sobre o seu modelo de exposição, *Darstellung*, do passado.

É no seu *Berliner Chronik*, primeira tentativa mais abrangente de expor a sua infância, que esse procedimento se encontra melhor teorizado. Aqui lemos sobre o seu plano de executar uma cartografia mnemônica — e, portanto, sentimental — da sua Berlim:

> Durante muito tempo, na verdade, anos a fio, eu joguei com a idéia de organizar o espaço da vida [*Raum des Lebens*] — bios — graficamente em um mapa. Primeiro, eu pensei num

mapa ordinário,[20] hoje em dia eu estaria inclinado a lançar mão de um carta de Estado Maior se existissem tais cartas dos centros das cidades. Mas elas não existem — apesar dos futuros cenários de Guerra [!]. Eu pensei em um sistema de desenho: sobre o fundo cinza de tais cartas, com cores seriam destacadas de modo claro as casas dos meus amigos e amigas, as salas de reunião [...], os quartos de hotel e dos prostíbulos que eu conheci por uma noite, os bancos decisivos do Tiergarten, o caminho da escola e os túmulos a cujos preenchimentos eu assisti, os locais nos quais brilhavam os cafés cujos nomes estão hoje extintos e que vinham-nos diariamente aos lábios, as quadras de tênis sobre as quais [existem] hoje casas de operários vazias, e os salões em ouro e estuque que os terrores das aulas de dança quase transformavam em salas de ginástica (VI, 466 e seg.).

Esse plano pode ser compreendido tanto literalmente como também foi concretizado na própria *Crônica berlinense*, que, não por acaso, o seu autor denomina de uma topografia (VI, 477). O seu princípio de construção foi emprestado ao cinema, como o próprio Benjamin afirma:

> Apenas ao cinema abriram-se as estradas óticas para a essência da cidade tais como elas guiam os motoristas até a City. Mas essa visão não mereceria nenhuma confiança se não se desse conta do *medium* através do qual essas imagens podem ser expostas e recebem uma transparência, na qual, ainda que de modo velado, se desenham as linhas do porvir como o perfil de montanhas. Esse *medium* é o presente daquele que escreve. E a partir dele ele corta de outro modo a série das suas experiências (VI, 470 e seg.).

O resultado desse método de corte e montagem num determinado agora não poderia ser outro: a *Crônica berlinense* estende-se como um campo arqueológico: a cidade de Berlim é re-descoberta a partir do trabalho de escavação da memória. Pontos isolados, ilhados, fragmentados — uns mais brilhantes, outros mais opacos — vêm à luz. Não há sucessão cronológica. Apenas o espaço das camadas geológicas. Gershom Scholem determinou que "o conceito de tempo do judaísmo é o eterno presente":[21] certamente não estamos longe desse conceito nas obras "arqueológicas" de Benjamin. É no presente que convivem as imagens que se entrecruzam, se refletem e se apagam novamente. Em um dos fragmentos da *Crônica berlinense* — também retomado nas suas "Imagens do pensamento" com o nome "Escavar e recordar" — encontramos uma espécie de cartilha do arqueólogo do seu passado:

> A língua tem indicado inequivocamente que a memória não é um instrumento para a exploração do passado; é, antes, o *medium*.[22] É o *medium* onde se deu a vivência, assim como o solo é o *medium* no qual as antigas cidades estão soterradas. Quem pretende se aproximar do próprio passado soterrado deve agir como um homem que escava. Antes de tudo, não deve temer voltar sempre ao mesmo fato, espalhá-lo como se espalha a terra, revolvê-lo como se revolve o solo, pois "fatos" nada são além de camadas que apenas à exploração mais cuidadosa entregam aquilo que recompensa a escavação, ou seja, as imagens que, desprendidas de todas as conexões mais primitivas, ficam como preciosidades nos sóbrios aposentos de nosso entendimento tardio, igual a torsos na galeria do colecionador. E certamente é útil avançar em escavações segundo planos. Mas é igualmente indispensável a enxadada cautelosa e tateante na terra escura. E se ilude, privando-se do melhor, quem só faz o inventário dos achados e não sabe assinalar no terreno de hoje o lugar no qual é conservado o velho [cf. a Topografia]. Assim, verdadeiras lembranças devem proceder muito menos informativamente e [antes] indicar o lugar exato onde o investigador se apoderou delas. A rigor, épica e rapsodica-

mente, uma verdadeira lembrança deve, portanto, ao mesmo tempo fornecer a imagem daquele que se lembra, assim como um bom relatório arqueológico deve não apenas indicar as camadas das quais se originam seus achados, mas também, antes de tudo, aquelas outras que foram atravessadas anteriormente (OE, III, 239 e seg., tradução modificada; IV, 400 e seg.; cf. VI, 486 e seg.).[23]

A metáfora arqueológica é levada aqui até as suas últimas conseqüências — ou seja: em Benjamin, idealmente, ela deveria ser como que literalizada. No livro *Rua de mão única* lemos um fragmento sob o título "Torso" que desdobra a imagética da *Crônica berlinense*:

> Somente quem soubesse considerar o próprio passado como fruto da coação e da necessidade seria capaz de fazê-lo, em cada presente, valioso ao máximo para si, pois aquilo que alguém viveu é, no melhor dos casos, comparável à bela figura à qual, em transportes, foram quebrados todos os membros, e que agora nada mais oferece a não ser o bloco precioso a partir do qual ele tem de esculpir a imagem de seu futuro (OE, II, 41 e seg.).

O passado é uma imagem mutilada, torso: um misto indissociável de lembrança e trabalho do tempo, esquecimento. O presente do arqueólogo/colecionador guia a sua mão nesse trabalho (como que psicanalítico) *"de levare"* — e não *"de porre"* — das camadas geológicas que levam a esses torsos.

A busca do tempo perdido — ou, nas belas palavras de Krista Greffrath, busca do tempo da infância "no qual não havia tempo perdido"[24] — não se dá na cronologia, na lógica do tempo, mas sim no plano espacial. Ocorre uma implosão do modelo da autobiografia. A vida metamorfoseia-se sob o olhar benjaminiano em uma protopaisagem: escavar — *graben* — essa paisagem corresponde ao trabalho do historiador-alegorista. Ele busca justamente os pontos frágeis a partir de onde as camadas mais profundas podem ser atingidas: "Mostrou-se na Grécia antiga locais nos quais se descia para o mundo subterrâneo. Também a nossa existência na vigília é o terreno no qual, nos lugares escondidos, se desce para o mundo subterrâneo, [ela] está cheia de locais discretos onde os sonhos desembocam" (V, 1.046). O percurso da consciência, Benjamin compara aos labirintos da cidade, com as suas passagens que não penetramos durante a vigília. Se, no entanto, de noite nós "nos perdemos nos seus caminhos escuros", cabe, para Benjamin, ao historiador, na hora do *despertar*, *interpretar* as imagens do sonho. A dissolução da mitologia — representada tanto pelo culto irracionalista do sonho como também da razão — pode dar-se apenas via o confronto com o âmbito histórico, *Geschichtsraum* (V, 1.014).

Mas essa dissolução da mitologia — tão urgente nos nossos dias também — envolve justamente uma revisão total da nossa consciência temporal. Para Benjamin,

> Recordações, mesmo quando são ampliadas, não representam sempre uma autobiografia. [...] pois a autobiografia tem a ver com o tempo, com o desenrolar e com aquilo que constitui o fluxo da vida. Mas aqui [ou seja, na *Crônica berlinense*] se trata de um espaço, de momentos e do inconstante. Pois, mesmo que surjam aqui meses e anos, eles o fazem sob a figura que eles tem no momento da rememoração (VI, 488).

Poucas datas "históricas" (no sentido tradicional da cronologia dos "grandes eventos políticos") penetram esse texto. Benjamin, no entanto, vê nas imagens que brotam da sua infância imagens da "segunda metade do século XIX".

Essas imagens são densas, pesadas e atingem a nossa visão segundo o modelo que Epicuro tinha do funcionamento do nosso olhar: a visão como emanação matérica dos objetos (VI, 489). Essa mesma *espacialização* caracteriza para Freud o discurso onírico, e nós a reencontramos na literatura de testemunho da Shoah: Benjamin, por assim dizer, viveu *avant la lettre* as "experiências" pelas quais a humanidade passou na Segunda Guerra e desse modo pode ser considerado — de modo paradoxal — o principal teórico do testemunho que ele mesmo não pôde ver/ler nas obras pós Segunda Guerra Mundial, mas que captou nas manifestações culturais de sua época (e do passado) e encenou nas suas obras autobiográficas e nas suas reflexões sobre a *grafia* do tempo.

Se as lembranças surgem, como Benjamin nota, como raios, iluminações que são despertadas pelo nosso espaço/presente imediato (VI, 490), elas são, via de regra, isoladas, pois, como vimos, na modernidade a onipresença do choque impede uma continuidade narrativa. Por outro lado, o choque também pode servir para *conservar* essas imagens, que são assim como que petrificadas (VI, 512 e seg., 516, 518) — e nesse sentido Benjamin aproxima-se novamente do modelo freudiano do trauma. A "placa fotográfica da recordação"[25] (VI, 516), na expressão de Benjamin, guarda as imagens independentemente do tempo de exposição às impressões: o decisivo é a intensidade que advém dos choques, das quebras e rupturas no *habitual* — o salto (*Sprung*) fora da "catástrofe contínua" é que determina a cristalização das imagens. Estas são ruínas: marcas tanto da destruição como também da conservação: para Benjamin "a destruição fortalece" a eternidade dos destroços (OE, II, 47). As ruínas da memória, em parte soterradas, guardam o esquecido, que choca aquele que se recorda com o segredo que ele (isto é, o esquecido) encerrava. "Talvez o que [...] faça [o esquecido] tão carregado e prenhe — afirmou ele no seu livro *Infância em Berlim* — não seja outra coisa que o vestígio de hábitos perdidos, nos quais já não poderíamos nos encontrar. Talvez seja a mistura com a poeira de nossas moradas demolidas o segredo que o faz sobreviver" (OE, II, 105; IV, 267).

A relação destas imagens destroçadas com o mundo onírico é evidente para o próprio autor. Assim, como os sonhos para ele não representavam tanto uma manifestação das marcas do real no indivíduo, mas antes através deles o real como que ganhava uma voz própria,[26] do mesmo modo nesses fragmentos as imagens despertadas tem o peso de um corpo que cai. A *recepção tátil*, que ele destacara como a marca da recepção no cinema (VII, 381), vale também para as imagens da memória — e com muito mais razão. O mesmo aplica-se para a sua descoberta do *inconsciente ótico* como o mundo de imagens que fora aberto pela fotografia e pelo cinema (VII, 376; IV, 371). A memória involuntária é o campo fertilizado pelos choques de onde brotam essas imagens do inconsciente ótico, vale dizer, do *real*. Aliás, é essa concepção do real que desconstrói o idealismo que sustenta a busca do tempo em Proust.

> É verdade que sobrevivem em Proust alguns traços de idealismo — afirmou Benjamin no seu ensaio sobre este autor — porém não são eles que determinam a significação dessa obra. A eternidade que Proust nos faz vislumbrar não é a do tempo infinito, e sim a do tempo entrecruzado. Seu verdadeiro interesse é consagrado ao fluxo do tempo sob sua forma mais real, e por isso mesmo mais entrecruzada, que se manifesta com clareza na reminiscência [*Erinnerung*] (internamente) e no envelhecimento (externamente) (OE, I, 45).

O trabalho de retecer o texto da experiência — destruído pelos choques da vigília — é, *a priori*, interminável. A promessa do reencontro nunca se cumpre totalmente. O *eidos* não pode ser atingido: ele é apenas princípio formal. Quem se ocupa em

> desdobrar os compartimentos da memória — afirma Benjamin —, ele encontra sempre novos membros, novas varinhas, nenhuma imagem o satisfaz, pois ele reconheceu que ela se deixa desdobrar; o próprio encontra-se nas dobras: aquela imagem, aquele gosto, aquele tatear pelo qual nós separamos e desdobramos tudo; e então a recordação vai do pequeno ao menor e do menor ao mais diminuto e sempre se torna mais violento aquilo com o que ela se defronta nesses microcosmos (VI, 467 e seg.).[27]

O arqueólogo benjaminiano não sai mais leve do seu trabalho de escavação nas ruínas do tempo. Mas é a partir dos seus achados — dos torsos aí descobertos — que ele constrói a sua morada do presente e entrevê a do futuro.

La jetée *ou a viagem no tempo das imagens/vidas congeladas*

La jetée é o único filme de ficção do fotógrafo e documentarista francês Chris Marker. Ele data de 1962 e foi escrito e fotografado pelo próprio Marker. Nos 28 minutos de duração do filme — com talvez uma única exceção de uma tomada em movimento (justamente de um despertar!) — vemos apenas a sucessão de fotografias. Isso decerto não explica o porquê do seu autor tê-lo batizado de *"ciné-roman"*. Na verdade, vemos um "fotoromance" filmado: o princípio do corte e da montagem é levado aqui ao seu extremo. O tempo é congelado em imagens paralisadas: o seu decorrer só se dá aos trancos. O tempo é pulverizado e o movimento — signo máximo da imagem-movimento do cinema — é desmontado. Junto com o tempo, o espaço também só se manifesta sob a forma de *ruínas*.

La jetée é "a história de um homem marcado por uma imagem de infância".[28] Na cena de abertura do filme, esse homem assiste a um assassinato. Muitos anos depois, após a Terceira Guerra Mundial, vivendo nas catacumbas de Paris, nas mãos dos vencedores, que falam alemão e realizam experiências com os prisioneiros, ele foi escolhido como cobaia devido a essa fixação numa imagem do seu passado. Sua tarefa seria trazer a salvação da humanidade através da sua viagem no tempo. Logo ficamos sabendo que a busca da imagem que lhe obceca é também a busca (do rosto) de uma mulher. Essa mulher e a imagem do assassinato encontram-se protegidas "em algum lugar do passado" — em uma "cripta", poderíamos dizer. Elas são "imagens eternas". O protagonista — que não é nomeado — busca a sua libertação do cativeiro através do reencontro dessas imagens: ele as persegue tanto quanto ele é perseguido por elas. Como na famosa nona tese benjaminiana "Sobre o conceito de História" que descreve alegoricamente a figura de um anjo — o *Angelus Novus* de Paul Klee — que voa de costas, olhando o passado "onde ele vê uma catástrofe única, que acumula incansavelmente ruína sobre ruína e as dispersa nos seus pés", mas — como Proust que não consegue atingir os objetos visados — não consegue deter-se e acordar os mortos e juntar os fragmentos (OE, I, 226), do mesmo modo nosso protagonista volta-se para o passado para redimir a si e às imagens que olham incessantemente para ele.[29]

O fato de o filme ser construído com imagens paralisadas deve ser interpretado como uma encenação da nossa memória — onde o movimento das imagens é sempre limitado e onde há uma paradoxal "atemporalidade" dessas imagens-do-tempo. Em várias ocasiões, o narrador destaca explicitamente essa extratemporalidade das imagens: quando o protagonista fala com a imagem da mulher desejada, eles estão "sem lembranças e sem projetos"; o encontro de ambos é descrito com a frase "Le trentième jour, la rencontre *a lieu*" [grifo meu] e o mundo em que eles se encontram é um "mundo sem data". "O tempo deles estrutura-se simplesmente em torno deles tendo como únicas marcas o gosto do momento que eles vivem e os signos sobre os muros". Esses *signos sobre o muros* são, como a escritura da memória, cicatrizes da cidade que marcam a passagem dos seus habitantes.[30] A nostalgia não poderia ser melhor apresentada do que por meio dessas imagens em suspensão. O olhar de medusa da câmara fotográfica congela sempre uma *falta*. As fotos projetam ao mesmo tempo — paradoxalmente — eternidade e morte sobre as imagens. Como Benjamin o afirmou (de modo *lapidar*): "Faz parte da essência da imagem conter algo de eterno" (IV, 604). A foto, em particular, fixa para todo sempre o desaparecimento e o inatingível. E Marker, assim como Benjamin, quer apreender, *indicar* esse não representável e inapreensível: "a vida".

Mas o que o personagem encontra no final do filme é — evidentemente! — a morte: nada mais próximo do romance, gênero que, como Benjamin recordou, na senda aberta por Lukács, seduz o leitor com "a esperança de aquecer a sua vida gelada com a morte descrita no livro" (OE, I, 214). E as palavras de Blanchot — para quem "a morte [...] é o momento de significação mais rico" — decerto não podem deixar de ser recordadas diante de *La jetée*: "quand je dis 'cette femme', la mort réelle est annoncée et déjà présente dans mon langage".³¹

Não seria exagerado ver nesse filme uma *mise-en-scène* da visão da História de Benjamin só que realizada do outro ponto de vista, a saber, daquele que se localiza — preso — do outro lado da catástrofe destruidora. Também nesse filme somos confrontados com ruínas, sofrimento, torsos que desfilam como parte daquilo que o narrador denomina de "museu da memória" (eu recordo aqui que o personagem central surge apenas depois da imagem de uma estátua antiga em ruínas. Em outra cena, ele aparece após o *fade out* de uma cabeça de estátua clássica mutilada. No início do filme, Paris some para dar lugar a uma série de fotos de cidades destruídas, sendo que a última dessas fotos é justamente a do Arco do Triunfo — modelo miniatura da História como "passagem" e "comemoração" — rachado ao meio).

O filme estrutura-se a partir da rememoração: o presente é que comanda a "excursão no tempo"; o passado é visto tanto como um amontoado de ruínas como também como composto por imagens paralisadas que contém em si o germe da salvação. O tempo é espacializado: *viaja-se* no espaço das imagens da memória (uma longa cena que se passa no Museu de História Natural duplica essa lógica: a vida encontra-se petrificada nos seres mortos-vivos e empalhados. Os fósseis — assim como as cicatrizes — reduplicam as imagens das ruínas. Outra tradução literal dessa espacialização do tempo pode ser claramente percebida na cena em que o protagonista encontra-se diante de um corte de sequóia coberto com datas históricas). De resto, ficamos em dúvida se a viagem "no tempo" ocorre de fato. O narrador afirma logo no início do filme:

> Nada distingue as lembranças dos demais momentos: apenas mais tarde que eles se deixam reconhecer graças às suas cicatrizes. Este rosto que deveria ser a única imagem do tempo de paz que atravessou o tempo da guerra, ele se perguntou por muito tempo se ele o havia de fato visto, ou se ele havia criado esse momento de doçura para apoiar o momento de loucura que viria.[32]

Ao invés de deslocamento no tempo, assistimos a uma topografia da memória, vale dizer, à construção do Ser como memória, como função ativa de montar/desmontar as suas imagens. O cinema como forma artística marcada pelo decorrer do tempo é desse modo desconstruído: ele passa a ser montagem de fotos; é despido da sua característica *velocidade* — e para Benjamin era graças sobretudo a essa velocidade que o cinema servia para treinar os modernos habitantes das grandes cidades a enfrentar os choques/catástrofes do cotidiano.

Chris Marker encena nesse belo filme o drama mnemônico de uma sociedade na Era das catástrofes. Não podemos esquecer que em 1955 ele trabalhara como assistente de direção de Alain Resnais em um filme que marcou época dentro da filmografia da Shoah, *Nuit et brouillard* — com um texto de Jean Cayrol, que foi traduzido para o alemão por Paul Celan.[33] O protagonista de *La jetée* é alguém que está marcado — traumatizado — pelo seu passado e vive em uma sociedade totalitária reduzida às catacumbas de Paris. Esta metáfora da sociedade do século XX não poderia ser mais terrível — ainda que Marker faça poesia a partir dela. Sem ter um relacionamento mimético (no sentido de repetição mecânica) ou documentário com a Shoah, pode-se dizer que esse filme de Marker é uma das mais inteligentes obras sobre o tema.[34]

Como em Benjamin, também o nosso personagem de *La jetée* recusa a imagem do futuro pacificado: ele prefere escavar as suas memórias. Apenas a *sociedade* tem futuro, o *indivíduo* só possui as imagens do passado aprisionadas no seu presente. O protagonista no final do filme — quando finalmente atinge a "cena" da sua infância — encontra a morte, e isso era esperado desde o início: tanto porque a origem é o fim (como afirmou Benjamin/Karl Kraus, OE, I, 229), como também porque o *eidos* não pode ser atingido. Tocar nele implica tocar a morte.[35]

Notas

Introdução

[1] Jun., 1999, pp. 39-63. O texto de abertura desta coletânea, "A literatura do trauma", fez parte daquele dossiê, bem como as contribuições de Jeanne Marie Gagnebin, Roney Cytrynowicz e Andrea Lombardi.
[2] M. Seligmann-Silva e A. Nestrovski (orgs.), *Catástrofe e representação*. São Paulo: Escuta, 2000.
[3] L. Costa Lima, "O século de ontem", *Mais!*, 28 jan., 2001, p. 15. (Resenha do volume *Catástrofe e representação*, citado na nota anterior.)
[4] Com relação à psicanálise na teoria do testemunho, cf. sobretudo as contribuições de Shoshana Felman e de Cathy Caruth no volume M. Seligmann-Silva e A. Nestrovski, op. cit., pp. 13-72, 111-36.
[5] P. Lacoue-Labarthe e J.-L. Nancy, *Le mythe nazi*. Paris: L'Aube, 1996, p. 35 (*O mito nazista*. Trad. M. Seligmann-Silva. São Paulo: Iluminuras, 2002).
[6] Cf. de P. Lacoue-Labarthe, "Tipografia", in *Imitação dos modernos*. Trad. J. C. Penna. Rio de Janeiro: Paz e Terra, 2000.
[7] W. Benjamin, "Das Kunstwerk im Zeitalter seiner techinischen Reproduzierbarkeit", in R. Tiedemann e H. Schweppenhäuser (eds.), *Gesammelte Schriften*, vol. 7. Frankfurt a. M.: Suhrkamp, 1989, pp. 384 e segs.
[8] Nesse sentido é importante recordar o texto de E. Traverso, "L'imperatif catégorique d'Adorno" (in *L'histoire déchirée*. Paris: CERF, 1997, pp. 123-43)

que destaca que para Adorno a literatura, que passou pela "ruptura de civilização", que foi Auschwitz, teve de se transformar totalmente e não pode ser indiferente à "Era das Catástrofes" (expressão que aparece em *Modelos críticos* de Adorno). Também é importante o fato de Traverso não perder de vista que, para Adorno, Auschwitz representou a um só tempo uma "ruptura", uma novidade absoluta *e* a "continuidade" na tradição de violência. Essa mesma dialética marca a escritura de testemunho, que tenta recompor a continuidade a partir da ruptura provocada pelo "real".

9   T. W. Adorno, "Jene zwanziger Jahre", in *Eingriffe*. Frankfurt a. M.: Suhrkamp., 1963, p. 68.

10 Cf. o seu ensaio "Goethes Wahlverwandtschaften", in *Gesammelte Schriften* op. cit., vol. 1, pp. 123-201.

11 Cf. S. Daney, "Le travelling de Kapo", *Trafic*, nº 4, automne, 1992, pp. 5-19. Com relação ao filme de Claude Lanzmann cf. também o importante artigo de P. Pelbart, "Cinema e Holocausto", in M. Seligmann-Silva e A. Nestrovski (orgs.), op. cit., pp. 171-83 (republicado no belo livro de Pelbart, *A vertigem por um fio. Políticas da subjetividade contemporânea*. São Paulo: Iluminuras, FAPESP, 2000) e a bibliografia no final deste volume.

12 Cf. W. Benjamin, *O conceito de crítica de arte no Romantismo alemão*. Trad., introd. e notas M. Seligmann-Silva. São Paulo: Iluminuras, EDUSP, 1993.

13 "O mundo messiânico é o mundo da atualidade onipresente e integral. Apenas nele existe uma História Universal. Aquilo que assim denominamos hoje em dia só pode ser uma espécie de esperanto. Nada pode corresponder a ela, antes que a confusão derivada da Torre de Babel tenha sido apaziguada. Ela supõe aquela língua na qual todo e qualquer texto de uma [língua] viva ou morta possa ser traduzido integralmente. Ou melhor: ela é essa língua mesma. Mas não enquanto escrita, mas sim como comemorada festivamente. Essa festa está purificada de toda cerimônia e não conhece nenhum canto festivo. A sua língua é a própria idéia da prosa, que é compreendida por todas as pessoas como a língua dos pássaros pelas crianças abençoadas" ("Die messianische Welt ist die Welt allseitiger und integraler Aktualität. Erst in ihr gibt es eine Universalgeschichte. Was sich heute so bezeichnet, kann immer nur eine Sorte von Esperanto sein. Es kann ihr nichts entsprechen, eh die Verwirrung, die vom Turmbau zu Babel herrührt, geschlichtet ist. Sie setzt die Sprache voraus, in die jeder Text einer lebenden oder toten ungeschmälert zu übersetzen ist. Oder besser, sie ist dies Sprache selbst. Aber nicht als geschriebene sondern vielmehr als die festlich begangene. Dieses Fest ist gereinigt von aller Feier und er kennt keine Festgesänge. Seine Sprache ist die Idee der Prosa selbst, die von allen

Menschen verstanden wird wie die Sprache der Vögel von Sonntagskindern.") *Gesammelte Schriften*, op. cit., vol. 1, p. 1.239. Em Benjamin encontra-se uma antinomia dentro do seu conceito de "catástrofe" que aparece em sentidos bem matizados. Cf. quanto a esse ponto o último ensaio desta coletânea.

[14] Idem, op. cit., p. 1.238. "Die Idee der Prosa fällt mit der messianischen Idee der Universalgeschichte zusammen (die Arten der Kunstprosa als das Spektrum der universalhistorischen — im 'Erzähler')". Para a teoria da narração em Benjamin cf. o seu famoso texto: "Der Erzähler. Betrachtungen zum Werk Nikolai Lesskows" (idem, op. cit., vol. 2, pp. 438-65 e, em português, "O narrador. Considerações sobre a obra de Nicolai Leskov", in *Obras escolhidas. Magia e técnica, arte e política*, vol. 1. Trad. S. P. Rouanet. São Paulo: Brasiliense, 1985, pp. 197-221).

[15] A. Appelfeld, *Badheim 1939*; *Tzili*. Trad. R. Berezin e N. Rosenfeld. São Paulo: Summus, 1986. Cf. ainda as outras obras do mesmo autor, em traduções do hebraico para o inglês, na bibliografia no final deste volume.

[16] Idem, "After the Holocaust", in B. Lang (org.), *Writing and the Holocaust*. Nova Iorque, Londres: Holmes & Meier, 1988, p. 84.

[17] Esse enredo também remete ao de Ida Fink, *A viagem*. Trad. M. P. de Souza. Rio de Janeiro: Imago, 1998.

[18] A. Appelfeld, *For every sin*. Trad. J. M. Green. Nova Iorque: Grove Press, 1989.

[19] Idem, *To the land of the cattails*. Trad. J. M. Green. Nova Iorque: Grove Press, 1986.

[20] S. Freud, "O estranho", in *Obras psicológicas completas*, vol. 17. Rio de Janeiro: Imago, p. 282. Tradução modificada por mim. ("Das Unheimlich", in *Freud-Studienausgabe*, vol. 4. Frankfurt a. M.: Fischer Verlag, 1970, p. 249.)

[21] Martin Buber e Franz Rosenzweig traduziram esse termo não por Holocausto, mas por "Darhöhung".

[22] Haym Gúri, recorda Rozenchan, no seu poema "Legado" — traduzido por Haroldo de Campos —, faz a mesma reatualização da cena bíblica, mas com conseqüências mais trágicas do que em Alterman. Cf. H. de Campos, *Crisantempo*. São Paulo: Perspectiva, 1998, p. 223: "[...] Isaac [...] não foi imolado. [...] Mas deixou o legado desta hora/ para os seus descendentes:/ nascem todos/ com uma faca no coração".

[23] Permito-me nesse ponto remeter o leitor ao meu ensaio "*Double bind*: Walter Benjamin, a tradução como modelo de criação absoluta e como

crítica", in M. Seligmann-Silva (org.), *Leituras de Walter Benjamin*. São Paulo: Annablume, Fapesp, 1999, p. 29, sobre a duplicidade da tradição judaica, e ao meu livro *Ler o livro do mundo*. *Walter Benjamin: romantismo e crítica poética*. São Paulo: Iluminuras, Fapesp, 1999, pp. 199-205, sobre a leitura em W. Benjamin como simultânea crítica, comentário e tradução. A questão da interpretação infinita não pode ser pensada dissociadamente da tradição clássica — desde a escola de exegese de Alexandria e, antes dela, da tradição de leitura e interpretação alegóricas, iniciadas já no sexto século a.c., do panteão helênico tal como ele aparece na obra homérica. (Cf. o capítulo "Poesie und Philosophie" da obra monumental de Curtius, *Europäische Literatur und lateinisches Mittelalter*, 11ª ed. Tübingen, Basel: Francke Verlag, 1993, pp. 210-20. Aí Curtius mostra em que medida a cultura judaica encontrou um solo fértil para brotar e se desenvolver na cultura greco-cristã. Sobretudo entre os judeus da diáspora que falavam grego deu-se essa simbiose. A apologética cristã do século II foi tratada, não por acaso, de "filha da [apologética] judaica", p. 218, e Origenes, um dos pais da exegese bíblica cristã, também vem dessa tradição.) Com relação à necessária duplicidade do caminho interpretativo na tradição judaica, ou seja, a relação entre o texto "fixo" e a palavra que o comenta e é "maleável", "dúctil", cf. Peter Schäffer, "Text, Auslegung und Kommentar im rabbinischen Judentum", in J. Assmann e B. Gladigow (orgs.), *Text und Kommentar*. Munique: Wilhelm Fink, 1995, pp. 163-86. Quanto a relação desse elemento da cultura judaica e a criação de línguas calcadas (nas quais se misturam a língua local e a hebraica, o contexto e *o texto*, o oral-presente e o escritural-passado etc.) cf. H. Vidal Sephiha, "Langues juives, langues calques et langues vivantes", *La Linguistique*, vol. 8, 1972, pp. 59-68.

[24] A distinção entre "testemunho primário" e "secundário", que é feita dentro dos estudos da literatura testemunhal da Shoah, tem mais a ver com a tradição do testemunho jurídico. No âmbito da reflexão sobre o testemunho literário — e sobre o teor testemunhal de um modo geral — existe uma "secundidade" essencial que marca o testemunho. Ele é jogo entre uma experiência não-vivida (ou supervivida) e o *suplemento* testemunhal que quer dar conta daquela experiência. Isso determina o caráter fragmentário do testemunho e seu registro duplo, a um só tempo simbólico e indexal.

[25] Pessoalmente, acredito que existem outros termos mais precisos que "amalgamação" para determinar esse gesto de "mistura" das "culturas". Se ponho "cultura" entre aspas é para indicar que esta só existe no ato mesmo dessa "mistura" ou "amalgamação". A questão é que existem épocas, autores e teóricos que assumem ou não esse elemento dinâmico que existe em qualquer *cultura*. Falar em "amalgamação" (um termo derivado da quí-

mica) ou em "hibridismo" (vindo da biologia) pode sugerir que exista algo "puro" anterior à mistura. Nossos modernistas com a noção de "antropofagia" e Haroldo de Campos com noções como a de "plagiotropia" indicaram caminhos importantes e mais arejados para refletirmos sobre essa questão. Sobre essa noção em H. de Campos bem como sobre a sua noção de tradução como um dispositivo de "disseminação" cultural, cf. o meu artigo, "Haroldo de Campos: tradução como formação e 'abandono' da identidade", *Revista USP*, nº 36, dez.-fev., 1997-1998, pp. 159-71.

[26] Vale lembrar que Regina Igel analisou no seu livro, *Imigrantes judeus/ Escritores brasileiros*. São Paulo: Perspectiva, 1997, várias obras de imigrantes para o Brasil e de seus descendentes que tratam da Shoah.

[27] "Kulturkritik und Gesellschaft", in T. Adorno, *Prismen. Kulturkritik und Gesellschaft*. Frankfurt a. M.: Suhrkamp, 1997, p. 26.

[28] J. F. Lyotard. *Heidegger et "les juifs"*. Paris: Éditions Galilée, 1988, p. 81.

[29] Idem, *L'inhumain*. Paris: Éditions Galilée, 1988, p. 107. Giorgio Agamben, em *Quel che resta di Auschwitz. L'archivio e il testimone*. Torino: Bollati Boringhieri Editore, 1998, levou essa questão do silêncio que todo testemunho encerra a um paroxismo perigoso, que beira a "tabuização" do objeto e o interdito da reflexão. Para ele, o único testemunho autêntico seria o do "Muselman" (os prisioneiros dos campos de concentração nazistas que já estavam à beira da morte, verdadeiros autômatos desumanizados), o que desqualifica o gigantesco trabalho de testemunho que foi realizado a partir da Shoah. Nesse ponto, devemos insistir na diferença dos registros da memória e da historiografia. No primeiro caso, a dor pode justificar o silêncio (mas ela muitas vezes leva à *necessidade* do testemunho); no segundo é obrigação do pesquisador identificar os fatos e procurar a compreensão: por mais infinita que essa tarefa seja. É claro que nesse modelo penso em tipos ideais do trabalho de memória e do trabalho de historiografia. Eles nunca existem de modo "puro" e sempre interagem mutuamente. Para uma leitura crítica da obra de Agamben — que apesar de ser minuciosa peca por deixar de fora a análise da relação do profundo imbricamento das idéias desse autor com as de W. Benjamin —, cf. P. Mesnard e C. Kahan, *Giorgio Agamben à l'épreuve d'Auschwitz*. Éditions Kimé, 2001.

[30] A. Alzugarat, "El Testimonio en la revista *Casa de las Américas*", in H. Achugar (org.), *En otras palabras, otras historias*. Montevidéu: Universidad de la República; Facultad de Humanidades y Ciencias de la Educación: Departamento de Publicaciones, 1994, p. 173.

[31] Idem, op. cit., p. 172.

32. Idem, op. cit., p. 177. Apesar dessa referência ao teor de *testimonio* da obra de Carolina Maria de Jesus, a literatura brasileira tem sido deixada, em boa parte, de lado dentro da teoria do *testimonio* que se deu nos países latino-americanos de língua espanhola. No Brasil pensa-se no mesmo período prioritariamente na teoria do romance e nas suas implicações com o realismo. Daí minha opção por manter em espanhol o termo *testimonio*. É evidente que ainda existe um enorme desafio para o teórico da literatura que consiste justamente em iluminar o teor testemunhal da literatura brasileira.

33. Idem, op. cit., p. 180.

34. Idem, op. cit., p. 192.

35. Idem, op. cit., p. 193.

36. Idem, op. cit., p. 196.

37. Como lemos no precioso texto de Margaret Randall, "Que es, y como se hace un testimonio?", redigido em 1979 para um seminário sobre história oral organizado pelo Ministério de Cultura Sandinista (agora in J. Beverley e H. Achugar (eds.), *La voz del otro: testimonio, subalternidad y verdad narrativa*. Lima, Pittsburg: Latinoamericana Editores, 1992, pp. 21-45): "La voz del pueblo es una voz multitudinaria. Sin embargo, a veces es posible captar, en la voz de un hombre o de una mujer, la realidad y el accionar de todo un pueblo. A veces una sola persona, por sus características, puede *representar* a su pueblo" (p. 24).

38. Costuma-se falar — como a própria M. Randall sugere (idem, op. cit., p. 41) — de uma "transparência" desse gestor: uma idéia que está longe de ser exata. Ela lembra a ideologia da "transparência do tradutor" no ato de tradução que, ao menos desde os românticos, já foi desmontada enquanto retórica dissimuladora.

39. A. V. Leon, "Hacer hablar: La transcripción testimonial", in idem, op. cit., p. 189. Cf. quanto a essas transcrições a bela tese doutoral de S. M. de Melo Queiroz, Transcrição e escritura. Metamorfoses do conto oral no Brasil (Programa de Estudos Pós-graduados em Comunicação e Semiótica da PUC–SP, 2000), que trata das aporias envolvidas na transcrição de narrativas orais no interior do Brasil.

40. Talvez Alberto Moreiras tenha sugerido algo semelhante ao denominar o testemunho, (hispano-americano) de "uma prática aurática do pós-aurático". Cf. o capítulo "A aura do testemunho", in A. Moreiras, *A exaustão da diferença. A política dos estudos culturais latino-americanos*. Belo Horizonte: Editora da UFMG, 2001, pp. 249-82.

[41] Elisabeth Burgos escreve, no *testimonio* paradigmático *Me llamo Rigoberta Menchú y así me nació la conciencia*, "Por la boca de Rigoberta Menchú se expresan actualmente los vencidos de la conquista española". México: Siglo XXI, 1985, pp. 9 e seg.

[42] Miguel Angel Barnet é autor do famoso — e também paradigmático testemunho — *Biografía de un cimarrón*. Buenos Aires: Centro Editor de América Latina, 1977.

[43] Como lemos em Alberto Moreiras (op. cit., p. 313): "a força política do hibridismo continua em grande parte contida dentro da política hegemônica". A ênfase da abordagem subalternista no "resto", no que escapa ao hegemônico, é revertida — em uma dialética perversa — para uma realimentação do hegemônico, na medida em que não consegue ir além da polaridade dominador–dominado (pensando esses pólos como entidades "idênticas a si mesmas"). Penso que autores com W. Benjamin e E. Lévinas abrem a possibilidade de pensar esse "resto" sem recair nas armadilhas da metafísica da presença. Em Lévinas, como Elisabeth Weber notou, "des concepts comme 'fission', 'écart irréductible', 'éclatement', 'dénucléation', 'percée', 'faille' décrivent le sujet, sans référence à une unité ou à une totalité perdue, cherchée, antérieure ou future. La 'maladie de l'identité', n'est pas un état d'exception, mais définit le sujet en tant qu'autre en lui-même, en tant qu'incarné. Cette altérité en nous et de nous, qui n'est pas une aliénation, nous en faisons l'expérience particulièrement exposée dans la douleur, l'angoisse, le deuil, le désespoir, la maladie. Elle est [...] vulnerabilité constituante qui précède la constitution de la conscience". ("Anamnèse de l'immémorial", in E. Lévinas, A. Münster et al., *La différence comme non-indifférence. Éthique et altérité chez Émmanuel Lévinas*. Paris: Éditions Kimé, 1995, pp. 79 e seg.) Não existe nostalgia da comunidade, da totalidade, do outro como completude, mas sim desvelamento do outro em nós, da alteridade como ruptura. Se Benjamin mantém uma nostalgia da comunidade, ela é desconstruída pela sua teoria da reprodutibilidade e da historiografia como montagem pós-narrativa.

[44] Com relação a essa topografia de nossa memória que repete e reafirma as relações violentas cotidianas — e evidentemente é parte essencial do sistema de dominação —, não posso deixar de citar uma passagem de um texto de Roney Cytrynowicz: "Existe, entre o Monumento aos Bandeirantes e o Obelisco de 32, uma verdadeira autopista de memória oficial paulistana, cortada perpendicularmente pela veloz Avenida 23 de Maio. A memória dos bandeirantes celebra a tomada da terra e sua interiorização, a saga da busca do ouro e metais preciosos e a vitória catequizadora e exterminadora sobre os índios. O Obelisco de 1932 representa a chamada Revolução

de 1932, que opôs as oligarquias paulistas (tornadas constitucionalistas e baluartes da democracia) contra o poder despótico e centralizador de Getúlio Vargas. Se é verdade que havia posições ideológicas em conflito, também não se pode deixar de ver 1932 como a disputa entre frações oligárquicas. A insurreição paulista de 32 é um fenômeno único na magnitude de sua mobilização e na disposição das classes médias de irem à guerra (de verdade) contra o governo federal, tornada uma cruzada de ideais políticos e religiosos. O bandeirantismo e a Revolução de 1932 representam, sem dúvida, o eixo da memória paulista, o eixo de uma nacionalidade paulistana. Ambos os monumentos, maciços de concreto, situam-se em meio a importantes confluências viárias; eles são como que para serem vistos da janela do automóvel, jamais para serem visitados a pé. O apelo ideológico, as celebrações, as datas cívicas, o calendário, os monumentos, as avenidas e ruas e, acima de tudo, o imaginário político paulista está permeado pelos símbolos destes dois marcos, que, mais recentemente, se confundiram e até se sobrepuseram, misturando seus ideais". R. Cytrynowicz, O tribuno de 32 e o aviador da FAB, texto inédito, abr., 2001.

[45] Já tive a oportunidade de tratar desse tema no meu ensaio "História como trauma", in M. Seligmann-Silva e A. Nestrovski (orgs.), op. cit., pp. 73-98.

[46] Sigrid Weigel em um importante texto sobre a relação entre trauma, história e literatura desenvolveu de modo muito apropriado essa relação entre a teoria da cripta de Nicolas Abraham e a literatura de testemunho. Cf. S. Weigel, "Télescopage im Unbewußten. Zum Verhältnis von Trauma, Geschichtsbegriff und Literatur", in G. Koch (org.), *Bruchlinien. Tendenzen der Holocaustforschung*. Köln, Weimar, Wien: Böhlau, 1999, pp. 255-79. Quanto a N. Abraham cf. o volume: N. Abraham e M. Torok, *A casca e o núcleo*. Trad. M. J. Coracini. São Paulo: Escuta, 1995. A tentativa de Weigel descartar as análises de Cathy Caruth sobre o trauma, no entanto, eu não acompanho. Em outro lugar, trato dessa crítica de Weigel a Caruth: "Literatura e trauma: um novo paradigma", *Rivista di Studi Portoghesi e Brasiliani*. Pisa, III, 2001.

[47] Cf. a sua trilogia: P. Ricoeur, *Temps et récit*. Paris: Seuil, 1983-85 e o seu livro mais recente: *La mémoire, l'histoire, l'oubli*. Paris: Seuil, 2000.

Apresentação

[1] R. Antelme, *L'espèce humaine*. Paris: Gallimard, 1957, p. 9.

[2] G. Perec, *W ou a memória da infância*. Trad. P. Neves. São Paulo: Companhia das Letras, 1995, p. 54.

[3] Ibidem.

[4] Voltaremos a essa questão no último ensaio deste volume.

[5] S. Friedländer (org.), *Probing the limits of representation. Nazism and the final solution*. Cambridge, Londres: Harvard University Press,1992.

[6] J. Lacan, *Écrits*. Paris, 1966, p. 388. Cf. o belo artigo de Cynthia Chase, "Die Übertragung übersetzen. Psychoanalyse und die Konstruktion von Geschichte", in A. Haverkamp e R. Lachmann (orgs.), *Memoria: Vergessen und Erinnern*. Munique: Fink, 1993, pp. 197-219.

[7] P. Levi, *Os afogados e os sobreviventes*. Rio de Janeiro: Paz e Terra, 1990, p. 1.

[8] H. Weinrich, *Lethe. Kunst und Kritik des Vergessens*. Munique: C. H. Beck, 1997, pp. 228-36.

[9] Cf. de J. Semprún, *L'écriture ou la vie*. Paris: Gallimard, 1994; idem, *Le grand voyage*. Paris: Gallimard, 1963 (*A grande viagem*. Rio de Janeiro: Bloch Editores, s. d.); e sobretudo o volume *Um belo domingo*. Trad. A. Rodrigues. Rio de Janeiro: Nova Fronteira, 1982.

[10] Cf. B. Lang, *Act and idea in the nazi genocide*. Chicago, Londres: University of Chicago Press, 1990.

[11] Cf. A. Wieviorka e I. Niborski, *Les livres du souvenir, mémoriaux juifs de Pologne*, Archives-Gallimard, 1983 e também A. Wieviorka, *L'ère du témoin*. Paris: Plon, 1998.

[12] Essa anedota é narrada por inteiro na última nota do meu ensaio sobre a catástrofe em Walter Benjamin, que fecha este volume.

[13] Cf., entre outros, o clássico estudo de F. A. Yates, *Art of memory*. University of Chicago Press, 1974 e também o belo livro de A. Assmann, *Erinnerungsräume. Formen und Wandlungen des kulturellen Gedächtnisses*. Munique: C. H. Beck, 1999.

[14] G. Perec, op. cit., p. 61. Quanto a W. Benjamin, cf. o artigo que fecha esta coletânea.

[15] A. Appelfeld, "After the Holocaust", in B. Lang (org.), *Writing and the Holocaust*. Nova Iorque, Londres: Holmes & Meier, 1988.

[16] "Die gerettete Nacht", cf. a carta de Benjamin de 9 de dezembro de 1923 a Florens Christian Rang. W. Benjamin, *Gesammelte Briefe*, vol. 2. C. Gödde e H. Lonitz (orgs.). Frankfurt a. M.: Suhrkamp, 1996, p. 393.

Capítulo 1

1. P. Celan, *Gesammelte Werke*, vol. 3. B. Allemann e S. Reichert (orgs.). Frankfurt a. M.: Suhrkamp, 1983, p. 46. (*Cristal*. Trad. C. Cavalcanti. São Paulo: Iluminuras, 1999, pp. 18 e segs.)

2. "Die Heiterkeit, das gute Gewissen, die frohe That, das Vertrauen auf das Kommende — alles das hängt, bei dem Eizelnen wie bei dem Volke, davon ab, dass es eine Linie giebt, die das Uebersehbare, Helle von dem Unaufhellbaren und Dunkeln scheidet, davon, daß man ebenso gut zu rechten Zeit zu vergessen weiß, als man sich zur rechten Zeit erinnert; davon, dass man mit kräftigen Instinkte herausfühlt, wann es nötig ist, historisch, wann unhistorisch zu empfinden. Dies gerade ist der Satz, zu dessen Betrachtung der Leser eingeladen ist: *das Unhistorische und das Historische ist gleichermassen für die Gesundheit eines einzelnen, eines Volkes und einer Kultur nötig*". Nietzsche, "Unzeigemässe Betrachtungen II: Vom Nutzen und Nachteil der Historie für das Leben", in Nietzsche, *Kritische Studienausgabe*. G. Colli e M. Montinari (eds.), *Kritische Studienausgabe*. Munique: DTV; Berlim, Nova Iorque: Walter de Gruyter, 1988, p. 252. Para um comentário a essas passagens cf. Y. H. Yerushalmi, "Réflexions sur l'oubli", in Y. H. Yerushalmi et al., *Usages de l'oubli*. Paris: Éditions du Seuil, 1988, pp. 7-21, aqui p. 21. E veja-se também o belo livro de H. Weinrich, *Lethe. Kunst und Kritik des Vergessens*. Munique: C. H. Beck, 1997, pp. 160-68.

3. Walter Benjamin, *Gesammelte Schriften*, vol. 7. R. Tiedemann e H. Schweppenhäuser (orgs.). Frankfurt a. M., 1989, p. 369.

4. Y. Yerushalmi, op. cit., pp. 19 e seg.

5. A. Wieviorka, *L'ére du témoin*. Paris: Plon, 1998. Wieviorka, assim como Vidal-Naquet, representa uma classe especial de historiadores que levam muito em consideração o testemunho e o seu valor para o trabalho do historiador — diferentemente de Lucy Dawidowicz e de Raul Hilberg. Mas, mesmo valorizando o testemunho, eles permanecem presos à concepção hermenêutica tradicional da verdade histórica. Por outro lado, o trabalho de Wieviorka representa uma contribuição essencial para a análise dos testemunhos da Shoah e da sua história.

6. W. C. Costa, Borges, o original da tradução, manuscrito inédito.

7. Tive a oportunidade de desenvolver essa comparação entre teoria da representação, ética e teoria da tradução no meu ensaio: "Globalização, tradução e memória", *Cadernos de Tradução*, nº 4, jan.-dez., 1999, pp. 151-66.

8. Autor do livro *Hitlers willing executioners: ordinary germans and the Holocaust* (*Os executores voluntários de Hitler: alemães comuns e o Holocausto*).
9. M. Pollak, "Memória, esquecimento, silêncio", *Estudos Históricos*, vol. 2, nº 3. Rio de Janeiro, 1989, pp. 3-15, aqui p. 9.
10. "'*Ein Volk von Mördern*': tese sobre anti-semitismo eliminatório alemão gera polêmica na Alemanha", *Projekt*, nos 27-28, dez., 1997, pp. 35-40. Cf. também o ensaio de Habermas que destaca as implicações filosóficas e de teoria da historia do livro de Goldhagen: J. Habermas, "Sobre o emprego público da História", in *A constelação pós-nacional. Ensaios políticos*. Trad. M. Seligmann-Silva. São Paulo: Littera Mundi, 2001, pp. 37-49.
11. P. Vidal-Naquet, *Les assassins de la mémoire*. "*Un Eichmann de papier*" *et autres essais sur le révisionisme*. Paris: La Découverte, 1987, p. 12.
12. S. Friedländer e M. Broszat, "A controversy about the historicization of national socialism", in P. Baldwin (ed.), *Reworking the past. Hitler, the Holocaust and the historians*. Boston: Beacon Press, 1990, pp.102-34, aqui p. 110.
13. Idem, op. cit., p. 129.
14. Idem, op. cit., p. 8.
15. M. Halbwachs, *A memória coletiva*. São Paulo: Vértice, 1990, p. 80.
16. Idem, op. cit., p. 71.
17. W. Benjamin, op. cit., vol. 5, p. 574.
18. Vidal-Naquet, op. cit., p. 31; e dele também: *Los judíos, la memoria y el presente*. Buenos Aires: Fondo de Cultura Económica de Argentina, 1996, p. 15. Para Vidal-Naquet, "se é certo que o trabalho histórico exige uma 'retificação sem fim', não é menos certo que a ficção, sobretudo quando é deliberada, e a verdade histórica constituem dois extremos que não se encontram" (1996, p. 261). Por outro lado, deve-se tomar cuidado para não se confundir "ficção" e "mentira", uma vez que a ficção se encontra justamente no campo que desestrutura a própria possibilidade de se falar da verdade e do seu oposto. Derrida possui um texto, a meu ver único, sobre essa relação entre o testemunho e a literatura/ficção, cf. Derrida, *Demeure. Maurice Blanchot*. Paris: Galilée, 1998.
19. Vidal-Naquet, op. cit., p. 263.
20. Apud Vidal-Naquet, op. cit., p. 22. Quanto à historiografia de Heródoto cf. o livro de F. Hartog, *Le mirroir d'Hérodote. Essai sur la représentation de l'autre*. Paris: Gallimard, 1991.

21 É evidente, mas nunca é demais destacar, que não se deve pregar uma mera *substituição* da historiografia pelo modelo da memória. Vidal-Naquet, de resto, analisa em que grau a história de Masada de Y. Yadin (autor de *Herod's Fortress and the Zealot's Last Stand*. Londres, 1966) é muito mais um documento de memória do que de historiografia, na medida em que ele tentou fazer com que as próprias escavações arqueológicas coincidissem com os textos sobre os fatos heróicos dos "zelotas" — na verdade eram sicários — do forte de Masada (1996, pp. 49-76).

22 Broszat e Friedländer, op. cit., passim. Cf. Jörn Rüsen, "The logic of historicization. Metahistorical reflections on the debate between Friedländer and Broszat", in G. N. Arad (org.), *History & Memory*. vol. 9, n°s 1-2. Passing into history: nazism and the Holocaust beyond memory. In honor of Saul Friedländer on his sixty-fifth birthday, fall, 1997, pp. 113-44.

23 Idem, op. cit., p. 129.

24 Cf. S. Friedländer, *Reflections of nazism: an essay on kitsch and death*. Bloomington: Indiana University Press, 1991; e sobretudo o livro por ele organizado, *Probing the limits of representation. Nazism and the Final Solution*. Cambridge, Londres: Harvard UP, 1992.

25 Martin Jay (1998) lembra com razão, ao discutir esse debate sobre a historicização de Auschwitz, que a história do cotidiano não necessariamente deve representar uma postura conservadora. Pode-se, por exemplo, iluminar o cotidiano das minorias oprimidas ou as forças contra-normalizadoras da vida cotidiana. Nesse sentido, história do cotidiano não implica normalização, mas antes, pelo contrário, a descrição da vida absolutamente "excepcional" que as minorias tiveram sob o regime autoritário. De resto, uma análise crítica do chamado "exílio interno" ou da busca da vida privada, aparentemente apolítica e que era incentivada pelo governo, deve ser um objeto central na historiografia do regime nazista. Esse regime, enquanto *Ausnahmezustand* (estado de exceção), justamente representou uma situação extrema na qual a experiência plena do cotidiano — a *Erfahrung* na concepção de Walter Benjamin — era impossível e a imposição da "normalidade" era uma parte essencial da cultura política.

26 Como é sabido, esse tema tem sido explorado por muitas obras, sendo que a que teve maior eco foi o livro de Goldhagen. Na bibliografia sobre o genocídio nazista, ela dá continuidade à linha de leitura intencionalista que se opõe à funcionalista.

27 Cf. quanto à necessidade dos historiadores alemães aprenderem a colocar-se "no lugar das vítimas", o belo artigo de G. Motzkin, "Memory and

[28] cultural translation", in S. Budick e W. Iser (orgs.), *The translatability of cultures*. Stadford: Standford U. Press, 1996, pp. 265-81.

[28] D. LaCapra, *History and memory after Auschwitz*. Ithaca, Londres: Cornell U. Press, 1998, p. 54.

[29] Cf. idem, op. cit., p. 47 onde o autor diferencia o trauma do indivíduo do trauma histórico.

[30] Cf. entre outros títulos, idem, op. cit.; D. Laub e S. Felman, *Testimony: literature, psychoanalysis, history*. Londres: Routledge, 1991; C. Caruth (org.), *Trauma. Explorations in memory*. Baltimore, Londres: Johns Hopkins University Press, 1995; o meu ensaio "História como trauma", in M. Seligmann-Silva e A. Nestrovski (orgs.), op. cit., pp. 73-98; e P. Ballinger, "The culture of survivors. Post-traumatic stress disorder and traumatic memory", *History & Memory*, vol. 10, nº 1, spring, 1998, pp. 99-132.

[31] Cf. as reflexões de Jorge Semprún, ele mesmo um sobrevivente de Buchenwald: "Dos mortos do campo nazista de Buchenwald só nos resta a memória [*souvenir*]: eles subiram como flocos de fumaça para o céu, a cova deles fica nas nuvens [cf. Paul Celan...]. Com efeito, aí não se deita apertado: eles se encontram aí na imensidão da memória histórica, constantemente ameaçados de um esquecimento inadmissível, capaz, no entanto, do perdão e da reconciliação". *Mal et modernité*. Paris: Éditions Climats, 1990, pp. 90 seg.

[32] Quanto aos livros da memória cf. Wieviorka, op. cit.; Wieviorka e I. Niborski, *Les livres du souvenir, mémoriaux juifs de Pologne*. Archives-Gallimard, 1983; e ainda J. Boyarin e J. Kugelmas, *From a ruined garden. The memorial books of polish jewry*. Nova Iorque: Schocken Books, 1983.

[33] Cf. as reflexões de Pierre Nora sobre a importância dos "locais da memória" em uma Era "sem memória" e sobre as diferenças entre a memória e a história no seu texto de abertura da coleção dirigida por ele, *Les Lieux de la Mémoire*. "Entre mémoire et histoire. La problématique des lieux", in *Les lieux de la mémoire*, vol 1. Paris: Gallimard, 1984, pp. XV-XLII.

[34] Wieviorka, op. cit., pp. 122 e seg.

[35] Cf. Vidal-Naquet, op. cit., p. 16.

[36] Cf. as entrevistas de Claude Lanzmann coligidas no volume de B. Cuau et al., *Au sujet de Shoah*. Paris: Belin, 1990. Quanto a esse filme cf. entre outros, os seguintes importantes ensaios: S. Felman, "The return of the voice: Claude Lanzmann's *Shoah*", in D. Laub e S. Felman (orgs.), op. cit., pp. 204-83; G. Koch, "Der Engel des Vergessens und die Black Box der Faktizitat: Zur Gedachtniskonstruktion in Claude Lanzmanns Film

Shoah", in A. Haverkamp, R. Lachmann e R. Herzog (orgs.), *Memoria: Vergessen und Erinnern*. Munique: Fink, 1993; D. LaCapra, "Lanzmann's Shoah: 'here there is no why'", *Critical Inquiry*, 23, 2, winter, 1997, pp. 231-69 (republicado in *History and memory after Auschwitz*. Ithaca, Londres: Cornell U. Press, 1998, pp. 95-138).

[37] Apud Serge Daney, "Le travelling de Kapo", *Trafic*, nº 4, automne, 1992, pp. 5-19, aqui p. 5.

[38] Cf. G. E. Lessing, *Laocoonte, ou sobre as fronteiras da poesia e da pintura*. Trad., introd. e notas M. Seligmann-Silva. São Paulo: Iluminuras, 1998; bem como o meu ensaio "Do delicioso horror sublime ao abjeto e à escritura do corpo", in A. L. Andrade, M. L. de Barros Camargo e R. Antelo (orgs.), *Leituras do ciclo*. Florianópolis: ABRALIC, 1999, pp. 123-36. É evidente que as distâncias entre Lessing e os artistas em questão aqui são enormes: enquanto Lessing pensava na arte como parte de um sistema ilusionista e desprezava o seu aspecto sensível, na literatura e arte de testemunho o que ocorre é a instauração de um outro paradigma, não ilusionista, mas sim marcado pela "apresentação" ou "manifestação". Se Lessing estabeleceu o abjeto como o limite da arte, na arte contemporânea ocorreu uma passagem para o outro lado desse limite. O seu registro é o do *índice* e não mais o do *símbolo*. Daí a fotografia ser a manifestação — e o dispositivo — por excelência da arte da memória. Ela é pura escritura, traço deixado em um determinado espaço.

[39] Evidentemente, muito poderia ser dito aqui sobre a "arquitetura ética" de Daniel Libeskind, tanto no museu judaico de Berlim como no Felix-Nussbaum-Haus em Osnabrück. Cf. quanto a Libeskind: J. Derrida, "zu 'Between the Lines'", in D. Libeskind, *Radix-Matrix. Architekturen und Schriften*. Munique, Nova Iorque: Prestel, 1994, pp. 115-17; assim como de Libeskind, *Museum ohne Ausgang. Felix-Nussbaum-Haus, Osnabrück*. Berlim: Aedes, 1997; e *Jüdisches Museum Berlin*. Amsterdã, Dresden: Verlag der Kunst, 1999. Quanto a Gerz, cf. J. Gerz, *La question secrète*. Arles: Actes du Sud, 1996; J. Gerz, *2146 Steine: Mahnmal gegen Rassismus — Saarbrücken*. Stuttgart: Verlag Gerd Hätje, 1992; e J. Gerz e E. Shalev-Gerz, *Das Hamburger Mahnmal gegen Faschismus*. Hamburgo: Gerd Hatje, 1994. Quanto a A. Kiefer, cf. L. Salzman, *Anselm Kiefer and Art after Auschwitz*. Cambridge: Cambridge UP, 1999. De Hoheisel cf. os catálogos: *Zermahlene Geschichte. Kunst als Umweg*. Weimar: Thüringisches Hauptstaatsarchiv, 1999 (juntamente com Andreas Knitz); e *Aschrottbrunnen*. Frankfurt a. M.: Fritz Bauer Institut, 1998. Quanto a Boltansky, cf. D. Semin, T. Garb, D. Kuspit, *Christian Boltanski*. Londres: Phaidon, 1997. Cf. ainda o volume de J. Young, *At memory's*

edge. *After-images of the Holocaust in contemporary art and architecture.* New Haven, Londres: Yale UP, 2000.

⁴⁰ Cf. J. J. Fariña, "Aspectos psicosociales de la amnesia/amnistía en Argentina. Los tres tiempos de la exculpación", in H. Riquelme (org.), *Otras realidades, otras vías de acceso. Psicología y psiquiatría transcultural en América Latina.* Caracas: Editorial Nueva Sociedad, 1992, pp. 203-09.

⁴¹ Poema "Niedrigwasser": "Niemand schnitt uns das Wort von der Herzwand".

Capítulo 2

1. E. Traverso, *L'histoire déchirée. Auschwitz et les intellectuels.* Paris: CERF, 1997.

2. Essas discussões podem, em parte, explicar as diferenças entre as versões de 1944 e de 1947 da *Dialética do esclarecimento.* Elas são analisadas na edição crítica das obras de Horkheimer. Ver, em particular, W. van Reijen e J. Bransen, "Das Verschwinden der Klassengeschichte in der "Dialektik der Aufklärung. Ein Kommentar zu den Textvarianten der Buchausgabe von 1947 gegenüber der Erstveröffentlichung von 1944", in M. Horkheimer, *Gesammelte Schriften, Band 5*, pp. 452-57. Ver também Enzo Traverso, op. cit., pp. 129-35. Ler-se-á também com proveito o artigo de Rolf Johannes, "Das ausgesparte Zentrum. Adornos Verhältnis zur Ökonomie", in G. Schweppenhäuser (org.), *Soziologie im Spätkapitalismus. Zur Gesellschaftstheorie Theodor W. Adornos.* Darmstadt: Wissenschaftliche Buchgesellschaft, 1995.

3. A. Wellmer, *Endspiele: Die unversöhnliche Moderne.* Frankfurt a. M.: Suhrkamp, 1993, p. 225.

4. P. Lacoue-Labarthe e J. L. Nancy, *Le mythe nazi.* Paris: Editions de l'Aube, 1992.

5. Idem, op. cit., pp. 34-35.

6. Idem, op. cit., p. 35.

7. Ver J. Früchtl, *Mimesis — Konstellation eines Zentralbegriffs bei Adorno.* Würzburg: Königshaus und Neumann, 1986. Pode-se consultar também, da autora, "Do conceito de mimesis em Adorno e Benjamin", in *Sete aulas sobre linguagem, memória e história.* Rio de Janeiro: Imago, 1997.

8   Adorno e M. Horkheimer, *Dialética do esclarecimento*. Rio de Janeiro: Zahar, 1985, p. 169.

9   A vertente dita médica da ideologia nazista é essencial. Ela condena tanto os homossexuais como os deficientes mentais, os ciganos e os judeus: formas múltiplas de "desvios" da norma rígida. Ver a esse respeito o belo filme de Peter Cohen, *The architecture of doom*, 1992.

10 Idem, op. cit., p. 168.

11 Adorno, "Crítica à cultura e à sociedade", in *Prismas*. Trad. A. Wernet e de J. Mattos Brito de Almeida. São Paulo: Ática, 1998, p. 26. Nota-se que a segunda parte dessa afirmação, uma auto-reflexão de Adorno sobre sua própria atividade crítica, quase sempre é esquecida.

12 Ver o artigo de D. Claussen, "Nach Auschwitz kein Gedicht?", in G. Schweppenhäuser e M. Wischke (orgs. e eds.), *Impuls und Negativität*. Hamburgo: Argument-Verlag, 1995, p. 45.

13 Ver Idem, op. cit., pp. 47 e segs.

14 Adorno, "Engagement", in *Noten zur Literatur III*. Frankfurt a. M.: Suhrkamp, 1965, pp. 125-27.

15 Adorno, *Negative Dialektik*. Frankfurt a. M.: Suhrkamp, 1970, pp. 353-59.

16 Vários comentadores ressaltam a influência decisiva das teses "Sobre o conceito de história" de Walter Benjamin sobre a visão radicalmente crítica da esfera da cultura em Adorno. Por exemplo, D. Claussen, op. cit., p. 49; Rolf Wiggershaus (*Die Frankfurter Schule*. DTV, 1998, pp. 348-49) insiste, no seu excelente livro, sobre a proximidade da dialética da cultura e da barbárie em Benjamin e a dialética do esclarecimento em Adorno e Horkheimer; ver também I. Wohlfarth, Das Unerhörte hören. Zum Gesang der Sirenen, ms., pp. 5-8.

17 Adorno, *Dialética negativa*, op. cit., p. 357. Observa-se que Adorno ressalta que a atividade crítica — mesmo que imprescindível — não escapa desse veredicto severo. A expressão *samt der dringlichen Kritik daran* retoma o segundo termo da frase de 1949: "[...] *und das frisst auch die Erkenntnis an, die anspricht, warum es unmöglich ward, heute Gedichte zu schreiben*".

18 Todas expressões entre aspas são de Adorno na seqüência imediata de nossa citação. Essa página da *Dialética negativa* consegue entremesclar com maestria o vocabulário freudiano do recalque e o marxista da crítica à ideologia para denunciar as ilusões de pureza e de independência da esfera cultural.

19 Segundo o título de Gerhard Schweppenhäuser, *Ethik nach Auschwitz. Adornos negative Moralphilosophie*. Hamburgo: Argument Verlag, 1993. Empresto vários esclarecimentos a esse livro precioso.

[20] Adorno, *Dialética negativa*, op. cit., p. 356. O belo artigo de Adorno, "Educação após Auschwitz", in *Palavras e sinais. Modelos críticos 2*. Trad. M. H. Ruschel. Petrópolis: Vozes, 1995, desenvolve as implicações pedagógicas desse "imperativo".

[21] Para isso remeto ao livro citado de G. Schweppenhäuser e ao belo artigo de G. S. Noerr, "Adornos Verhältnis zur Mitleidsethik Schopenhauers", in *Impuls und Negativität*, op. cit., pp. 13-27.

[22] G. Schweppenhäuser, op. cit., pp. 185 e seg.

[23] *"das Hinzutretende"* remete à expressão kantiana "Also die blosse Form eines Gesetzes, welches die Materie einschränkt, muss zugleich ein Grund sein, diese Materie zum Willen hinzuzufügen, aber sie nicht vorauszusetzen" (*Kritik der praktischen Vernunft*, A 61). Agradeço a Marcos Lutz Müller por essa indicação que também esclarece porque Adorno introduz esse conceito na terceira parte da *Dialética negativa*, a propósito da liberdade em Kant.

[24] Adorno, *Dialética negativa*, op. cit., p. 356.

[25] Ver G. S. Noerr, "Adornos Verhältnis...", op. cit.

[26] Expressão de Schweppenhäuser, *Ethik nach Auschwitz...*, op. cit., p. 190.

[27] A palavra *Leib* reenvia ao mesmo radical que *Leben* (vida) enquanto o vocábulo *Körper* remete à forma singular de cada corpo determinado.

[28] Analogia já presente na crítica à ciência contemporânea que Horkheimer e Adorno desenvolvem, de maneira muito polêmica, na *Dialética do esclarecimento* (ver, em particular, p. 25).

[29] "Rememoração" muito mais no sentido do *Eingedenken* benjaminiano do que no sentido da *Erinnerung* hegeliana, portanto!

[30] A palavra *Scham*, "vergonha", que volta inúmeras vezes nos relatos dos sobreviventes, remete a essa esfera da corporeidade primeira cuja integridade os nazistas conseguiram destruir nas suas vítimas.

[31] Adorno, "Engagement...", op. cit., pp. 125-27.

[32] *"Indem noch der Völkermord in engagierter Literatur zum Kulturbesitz wird, fällt es leichter, weiter mitzuspielen in der Kultur, die den Mord gebar"*, diz Adorno no mesmo texto, p. 127. Essa ressalva incita à auto-reflexão crítica da própria filosofia!

[33] Adorno, *Ästhetische Theorie*. Frankfurt a. M.: Suhrkamp, 1970. Respectivamente: *Mimesis uns Rationalität*, pp. 86 e segs; *Mimesis ans Tödliche und Versöhnung*, pp. 201 segs; *Methexis am Finsteren*, pp. 203 e segs.

[34] Adorno, *Ästhetische...*, op. cit., p. 87.

35 Idem, op. cit., pp. 489 e seg.
36 A. Wellmer, "Adorno, Anwalt des Nicht-Identischen", in *Zur Dialektik von Moderne und Postmoderne*. Frankfurt a. M.: Suhrkamp, 1985.
37 *"Scham"*, ver nota 30.
38 Adorno, *Ästhetische...*, op. cit., p. 477.
39 O par conceitual auto-presevação *versus* entrega (*Selbsterhaltung -Hingabe*) está onipresente na filigrana do texto da *Dialética do Esclarecimento*.
40 Adorno, *Minima moralia*. Trad. L. Bicca. São Paulo: Ática, 1992.
41 Este artigo é uma versão mais curta da conferência proferida no Colóquio Internacional de Filosofia Estética "As luzes da arte" realizado em 1997 em Belo Horizonte (UFMG). O texto foi publicado, na íntegra, nas atas do Colóquio, R. Duarte e V. Figueiredo (orgs.), *As luzes da arte*. Belo Horizonte: Ópera Prima, 1999. Agradeço aos organizadores a permissão da retomada de parte do texto para esta coletânea.

Capítulo 3

1 A tradução de todas as citações é do autor.
2 Sobre a visita de Celan a Heidegger, Lacoue-Labarthe escreve: " Celan, no verão de 1967, escreve sobre o livro de ouro da *Hütte*, em Todnauberg. Ele não sabe quem havia assinado antes dele: as assinaturas, os nomes próprios, em verdade, pouco importam. Tratava-se de uma palavra, de uma simples palavra. Ele escreve o quê? Uma linha ou um verso. Ele pede apenas a palavra e a palavra, evidentemente, não foi pronunciada. Nada, o silêncio: ninguém, o não-evento (evento sem resposta).
Eu não sei qual palavra Celan podia esperar. Qual palavra, para ele, teria tido suficiente força para arrancá-lo à ameaça afásica ou idiomática (o evento sem resposta da palavra), na qual este poema, balbuciado contra o silêncio, só podia afundar-se, como se afunda num pântano. Qual palavra teria podido fazer, subitamente, *evento*?
Eu não sei. Qualquer coisa me diz, no entanto, que é a palavra mais humilde e a mais difícil a pronunciar, exigindo um 'saída para fora de si', justamente a palavra que todo o Ocidente, em seu *páthos* da redenção, não pode jamais pronunciar, e que ainda precisamos aprender a dizer, sem o que nós é que afundaremos: a palavra *perdão*" (1986). P. Lacoue-Labarthe, *La poésie comme expérience*. Paris: Christian Bourgois, 1997, p. 57.

³ S. Mosès, "Rosenzweig et Lévinas. Au-delà de la guerre", in N. Frogneux e F. Mies (orgs.), *Emmanuel Lévinas et l'histoire*. Paris: Les Éditions du CERF, 1998, pp. 137-55.

⁴ C. Chalier, *L'utopie de l'humain*. Paris: Albin Michel, 1993, p. 61.

⁵ N. Abraham e M. Torok, *Le verbier de l'homme aux loups*. Paris: Aubier; Flammarion, 1976.

⁶ S. Ferenczi, (1932) "Qui est fou, nous ou les patients?", *Journal Clinique*. Paris: Payot, 1985, p. 147.

⁷ N. Abraham e M. Torok, *L'écorce et le noyau*. Paris: Flammarion, 1987, p. 31.

Capítulo 4

¹ Elie Wiesel, *Holocausto: canto de uma geração perdida*. São Paulo, s. n. t.

² Apesar de a bibliografia sobre o Holocausto contar com dezenas de milhares de títulos, são ainda uns poucos os realmente indispensáveis. Uma sugestão de obras: R. Hilberg, *The destruction of the European jews*. Nova Iorque: New Viewpoints, 1973; do mesmo autor há uma segunda edição em três volumes, editada pela Holmes & Maier em 1985, revisada e definitiva; R. J. Lifton, *The nazi doctors. Medical killing and the psychology of genocide*. Nova Iorque: Basic Books, 1986; H. Arendt, *Eichmann em Jerusalém. Um relato sobre a banalidade do mal*. São Paulo: Diagrama e Texto, 1983. Para uma lista extensiva, mas não atualizada, ver D. M. Szonyi, *The Holocaust. An annotated bibliography and resource guide*. Nova Iorque: Ktav Publishing House, 1985. Para um conhecimento informativo, existe I. Gutman (ed.), *Enciclopedia of the Holocaust*. Nova Iorque: Macmillan Publishing Company, 1990.

³ R. Lifton, op. cit.

⁴ N. Cohn, *El mito de la conspiración judía mundial*. Madri: Alianza Editorial, 1983.

⁵ H. Arendt, *As origens do totalitarismo*. São Paulo: Companhia das Letras, 1989.

⁶ P. Vidal-Naquet, *Os assassinos da memória. O revisionismo na história*. Campinas: Papirus, 1988; D. Lipsdadt, *Denying the Holocaust. The growing assault on truth and memory*. Nova Iorque: The Free Press, 1993. Sobre o nazi-negacionismo no Brasil ver o último capítulo de Roney

Cytrynowicz, *Memória da barbárie. A história do genocídio dos judeus na Segunda Guerra Mundial*. São Paulo: Edusp, 1990 e sobre as conexões entre o nazi-negacionismo dos anos 1990 e o Integralismo de Gustavo Barroso na década de 1930 no Brasil, do mesmo autor, ver o último capítulo de Integralismo e anti-semitismo nos textos de Gustavo Barroso na década de 1930. Dissertação de mestrado, Fflch, Departamento de História, USP. São Paulo, 1992.

[7] Sobre Wilkomirski, ver M. Seligmann-Silva, "Os fragmentos de uma farsa", *Cult — Revista Brasileira de Literatura*, nº 23, ano 2.

[8] Leon Poliakov, *Harvest of hate. The nazi program for the destruction of the jews of Europe*. Nova Iorque: Holocaust Library, 1986; D. Kenrick, e G. Puxon, *The destiny of Europe's gypsies*. Nova Iorque: Basic Books, 1972; A. Mayer, *Why did the heavens not darken? The final solution in History*. Nova Iorque: Pantheon Books, 1988; M. Gilbert, *Auschwitz and the allies. The politics of rescue*. Hamlyn Paperbacks, 1981; M. Broszat, "The genesis of the final solution", in *Aspects of the third Reich*. Macmillan Education, 1987; G. L. Mosse, *Toward the final solution. A history of European racism*. The University of Wisconsin Press, 1985.

[9] H. Arendt, *Entre o passado e o futuro*. São Paulo: Perspectiva, 1979.

[10] O autor agradece a Márcio Seligmann-Silva pelo convite para participar na coletânea da Revista *Cult* (nº 23, jun., 1999), na qual uma versão deste artigo foi publicada, e pelas inúmeras conversas cujas ressonâncias certamente estão presentes neste texto.

Capítulo 5

[1] Robert Bresson, "Ni visto ni oído". Entrevista realizada por François Weyergans, 1965. Publicada no nº 6 da revista *Tsé Tsé*. Buenos Aires, 1999.

[2] R. Forster. *El exilio de la palabra*. Buenos Aires: Eudeba, 1999.

[3] Ver G. Deleuze, *A imagem-tempo. Cinema II*. São Paulo: Brasiliense, 1990. pp. 319-21. S. Sontag, "*Hitler*, de Syberberg", in *Sob o signo de Saturno*. Porto Alegre: L&PM, 1986, pp. 105 e segs.
Em Syberberg, a realidade só pode ser captada indiretamente, representada como espetáculo no teatro da mente, por um monodrama sonâmbulo de associações infinitas. Fantasmagoria entre uma paisagem de vapores infernais, própria de uma tradição cinematográfica na qual convivem espaços surreais com gigantescos símbolos ou miniaturas que permitem que um

devir amarre as coisas que acontecem. O estúdio de Munique funcionou como um "deserto coberto de alegorias" para o desdobramento de uma miscelânea de discursos imaginários e autênticos (Hitler, Himmler, Goebbels, Speer coexistem com personagens de bastidores). O universo de referências visuais do filme tenta reconstruir a tradição fazendo uma arqueologia imaginária da Era nazista. Como diz Sontag, "Syberberg inspira-se nas fontes estilísticas mais disparatadas: Wagner, Mélies, as técnicas de distanciamento brechtianas, o barroco homossexual, o teatro de marionetas". A idéia benjaminiana de surrealismo está ligada à estética de Syberberg: um romantismo que pressupõe um mundo fraturado ou póstumo, ao qual só se pode aceder graças a uma alegoria ou uma ironia dramática. Só assim pode se interrogar o mito. O espetáculo de horror moralizado faz coexistir caricaturas, números vivos, bonecos miniaturizados, ventríloquos e alude livremente aos acontecimentos das três décadas que se seguiram à morte de Hitler, em um jogo de ironias anacrônicas. A idéia de Sontag é que o filme é "uma escatologia do mal e se desenrola numa espécie de fim dos tempos, num tempo messiânico que impõe o dever de tentar fazer justiça aos mortos". O filme aborda o nazismo pelas suas próprias palavras e o distanciamento entre imagem e texto provoca incômodo quando Hitler ou Goebbels declaram o Reich uma nova idade glacial. A primeira pessoa com vocação moral usada por Syberberg incomoda o espectador ao colocar em cena a sua cumplicidade com o povo. Esta provocação confunde tragédia com afirmação do crime. Nisto reside uma das dimensões do nacional-esteticismo de Syberberg; a outra pode ser reconhecida no uso da figura de Hitler como princípio proteico do mal, através da qual se traçam inúmeras genealogias, das quais não poucas carecem de fundamento. Gostaríamos de opor a radicalidade alegórica como princípio explicativo em Syberberg ao filme *Moloch*, (1999) de Alexander Sokurov, como duas formas extremas de atingir o mito por via da pantomima. Em *Moloch*, o castelo é fortaleza que paira sobre as nuvens como um Walhalla que contém a fisiologia do nazismo, que oscila entre a saúde e a higiene em contraposição à humanidade hipocondríaca e degradada por cânceres e fístulas. Entre diálogos banais sobre a indústria têxtil, discussões culinárias e cinematográficas, a anomalia do espírito reflete-se em disfunções fisiológicas. Se em Syberberg, a Alemanha pode ser explicada a partir da tradição da história do Romantismo, em que a tarefa moralista é um ideal terapêutico do eu, em Sokurov, o Walhalla é, por fim, o reduto de corpos infantilizados, perversos e sem moral que fizeram de sua doença a imagem do mundo exterior. Um eu, torturado e melancólico em Syberberg ante um naturalismo escatológico em Sokurov. A exaltação segura e introspectiva de Syberberg ante a um olhar de microprocessos em Sokurov. Duas extremas experiências estéticas que interpelam, a partir dos fragmentos da ficção, o mito do nazismo.

4 M. Onfray, *Política del rebelde*. Buenos Aires: Perfil, 1999.

5 Idem, op. cit.

6 Ver P. Levi, *Los hundidos y los salvados*. Barcelona: Muchnik, 1995. Idem, *É isto um homem?*. Rio de Janeiro: Rocco, 1988; *A trégua*. São Paulo: Companhia das Letras, 1997; *Se não agora, quando?*. São Paulo: Companhia das Letras, 1999.

7 R. Forster, op. cit.

8 Ver C. Lanzmann, *Au sujet de Shoah. Le film de Claude Lanzmann*. Paris: Belin, 1990.

9 Ver P. Nora, *Le lieu de mémoire*. Paris: Gallimard, 1984.

10 Ver Jacques Derrida, *Mal d'archive*. Paris: Galillée, 1995.

11 Robert Antelme, *L'espèce humaine*. Paris: Gallimard, 1957.

12 V. Sánchez-Biosca, *Funcionarios de la violencia*, vol. 183. Valencia: Episteme, 1997. Ver idem, *Hier ist kein warum. À propos de la mémoire et de l'image des camps de la mort*. Paris: Protée, 1997. Idem, Shoah: le lieu, le personnage, la mémoire (texto inédito). Idem, Representar lo irrepresentable. Abusos de la retórica (texto inédito). Os textos de Sánchez-Biosca estão marcados pelas idéias de Hannah Arendt e Raul Hilberg.

13 G. Agamben, "¿Qué es un campo?", *Revista Artefacto*, nº 2. Buenos Aires, 1998.

14 V. Sánchez-Biosca, *Funcionarios...*, op. cit.

15 D. La Capra, "Lanzmann´s Shoah: 'Here there is no why'", *Critical Inquiry*, winter. Chicago, 1997, pp. 231-69.

16 R. Hilberg, *The destruction of the european jews*. Nova Iorque, 1985.

17 Ver P. Calveiro, *Poder y desaparición. Los campos de concentración en Argentina*. Buenos Aires: Colihue, 1998, pp. 38 e segs. Ver H. Arendt, *Eichmann em Jerusalém*. São Paulo: Companhia das Letras, 2000.

18 B. Spinoza, *Ética y Tratado Teológico-Político*. México: Porrúa, 1990. Ver G. Deleuze, "Visión ética del mundo", in *Spinoza y el problema de la expresión*. Barcelona: Muchnik, 1996, pp. 247 e segs. A. Negri, *Anomalia selvagem. Poder e potência em Spinoza*. Rio de Janeiro: Editora 34, 1993. G. Kaminsky, "Sed Perseverare Imaginarium" e D. Tatián, "Una política de la cautela", in H. González (org.), *Cóncavo y convexo. Escritos sobre Spinoza*. Buenos Aires: Altamira, 1999.

[19] V. Sánchez-Biosca, *Funcionarios...*, op. cit.
[20] B. Spinoza, op. cit.
[21] R. Bodei, *Geometría de las pasiones*. México: FCE, 1995.
[22] P. Celan, "Rejas del lenguaje", in S. Romano-Sued, *La escritura en la diáspora*. Córdoba: Narvaja, 1998.
[23] G. Steiner, "La larga vida del metaforizar: un ensayo sobre la Shoah", in S. Romano-Sued, op. cit. Ver G. Steiner, *Lenguaje y silencio*. Barcelona: Gedisa, 1990.
[24] G. Grass. *Discurso de la pérdida*. Buenos Aires: Paidós, 1999, pp. 18 e segs. Discurso pronunciado por Grass em 1992, frente à reunificação alemã e ao assassinato sistemático de turcos em território alemão. Diz: "O ódio vivido como desejo de matar tal como se produz em Houyerswerda, Rostock e outros reedita Auschwitz. [...] Quem na atualidade medite sobre a Alemanha e busque respostas para o problema alemão tem que pensar também em Auschwitz".
[25] J. Derrida, *Demeure. Maurice Blanchot*. Paris: Galilée, 1998, pp. 33 e segs.
[26] C. Lanzmann, "*Shoah* es un sol negro", entrevista de Luciano Monteagudo, *Página 12*. Buenos Aires, 27 mar., 1997.
[27] A. Appelfeld, *Badenheim, 1939*. São Paulo: Summus, 1983, p. 55.
[28] M. Blanchot, *L'instant de ma mort*. Paris: Fatamorgana, 1974. Ver *El instante de mi muerte. La locura de la luz*. Madri: Tecnos, 1996, p. 26.
[29] S. Friedländer, *Probing the limits of representation. Nazism and the Final Solution*. Cambridge, Londres: Harvard UP, 1992.
[30] M. Seligmann-Silva, "Do delicioso horror sublime ao abjeto e à escritura do corpo", in A. L. Andrade, M. L. de Barros Camargo e R. Antelo (orgs.), *Leituras do ciclo*. Florianópolis: ABRALIC, 1999, pp. 123-36.
[31] M. Blanchot, *La locura...*, op. cit., p. 64.
[32] C. Lanzmann, "*Shoah* es un sol...", op. cit.
[33] G. Agamben, *Quel que resta di Auschwitz*. Torino: Bollati Boringhieri, 1998, pp. 140 e segs.
[34] Ibidem.
[35] J. Cayrol e A. Resnais, *Nuit et brouillard*. Paris: Libres Fayard, 1997, p. 17.
[36] *Concentracionário*, do espanhol, relativo aos campos de concentração.
[37] T. Todorov, *Frente al límite*. México: Siglo XXI, 1993 e D. La Capra, "Lanzmann's Shoah...", op. cit., pp. 231-69. A coincidência e diferença

entre ambos foram assinaladas pelo próprio La Capra na nota 34 de seu artigo, pp. 268-69.

[38] E. Traverso, *L'histoire déchirée. Essai sur Auschwitz et les intellectuels*. Paris, 1997. Ver V. Sánchez-Biosca, Representar lo irrepresentable, op. cit.

[39] Koselleck, "Terror y sueño", *Pasado-Futuro*, pp. 267-86.

[40] S. Daney, "Le travelling de Kapo", *Trafic*, nº 4, automne, 1992, pp. 5-19. Ver idem, *Perseverancia*. Buenos Aires: El amante del cine, Paidós, 1997.

[41] D. La Capra, op. cit.

[42] P. Slotrdijk, *En el mismo barco*. Madri: Siruela, 1997.

[43] M. Horkheimer e T. Adorno, "Elementos del anti-semitismo. Límites del Iluminismo", in *Dialéctica del Iluminismo*. Buenos Aires: Sudamérica, 1987, p. 215.

[44] Todorov insiste numa crítica de caráter histórico: o olhar de Lanzmann força a noção do colaboracionismo polaco acentuando o gesto de degolação do maquinista Gawkoski como síntese de um processo histórico e da atitude de um povo. La Capra, por sua parte, considera excessiva a posição de Lanzmann recorrendo às reflexões de Timothy Garton Ash, que sustenta que a ocupação alemã da Polônia foi cruel e dura e que muitos polacos morreram por ajudar os judeus. A controvérsia não termina em *Shoah*. O filme *Shtetl* (1996) formula, através de uma reconstrução da história pessoal do diretor numa viagem às memórias da infância, uma tentativa de indagar a barreira traçada entre judeus e polacos no lugar do que fosse o gueto de Bransk. As camadas de memória cotidiana marcam um apagamento dos rastros da comunidade judaica, transferida quase em sua totalidade a Treblinka. A indagação revela que os judeus controlavam a economia da pequena cidade e que os polacos trabalharam para eles até a ocupação alemã. Os polacos entrevistados sustentam que os judeus persistiam numa conduta de isolamento. A pequena cidade apagada da face da terra é recuperada através de cartas, desenhos, notas de parentes, fotografias que mostram um povo florescente. O procedimento do filme é o de indagar a terra e os gestos dos camponeses polacos em seu olhar ao passado. O narrador vai revelando as zonas do ódio: lápides usadas como lajotas num espaço católico, ódios irresolúveis entre vizinhos de infância, associações entre judeus e polacos consideradas impossíveis pelos entrevistados. A micro-história dos *Ostjuden* gera zonas de franco desconcerto e contradição. A posição de Lanzmann não deveria universalizar-se, tampouco os testemunhos em contrário. A convivência familiar entre comunidades em Branks revela que o próximo pode tornar-se estranho e ameaçador. Indagar os não-lugares

da memória supõe particularidades que podem incorrer em omissões. A verdade encarnada da testemunha que fala por um povo ausente admite modos de interpretação diversos. Dominik La Capra e Tzvetan Todorov acabam sendo em seus questionamentos tão lúcidos quanto excessivos ante as potências do objeto fílmico que criticam.

45 C. Rosset, *El principio de crueldad*. Valencia: Pre-textos, 1994.

46 P. Pál Pelbart, "Cinema e Holocausto", *Pulsional Revista de Psicanálise*. São Paulo, pp. 98-107. (Republicado in M. Seligmann-Silva e A. Nestrovsky, *Catástrofe e representação*. São Paulo: Escuta, 2000, pp. 171-83.)

47 M. Heidegger, "La pregunta por la técnica", in *Ciencia y técnica*. Santiago: Ed. Universitaria, 1984, p. 71.

48 R. Hilberg, *The destruction...*, op. cit. H. Arendt, *Le sistème totalitaire*. Paris: Seuil, 1972 e *Los orígenes del totalitarismo*. Madri: Alianza, 1987.

49 A. Badiou, *¿Se puede pensar la política?*. Buenos Aires: Nueva Visión, 1990, p. 51. Ver "La ética. Ensayo sobre la conciencia del mal", in T. Abraham (org.), *Batallas éticas*. Buenos Aires: Nueva Visión, 1995.

50 G. Deleuze, "La literatura o la vida", in *Crítica y clínica*. Barcelona: Anagrama, 1996.

51 Ver C. Dumoulié, *Nietzsche y Artaud. Por una ética de la crueldad*. México: Siglo XXI, 1996, p. 225.

52 P. Virilio, *Guerre et cinéma I. Logistique de la perception*. Paris: Cahiers du Cinéma, 1984, pp. 42 e segs.

53 P. Virilio, *Estética de la desaparición*. Barcelona: Anagrama, 1991.

54 G. Perec, *W ou a memória da infância*. São Paulo: Companhia das Letras, 1995, p. 13.

55 T. Todorov, op. cit.

Capítulo 6

1 I. Howe, "A escrita e o Holocausto", N. Rozenchan (org.), *Cadernos de Língua e Literatura Hebraica*, nº 2. São Paulo: Humanitas, 1999, p. 25.

2 Cf. A. Appelfeld, "After the holocaust", in B. Lang, *Writing and the holocaust*. Nova Iorque, Londres: Holmes & Meier, 1988.

3 A. Appelfeld, *Badenheim, 1939. Tzili*. Trad. R. Berezin e N. Rosenfeld. São Paulo: Summus, 1986.

4 A. Appelfeld, *Cadernos de língua...*, op. cit., p. 88.

⁵ Cf. I. Even-Zohar, "O surgimento de uma cultura hebraica nativa na Palestina (1882-1948)", N. Rozenchan (org. e trad.), *Cadernos de Língua e Literatura Hebraica*, nº 1. São Paulo: Humanitas, 1998, p. 16.
⁶ A entrevista de Appelfeld foi concedida a Nancy Rozenchan. Idem, op. cit., p. 133.
⁷ Idem, op. cit., pp.125-28.
⁸ A. Appelfeld, op. cit.
⁹ Vale a pena estabelecer uma relação entre o romance de Georges Perec e a novela de Appelfeld, *W ou a memória da infância* (trad. Paulo Neves. São Paulo: Companhia das Letras,1995. A 1ª edição do romance é de 1975), que alterna narrativa autobiográfica com ficção, num texto duplo, onde W é a terra do esporte, um Estado-máquina que corre contíguo aos capítulos autobiográficos. Em Appelfeld, a linha divisória não coincide com a do romance de Perec, embora o nazismo também seja referido muitas vezes de forma metonímica pelo esporte. Há um W no quepe do caixeiro viajante Salo, que pode servir de isca para a analogia entre os dois textos, cujas datas de publicação também se aproximam. Lembro que o texto de Appelfeld é de 1974. Devo a analogia a Adrián Canji.
¹⁰ Os destaques nas citações são sempre meus.
¹¹ S. Freud, "O estranho", in *Obras psicológicas completas*, vol. 17. Rio de Janeiro: Imago, p. 275.
¹² Pode ser coincidência, mas vale lembrar que o nome da paciente de Josef Breuer conhecida como Anna O. era Bertha Pappenheim. O seu sintoma de histeria manifestou-se na perda da língua alemã, passando a paciente a expressar-se em inglês e também num "jargão descosturado", segundo palavras de Breuer, referindo-se certamente ao ídiche. Bertha Pappenheim mais tarde foi tradutora de vários livros em ídiche para o público alemão. A relação entre essa paciente, que mais tarde passou a ser analisada por Freud, e o doutor Pappenheim faz-se pelo apagamento ou recalque, no caso dela do alemão, no caso dele de sua condição de enxergar o que estava ocorrendo, atado que ficou ao auto-engano.
¹³ Cf. A. Appelfeld, "Depois do Holocausto"..., p. 91

Capítulo 7

1. A tradução, do hebraico, deste poema e do seguinte, foi feita especificamente para servir a este texto; não se propõe a uma reelaboração poética; visa, tão somente, transmitir o conteúdo do texto original.
2. As referências bíblicas são do livro do Gênesis e estão assinaladas por asteriscos nos respectivos versos do poema; as traduções destes versículos foram adaptadas de várias versões.
3. O fato narrado em Gênesis, 22, comumente denominado de "sacrifício", tem em hebraico o nome de *akedá*, literalmente *o ato de amarrar*.
4. As traduções dos poemas ao português encontram-se em: H. de Campos, *Crisantempo*. São Paulo: Perspectiva, 1998; *Poesia Sempre*, nº 8. Rio de Janeiro: Fundação Biblioteca Nacional, jun., 1997.

Capítulo 8

1. Este texto nasceu como desdobramento do artigo "Ética da memória" (in M. Seligmann-Silva (org.), "Dossier literatura de testemunho", CULT, jun., 1999). Considero a reflexão sobre Caim e Abel como um aspecto preliminar para analisar o tema *literatura de testemunho*, que se situa no entrecruzamento entre literatura, história e psicanálise.
2. *Kinder- und Hausmärchen gesammelt durch die Brüder Grimm* (Contos maravilhosos para crianças e para a família, recolhidos pelos irmãos Grimm), vol. 1. Baden-Baden: Insel, 1984, p. 347.
3. B. Bettelheim, *Il mondo incantato* (*The uses of inchantment. The meaning and importance of fairy tales*). Milão: Felrinelli, 1982, p. 95.
4. Idem, op. cit., p. 29.
5. I. Calvino, *Fiabe italiane*. Milão: Mondadori, 1981, p. 13.
6. Idem, op. cit., p. 50. Em Calvino há uma evidente tentativa de valorizar o elemento pretensamente "harmônico" das fábulas italianas — seus temas básicos seriam amor e psiquê — em contraposição à "barbárie germânica".
7. M. Fusillo, *L'altro e lo stesso. Teoria e storia del doppio*. Firenze: La Nuova Italia, 1998.
8. O ensaio de Sigmund Freud, "Das Unheimliche", de 1919 trata desse tema.
9. *A Bíblia de Jerusalém*. São Paulo: Paulinas, 1985.

[10] R. Graves e R. Patai, *I miti ebraici* [*Hebrew myths. The book of Genesis*]. Milão: Longanesi, 1980, p. 105. As informações sobre Caim e Abel provêm desse texto.

[11] B. M. Metzger e M. D. Coogan, *The Oxford companion to the Bible*. Oxford, 1993 (sobre o verbete *Cain*).

[12] R. Graves, op. cit., p. 108.

[13] *A Bíblia de Jerusalém*, op. cit.

[14] *A lei de Moisés e as "Haftarot"*. Rio de Janeiro: Comunidade Sefaradí de Miami, s. d.

[15] *A Bíblia de Jerusalém*, op. cit., p. 2.283 (Primeira Epístula de São João).

[16] Segundo o *Vocabulário de psicanálise*. São Paulo: Martins Fontes, 1988, Freud reserva o termo *sadismo* para associação da sexualidade e da violência exercida sobre outrem (p. 605). O mesmo *Vocabulário* admite que, "no entanto, de uma forma menos rigorosa, [Freud] chama às vezes sadismo apenas o exercício desta violência, para além de qualquer satisfação sexual" (ibidem). Em "Über infantile Sexualtheorien" ("Sobre teorias sexuais infantis"), *Studienausgabe*, op. cit., Bd V, p. 173, Freud menciona a agressividade entre irmãos: "O filho mais velho manifesta uma explícita inimizade contra seu concorrente, que o leva a um comportamento hostil, a desejos que 'a cegonha o leve embora' e, ocasionalmente, a pequenos atentados contra a criança indefesa no berço".

[17] W. Benjamin, "Sobre o conceito de História", in *Obras escolhidas*. São Paulo: Brasiliense, 1985, p. 225.

[18] S. Freud, "Trauer und Melancholie", in *Studienausgabe*, vol. 3. Frankfurt a. M.: Fischer, 1982, p. 197. As próximas citações estão na pp. 198-99, 205, respectivamente.

[19] S. Freud, "Totem e tabu", in *Studienausgabe*, vol. 9. Frankfurt a. M.: Fischer, 1982, p. 350.

[20] Laplanche, op. cit., p. 607.

[21] S. Freud, "Eine Teufelsneurose im Siebzehnten Jahrhundert", in *Studienausgabe, Band VII*. Frankfurt a. M.: Fischer, 1982. As citações seguintes correspondem às pp. 295-97.

[22] J.-P. Sartre, *Ebrei. (Réflexions sur la question juive)*. Milão: Comunità, 1948, p. 68.

[23] P. Bori, *Il vitello d'oro. Le radici della controversia antigiudaica* (*O bezerro de ouro. A raiz da polêmica anti-judaica*). Torino: Boringhieri, 1983.

[24] H. Arendt, *Sur l'antisémitisme*. Paris: Calmanann–Levy, 1973, p. 87. Veja-se, também, M. Mitscherlich, "Antisemitismus — eine Männerkrankheit" ("Anti-semitismo — Uma doença masculina"), in *Die friedfertige Frau*. Frankfurt a. M.: Suhrkamp, 1985.

[25] P. Levi, *Conversazioni e interviste*. Torino: Einaudi, 1997, p. 269

[26] Veja-se, a este propósito, L. Poliakov, *O mito ariano*. São Paulo: Perspectiva, 1974, particularmente o capítulo "A língua e a raça", pp. 65 e seg.

[27] R. Hilberg, *La distruzione degli ebrei d'Europa* (*The destruction of the european jews*). Torino: Einaudi, 1999. Veja-se, também, em E. Wiesel, *Holocausto. Canto de uma geração perdida*. Rio de Janeiro: Documentário, 1987, p. 14.

[28] Os textos de H. Arendt, *Les origines du totalitarisme. Sur l'antisémitisme* (*The origins of totalitarism*). Paris: Seuil, 1984; de L. Poliakov, op. cit., e de A. Momigliano, *La storiografia greca*. Torino: Einaudi, 1982, comentados a seguir, aprofundam esta hipótese.

[29] Segundo M. Simon e A. Benoit, *Giudaismo e cristianesimo* (*Le judaïsme e le christianisme antique. d'Antiochus Epiphane à Constantin*). Bari, Roma: Laterza, 1985, pp. 10, 58 e seg., helenismo e judaísmo entram em conflito desde a época da redação do livro de Daniel, provavelmente no século II a.C.

[30] Uma consideração irônica sobre a citação de Paulo (Coríntios, 1, 12) encontra-se num texto de J. L. Borges, "O espelho dos enigmas", in *Nova antologia pessoal*. São Paulo: Difel, 1982

[31] A. Momigliano, op. cit. examina, entre outras, a obra de T. Boman, *Das Hebräische Denken im Vergleich mit dem Griechischen* (O pensamento hebraico em comparação com o grego). Göttingen: Vandenhoeck, 1968; de G. von Rad, *Theologie des Alten Testament* (Teologia do Velho Testamento). Munique: Kaiser Verlag, 1966, em relação à noção de tempo; e a de R. Bultmann, *Geschichte und Eschatologie* (História e Escatologia). Tübingen, 1958, acerca da noção de conhecimento.

[32] A. Momigliano, op. cit., p. 68.

[33] R. Alter, "Introdução ao Antigo Testamento", in *Guia literário da Bíblia*. São Paulo: UNESP, 1997, p. 25.

[34] M. Simon e A. Benoit, op. cit., pp. 60 e seg.

[35] M. Vergetti, "Dans l'ombre de Thot. Dynamiques de l'écriture chez Platon", apud J.-M. Gagnebin, *Sete aulas sobre linguagem, memória e história*. Rio de Janeiro: Imago, 1997, p. 55.

[36] G. Scholem, *A Cabala e seu simbolismo*. São Paulo: Perspectiva, 1978, p. 80.

[37] Vale a pena citar aqui a lenda de Thot do *Fedro*, na versão de J.-M. Gagnebin, op. cit., pp. 57-58.

[38] J. Derrida, *Gramatologia*. São Paulo: Perspectiva, 1973, p. 42.

[39] A expulsão dos poetas e dos sofistas da *República* simboliza, de certa forma, a expulsão dos criadores do texto e de seus intérpretes, pois o objetivo de Platão é defender a sociedade grega contra os perigos de sua dissolução. Veja-se o texto de Havelock, *Cultura orale e civiltà della scrittura* [*Preface to Plato*]. Bari: Laterza, 1983, que aponta a existência de um vínculo entre a introdução da escrita, teorizada por Platão, e os problemas políticos e jurídicos, por ele examinados.

Capítulo 9

[1] A transferência do nome próprio para uma versão hebraica é um costume praticado por muitos imigrantes em Israel. O nome "Leão" é "Arieh" em hebraico, enquanto "Chen" quer dizer "graça, bênção". A versão de "Arieh" em português é "Ari" e assim o dramaturgo será identificado neste estudo (seguindo a grafia do nome nas suas publicações no Brasil). Em algumas de suas peças, ele utilizou os pseudônimos Harry Cayne e Arieh Heyn.

[2] Os diários de Ari Chen encontram-se na biblioteca da sua casa, em Natanya, Israel, onde mora dona Sara Chen, sua viúva. Tive a oportunidade de examiná-los em maio de 1996, graças à amabilidade da senhora Chen, que facilitou, sem condições, minha pesquisa sobre a obra teatral de seu marido. As linhas captadas acima, como as demais entradas no diário, estão escritas a mão, em português, num caderno escolar, cuja capa mostra um desenho popular na década de 1950, um menino com uniforme de escoteiro, erguendo a bandeira do Brasil; na contracapa, a letra do Hino Nacional Brasileiro. (A reprodução acima se faz com a permissão de Sara Chen e de seu filho, que retêm os direitos autorais de toda a obra teatral do dramaturgo, a quem agradeço a liberação para fins do presente trabalho. Meus agradecimentos estendem-se ao *Joseph and Rebecca Meyerhoff Center of Jewish Studies*, da Universidade de Maryland, College Park, pelo apoio a minhas investigações sobre a obra teatral de Ari Chen, em Israel.)

[3] Essas e outras informações de ordem pessoal me foram prestadas por Sara Chen, durante minha pesquisa na biblioteca da sua casa, em Natanya, no mesmo ambiente em que viveu o dramaturgo, e pelos seus amigos israelitas e brasileiros radicados em Israel.

[4] Uma lista das peças escritas por Ari Chen até o ano 1968 encontra-se no *Catalogue of israeli plays available in translation*. Tel Aviv: The Israeli Center of the International Theater Institute, out., 1968. Não é toda sua produção literária que está publicada; a maior parte ainda se encontra como *script* e, portanto, está fora do Catálogo acima indicado.

[5] Essas peças encontram-se no original hebraico; seus temas me foram relatados por Sara Chen (Natanya, jun., 1996).

[6] Ari Chen, *Ma'ariv*. Tel Aviv, 3 de dezembro de 1967.

[7] Ari Chen, *Excluso (drama em 2 atos)*. Rio de Janeiro: Letras e Artes, 1965. Refere-se a um personagem chamado "Eu", marginalizado e excluído da sociedade circunstancial, encaixado numa reestruturação cênica de Hamlet, entre monólogos e diálogos novos sobrepostos aos tradicionais shakespearianos.

[8] Ari Chen, *O Espelho* (minha versão do título original, em inglês). *Script, the mirror* (traduzido do hebraico por Asher Tamor). A primeira página informa: "This play was first performed in Tel Aviv, on 12th January, 1971, at the Tzavta Club-Theater, with the following cast from the Kibbutz Theatre; [...] directed by Shmuel Shilo; settings by Joe Carl" ("Esta peça foi encenada pela primeira vez em Tel Aviv, em 12 de janeiro de 1971, no Tzavta Teatro-Clube, com os seguintes atores do Teatro do Kibbutz, [...] dirigida por Shmuel Shilo; cenografia de Joe Carl").

[9] *Karina...* recebeu vários nomes, de acordo com os países onde foi encenada; em francês, *Pour Karine, comédie*; em espanhol, *Representando a Karin* e também *Amor es...* A peça se encontra em *script*.

[10] *Use me...* é um dos demais nomes recebidos por essa comédia. Na Holanda, chamou-se *Veilig Alibi*; na Inglaterra, *A game for two players (Use me)* e, na Alemanha, *Das perfekte Dreieck, Komödie in zwei Akten*.

[11] Entrevista com Gil-Ad Chen, via Internet, 6 de dezembro de 1999.

[12] *O sétimo dia (um exorcismo em dois atos e um epílogo)*; Rio de Janeiro: Serviço Nacional de Teatro; Ministério de Educação e Cultura, 1968 — Prêmio Serviço Nacional de Teatro, 1966. Antes da sua publicação, o texto foi apresentado a um concurso do Serviço Nacional de Teatro, em 1966, tendo sido premiado aquele ano. Segundo carta assinada por Heliodora Carneiro de Mendonça, então diretora do Serviço Nacional do Teatro, a

peça foi originalmente apresentada com o título *Visitas para o sábado* (carta datada de 23 de agosto de 1966, existente na biblioteca de Ari e Sara Chen). Neste estudo, o título da peça está abreviado para *O sétimo dia*.

[13] *Se eu te esquecer, Jerusalém*. Rio de Janeiro: Ministério de Educação e Cultura, 1967. Segundo lugar no Prêmio Serviço Nacional de Teatro, 1967.

[14] *O julgamento (um monólogo com interferências)*. Script. Neste estudo, o título da peça está abreviado para *O julgamento*.

[15] *Os vinte dias de Anna*. Script. Refere-se a uma revolta num bordel de judias criado pelo exército alemão numa cidadezinha da Romênia, em 1942.

[16] *O dia em que o mar subiu às montanhas*. Refere-se a uma mãe que se suicida numa estação de ônibus, esperando pelo filho único que perdera na Guerra dos Seis Dias, ocorrida em 1967 entre Israel e países árabes.

[17] Bom Retiro é um bairro paulistano para onde convergiu grande parcela de imigrantes judeus logo depois da Segunda Guerra. Aí se estabeleceram com empresas manufatureiras de pequeno e médio porte, residindo em fundos de lojas, edifícios de apartamentos e casas enfileiradas em vilas. Conhecido por muitos anos como "bairro judeu", era provido de livrarias apropriadas à demanda dos judeus europeus, de armazéns e de mercearias com produtos da culinária judaica, como na cena que abre o primeiro ato desta peça, ao fim de uma sexta-feira, quando alguns judeus eram os últimos fregueses do dia fazendo suas compras para o sábado.

[18] "Notas para o cenário", in *O sétimo dia...*, sem paginação.

[19] Yan Michalski, "O ressuscitar dos mortos", *Jornal do Brasil*, 2 jul., 1967, Caderno B, p. 5; João Bethencourt, "O sétimo dia do poeta da culpa", *Jornal do Brasil*, 9-10 jul., 1967, Caderno B, p. 2; Ney Machado, "Um judeu no teatro brasileiro", *Diário de Notícias*, 9 jul., 1967, Quarto Caderno, p. 6; Van Jafa, "O sétimo dia", *Correio da Manhã*, 11 jul., 1967, Segundo Caderno, p. 2; Fausto Wolff, "Teatro", *Tribuna de Imprensa*, 21 jul., 1967, sem paginação.

[20] Yan Michalski, "O ressuscitar dos mortos", *Jornal do Brasil*, 2 jul., 1967, Caderno B, p. 5.

[21] Idem, "Uma questão de vivos e mortos", *Jornal do Brasil*, 18 jul., 1967, Caderno B.

[22] Ari Chen, "Para melhor compreensão do cenário", in *Se eu te esquecer, Jerusalém*, op. cit.

[23] Idem, op. cit., p. 22.

[24] Idem, op. cit., p. 29.

[25] Idem, op. cit., p. 99.

26 A peça *O julgamento* foi encenada na Holanda com o título *De Confrontatie*, estreando no dia 20 de fevereiro de 1981 (não há indicação de teatro nem local da apresentação); na Bélgica, foi apresentada em Bruges, em 23 de fevereiro de 1982, e na Antuérpia, em 8 de março do mesmo ano, sob a direção de Horst Mentzel (estes dados encontram-se nos arquivos de Ari Chen, em cartazes e convites de estréias).

27 Ari Chen, *O julgamento*..., p. 11.

28 Idem, op. cit., p. 34.

29 Idem, op. cit., p. 2.

30 Idem, op. cit., p. 78.

Capítulo 10

1 Ver Peter Haidu, "The dialectics of unspeakability: language, silence, and the narratives of desubjectification", in Saul Friedlander (ed.) *Probing the limits of representations. Nazism and the Final Solution*. Cambridge: Harvard University Press, 1992 pp. 277-99; Berel Lang, "The representation of limits", idem, op. cit., pp. 300-17; Sidra DeKoven Ezrahi, "Representing Auschwitz", *History and Memory*, vol. 7, 2, 1996; George Steiner, "The long life metaphor. A theological-metaphysical approach to the Shoah", in Asher Cohen, Joav Gelber y Charlote Wardi (eds.), *Comprehending the Holocaust. Historical and literary research*. Frankfurt a. M. Main: Verlag Peter Lang, 1988; Dominick LaCapra, *Representing the Holocaust. History, theory, trauma*. Ithaca, Londres: Cornell University Press, 1994; George Steiner, *No passion spent. Essays 1978-1995*. New Haven: Yale University Press, 1996; Jean-Francois Lyotard, *The differend: phrases in dispute*. Minneapolis, 1988. Maurice Blanchot, *The writing of the disaster*. University of Nebraska Press, 1986.

2 Cerca de 200 mil soldados judíos alistados en todos los ejércitos aliados fueron tomados prisioneros por las tropas alemanas. El trato que merecieron fue distinto según el ejército al que estaban enrolados. A diferencia de los prisioneros judíos de los ejércitos de USA, Gran Bretaña, Francia, Canadá y Australia, 25 mil prisioneros judíos del ejército polaco en 1939 fueron sistemática aunque gradualmente ejecutados o murieron en los guetos junto a la población judía, mientras que cerca de 85 mil soldados judíos del ejército rojo fueron masivamente asesinados por la Wehrmacht sin dilación en los campamentos de prisioneros o remitidos a las SS para

su exterminio. Ver Shmuel Krakowski, "The fate of jewish prisoners of war in september 1939 campaign", in *Yad Vashem studies*. Jerusalem: XII (1977), pp. 297-333; y Shmuel Krakowski, "The fate of the POWs of the soviet and polish armies", in Asher Cohen et al., *The Shoah and the war*. Nueva York: Peter Lang, 1992, pp. 217-32.

[3] Ver Simja Sneh, *Na venad*, tomo 1. Buenos Aires: Unzer Vort, 1952, Prólogo de Jaime Finkelstein e ilustración de la portada de Leon Poch. La edición de la trilogía *Na venad*, con traducción al español del propio autor, fue editada en Buenos Aires por editorial Mila de la AMIA, bajo el título *Sin rumbo*, en seis tomos, y Presentación de Ernesto Sabato, en los siguientes años, tomo 1 en 1993, tomo 2 en 1993, tomo 3 en 1996, tomo 4 en 1996, tomo 5 en 1997 y tomo 6 en 1997. Las citas de los textos de Sneh serán citadas con indicación de tomo y páginas.

En Argentina, Simja Sneh publicó el libro de poesías en idish (Hojas al viento) *Bleter Oifn Vint*. Buenos Aires: ICUF, 1948; (El grito en la noche) *Dos gueschrei in der Najt*. Buenos Aires: Unzervort, 1957, y su libro de relatos *El pan y la sangre*. Buenos Aires: Sudamericana, 1977 (2ª ed. 1987). Faja de Honor de la SADE y Premio Jeno, México. Además Sneh publicó numerosos ensayos y tradujo al español varios libros del ruso, idish e inglés, entre los cuales se destacan poesías de Itzik Manguer, y relatos de M. Frenkel y Josef Okrvtny.

Sneh como periodista dirigió la revista en español *Raíces* (1968-1971) y fue columnista del semanario *Mundo Israelita* de Buenos Aires durante muchos años. Sobrevivió al atentado sangriento de la AMIA en julio de 1994. Ver la entrevista de Leonardo Senkman a Simja Sneh, *Noaj*, nº 10, Jerusalén, 1995, pp. 38-45. Falleció en Buenos Aires en 1998.

[4] Andrzej Zbikowski, "Local anti-jewish pogroms in the occupied territories of Eastern Poland, june-july 1941", in Lucjan Dobroszycki y Jeffrey S. Gurock (eds.) *The Holocaust in the Soviet Union*. Londres; Nueva York, 1993, pp. 173-81; Simon Schochet, "Polish Jewish officers who were killed in katyn," idem, op. cit., pp. 237-47.

[5] Dan Michman, *El Holocausto. Un estudio histórico*. Tel Aviv: Universidad Abierta, 1986 pp. 26-27.

[6] La voluntad de repatriación de numerosos judíos de Lwow hacia la Polonia ocupada por los nazis en 1940 fue observada con estupor en las memorias de Nikita Khrushchev, entonces secretario general del PC Ukraniano que visitó Lwow. Según su testimonio, esos judíos polacos "they were bribing the Gestapo agents to let them leave as soon as possible to return to their original homes", *Khrushchev Remembers*. Boston: Little; Brown, 1970, p. 141.

[7] Sobre el antisemitismo de las autoridades soviéticas en vísperas de la invasión alemana a la URSS y las internaciones forzadas de judíos ver: Jan Gross, "The jewish community in soviet annexed territories on the eve of the Holocaust", in Lucjan Dobroszycki y Jeffrey S. Gurock (eds.), op. cit., pp. 157-64.

[8] Conforme a las estimaciones del propio Gral Anders, fueron evacuados mil soldados judíos. Ver Benjamin Meirtchak, *Jewish military casualities in the polish armies in World War II. Jewish soldiers and officers of the polish peoples / army killed and missing in action, 1943-1945*, vol. 1. Tel Aviv, 1994, pp. 126-32.

[9] Ver Yoav Gelber, "Some reflections on the yishuv during the Shoah", in Asher Cohen, Yehoyakim Cochavi y Yoav Gelber, *The Shoah and the War*. Nueva York: Peter Lang Publishing, 1992, pp. 350-53; ver además, Yoav Gelber, *Sefer Toldot Hahitnadvut (in Hebrew), (Palestinian jewish voluntering in the british army during the Second World War)*, vol. 4. Jerusalen, 1984, pp. 299-334.

[10] Sobre la política sionista respecto a los sobrevivientes en los campos de desplazados y las conexiones en Italia de la brigada judía y la inmigración ilegal Aliah B a la Palestina Hebrea en 1945-1946, ver, Yehuda Bauer, *Ha Bricha* (en hebreo). Tel Aviv, 1970; Idith Zerthal, *From catastrophe to power. Jewish illegal immigration to Palestine 1945-1948*, cap. 1 (hebreo). Tel Aviv: Am Oved, 1996; Daliah Ofer, *Derech B Yam: Aliat B B ´Tekufat Ha'Shoah* (hebreo). Tel Aviv, 1990.

[11] Primo Levi, *Los hundidos y los salvados*. Barcelona: Muchnick Editores, 1989.

[12] Sobre la percepción de ukranianos, bálticos, bielorusos y polacos de los judíos como "traidores" porque dieron la bienvenida al ejército rojo, ver Zvi Gitelman, "Soviet reactions to the Holocaust, 1945-1991", in Lucjan Dobroszycki y Jeffrey S. Gurock, op. cit, pp. 4-5.

[13] Jorge Semprún, *La escritura o la vida*. Barcelona: Tusquets, 1995.

[14] Para una crítica histórica y cultural a la actitud despreciativa hacia los sobrevivientes por parte de *los tzavras* (hebreos nativos de la Palestina anterior a la creación del estado de Israel) ver Dina Porat, *The blue and yellow star od David. The zionist leadership in Palestine and the Holocaust, 1939-1945*. Cambridge: Harvard University Press, 1990; Idith Zertal, op. cit., pp. 415-89.

[15] Ver las agudas reflexiones psicoanalíticas sobre "la verdad" del testimonio de los sobrevivientes, escrita por Perla Sneh, hija de Simja Sneh, en su reciente libro en coautoría: Perla Sneh y Juan Carlos Cosaka, *La Shoah en*

el siglo. Del lenguaje del exterminio al exterminio del discurso. Buenos Aires: Xavier Bóveda, 1999, pp. 164-65.

Capítulo 11

[1] O conceito de "restituição", essencial para este ensaio, vem de Enrico M. Santí, em "Latinamericanism and restitution". Não somente o que foi perdido nunca retorna, mas a restituição do que se perdeu opera em um regime autônomo, segundo uma lógica exterior à própria perda, de forma que o que é restituído não tem praticamente nada a ver com o que foi perdido. O excesso ou mais-valia simbólica da restituição com relação à perda atesta o fato de que a restituição da perda duplica a si mesma, mas não restitui de fato. A perda permanece fechada em si mesma, confinada ao passado intocado, e unicamente recuperável pela memória e pelo trabalho de luto. O tema do trabalho de luto no testemunho é tratado por Gareth Williams, conforme veremos adiante. O paradigma da restituição é bíblico: "Se o que ele roubou é achado vivo em sua possessão, seja uma cabeça de gado, um asno ou um carneiro, ele deve restituir dois animais para cada um roubado"(Êxodo, 22, 3, apud Santí, p. 90).

[2] Ou ainda este trecho, que tem a vantagem de cobrir alguns dos fatos descritos no testemunho de Menchú: "Durante a presidência de Lucas Garcia (1978-1982), o medo extremo da aristocracia tradicional traduziu-se cada vez mais por uma repressão violenta e ação militar contra todos os setores que promoviam mudanças — com uma preocupação mínima com a opinião pública mundial. Um massacre de mais de 100 camponeses, entre homens, mulheres e crianças na cidade de Panzos, em 1978, e de 35 manifestantes indígenas na Embaixada Espanhola [dentre os quais o pai de Menchú, como ela reporta no seu testemunho] assinalou a vontade de usar de qualquer medida para reprimir as organizações camponesas. [...] No final dos anos 1970, o Exército Guerrilheiro dos Pobres (EGP) emergiu como um grupo clandestino particularmente eficaz. No início dos anos 1980, as organizações guerrilheiras e os grupos políticos de oposição conseguiram maior união à medida que a repressão governamental tornou-se mais indiscriminada. Da seleção das lideranças, dos guerrilheiros suspeitos, e de camponeses organizados, como alvo [...] no início dos anos 1980, as forças governamentais passaram então a dizimar vilarejos inteiros, concentrando os ataques mais pesados nas populações rurais indígenas. A passagem da repressão seletiva à coletiva representa uma declaração de guerra em gran-

de escala nas montanhas do noroeste, onde mulheres, crianças e velhos são todos vistos como inimigos, ou 'culpados' por apoiar o inimigo" (Bossen, 1984, pp. 337-38).

3   Esta visibilidade corresponde precisamente à fase "americana" desta recepção — em sua dupla face, comercial (o consumo de edições de testemunhos) e crítica, o estudo do testemunho em Departamentos de Estudos Latino-Americanos, pela crítica literária e pelas ciências sociais — vai definir a especificidade e os limites da política da solidariedade. John Beverley e Marc Zimmerman descrevem assim o funcionamento desta rede solidária: "O testemunho [...] não é uma forma de culpa liberal. Ele sugere como uma resposta ética e política apropriada a possibilidade mais de solidariedade do que de caridade. [...] O testemunho neste sentido tem sido extremamente importante ao ligar os contextos rurais e urbanos de luta dentro de um país dado, e ao manter e desenvolver a prática de direitos humanos internacionais e de movimentos de solidariedade em relação às lutas particulares" (Beverley e Zimmerman, 1990, p. 177).

4   Sobre a subjetividade autônoma, e sua relação com a produção do artefato estético, cf. T. Eagleton (1990). Sobre o interesse político de construções subjetivas dependentes, paródicas ou oposicionais para a literatura menor, cf. D. Lloyd (1987, pp. 22-23).

5   Adorno, na *Teoria estética*, opõe a estética *desinteressada* de Kant, no sentimento do belo, ao *interesse* da abordagem pulsional da análise psicanalítica da obra de arte. Entretanto, ambas as estéticas são guiadas pelo "poder do desejo" compreendido subjetivamente de forma negativa em Kant, e positiva em Freud (Adórno, 1997, p. 11).

6   A confluência entre este testemunho e a chamada "narrativa escrava" — gênero ligado ao esforço abolicionista nos Estados Unidos, no século XIX (por exemplo, Davis e Gates Jr.), e que tem em Cuba uma versão importante, claro ancestral do *Cimarrón* de Barnet, na *Autobiografía de un esclavo* de Juan Francisco Manzano (escrita em 1839) — não deve, no entanto, fazer-nos esquecer de que se tratam de gêneros distintos.

7   Antonio Candido, na *Formação da literatura brasileira*, formulou o conceito semelhante de "dupla fidelidade", segundo a qual os escritores brasileiros estão atentos ao mesmo tempo às modas européias e à realidade local (Candido, 1981, vol. 2, p. 117).

8   O conceito de subjetivação é de origem foucaultiana. Para Foucault, "subjetivação" é o conjunto de práticas disciplinares, jurídicas ou morais que constroem o indivíduo. As ciências sociais, por exemplo, têm sujeitos como objeto. Sujeitos são assim objetivados em enunciados que dizem a

verdade ("jogos verídicos") sobre os sujeitos, constituindo-os como tais, e em relação aos quais os sujeitos agem, se movem e se concebem. "Modos de subjetivação" são o conjunto de práticas e regras (técnicas) que definem o sujeito (Foucault, 1984, vol. 4, pp. 631-36).

9 Em Gramsci, a noção de "subalterno" é o sinônimo encontrado para evitar o termo de "proletariado", nos *Cadernos do cárcere*, e assim passar pela censura italiana. Encontra-se nas "Notas sobre a história da Itália", no item "História das classes subalternas: critérios metodológicos" (Gramsci, 1971, pp. 52-54). O conceito é deslocado pelo Grupo de Estudos Subalternos. Veja-se a definição de Ranajit Guha, introduzindo o *Subaltern studies: writings on South Asian history and society*, em 1982: "A palavra 'subalterno' no título se refere ao sentido dado pelo *Dicionário conciso Oxford*, isto é, o que é de 'nível inferior'. Ele será usado como nome para o atributo geral de subordinação na sociedade da Ásia do Sul, quer isto seja expresso em termos de classe, casta, faixa etária, gênero e função, ou de qualquer outra maneira que seja" (Guha e Spivak, 1988, p. 35. Sobre o subalternismo na América Latina, cf. "Latin American subaltern studies group").

10 Conforme resume Alberto Moreiras, a crítica do testemunho situa-se no contexto de uma certa exaustão, tanto ao nível literário quanto ao nível das políticas de esquerda, do paradigma nacional e da repartição cultura alta/baixa (mas as duas coisas são a mesma). Exaustão, por um lado, da alegorização nacional apresentada pelo *boom* dos anos 1960 e 1970 (Gabriel Garcia Marquez, Julio Cortazar, Carlos Fuentes...), e pós-*boom* (Manuel Puig, Luisa Valenzuela, Elena Poniatowska, Cristina Peri Rossi...) e, por outro, do modelo de uma revolução nacional, visualizada pelos intelectuais da cultura como uma revolução predominantemente cultural e nacional (e não socialista), em que as alianças de classe seriam subordinadas aos interesses de uma revolução em bases nacionais (Moreiras, 1996, p. 193). A crise do modelo da cultura alta/baixa que a alegorização nacional procurava sintetizar ocorre no bojo da multiplicação de movimentos sociais na América Latina, que tornam a proposição da política identitária uma alternativa possível no mundo pós-guerra fria.

11 As ressonâncias de uma problemática deste tipo para o Brasil são notáveis e poderiam levar ao estudo de uma retórica do nacional, como figuração (prosopopéia) do subalterno. Desde os exemplos mais óbvios — a *Iracema* da América (de José de Alencar a Chico Buarque), passando por *Macunaíma*, em que o subalterno indígena figura o nacional — até o sertanejo de Euclides da Cunha ou Guimarães Rosa, em que a figura do Brasil passa a aparecer em seu interior; até o negro de Gilberto Freyre, e a generalização do engenho nordestino como figuração do Brasil como um todo; até o samba carioca

como música nacional, no nacional-popular (cf. o livro de Hermano Vianna), em todos estes casos, o subalterno é o tropo da nação.

[12] Ela se recusa, por exemplo, a dizer-nos o seu *nahuatl*, ou nome ritual, ou então: "O indígena tem sido muito cuidadoso com muitos detalhes da própria comunidade e não é permitido, por parte da comunidade, falar sobre muitas coisas de detalhes do indígena. E eu mais ainda, porque chegaram teólogos que viram e que tiram outra concepção do mundo indígena. Então, para o indígena é muito doloroso que um *ladino* (pessoas de origem européia, de "latino") use roupa indígena. É um escândalo para o indígena. Tudo isso tem contribuído para que a gente guarde muitas coisas e que a comunidade não queira que se conte isso" (Burgos, 1993, pp. 41-42).

[13] O conceito de interpelação vem de Althusser e define o modo pelo qual indivíduos concretos são constituídos ou "recrutados" como sujeitos no que consiste a arma principal da ideologia.

[14] Santí lança no final de seu "Latinamericanism and restitution" um programa de pesquisa: realizar "a arqueologia do discurso que chamei de latino-americanismo", programa este que teria como pré-requisito essencial o "desnudar-nos (aos latino-americanistas) completamente da pretensão à superioridade material ou de fato moral de que a nossa sociedade [a norte-americana] reforça a cada esquina por meios vários, inclusive pela mídia" (Santí, 1992, p. 95). Salvo engano, Alberto Moreiras aceitou o desafio e iniciou o trabalho de realizar uma tal arqueologia, por exemplo, em "A storm blowing from paradise", em que insere o latino-americanismo (americano, mas não existe outro) no contexto dos "area-studies" (estudos de área), iniciados no pós-guerra, portanto, em um projeto de saber/poder geopolítico. A postulação anti-hegemônica da crítica latino-americanista atual deve ser lida a partir desta determinação inicial essencialmente neocolonial, como uma contradição interna (Moreiras, 1997, p. 122).

[15] "Há um parentesco evidente entre a picaresca e o gênero novo do testemunho na literatura latino-americana atual (narração em primeira pessoa, a partir de uma situação social marginal, com um estilo não literário), ao ponto de que alguns clássicos do gênero... constituem uma espécie de neopicaresca 'real'" (Beverley, 1987, p. 176).

[16] Os debates em torno da literariedade *versus* referencialidade do testemunho estão distribuídos em dois campos mais ou menos coerentes: uma crítica mais tradicional (Elzbieta Sklodowska, Roberto González Echevarría) enfatiza o seu aspecto textual e o seu pertencimento ao parâmetro literário, enquanto que uma outra, precisamente a que estudo neste ensaio, reivindica-lhe uma especificidade extraliterária, não subsumível ao trabalho tex-

tual. Ambos os lados, no entanto, mesmo a crítica que se concentra em localizar os elementos literários na construção do testemunho, reconhecem nele a irredutibilidade do problema da referência.

[17] Em "*Testimonio* and posmodernism" George Yúdice opõe a fascinação semi-pornográfica de Joan Didion, pelos corpos esfacelados nas ruas de El Salvador, em *Salvador*, como exemplar do pós-modernismo hegemônico, ao testemunho de Rigoberta Menchú, enquanto pós-modernismo emergente e marginal, remetendo a uma estética da solidariedade (Yúdice, 1996).

[18] Para a noção de Real, em Lacan, cf. principalmente o seminário XI, *Os quatro conceitos fundamentais da psicanálise* (sobre o trauma), e o VII, *A ética da psicanálise* (sobre o amor cortês).

[19] Segundo entrevistas realizadas pelo antropólogo americano David Stoll, que fazia suas pesquisas na região em que Rigoberta Menchú vivia — entre 1988 e 1989, mais ou menos dez anos depois do período em que transcorreram os eventos relatados pelo seu testemunho —, seria impossível que ela tivesse testemunhado a morte de seu irmão, como ela descreve no seu livro. Ela teria estado em outro lugar na época, e ele não teria sido queimado em público e diante da sua família como descreve Rigoberta, mas fuzilado, em outra data, e sem testemunhas (Beverley, 1992, p. 14). Tratar-se-ia, para Stoll, de uma "invenção literária". Ninguém nunca pôs em questão, no entanto, a veracidade da tortura e da execução de seu irmão pelo exército guatemalteco. Em uma linda passagem em seu artigo de 1996, "The real thing" (pp. 275-76), Beverley relaciona esta "mentira" ou "invenção" ao relato do psicanalista Dori Laub sobre a testemunha da insurreição em Auschwitz, gravada no Arquivo de Vídeos de Testemunhos do Holocausto de Yale, que "mentira" ou se "enganara" sobre fatos históricos posteriormente comprovados da insurreição. No testemunho do trauma não há mentira, mas o relato da verdade, da descoberta da verdade, do que aconteceu tal qual vivido pelo sujeito, e segundo as possibilidades do sujeito de lembrar e continuar sobrevivendo com esta lembrança (Felman e Laub, 1992, pp. 60-62).

Capítulo 13

[1] Cf. as minhas análises da ironia romântica em *Prosa — Poesie — Unübersetzbarkeit. Wege durch das 18. Jahrhundert und von den Frühromantikern bis zur Gegenwart*. Tese de doutorado, Instituto de Teoria Literária e Litera-

tura Comparada, Freie Universität. Berlim, 1996, pp. 349-58; e também *Ler o livro do mundo. Walter Benjamin: romantismo e crítica poética*. São Paulo: Iluminuras, FAPESP, 1999, pp. 37-40.

2   Cf. o meu ensaio "História como trauma", *Pulsional. Revista de psicanálise*. S. l., Escuta, nº 116-117, dez.-jan., 1998-1999. pp. 108-27. (Agora in M. Seligmann-Silva e A. Nestrovski (orgs.), *Catástrofe e representação*. São Paulo: Escuta, 2000, pp. 73-98.)

3   Agamben tenta separar de modo rígido demais, a meu ver, essas duas acepções do conceito de testemunho. É justamente o fato da testemunha ser um "mártir" que torna complexa a acepção de testemunho no seu sentido judicial: essa ambigüidade está no cerne do tema do testemunho da Shoah. (Cf. G. Agamben, *Quel che resta di Auschwitz. L'archivio e il testimone*. Torino: Bollati Boringhieri Editore, 1998, p. 15. Para um bom histórico do conceito de testemunho cf. o ensaio de F. Bustamante, "La impronta jurídica y religiosa en el testimonio literario latinoamericano", in H. Achugar (org.), *En otras palabras, otras historias*. Montevidéu: Universidad de la República, Facultad de Humanidades y Ciencias de la Educación, Departamento de Publicaciones, 1994, pp. 61-90).

4   *Demeure, Maurice Blanchot*. Paris: Galilée, 1998, p. 28.

5   J. Habermas, "Philosophie und Wissenschaft als Literatur?", in *Nachmetaphysisches Denken. Philosophische Aufsätze*. Frankfurt a. M., 1988, p. 261. Cf. também de Habermas, *Der philosophische Diskurs der Moderne*. Frankfurt a. M., 1985.

6   Cf. M. Frank, "Wittgenstein Gang in die Dichtung", in M. F. e G. Soldadti, *Wittgenstein Literat und Philosoph*. Tübingen, 1989, e ainda, dele também, *Stil in der Philosophie*, Stuttgart, 1992.

7   Cf. T. Todorov, *O homem desenraizado*. Trad. C. Cabo. Rio de Janeiro: Record, 1999, pp. 164 e segs.

8   Cf. quanto a esse livro as análises de L. Venuti, *The scandals of translation: towards an ethics of difference*. Londres, Nova Iorque: Routledge, 1998, pp. 31-46.

9   B. Wilkomirski, *Bruchstücke. Aus einer Kindheit. 1939-1948*. Frankfurt a. M.: Suhrkamp, 1995. *Fragmentos. Memórias de uma infância 1939-1948*. Trad. S. Tellaroli. São Paulo: Companhia das Letras, 1998. Cf. quanto a essa farsa, o meu artigo "Os fragmentos de uma farsa", *Cult*, nº 23, jun., 1999, pp. 60-63 (Dossiê Literatura de Testemunho, M. Seligmann-Silva (org.), pp. 39-63), e cf. sobretudo o livro de S. Mächler, *Der Fall Wilkomirski. Über die Wahrheit einer Biographie*. Zurique: Pendo Verlag, 2000. Existem defensores de Wilkomirski que

recordam que ele é vítima de uma infância difícil — foi adotado quando pequeno — e passou por um tipo de terapia que construiu para ele esse passado concentracionário com o qual ele se identifica.

[10] Raul Hilberg foi um dos poucos que percebeu a farsa antes do jornalista Daniel Ganzfried, autor das reportagens que desvendaram o embuste. Hilberg na qualidade de maior especialista da história do Holocausto notou as incongruências do texto de Wilkomirski/Doessekker, de um modo que apenas o *expert* pode fazê-lo. Mas não se trata de ver nele o Wilamowitz-Moellendorf do caso em questão: pois aqui se trata de uma *política* da história/memória que leva a ações muito mais graves do que em um debate acadêmico entre helenistas. Aqui, trata-se da verdade pensada juridicamente. Esse envolvimento entre literatura, "real" e verdade que coloca a literatura de testemunho em um local excepcional na história da literatura.

[11] Quanto ao que segue sobre Zvi Kolitz cf. o posfácio de Paul Badde na edição Z. Kolitz, *Jossel Rakovers Wendung zu Gott*. Munique, Zurique: Piper, 1999.

[12] Idem, op. cit., pp. 8 e seg.

[13] Lévinas, "Aimer la Thora plus que Dieu", in Z. Kolitz, *Yossel Rakover s'addresse à Dieu*. Calmann-Lévy, 1998, pp. 103 e seg.

[14] *Le Grand Voyage*. Paris: Gallimard, 1963. (*A grande viagem*. Rio de Janeiro: Bloch editores, s. d.); *Um belo domingo*. Trad. A. Rodrigues, Rio de Janeiro: Nova Fronteira, 1982.

[15] J. Semprún, *L'écriture ou la vie*. Paris: Gallimard, 1994.

[16] Cf. quanto a esse ponto o meu ensaio "A literatura do trauma", *Cult*, nº 23, jun., 1999, pp. 40-47 (retomado neste volume).

[17] Para uma boa análise do tema monumentos ao Holocausto cf. J. Young, *The texture of memory: Holocaust memorials and meaning*. New Haven, Londres: Yale UP, 1993.

[18] *Aufgabe* encontra-se no título do texto de Walter Benjamin sobre a tradução de 1923 "Die Aufgabe des Übersetzers", que, numa tentativa de dar conta da ambigüidade do termo alemão, poderia ser traduzido com o recurso da duplicação: "A tarefa/desistência do tradutor". Essa ambigüidade da tarefa tradutória como necessidade e concomitante impossibilidade já fora apresentada por Goethe no seu *Divã ocidental-oriental*. De resto, a noção de tarefa *infinita* é essencial na filosofia fichteana e foi reatualizada não apenas por F. Schlegel e Novalis mas também por Benjamin. Cf. o seu doutorado, W. Benjamin, *O conceito de crítica de arte no Ro-*

mantismo alemão. Trad. M. Seligmann-Silva. São Paulo: Iluminuras, EDUSP, 1993 (coleção Biblioteca Pólen). Cf., quanto a esse tema da tarefa/desistência da tradução na sua relação com a questão da representação da Shoah, o meu artigo: "Globalização, tradução e memória", *Cadernos de Tradução* 4, jan.-dez., 1999, pp. 151-66.

[19] Cf. Sara R. Horowitz, "Auto/Biography and fiction after Auschwitz: Probing the boundaries of second-generation aesthetics" (in E. Sicher (org.), *Breaking crystal. Writing and memory after Auschwitz*. Urbana, Chicago: University of Illinois Press, 1998) que, infelizmente, não percebe a distinção entre ficção e mentira.

[20] O segundo volume de *Maus* teve uma recepção digna de atenção por parte do conceituado *Journal of American History*. Joshua Brown define-o como "an oral history account and also an account of an oral history. Vladek's history is framed and often disrupted by the relationship between the teller and the interviewer" (nº 79, 1993, p. 1.669). Na sua resenha do primeiro volume, Brown já afirmara: "*Maus* is not a fictional comic-strip, nor is an illustrated novel: however unusual the form, it is an important historical work that offers historians, and oral historians in particular, a unique approach to narrative construction and interpretation" (*Oral History Review*, nº 16, 1988, p. 91). Ambas citações bem como a carta de Spiegelman aos editores da *The New York Times Book Review* apud D. LaCapra, "Twas the Night before Christmas: Art Spiegelman's *Maus*", in *History and memory after Auschwitz*. Ithaca, Londres: Cornell U. Press, 1998, pp. 139-79, aqui pp. 143-45.

[21] Cf. quanto às emoções mistas o meu ensaio: "Do delicioso horror sublime ao abjeto e à escritura do corpo", in A. L. Andrade, M. L. de Barros Camargo e R. Antelo (org.), *Leituras do ciclo*. Florianópolis: ABRALIC, 1999, pp. 123-36.

[22] Cf. o artigo de Edna Aizenberg que vincula o "monumento espontâneo" surgido em torno das ruínas da AMIA e a prática da memória tanto na tradição judaica como também no movimento pela memória (e justiça) dos desaparecidos na Argentina. E. Aizenberg, "Las piedras de la memoria: Buenos Aires y los monumentos a las víctimas", *Iberoamericana. América Latina — España — Portugal*, vol. 1, nº 1, 2001, pp. 121-32.

Capítulo 14

[1] Cf. G. Motzkin, "Memory and cultural translation", in S. Budick e W. Iser (orgs.), *The translatability of cultures*. Stanford: Stanford U. Press, 1996, pp. 265-81, aqui, p. 277.

[2] Apesar de reconhecer a importância da obra de Maurice Halbwachs para a teoria da memória no século XX, concordo com a crítica que Carlo Ginszburg faz ao seu excessivo nacionalismo. Cf. Carlo Ginszburg, "Shared memories, private recollections", in G. Ne'eman Arad (org.), *History & Memory* vol. 9, n°s 1-2. Passing into History: Nazism and the Holocaust beyond memory. In honour of Saul Friedländer on his sixty-fifth birthday, fall, 1997, pp. 353-63.

[3] W. Benjamin, *Gesammelte Schriften*, in R. Tiedemann e H. Schweppenhäuser (orgs.). Frankfurt a. M.: Suhrkamp, 7 vols., 1972 (as referências às obras completas de Benjamin apresentam-se entre parênteses no texto, sendo que apenas é indicado o número do volume, em algarismos romanos, e da página, em algarismos arábicos). Cf. quanto a essa questão da teoria da história de Benjamin na sua relação com a teoria das semelhanças o meu livro, *Ler o livro do mundo. Walter Benjamin: Romantismo e crítica poética*. São Paulo: Iluminuras, 1999, pp. 228 e segs., 146 e segs.

[4] W. Benjamin, *Origem do drama Barroco alemão*. Trad. e pref. S. P. Rouanet. São Paulo: Brasiliense, 1984, citado pelas iniciais ODBA, seguidas do número de página.

[5] "A visão alegórica que no século XVII era criadora de um estilo, já não o era mais no século XIX. Baudelaire estava isolado enquanto alegorista" (I, 690).

[6] Cf. François Reynaud, "Pieces a conviction. 'Ce ne sont que des documents'", in *Eugène Atget*. Paris: Photo Poche, 1984. Benjamin, por sua vez, denominou as passagens de Paris como "Denkmäler eines nicht mehr seins" ("monumentos de um não mais ser", V, 1001).

[7] *Obras escolhidas*, 3 vols. São Paulo: Brasiliense, 1985-1989. Citadas com as iniciais OE, seguidas pelo número do volume, em algarismo romano, e do número da página, em números arábicos.

[8] "Das, wovon man weiß, daß man es bald nicht mehr vor sich haben wird, das wird Bild", I, 590.

[9] Para uma crítica da leitura que Benjamin fez desse texto cf. sobretudo S. P. Rouanet, *O édipo e o anjo. Itinerários freudianos em Walter Benjamin*. Rio de Janeiro: Tempo Brasileiro, 1981, pp. 44-84. Para uma defesa (mais convincente) dessa leitura cf. C. Caruth, *Unclaimed experience*. Baltimore,

Londres: Johns Hopkins Un. Press, 1996. (Tradução in A. Nestrovski e M. Seligmann-Silva (orgs.), op. cit.) Benjamin não leva em conta que para Freud as excitações aparadas pelo *Reizschutz*, o pára-excitações, não têm um caráter necessariamente traumático (cf. Rouanet, op. cit., p. 73). De resto, o traumatizado para Freud não é alguém que "perdeu a memória", como Benjamin dá a entender, mas sim que tem *memória em excesso* devido a uma sobre-excitação que se tornou traumática ao penetrar no pára-excitações (o próprio Benjamin observa essa fixação na cena traumática: "A investigação de Freud foi ocasionada por um sonho típico dos neuróticos traumáticos, sonho este que reproduz a catástrofe que os atingiu", OE, III, 109, mas limita-a às manifestações inconscientes). Benjamin, no entanto, está correto na medida em que estabelece uma "antropologia cultural" na qual detecta uma polaridade entre a memória e a vigília na vida moderna (Caruth, pp. 114 e seg.).

[10] Cf. P. Rautmann, "Nach der andauernden Katastrophe", in V. Malsy, U. Rasch, P. Rautmann e N. Schalz (orgs.), *Passagen nach Walter Benjamin, Passages [D'] après Walter Benjamin*. Mainz: Verlag Hermann Schmidt, 1993, pp. 110-19.

[11] P. Celan, "Ansprache anlässlich der Entgegennahme des Literaturpreises der Freien Hansestadt Bremen", in *Gesammelte Werke*, vol. 3. Frankfurt a. M.: Suhrkamp, 1983, pp. 185 e seg.

[12] Cf. também quanto a essa noção de uma catástrofe positiva a oitava tese "Sobre o conceito de História": "A tradição dos oprimidos nos ensina que o 'Estado de Exceção' [*Ausnahmezustand*] no qual nós vivemos é a regra. Precisamos atingir um conceito de História que corresponda a isso. Então, teremos diante dos nossos olhos como o nosso problema [*Aufgabe*] a produção de um autêntico Estado de Exceção; e assim a nossa posição na luta contra o Fascismo irá melhorar". Essa concepção de uma catástrofe positiva — redentora, "die Katastrophalität der Erlösung" ("a catástrofe da Redenção") — foi analisada em diversas ocasiões por G. Scholem. Cf. "Zum Verständnis der messianischen Idee im Judentum", in *Über einige Grundbegriffe des Judentums*. Frankfurt a. M.: Suhrkamp, 1970, pp. 121-67; e "Erlösung durch Sünde", in *Judaica 5. Erlösung durch Sünde*. Frankfurt a. M.: Suhrkamp, 1992, pp. 7-116.

[13] Essa concepção une tanto a visão de Diderot — para quem o pensamento funciona segundo um *tableau*, na co-presença de muitas idéias — como a de Bergson, que via o pensamento embebido na *durée*.

[14] Quanto a essa concepção de perigo cf. evidentemente as teses "Sobre o conceito de História" (OE, I, 224) e o seguinte fragmento do *Passagen-*

Werk: "Definições de conceitos fundamentais da história: a catástrofe — ter perdido a oportunidade; o momento crítico — o *status quo* ameaça conservar-se; o progresso — as primeiras medidas revolucionárias" (V, 593). Cf. ainda V, 595.

[15] Quanto a essa desordem cf. o fragmento do "Zentralpark": "A salvação liga-se ao pequeno salto [*Sprung*] na catástrofe contínua" (I, 683). Esse salto — *Sprung* — é o salto tigrino em direção da origem — *Ursprung* — de que a décima quarta tese "Sobre o conceito de História" fala (I, 701).

[16] Cf. "A política conquista o primado diante da história. Na verdade, os 'fatos' históricos tornam-se algo que acabou de surgir para nós: apreendê-los é uma questão da rememoração. E o despertar é o caso exemplar da rememoração". "Politik erhält den Primat über die Geschichte. Und zwar werden die historischen 'Fakten' zu einem uns soeben Zugestoßenen: sie festzustellen, ist die Sache der Erinnerung. Und Erwachen ist der exemplarische Fall des Erinnerns" (V, 1057). Mais adiante tratarei do conceito de "despertar".

[17] Benjamin faz uma diferenciação, importante dentro do "dicionário" da sua cartografia do tempo, entre a soleira e a fronteira ao definir a passagem: "Como soleira, não como fronteira: deve-se diferenciar do modo mais exato a soleira da fronteira. A soleira é uma região. A saber, uma região de passagem. Mudança, passagem, fuga (?) encontram-se na palavra soleira" (V, 1025).

[18] Cf. quanto ao tema da soleira na obra de W. Benjamin: W. Menninghaus, *Schwellenkunde; Walter Benjamins Passage des Mythos*. Frankfurt a. M.: Suhrkamp, 1986.

[19] A imagem da história como um acúmulo de cacos tem uma origem na mística cabalística. Benjamin descreveu essa visão da história como uma catástrofe no seu ensaio sobre a tradução e indicou em que medida essa atividade visa não uma cópia do "comunicado" na língua de partida mas sim uma salvação *in toto* dos cacos: "Assim como cacos de um vaso para serem reencaixados devem seguir uns aos outros nos mínimos detalhes, mas não devem ser iguais, assim a tradução ao invés de se igualar ao sentido do original, deve antes reconstruir com amor na própria língua o seu modo de intentar até os mínimos detalhes para tornar, desse modo, ambas [línguas] reconhecíveis como cacos e ruínas de um vaso, como ruínas de uma linguagem maior" (IV, 18).

[20] "Pharusplan" no original, sendo que Pharus era o nome de uma editora de mapas da época de Benjamin.

²¹ Gershom Scholem, "95 Thesen über Judentum und Zionismus", in P. Schäfer e G. Smith (orgs.), *Gershom Scholem. Zwischen den Disziplinen.* Frankfurt a. M.: Suhrkamp, 1995, pp. 289-95, aqui p. 294.

²² *Medium* funciona em Benjamin como um conceito que se diferencia claramente da noção tradicional de "meio" (instrumental). Cf. quanto a esse conceito a noção de *Reflexionsmedium* (*medium-de-reflexão*) na tese de doutorado de Benjamin (*O conceito de crítica de arte no Romantismo Alemão*, 2ª ed. São Paulo: EDUSP, Iluminuras, 1993, 1999) e também o meu ensaio: *Ler o livro do mundo. Walter Benjamin: Romantismo e crítica poética.* São Paulo: Iluminuras, 1999.

²³ Essa comparação entre o lembrar e a atividade do arqueólogo volta mais adiante na *Crônica berlinense* cf. por exemplo VI, 509.

²⁴ K. Greffrath, "Proust et Benjamin", in H. Wismann (org.), *Walter Benjamin et Paris.* Les Éditions du Cerf, 1986, pp. 113-31, aqui p. 113.

²⁵ Quanto a essa comparação entre a memória e a fotografia cf. a frase de André Monglond, que Benjamin citou mais de uma vez: "Se quisermos conceber a História como um texto, então vale para ela o que um novo autor fala sobre textos literários" (I, 1238): "Le passé a laissé de lui-même dans les textes littéraires des images comparables à celles que la lumière imprime sur une plaque sensible. Seul l'avenir possède des révélateurs assez actifs pour fouiller parfaitement de tels clichés. Mainte page de Marivaux ou de Rousseau enferme un sens mystérieux, que les premiers lecteurs ne pouvaient pleinement déchiffrer" (V, 603). E Benjamin acrescentou a este trecho: "O método histórico é um método filológico, no qual o livro da vida está na base. 'Ler o que nunca foi escrito' é afirmado em Hofmannsthal. O leitor no qual se deve pensar aqui é o verdadeiro historiador" (I, 1238). Vale lembrar que Freud, na sua busca contínua de um modelo para explicar/traduzir o nosso aparelho psíquico, comparou-o não apenas ao microscópio, a uma luneta e ao "bloco mágico", mas também a um aparelho fotográfico (cf. "Die Traumdeutung", in *Studienausgabe*, vol. 2. Frankfurt a. M., 1972, p. 512).

²⁶ Cf. Rouanet, op. cit., p. 87.

²⁷ No ensaio "Sobre alguns temas em Baudelaire", Benjamin escreveu com relação a essa eterna insatisfação e busca das imagens: "O que torna insaciável o prazer advindo do belo é a imagem do mundo antepassado que Baudelaire denomina de velado pelas lágrimas da nostalgia" (I, 645). Krista Greffrath afirma de Proust que "em todo presente ele está decepcionado. [...] O olhar imediato sobre a realidade é ao mesmo tempo o olhar convencional. [...] Quanto mais os objetos se aproximam, mais eles são difíceis

de serem pegos. Esta experiência fundamental estende-se por todo romance de Proust sob o nome de hábito", op. cit., p. 115. Citando Proust a autora arremata: "On n'aime que ce qu'on ne possède pas tout entier".

[28] Citações do texto do filme a partir da edição em livro: *La jetée ciné-roman*. Zone Books, 1992.

[29] É claro que não é uma simples coincidência, mas sim uma referencia irônica o fato do protagonista trazer estampado na sua camiseta o desenho de um super-herói "desconhecido" e estranhamente denominado de "El Santo"...

[30] Chris Marker, como noto em seguida, trabalhou como assistente do filme de Alain Resnais *Nuit et brouillard*. Esse filme possui uma cena que vem à mente quando vemos em *La jetée* o tema das "marcas sobre os muros". Resnais dá um "close" nas marcas de unhas cavadas nas câmaras de gás de um campo de concentração. A narração em *off* afirma: "Le seul signe — mais il faut le savoir —, c'est ce plafond labouré par les ongles. Même le beton se déchirait". J. Cayrol, *Nuit et brouillard, suivi de De la mort à la vie*. Fayard, 1997, p. 38.

[31] M. Blanchot, *De Kafka à Kafka*. Paris: Gallimard, 1981, pp. 33, 37.

[32] No final da referida cena da sequóia, o narrador afirma que o protagonista "como em um sonho" ouviu a sua voz dizendo "Eu venho de lá" no momento em que ele aponta para fora do plano topográfico e cartográfico do tempo estampado no tronco da árvore milenar. Logo depois, o protagonista desperta, exatamente como despertamos dos sonhos quando tomamos consciência deles. Em ōutro momento, o narrador fala: "Ele não sabia se ele se dirigia a ela [a imagem-mulher], se ele é dirigido, se ele inventa ou se ele sonha".

[33] J. Cayrol, op. cit.; a tradução de Celan encontra-se em *Gesammelte...*, vol. 4, pp. 76-99.

[34] Além evidentemente dos filmes "clássicos" *Shoah* de Claude Lanzmann e de *Hitler. Um filme da Alemanha*, de Syberberg, um outro filme importante para pensarmos a questão do testemunho é o *Rashomon* de Akira Kurosawa (1951). Nesse filme — que também se dá em um cenário em ruínas e é todo ele rememoração de uma cena de assassinato —, as várias versões de um crime se sucedem, sem que saibamos onde está a "verdade". Nessa encenação da história como tribunal não falta a figura do morto ("fantasma") que aparece para depor.

[35] Meu interesse por esse filme de Chris Marker foi despertado durante o Congresso Internacional Walter Benjamin realizado em Amsterdã em julho de 1997. Durante esse evento, o filme foi projetado duas vezes — infelizmente para uma platéia exígua de 4 ou 5 pessoas. No mesmo encontro,

tomei conhecimento do artigo (manuscrito) de Kia Lindroos (da Universidade de Jyväskylä, Finlândia) "Politicising spaces of images. Perception/experience through Benjamin's focus on the present" (inédito). Apesar desse artigo representar na verdade um resumo do que deve ser ou o mestrado ou o doutorado de Lindroos e não aprofundar as relações entre a obra de Benjamin e o filme de Marker, devo a ele alguns dos *insights* deste meu trabalho. Também Philippe Dubois tentou destacar as afinidades entre Benjamin e Marker no seu ensaio "A 'foto-autobiografia'. A fotografia como imagem-memória no cinema documental moderno" (*Imagens*, nº 4, abr., 1995, pp. 64-76), sobretudo na sua passagem intitulada "A parada, a distância e a aura: *Si j'avais quatre dromadaires*, de Chris Marker" (pp. 72-74). Nesse texto, Dubois propõe uma leitura da estética de Marker diferente da minha. Ele se baseia apenas nos trabalhos de teoria da arte de Benjamin (o seu texto sobre "A obra de arte na Era da sua reprodutibilidade técnica" e o "Pequena história da fotografia"). Do meu ponto de vista, ele se equivoca ao opor Benjamin à *ars memoriae* da retórica clássica e ao classificar a estética de Marker (ele também trata, rapidamente, do *La jetée*) como uma simples "viagem *no tempo*" (p. 74, grifo meu). Quintiliano, numa passagem famosa, determinou o núcleo da arte da memória (que era uma das cinco partes da Retórica: criação, disposição, elocução, memória e pronunciação) que vale a pena citar — o que Dubois infelizmente não fez — para perceber em que medida ela se liga tanto ao modelo benjaminiano do passado como um campo arqueológico e o local de uma catástrofe, como também à famosa imagem de Pompéia como uma metáfora do recalque que Freud desenvolveu na sua análise do romance *Gradiva* de W. Jensen: "Diz-se que foi Simônides a primeira pessoa a descobrir uma arte da memória, de quem se conta a seguinte história bem conhecida. Ele havia composto uma ode do tipo que normalmente se compõe em homenagem aos atletas vitoriosos para celebrar o triunfo de um atleta que havia ganho a medalha no boxe. Parte da soma que lhe havia sido prometida foi-lhe recusada porque, seguindo o hábito dos poetas, ele introduzira uma digressão em honra de Castor e Polux e a ele foi dito que, diante do que ele fizera, ele teria por bem pedir o resto da soma àqueles cujos feitos ele havia exaltado. E segundo a história eles pagaram o que deviam. Então, quando um grande banquete foi oferecido em honra dos sucessos do boxeador, Simônides foi chamado para fora da festa para a qual ele havia sido convidado, devido a uma mensagem. Dois jovens que estavam à porta desejavam urgentemente a sua presença. Ele não encontrou nenhum traço deles, mas o que se sucedeu provou a ele que os deuses mostraram a sua gratidão, pois ele acabara de cruzar a soleira para sair quando o salão do banquete desabou sobre a cabeça dos convidados e produziu uma tal destruição entre eles que os parentes dos mortos que vieram para procurar os corpos para o enterro foram incapazes de distinguir não apenas as faces, mas também os membros dos mortos. Então, conta-se que Simônides, que se recordava da ordem na qual os convidados estavam sentados, teve sucesso na tarefa de encontrar o morto de cada um. [...] Esse feito de Simônides parece ter dado o ensejo para se observar que a memória é auxiliada pelo fato das localidades marcarem profundamente a mente" (*Institutionis Oratoriae*, 9, 2, 11-17 [cito a partir da tradução de H. E. Butler da Loeb Classical Library, Cambridge, Londres: Harvard U. P., 1993, pp. 217 e segs.]. Um texto muito semelhante se encontra em Cícero, *de Oratore*, 2, 350 e segs.). É a partir da sua posição na soleira que Simônides pôde retraçar a topografia — humana — do banquete. Como Cícero destaca (e Dubois com ele), na "arte da memória" o local serve como uma "placa de cera" e as imagens que conectamos às "coisas" (lembradas) funcionam como "letras" (op. cit.). É justamente dessa escritura da memória que tanto Benjamin quanto Marker tratam nas suas obras. Dubois nega esse fato. De resto, ele se equivoca também ao tomar o modelo de Roma que Freud menciona no seu texto "Unbehagen in der Kultur" como sendo aceito por este autor para representar a nossa vida anímica (Dubois, op. cit., pp. 71 e segs. Dubois chega a citar uma passagem de Freud de modo distorcido o que deturpa o sentido de sua frase). Freud afirma nesse texto, em um sentido oposto ao de Benjamin, que "na vida da alma nada do que se formou uma vez pode desaparecer [*untergehen*], tudo permanece de algum modo conservado e, dentro de certas circunstâncias, por exemplo, através de uma ampla regressão, pode ser recuperado novamente [*wieder zum Vorschein gebracht werden kann*]" (*Studienausgabe*, vol 9. Frankfurt a. M., 1974, p. 201). Ele compara esse modelo com Roma e as suas diversas fases ao longo da história; mas logo desabona essa comparação com as palavras: "o mesmo espaço não admite ser duplamente preenchido"; dito isso, ele descarta a busca de uma metáfora imagética para a arquitetura da nossa alma. Já a análise da metáfora freudiana de Pompéia como uma representação imagética do recalque que Dubois leva a cabo é brilhante e merece ser lida (como de resto eu admiro muito seu livro *O ato fotográfico*, 2ª. Campinas: Papirus, 1993). Como vimos, Benjamin faz desse modelo de Pompéia o esquema do funcionamento "normal" do homem na sociedade impregnada pelas catástrofes cotidianas. (Uma versão mais curta deste texto, originalmente redigido em agosto de 1999, e sem a análise do filme *La jetée* foi publicada no volume R. Duarte e V. Figueiredo (orgs.), *Mímesis e expressão*. Belo Horizonte: Editora da UFMG, 2001, pp. 364-80. Que fique registrado aqui meu agradecimento aos organizadores daquele volume, Virgínia Figueiredo e Rodrigo Duarte.)

Bibliografia

Esta Bibliografia não pretende ser exaustiva, mas apenas introdutória. Ela tenta indicar algumas pistas para o pesquisador que pretende se aprofundar no estudo do fenômeno da autobiografia e da literatura de testemunho. Este estudo abarca hoje em dia várias áreas do conhecimento e exige uma circulação transdisciplinar difícil, mas que deve trazer resultados frutificantes para as diversas áreas envolvidas: teoria da literatura, da psicanálise, da história, da memória e da arte. Apenas dentro da (ampla) área da teoria literária, o estudo da autobiografia e da sua atual prática na literatura de testemunho abarca uma enormidade de conceitos, sendo que evidentemente corresponde a cada um deles uma ampla bibliografia. Eis alguns desses conceitos (além dos próprios conceitos de autobiografia e de testemunho: sendo que este último *ainda não aparece nos principais manuais da área*): diário, jornal, memória, memorial, biografia, cartas, narração, ficção, literário, encômio, confissão, *consolatio*, epitáfio, romance, discurso jurídico, *mímesis*, *Ut pictura poesis*, acróstico, *laudatio*... Sem contar que a teoria do testemunho possui uma tradição jurídica e filosófica, a saber, envolve uma teoria da percepção e da descrição do "mundo". Também é evidente que no item "Autobiografias / literatura de testemunho" se poderiam reunir centenas e centenas de obras... Optamos por apenas indicar algumas privilegiando as ligadas à Segunda Guerra Mundial e ao *gulag* (menos lidas entre nós), bem como as disponíveis em traduções para o português. Citamos o livro *Sobrevivente André du Rap* como indicativo de que esta nova literatura carcerária (bem como a dita "marginal") que desponta no Brasil pode ser lida na chave da teoria do testemunho. Devido ao caráter transdisciplinar dessa área de estudos, evidentemente, nem sempre é fácil estabelecer uma tipologia da bibliografia como tento aqui: vários dos itens poderiam estar sob uma outra chave que não a que eu escolhi. Por outro lado, colocar lado a lado temas como "testemunho" e "história oral" ou "memória" e "trauma" não significa uma redução de um conceito ao outro, muito pelo contrário. Mantenho a pluralidade dos termos justamente para enfatizar que existem diferenças que devem ser respeitadas: ou seja, nos exemplos dados, a história oral possui uma área de interseção com a teoria do testemunho (mas não se limita a ela), assim como a memória não é apenas traumática (mesmo pensando-se o trauma enquanto uma categoria derivada da relação entre o simbólico e o real).

M. S.-S.

a) *Autobiografia, diário, jornal íntimo, auto-retrato*

AARON, Frieda. "A handfull of memories: two levels of recollection", in A. L. Eckart (org.), *Burning memory. Times of testing and reckoning*. Oxford, Nova Iorque etc.: Pergamon Press, 1993.

AGOSTINHO, Santo. *Confissões*, 14ª ed. Trad. J. Oliveira Santos e A. Ambrósio de Pina. Petrópolis: Vozes, 1999.

ALLAM, Malik. *Journaux intimes. Une sociologie de l'écriture personelle.* Paris: L'Harmattan, 1996.

ARMEL, Aliette. *Marguerite Duras et l'autobiographie.* Le Castor Astral, 1990.

ASHLEY, Kathleen (org.) *Autobiography & postmodernism.* Un. of Mass. Press, 1994.

BAKHTIN, Mikhail. "Biografia e autobiografia antigas", in *Questões de literatura e estética.* Trad. A. Bernardini et al. São Paulo: Editora da UNESP, HUCITEC, 1998.

BEAUJOUR, Michel. *Miroirs d'incre. Théorie de l'autoportrait.* Paris: Seuil, 1980.

BÉHAR, Stella. *Georges Perec: écrire pour ne pas dire.* Nova Iorque etc.: Peter Lang, 1995.

BLANCHARD, M. "The critique of autobiography", *Comparative Literature*, 34, 1982.

BOLZ, Norbert. "Lebenslauf des Subjekts in aufsteigender Linie", in M. Frank, G. Raulet e W. van Reijen (orgs.), *Die Frage nach dem Subjekt.* Frankfurt a. M., 1988.

CALLE-GRUBER, Mireille. "Quand le nouveau Roman prend les risques du romanesque", in M. Calle-Gruber e A. Rothe (orgs.), *Autobiographie et biographie. Colloque franco-allemand de Heidelberg.* Paris: Nizet, 1989.

CALLE-GRUBER, Mireille e ROTHE, Arnold (orgs.). *Autobiographie et biographie. Colloque franco-allemand de Heidelberg.* Paris: Nizet, 1989.

CASEY, Edward S. "Man, self, and truth", *The Monist*, vol. 55, nº 2, abr., 1971.

CASTELLANI, Gisèle Mathieu. *La scène judiciaire de l'autobiographie.* Paris: Presses Universitaires de France, 1996.

CATESSN, J. "Auto, bio et graphie", *Critique*, 33, 1977.

COIRAULT, Yves. "Autobiographie et mémoires (XIIe-XVIIIe siècles), ou existence et naissance de l'autobiographie", *Revue d'Histoire Littéraire de la France*, nº 6, nov.-dez., 1975.

COLLET, Alan. "Literature, fiction and autobiography", *The British Journal of Aesthetics*, vol. 29, nº 4, autumn, 1989.

DERRIDA, Jacques. *L'oreille de l'autre. Autobiographies, transferts, traductions. Textes et débats avec Jacques Derrida*. Montreal: ULB Éditeur, 1982.

_____ . *Mal d'archive. Une impression freudienne*. Paris: Galilée, 1995. (Trad. R. Dumará, 2001.)

EAKIN, Paul John. "Narrative and chronology as structures of reference and the new model autobiographer", in J. Olney (org.), *Studies in autobiography*. Nova Iorque, Oxford: Oxford UP, 1988.

ECKART, Alice L. (org.). *Burning memory. Times of testing and reckoning*. Oxford, Nova Iorque etc.: Pergamon Press, 1993.

FOLKENFLIK, Robert. "The institution of autobiography", in R. Folkenflik (org.), *The culture of autobiography. Constructions of self-representation*. Stanford: Stanford UP, 1993.

_____ . "The self as other", in R. Folkenflik (org.), *The culture of autobiography. Constructions of self-representation*. Stanford: Stanford UP, 1993.

FOLKENFLIK, Robert (org.). *The culture of autobiography. Constructions of self-representation*. Stanford: Stanford UP, 1993.

GAUSSEN, Frédéric. "Le goût pour les récits de vie", *Le Monde*, 14 fev., 1982.

GOODWIN, James. "Narcissus and autobiography", *Genre*, vol. 12, nº 1, spring, 1979.

GRANZOW, Stefan. *Das autobiographische Gedächtnis*. Berlim: Quintessenz, 1994.

GRIVEL, Charles. "Ressemblances fortuites", in M. Calle-Gruber e A. Rothe (orgs.), *Autobiographie et biographie. Colloque franco-allemand de Heidelberg*. Paris: Nizet, 1989.

GRÜTER, Doris. *Autobiographie und Nouveau Roman*. Münster, Hamburgo, 1994.

GUSDORF, Georges. "De l'autobiographie initiatique à l'autobiographie genre littéraire", *Revue d'Histoire Littéraire de la France*, nº 6, nov.-dez., 1975.

HAHN, Alois. "Identität und Selbstthematisierung", in A. Hahn e V. Kapp (orgs.), *Selbstthematisierung und Selbstzeugnis: Bekenntnis und Geständnis*. Frankfurt a. M.: Suhrkamp, 1987.

HART-NIBBRIG, C. "Das déjàvu des erstens Blicks. Zu Walter Benjamins *Berliner Kindheit um Neuzehnhundert*", *Deutsche*

Vierteljahrsschrift fur Literaturwissenschaft und Geistesgeschichte, 47, 1973.

HENRY, Anne. "Imaginaire pour une autobiographie fictive: *À la recherche du temps perdu* de Marcel Proust", in M. Calle-Gruber e A. Rothe (orgs.), *Autobiographie et biographie. Colloque franco-allemand de Heidelberg*. Paris: Nizet, 1989.

HORNUNG, Alfred e RUHE, Ernspeter. *Postcolonialism and autobiography*. Amsterdã: Rodopi, 1998.

HOWARTH, W. L. "Some principles of autobiography", *New Literary History*, nº 5, 1974.

HUTCHEON, L. "Modes et formes du narcissisme littéraire", *Poétique*, nº 29, fev., 1977.

JOSEF, Bella. "'(Auto)biografia': os territórios da memória e da história", in J. Leenhardt e S. Pesavento (orgs.), *Discurso histórico e narrativa literária*. Campinas: Editora da UNICAMP, 1998.

JOSSELSON, Ruthellen e LIEBLICH, Amia (orgs.). *The narrative study of lives*. Newbury Park, Londres: Sage Publications, 1993.

KAPP, Volker. "Von der Autobiographie zum Tagebuch (Rousseau–Constant)", in A. Hahn e V. Kapp (orgs.), *Selbstthematisierung und Selbstzeugnis: Bekenntnis und Geständnis*. Frankfurt a. M.: Suhrkamp, 1987.

KARSTEN, Annegret. "Le discours autobiographique dans *Le miroir qui revient* d'Alain Robbe-Grillet: à la recherche du sujet perdu...", in *Actes du Colloque de Fribourg — 1990, Recherches & Travaux*, Hors série 11, 1993.

LEHMAN, Albrecht. *Erzählstruktur und Lebenslauf. Autobiographische Untersuchungen*. Frankfurt a. M., 1983.

LEHMANN, Jürgen. *Bekennen — Erzählen — Berichten. Studien zur Theorie und Geschichte der Autobiographie*. Tübingen, 1988.

LEJEUNE, Philippe. "Autobiographie et histoire littéraire", *Revue d'Histoire Littéraire de la France*, nº 6, nov.-dez., 1975.

_____. "L'autobiocopie", in M. Calle-Gruber e A. Rothe (orgs.), *Autobiographie et biographie. Colloque franco-allemand de Heidelberg*. Paris: Nizet, 1989.

_____. *Je est un autre. L'autobiographie de la littérature aux médias*. Paris: Seuil, 1980.

_____. *Le pacte autobiographique*. Paris: Seuil, 1975.

_____. *Pour l'autobiographie. Chroniques*. Paris: Seuil, 1998.

LEJEUNE, Philippe (org.). *"Cher cahier..."*, in *Témoignages sur le journal personnel recueillis et présentés par Ph. Lejeune*. Paris: Gallimard, 1989.

LEJEUNE, Philippe e VIOLLET, C. *Genèses du "Je"*, 2000.

LIFSON, Martha Ronk. "The myth of the fall: a description of autobiography", *Genre*, vol. 12, nº 1, spring, 1979.

LOUREIRO, Ángel. "Direcciones en la teoría de la autobiografía", in *Escritura autobiográfica. Actas del II Seminario Internacional del Instituto de Semiótica Literaria y Teatral*. Madri: Visor Libros, 1993.

MALLET, Marie-Louise. *L'animal autobiographique. Autour de Derrida*. Paris: Galilée, 1999.

MAY, Georges (org.). *L'autobiographie*. Paris: Presses Universitaires de France, 1979.

MIEROW, Charles Christopher. "Tacitus the biographer", *Classical Philology*, vol. 34, nº 1, jan., 1939.

MIETHING, Christoph. "La grammaire de l'ego: phénoménologie de la subjectivité et théorie autobiographique", in M. Calle-Gruber e A. Rothe (orgs.), *Autobiographie et biographie. Colloque franco-allemand de Heidelberg*. Paris: Nizet, 1989.

MISCH, Georg. *Geschichte der Autobiographie*. Frankfurt a. M.: G. Schulte–Bulmke, 1907-1969.

NIGGL, Günter (org.). *Die Autobiographie. Zu Form und Geschichte einer literarischen Gattung*. Darmstadt: Wiss. Buchgesellschaft, 1989.

_____. *Geschichte der deutschen Autiobiographie im 18. Jahrhundert. Theoretiche Grundlegung und liter. Entfaltung*. Stuttgart: Metzler, 1977.

OLNEY, James (org.). *Autobiography*. Princeton: Princeton University Press, 1980.

PAULSON, Ronand. "Hogarth's self-representations", in R. Folkenflik (org.), *The culture of autobiography. Constructions of self-representation*. Stanford: Stanford UP, 1993.

PICARD, Hans Rudolf. "Le discours autobiographique après le nouveau roman. Souvenir, socialisation et structure textuelle dans *Enfance* de Nathalie Sarraute", in *Actes du Colloque de Fribourg — 1990, Recherches & Travaux*, Hors série 11, 1993.

RICOEUR, P. *Soi-même comme un autre*. Paris: Seuil, 1990.

Roche, Anne. "Portrait de l'artiste en paysage urbain (sur Walter Benjamin)", in J. F. Chiantaretto (org.), *Écriture de soi et psychanalyse*. Paris: L'Harmattan, 1996.

Schapiro, S. "The dark continent of literature: autobiography", *Comparative Literature Studies*, 5, 1968.

Sturrock, John. "The autobiographical process", in R. Folkenflik (org.), *The culture of autobiography. Constructions of self-representation*. Stanford: Stanford UP, 1993.

Vance, Eugene. "Le moi comme langage: Saint Augustin et l'autobiographie", *Poétique*, nº 14, 1973.

Villanueva, Dario. "Realidad y ficción; la paradoja de la autobiografía", in *Escritura autobiográfica. Actas del II Seminario Internacional del Instituto de Semiótica Literaria y Teatral*. Madri: Visor Libros.

Widdershoven, Guy A. M. "The story of live: hermeneutic perspectives on the relationship between narrative and life history", in R. Josselson e A. Lieblich (orgs.), *The narrative study of lives*. Newbury Park, Londres: Sage Publications, 1993.

Wuthenow, Ralph-Rainer. "Le passé composé", in M. Calle-Gruber e A. Rothe (orgs.), *Autobiographie et biographie. Colloque franco-allemand de Heidelberg*. Paris: Nizet, 1989.

b) *Memória-identidade, teoria da história*

Adorno, Theodor. "Discurso sobre lírica e sociedade", in L. Costa Lima (org.), *Teoria da literatura em suas fontes*. Rio de Janeiro: Francisco Alves, 1975.

Améry, Jean. *Par-delà le crime et le châtiment. Essai pour surmonter l'insurmontable*. Paris: Actes Sud, 1995.

Antoine, Jean-Philippe. "Ars memoriae — Rhetorik der Figuren, Rücksicht auf Darstellbarkeit und die Grenzen des Textes", in A. Haverkamp e R. Lachmann (orgs.), *Gedächtniskunst: Raum — Bild — Schrift. Studien zur Mnemotechnik*. Frankfurt a. M.: Suhkamp, 1991.

_____. *Ars memoriae: image, espace, figure en Italie (1250-1450)*. École des Hautes Études en Sciences Sociales. Paris, 1989 (Cap. VI: "L'art de la mémoire et son rapport avec l'inconscient").

ANTOINE, Jean-Philippe. "L'arte della memoria e la transformazione dello spazio pittorico in Italia nel Duecento e Trecento", in L. Bolzoni e P. Corsi (orgs.), *La cultura della memoria*. Bolonha: Società editrice il Mulino, 1992.

ARISTÓTELES. "De memoria et reminiscentia", in *Parva naturalia*. Trad. W. S. Hett, Loeb, 1935.

ASHKENASI, Abraham. "Identitätsbewahrung, Akkulturation und die Enttäuschung in der Diaspora", in K. Platt e M. Dabag (orgs.), *Identität in der Fremde*. Bochum: Brockmeyer, 1993.

ASSMANN, Aleida. *Arbeit am nationalen Gedächtnis*. Frankfurt a. M.: Campus Verlag, 1993.

——————. *Zeit und Tradition. Kulturelle Strategien der Dauer*. Köln: Böhlau, 1998.

——————. "Metamorphosen der Hermeneutik", in A. Assmann (org.), *Texte und Lektüren. Perspektiven in der Literaturwissenschaft*. Frankfurt a. M.: Fischer TV, 1996.

——————. *Erinnerungsräume. Formen und Wandlungen des kulturellen Gedächtnisses*. Munique: C. H. Beck, 1999.

ASSMANN, Aleida (org.). *Kultur als Lebenswelt und Monument*. Frankfurt a. M.: Fischer-Wiss., 1991.

—————— (org.). *Texte und Lektüren. Perspektiven in der Literaturwissenschaft*. Frankfurt a. M.: Fischer TV, 1996.

ASSMANN, Aleida e HARTH, Dietrich (orgs.). *Mnemosyne. Formen und Funktionen der kulturellen Erinnerung*. Frankfurt a. M.: Fischer-Wiss., 1991.

ASSMANN, Aleida; ASSMANN, Jan e HARDMEIER, Christoff (orgs.). *Schrift und Gedächtnis. Beiträge zur Archäologie der literarischen Kommunikation*. Munique: Fink, 1998.

ASSMANN, Aleida e FRIESE, Heidrun (orgs.). *Identitäten*. Frankfurt a. M.: Suhrkamp, 1998.

ASSMANN, Aleida e FREVERT, Ute. *Geschichtsvergessenheit / Geschichtsversessenheit. Was kommt nach Schuld und Scham*. Stuttgart: Deutsche Verlags-Anstalt, 1999.

ASSMANN, Jan. "Erinnern, um dazuzugehören. Kulturelles Gedächtnis, Zugehörigkeitsstruktur und normative Vergangenheit", in K. Platt e M. Dabag (orgs.), *Generation und Gedächtnis. Erinnerungen und kollektive Identitäten*. Opladen: Leske; Budrich, 1995.

ASSMANN, Jan. "Kulturelles Gedächtnis als normative Erinnerung. Das Prinzip 'Kanon' in der Erinnerungskultur Ägyptens und Israels", in O. G. Oexle (orgs.), *Memoria als Kultur*.Göttingen: Vandenhoeck & Ruprecht, 1995.

_____. "Die Katastrophe des Vergesens, Das Deuteronomium als Paradigma kultureller Mnemotechnik", in A. Assmann e D. Harth (orgs.), *Mnemosyne. Formen und Funktionen der kulturellen Erinnerung*. Frankfurt a. M.: Fischer-Wiss., 1991.

_____. "Ancient egyptian antijudaism: a case of distorted memory", in D. Schacter (org.), *Memory distortion. How minds, brains, and societies reconstruct the past*. Cambridge, Londres: Harvard UP, 1995.

_____. *Das kulturelle Gedächtnis: Schrift, Erinnerung und politische Identität in frühen Hochkulturen*. Munique: Beck, 1992.

_____. "Kollektives Gedächtnis und kulturelle Identität", in *Kultur und Gedächtnis*. Frankfurt a. M.: Suhrkamp, 1988.

ASSMANN, Jan (org.). *Kultur und Gedächtnis*. Frankfurt a. M.: Suhrkamp, 1988.

ASSMAN, Jan; ASCHOFF, Ürgen e BLATER, Jean-Pierre. *Die Zeit. Dauer und Augenblick*. Munique: Piper.

AUGÉ, Marc. *Les Formes de l'oubli*. Paris: Payot, 1998.

BACH, Hans. *Jüdische Memoiren aus drei Jh*. Berlim Schocken, 1936.

BACOT, Jean-Pierre (org.). *Travail de mémoire 1914-1998*. Éditions Autrement, 1999, coleção Mémoires, nº 54.

BACZKO, Bronislaw. *Les imaginaires sociaux, mémoires et espoirs collectifs*. Paris: Payot, 1984.

BADDELEY, Alan. "The psychology of remembering and forgetting", in T. Butler (org.), *Memory. History, culture and the mind*. Oxford: Basil Blackwell, 1989.

BAL, Mieke; CREWE, Jonathan e SPITZER, Leo. *Acts of memory: cultural recall in the present*. Hanover: UP of New England, 1998.

BARTHES, Roland. *Le bruissement de la langue*. Paris: Seuil, 1984.

BATTISTI, Eugenio. "Schemi geometrici, artifizi retorici, oggetti di meraviglia nel trattato quattrocentesco sulla memoria di Giovanni Fontana", in L. Bolzoni e P. Corsi (orgs.), *La cultura della memoria*. Bolonha: Società Editrice il Mulino, 1992.

BATTISTI, Giuseppa Saccaro Del Buffa. "Medicamenti per aiutare da memoria", in L. Bolzoni e P. Corsi (orgs.), *La cultura della memoria*. Bolonha: Società Editrice il Mulino, 1992.

BEILENHOFF, Wolfgang. "Licht — Bild — Gedächnis", in A. Haverkamp e R. Lachmann (orgs.), *Gedächtniskunst: Raum — Bild — Schrift. Studien zur Mnemotechnik*. Frankfurt a. M.: Suhrkamp, 1991.

BERGSON, Henri. *Matéria e memória*. São Paulo: Martins Fontes, 1999.

BERNS, Jörg Jochen e NEUBER, Wolfgang (orgs.). *Ars memorativa. Zur kulturgeschichtlichen Bedeutung der Gedächtniskunst 1400-1750*. Tübingen: Max Niemeyer Verlag, 1993.

_____. *Seelenmachinen. Gattungstraditionen, Funktionen und Leistungsgrenzen der Mnemotechniken vom späten Mittelalter bis zum Beginn der Moderne*. Wien, Köln, Weimar: Böhlau, 2000.

BLUM, Herwig. *Die Mnemotechnik der Antike*. Hildesheim, Nova Iorque, 1969.

BÖHRINGER, Johannes. "Der Fremde — Die Gesellschaft von Gleichen und Verschiedenen", in K. Platt e M. Dabag (orgs.), *Identität in der Fremde*. Bochum: Brockmeyer, 1993.

BOLZONI, Lina. "Costruire immagini. L'arte della memoria tra letteratura e arti fugurative", in L. Bolzoni e P. Corsi (orgs.), *La cultura della memoria*. Bolonha: Società Editrice il Mulino, 1992.

BOLZONI, Lina e CORSI, Pietro (orgs.). *La cultura della memoria*. Bolonha: Società Editrice il Mulino, 1992.

BOLZONI, Lina; ERLINDO, Vittorio e MORELLI, Marcello (orgs.). *Memoria e memorie*. Florença: Leo S. Olschki Editore, 1998.

BORCHMEYER, Diether (org.). *"Vom Nutzen und Nachteil der Historie für das Leben". Nietzsche und die Erinnerung in der Moderne*. Frankfurt a. M.: Suhrkamp, 1996.

BOSI, Eclea. *Memória e sociedade: lembranças de velhos*. São Paulo: T. A. Queiroz, 1983.

BOTTINO, Paula. "Herederos del olvido", *Confines*, n°s 9-10, 2001.

BOYARIN, Jonathn e KUGELMASS, Jack (orgs.), *From a ruined garden. The memorial books of polish jewry*. Nova Iorque: Sshocken Books, 1983.

BRAITERMAN, Zachary. "Against Holocaust-sublime. Naive reference and the generation of memory", in *History & memory*, vol. 12, nº 2, fall-winter, 2000.

BRESCIANI, Stella e NAXARA, Márcia (orgs.). *Memória e (res)sentimento*. Campinas: Editora da UNICAMP, 2000.

BROSZAT, Martin e FRIEDLÄNDER, Saul. "A controversy about the historicization of national socialism", in P. Baldwin (org.), *Reworking the past. Hitler, the Holocaust and the historians*. Boston: Beacon Press, 1990.

BRUMLIK, Micha. "Gedenken in Deutschland", in K. Platt e M. Dabag (orgs.), *Generation und Gedächtnis. Erinnerungen und kollektive Identitäten*. Opladen: Leske, Budrich, 1995.

BRUNO, Giordano. *L'arte della memoria. Le ombre delle Idee, a cura di Manuela Maddamma*. Milão: Associazione Culturale Mimesis, 1996.

_____. *Il primo libro della Clavis magna. Ovvero il trattato sull'intelligenza artificiale*. Trad., intr. e nota C. D'Antonio. Roma: Di Renzo Editore, 1997.

BURKE, Peter. "History as social memory", in T. Butler (org.), *Memory. History, culture and the mind*. Oxford: Basil Blackwell, 1989.

BUTLER, Thomas (org.). *Memory. History, culture and the mind*. Oxford: Basil Blackwell, 1989.

CARDOSO, Irene. *Para uma crítica do presente*. São Paulo: EDUSP, 34, 2001.

CARRUTHERS, Mary J. *The book of memory. A study of memory in medieval culture*. Cambridge etc.: Cambridge UP, 1990.

CASULLO, Nicolás. "Memoria para las muertes en la Argentina", *Confines*, nos 9-10, 2001.

CERTEAU, Michel de. *L'écriture de l'histoire*. Paris: Gallimard, 1975.

CHÂTELET, François. *La naissance de l'histoire*. Paris: De Minuit, 1962.

CHAUMONT, Jean-Michel. *La concurrence des victimes. Génocide, identité, reconnaissance*. Paris: Éditions La Découverte, 1997.

CHIARLO, Carlo Roberto. "Gli antiquari e la memoria. Alcuni aspetti dei trattati di archeologia nel Seicento e Settecento", in L. Bolzoni e P. Corsi (orgs.), *La cultura della memoria*. Bolonha: Società Editrice il Mulino, 1992.

COLEMAN, Janet. *Ancient and medieval memoria: studies in the reconstruction of the past*. Cambridge: CUP, 1992.

_____. "La mémoire et l'oubli", *Communications*, nº 49. Paris, 1989.

CONNERTON, Paul. *How societies remember*. Cambridge: Cambridge UP, 1989.

DABAG, Mihran. "Traditionelles Erinnern und historische Verantwortung", in K. Platt e M. Dabag (orgs.), *Generation und Gedächtnis. Erinnerungen und kollektive Identitäten*. Opladen: Leske, Budrich, 1995.

DABAG, Mihran. *Gewalt. Strukturen, Formen, Repräsentationen*. Munique: Fink, 2000.

DABAG, Mihran e PLATT, Kristin. "Diaspora und das Kollektive Gedächtnis. Zur Konstruktion kolletiver Identitäten in der Diaspora", in K. Platt e M. Dabag (orgs.), *Identität in der Fremde*. Bochum: Brockmeyer, 1993.

_____. *Genozid und Moderne, Bd.1, Strukturen kollektiver Gewalt im 20. Jahrhundert*. Leske, 1998.

_____. *Genozid und Moderne, Bd.2, Erinnern, Verarbeiten, Weitergeben*. Opladen: Leske, 2000.

DAVIS, Harles T. e GATES JÚNIOR. *The slave's narrative*, in H. Louis (org.). Oxford: Oxford University Press, 1985.

DECCA, Edgar De. "O holocausto", *Temas e Matizes*, nº 1, jul., ano 1, 2001.

DERRIDA, Jacques. "Le siècle et le pardon. Entretien avec Michel Wieviorka", in J. Derrida, *Foi et savoir*. Paris: Seuil, 2000.

DIERS, Michael. "Mnemosyne oder das Gedächtnis der Bilder. Über Aby Warburg", in O. G. Oexle (org.), *Memoria als Kultur*. Göttingen: Vandenhoeck & Ruprecht, 1995.

DRAAISMA, Douwe. *Die Metaphernmaschine. Eine Geschichte des Gedächtnisses*. Trad. V. Kiefer. Darmstadt: Wissenschaftliche Buchgesellschaft, 1999.

EBBINGHAUS, Hermann. *Über das Gedächtnis*. Leipzig, 1885.

ECO, Umberto. "Ars oblivionalis. Sulla difficoltà di construire un'ars oblivionalis", *Kos* 30, pp. 40-53. ("An ars oblivionalis? Forget it!", 103, *PMLA*, Londres, pp. 254-61.)

_____. "Mnemotecniche come semiotiche", in L. Bolzoni e P. Corsi (orgs.), *La cultura della memoria*. Bolonha: Società Editrice il Mulino, 1992.

ELIADE, Mircea. "Mythologies of memory and forgetting", *History of Religions*, vol. 2, nº 2, winter, pp. 329-44.

ERNST, Ulrich. "Die Bibliothek in Kopf: Gedächtniskünstler in der europäischen und amerikanischen Literatur", *Zeitschrift für Literaturwissenschaft und Linguistik*. Jahrgang 27, Heft 105, März, 1997.

ESPACIOS DE CRÍTICA E PRODUCCIÓN, nº 26, out.-nov., 2000. (Dossiê "Historia y memoria del Holocausto".)

FARGE, Arlette. *Le goût de l'archive*. Paris: Seuil, 1989.

FERREIRA, Marieta; FERNANDES, Tânia e ALBERTI, Verena (orgs.). *História oral*. Rio de Janeiro: Casa Osvaldo Cruz, CPDOC–FGV, Editora FIOCRUZ, 2000.

FLECKNER, Uwe (org.). *Die Schatzkammern der Mnemosyne*. Dresden: Verlag der Kunst, 1995.

FOUCAULT, Michel. *A verdade e as formas jurídicas*. Trad. R. Machado. Rio de Janeiro: Nau, 1999.

_____. *Dits et écrits*. Paris: Gallimard, 1994.

_____. *Microfísica do poder*, 15ª ed. Rio de Janeiro: Graal, 2000.

FRIEDLÄNDER, Saul. *Histoire et psychanalyse: essai sur les possibilités et les limites de la psychohistoire*. Paris: Seuil, 1975.

FUSSELL, Paul. *The Great War and modern memory*. Nova Iorque: Oxford UP, 1975.

GAGNEBIN, Jeanne Marie. *História e narração em W. Benjamin*. São Paulo: Perspectiva, 1994.

_____. *Sete aulas sobre linguagem, memória e história*. Rio de Janeiro: Imago, 1997.

GINSZBURG, Carlo. "Kunst und soziales Gedächtnis. Die Warburg-Tradition", in *Spurensicherungen. Über verborgene Geschichte, Kunst und soziales Gedächtnis*. Berlim: Wagenbach, 1983.

_____. *Olhos de madeira. Nove reflexões sobre a distância*. São Paulo: Companhia das Letras, 2001.

GOETHE INSTITUT (org.). *The trauma of the past. Remembering and working-through*. Londres: Goethe Institut, 1994.

GOLDMANN, Stefan. "Statt Totenklage Gedächtnis. Zur Erfindung der Mnemotechnik durch Simonides von Keos", *Poética*, nº 2, 1989.

GONZALES, Horacio. "Una imagen filmada de Azucena Villaflor...", *Confines*, nos 9-10, 2001.

GRAMSCI, Antonio. *Selections from the prison notebooks*. Trads. e eds. Q. Hoare e G. N. Smith. Nova Iorque: International Publishers, 1971.

GUATTARI, Félix e NEGRI, Toni. *Communist like us*. Nova Iorque: Semiotext(e), 1990.

GUHA, Ranajit e SPIVAK, Gayatri Chakravorty (orgs.). *Selected subaltern studies*. Nova Iorque, Oxford: Oxford University Press, 1988.

GUITTON, Jean. *Le temps et l'éternité chez Plotin et Saint Augustin*. Paris: Vrin, 1933.

HABERMAS, Jürgen. "Sobre o emprego público da história", in *A constelação pós-nacional. Ensaios políticos*. Trad. M. Seligmann-Silva. São Paulo: Littera Mundi, 2001.

HALBWACHS, Maurice. *Les cadres sociaux de la mémoire*. Paris: Alcan, 1925 (Bibliothèque de Philosophie Contemporaine).

_____. *La mémoire collective*. Paris: Presses Universitaires de France, 1950.

_____. *La topographie légendaire des évangiles en terre sainte. Étude de mémoire collective*. Paris: PUF, 1941.

HALPERIN, Jean (org.). *Mémoire et histoire. Actes du XXVe colloque des intellectuels juifs de langue française*. Paris: Denoël, 1986.

HARTH, Dietrich (org.). *Die Erfindung des Gedächtnisses*. Frankfurt a. M.: Keip Verlag, 1991.

HARTMAN, Andreas. "Zur Geschichte der Gedächtnissysteme", in B. Bönisch-Brednich; R. W. Brednich; H. Gerndt (orgs.), *Erinnern und Vergessen*. Göttingen: Schmerse, 1991.

HARTOG, François. *Le mirroir d'Hérodote. Essai sur la représentation de l'autre*. Paris: Gallimard, 1991. (*O espelho de Heródoto. Ensaio sobre a representação do outro*. Trad. J. Brandão. Belo Horizonte: Editora da UFMG, 1999.)

HASSOUN, Jacques. *Los contrabandistas de la memoria*. Buenos Aires: De la Flor, 1996.

HAVERKAMP, Anselm. "Auswendigkeit. Das Gedächtnis der Rhetorik", in A. Haverkamp e R. Lachmann (orgs.), *Gedächtniskunst: Raum — Bild — Schrift. Studien zur Mnemotechnik*. Frankfurt a. M.: Suhrkamp, 1991.

_____. "Text als Mnemotechnik — Panorama einer Diskussion", in A. Haverkamp e R. Lachmann (orgs.), *Gedächtniskunst: Raum — Bild — Schrift. Studien zur Mnemotechnik*. Frankfurt a. M.: Suhrkamp, 1991.

HAVERKAMP, Anselm (org.). *Memoria. Vergessen und Erinnern*. Munique: Wilhelm Fink Verlag, 1993.

HAVERKAMP, Anselm e LACHMANN, Renate (orgs.). *Gedächtniskunst: Raum — Bild — Schrift. Studien zur Mnemotechnik*. Frankfurt a. M.: Suhrkamp, 1991.

HEIDBRINK, Ludger. *Entzauberte Zeit. Der melancholische Geist der Moderne*. Munique: Hanser, 1997.

HETTLAGE, Robert. "Diaspora: Umrisse zu einer soziologischen Theorie", in K. Platt e M. Dabag (orgs.), *Identität in der Fremde*. Bochum: Brockmeyer, 1993.

HISTORY AND MEMORY — STUDIES IN THE REPRESENTATION OF THE PAST. Bloomington: Indiana University Press, 1989, revista semestral.

HÖLSCHER, Lucian. "Geschichte als 'Erinnerungskultur'", in K. Platt e M. Dabag (orgs.), *Generation und Gedächtnis. Erinnerungen und kollektive Identitäten*. Opladen: Leske, Budrich, 1995.

HOROWITZ, Rosemary. *Literacy and cultural transmission in the reading, writing and rewriting of Jewish memorial books*. São Francisco, Londres, Bethesda: Austin & Winfield Publishers, 1998.

HUBER, Carlo. *Anamesis bei Plato*. Munique: Hurber in Komm, 1964.

HUTTON, Patrick. *History as an art of memory*. Hanover: Un. of Vermont, 1993.

HUYSSEN, Andreas. *Twilight memories. Marking time in a culture of amnesia*. Nova Iorque: Routledge, 1996.

_____. *Seduzidos pela memória*. Rio de Janeiro: Aeroplano, 2000.

HYPPOLITE, Jean. "Aspects divers de la mémoire chez Bergson", *Revue Internationale de Philosophie*, out., 1949.

IDEL, Moshe. "'Schwarzes Feuer auf weißem Feuer'. Text und Lektüre in der jüdischen Tradition", in A. Assmann (org.), *Texte und Lektüren. Perspektiven in der Literaturwissenschaft*. Frankfurt a. M.: Fischer TV, 1996.

JANET, Pierre. *L'évolution de la mémoire et la notion du temps*. Paris: Editons Chahine, 1928.

JASPERS, Karl. *Die Schuldfrage*. Munique: Pipper, 1979.

JAUß, Hans Robert. *Zeit und Erinnerung in Marcel Prousts À la recherche du temps perdu*, 1ª ed. Heidelberg, 1955; Frankfurt a. M.: Suhrkamp, 1986.

JAY, Martin. "Songs of experience: reflections on the debate over *Alltagsgeschichte*", in *Cultural semantics: keywords of our time*. Amherst: U. of Massachusetts Press, 1998.

JEUDY, Henri-Pierre. *Mémoires du social*. Paris: PUF, 1986.

JONKER, Gerdientje. *The topography of remembrance. The dead, tradition and collective memory in Mesopotamia*. Leiden: Brill, 1995.

JÜNGER, Friedrich Georg. *Gedächtnis und Erinnerung*. Frankfurt a. M.: Klostermann, 1957.

KAPP, Volker (org.). *Les lieux de mémoire et la fabrique de l'oeuvre*. Paris, Seattle, Tübingen: Biblio, 1993.

KITTLER, Wolf. "Digitale und analoge Speicher. Zum Begriff der Memoria in der Literatur des 20. Jahrhunderts", in A. Haverkamp e R. Lachmann (orgs.), *Gedächtniskunst: Raum — Bild — Schrift. Studien zur Mnemotechnik*. Frankfurt a. M.: Suhkamp, 1991.

KRELL, David Farrel. *Of memory, reminiscence and writing. On the verge*. Bloomington, Indianapolis: Indiana UP, 1990.

LACHMANN, Renate. "Kultursemiotische Prospect", in K.-U. Hemken (org.), *Gedächtnisbilder. Vergessen und Erinnern in der Gegenwartskunst*. Leipzig: Reclam, 1996.

_____. "Die Unlöschbarkeit der Zeichen: Das semiotische Unglück des Mnemonisten", in A. Haverkamp e R. Lachmann (orgs.), *Gedächtniskunst: Raum — Bild — Schrift. Studien zur Mnemotechnik*. Frankfurt a M: Suhrkamp, 1991.

_____. *Gedächtnis und Literatur. Intertextualität in der russischen Moderne*. Frankfurt a. M.: Suhrkamp, 1990.

LATTIMORE, Richmond. "Herodotus and the names of egyptian gods", *Classical Philology*, vol. 34, nº 4, out., 1939.

LAVIN, Irving. "Memoria e senso di sé. Sul ruolo della memoria nella teoria della psicologia dall'antichtà a Giambattista Vico", in L. Bolzoni e P. Corsi (orgs.), *La cultura della memoria*. Bolonha: Società Editrice il Mulino, 1992.

LE GOFF, Jacques. *Histoire et mémoire*. Paris: Gallimard, 1986 (folio histoire, 20. Paris: Gallimard, 1988).

_____. *História e memória*. Trad. B. Leitão. Campinas: Editora da UNICAMP, 1996.

LEROI-GOUHAM, André. *Le geste et la parole. La mémoire et les rhytmes*, vol. 2. Paris: Albin Michel, 1965.

LEYS, Ruth. "Traumatic cures: shell shock, Janet, and the question of memory", *Critical Inquiry*, 20, 1994.

LIEBSCH, Burkhard e RÜSEN, Jörn (orgs.). *Trauer und Geschichte*. Köln, Weimar, Wien: Böhlau Verlag, 2001.

LOEWY, Hanno e MOLTMANN, Bernhard (orgs.). *Erinnerung, Gedächtnis, Sinn: Authentische und konstruierte Erinnerung*. Frankfurt a. M.: Campus, 1996.

MAGGI, Armando. "Visual and verbal communication in Francesco Pona's *Cardiomorphoseos* (1645)", *Word & Image*, 16, 2, abr.-jun., 2000.

MAKINO, Uwe. "Final solutions, crimes against mankind: on the genesis and criticism of the concept of genocide", *Jounal of Genocide Research*, 3(1), 2001.

MANZANEDO, Marcos. *La imaginación y la memoria según Santo Tomás*. Roma: Herder, 1978.

MCCONKEY, James (org.). *The anatomy of memory: an anthology*. Oxford: Oxford UP, 1996.

MEIER, Christian. "Erinnen — Verdrängen — Vergessen", *Merkur*, 50, 1996.

MESULAM, Marek-Marsel. "Notes on the cerebral topography of memory and memory distortion: a neurologist's perspective", in D. Schacter (org.), *Memory distortion. How minds, brains, and societies reconstruct the past*. Cambridge, Londres: Harvard UP, 1995.

MITSCHERLICH, Alexander e MITSCHERLICH, Margarete. *Die Unfähigkeit zu trauern*. Munique: Piper, 1968.

MORIZET, Jacques e MÜLLER, Horst. *Allemagne France. Lieux et mémoire d'une histoire commune*. Paris: Albin Michel, 1995.

MOTZKIN, Gabriel. "Memory and cultural translation", in S. Budick e W. Iser (orgs.), *The translatability of cultures*. Stanford: Stanford University Press, 1996.

MÜLLER, Friedhelm L. *Kritische Gedanken zur antiken Mnemotechnik und zum Auctor ad Herenium*. Stuttgart: Franz Steiner Verlag, 1996.

MUTHESIUS, Marianne. *Mythos, Sprache, Erinnerung*. Frankfurt a. M.: Stroemfeld, 1996.

NAMER, Gerard. *La commémoration en France, 1944-1982*. Paris: Papyros, 1983.

NAMER, Gerard. *Mémoire et société*. Paris: Méridiens, Klincksiek, 1987.
NICHANIAN, Marc. "Identität und Katastrophe in der Sprache", in K. Platt e M. Dabag (orgs.), *Identität in der Fremde*. Bochum: Brockmeyer, 1993.
NIETHAMMER, Lutz. "Diesseits des 'Floating Gap'. Das kollektive Gedächtnis und die Konstruktion von Identität im wissenschaftlichen Diskurs", in K. Platt e M. Dabag (orgs.), *Generation und Gedächtnis. Erinnerungen und kollektive Identitäten*. Opladen: Leske, Budrich, 1995.
NIETHAMMER, Lutz (org.). *Lebenserfahrung und kollektives Gedächtnis. Die Praxis der Oral History*. Frankfurt a. M., 1980.
NORA, Pierre (org.). *Les lieux de mémoire*. Paris: Gallimard, 1984.
OEXLE, Otto Gerhard (org.). *Memoria als Kultur*. Göttingen: Vandenhoeck & Ruprecht, 1995.
PIAGET, Jean. *Mémoire et inteligence*. Paris: PUF, 1968.
PLATT, Kristin e DABAG, Mihran. "Diaspora und das kollektive Gedächtnis", in K. Platt, *Identität in der Fremde*. Bochum, 1993.
_____ . "Generation und Gedächtnis", in K. Platt e M. Dabag (orgs.), *Generation und Gedächtnis. Erinnerungen und kollektive Identitäten*. Opladen: Leske, Budrich, 1995.
PLATT, Kristin e DABAG, Mihran (orgs.). *Generation und Gedächtnis. Erinnerungen und kollektive Identitäten*. Opladen: Leske, Budrich, 1995.
_____ . *Identität in der Fremde*. Bochum: Brockmeyer, 1993.
POST, Levi Arnold. "Ancient memory systems", *Classical Weekly*, 25, 1932.
POURQUOI SE SOUVENIR. Obra coletiva. Paris: Grasset, 1999.
RAMPLEY, Matthew. "Archives of memory: Walter Benjamin's *Arcades Project* and Aby Warburg's *Mnemosyne Atlas*", in A. Coles (org.), *The optic of Walter Benjamin*. Londres: Black Dog Publishing, 1999.
RAULFF, Ulrich. "Ortstermine. Literatur über kollektives Gedächtnis und Geschichte", *Merkur*, 43, 1989.
RECK, Hans Ulrich. "Totales Erinnern und Vergessensphobie — Aktueller Gedächtniskult und digitale Speichereuphorie", in *Kunst Forum*, 148, dez. 1999-jan. 2000.

RICOEUR, Paul. "Gedächtnis-Vergessen-Geschichte", in K. E. Müller e J. Rüsen (orgs.), *Historische Sinnbildung — Problemstellungen, Zeitkonzepte, Wahrnehmungshorizonte, Darstellungsstrategien*. Reinbek: Rowohlt, 1997.

_____. *La mémoire, l'histoire, l'oubli*. Paris: Seuil, 2000.

RINGELHEIM, Foulek. *Les juifs entre la mémoire et l'oubli*. Bruxelas: Revue de l'Université de Bruxelles, 1987.

ROSSI, Massimiliano. "Arte della memoria e codici letterari nei giochi didattici dall'Umanesimo a Comenio", in L. Bolzoni e P. Corsi (orgs.), *La cultura della memoria*. Bolonha: Società Editrice il Mulino, 1992.

ROSSI, Paolo. "Le arti della memoria: rinascite e transfigurazioni", in L. Bolzoni e P. Corsi (orgs.), *La cultura della memoria*. Bolonha: Società Editrice il Mulino, 1992.

_____. *Clavis universalis. Arti della memoria e logica combinatoria da Lullo a Leibniz*, 2ª ed. Bolonha: Il Mulino, 1983.

ROY, Bruno e ZUMTHOR, Paul (orgs.). *Jeux de mémoire. Aspects de la mnémotechnie médiévale*. Montreal: Presses de l'Université de Montreal, 1995.

RUBIN, David. *Memory in oral traditions. The cognitive psychology of epic, ballads, and counting-out rimes*. Nova Iorque, Oxford: Oxford UP, 1995.

RÜSEN, Jörn e STRAUB, Jürgen (orgs.). *Die dunkle Spur der Vergangenheit. Psychoanalytische Zugänge zum Geschichtsbewußtsein (Erinnerung, Geschichte, Identität 2)*. Frankfurt a. M.: Suhrkamp, 1998.

SAID, Edward. *Orientalism*. Nova Iorque: Vintage Books, 1979.

SANTÍ, Enrico M. "Latinamericanism and Restitution", *Latin American Literary Review*, vol. 20, nº 40, jul.-dez., 1992.

SANTERINI, Milena. "Auschwitz à l'école: mémoire et projets éducatifs", *Bulletin Trimestriel de la Fondation Auschwitz*, nº 69, out.-dez., 2000.

SCHACTER, Daniel (org.). *Memory distortion. How minds, brains, and societies reconstruct the past*. Cambridge, Londres: Harvard UP, 1995.

SCHARFE, Martin. "Erinnern und Vergessen. Zu einigen Prinzipien der Konstruktion von Kultur", in B. Bönisch-Brednich, R. W.

Brednich e H. Gerndt (orgs.), *Erinnern und Vergessen*. Göttingen: Schmerse, 1991.

SCHATZKER, Chaim. "Eingedenken — Das Gedächtnis der oder [sic] in der jüdischen Tradition", in K. Platt e M. Dabag (orgs.), *Generation und Gedächtnis. Erinnerungen und kollektive Identitäten*. Opladen: Leske, Budrich, 1995.

SCHMIDT, K. (org.). *Gedächtnis, das Gemeinschaft stiftet*. Freiburg: Freiburger Akademie Schriften, 1985.

SCHMITZ, Hermann. "Hegels Begriff der Erinnerung", *Archiv für Begriffsgeschichte*, 9, 1964.

SCHNEIDER, Manfred. "Liturgien der Erinnerung, Techniken des Vergessens", *Merkur*, 41, 1987.

SCHUDSON, Michael. "Dynamics of distortion in collective memory", in D. Schacter (org.), *Memory distortion. How minds, brains, and societies reconstruct the past*. Cambridge, Londres: Harvard UP, 1995.

SELIGMANN-SILVA, Márcio. "A catástrofe do cotidiano, a apocalíptica e a redentora: sobre Walter Benjamin e a escritura da memória", in R. Duarte e V. Figueiredo (orgs.), *Mímesis e expressão*. Belo Horizonte: Editora da UFMG, 2001.

SHRIMPTON, Gordon S. *History and memory in Ancient Greece*. Montreal: McGill-Queen's UP, 1997.

SIMONDON, Michèle. *La mémoire et l'oubli dans la pensée grecque jusqu'à la fin du Ve siècle avant J.-C. — Psychologie archaique, mythes et doctrines*. Paris: Les Belles Lettres, 1982.

SMALL, Jocelyn. *Wax tablets of the mind: cognitive studies of memory and literacy in classical antiquity*. Londres, Nova Iorque: Routledge, 1997.

SMITH, Gary (org.). *Hannah Arendt revisited: "Eichmann in Jerusalem" und die Folgen*. Frankfurt a. M.: Suhrkamp, 2000.

SMITH, Gary e EMRICH, Hinderk M. (orgs.). *Vom Nutzen des Vergessens*. Berlim: Akademie Verlag, 1996.

SNEH, Perla e COSAKA, Juan Carlos. *La Shoah en el siglo. Del lenguaje del exterminio al exterminio del discurso*. Buenos Aires: Xavier Bóveda Ediciones, 1999.

SORABJI, R. *Aristotle on memory*. Providence: Duckworth, 1972.

SPENCE, Jonathan. "Un sistema mnemonico per la cina: gli adattamenti culturali di Matteo Ricci", in L. Bolzoni e P. Corsi (orgs.), *La cultura della memoria*. Bolonha: Società Editrice il Mulino, 1992.

SPIVAK, Gayatri. "Can the subaltern speak?", in N. Cary e L. Gorssberg (orgs.), *Marxism and the interpretation of culture*. Urbana: University of Illinois Press, 1988.

———. *In other worlds. Essays in cultural politics*. Nova Iorque: Routledge, 1988.

SULLIVAN, Lawrence E. "Memory distortion and anamnesis: a view from the human sciences" in D. Schacter (org.), *Memory distortion. How minds, brains, and societies reconstruct the past*. Cambridge, Londres: Harvard UP, 1995.

TADIÉ, Jean-Yves e Marc. *Le sens de la mémoire*. Paris: Gallimard, 1999.

TERDIMAN, Richard. *Present and past. Modernity and the memory crisis*. Ithaca, Londres: Cornell UP, 1993.

TODOROV, Tzvetan. *Les abus de la mémoire*. Paris: Arléa, 1995.

———. *O homem desenraizado*. Rio de Janeiro: Record, 1999.

———. *Mémoire du mal. Tentation du bien. Enquête sur le siècle*. Paris: Roberty Laffont, 2000.

TRAVERSO, Enzo. *L'histoire déchirée*. Paris: CERF, 1997.

VALENSI, Lucette. "Histoire nationale, histoire monumentale: *Les lieux de mémoire* (note critique)", *Annales HSS*, nov.-dez., 1966.

VERNANT, Jean-Pierre. *Mythe et pensée chez les grecs: études de psychologie historique*. Paris: Maspero, 1965.

VIDAL-NAQUET, Pierre. *Les assassins de la mémoire*. Paris: La Découverte, 1987.

———. *Los judíos, la memoria y el presente*. Trad. D. Zadunaisky. Buenos Aires: Fondo de Cultura Económica de Argentina, 1996.

WEIN, Abraham. "'Memorial books' as a source for research into the history of jewish communities in Europe", *Yad Vashem Studies*, vol. 9, 1973.

WEINRICH, Harald. *Lethe. Kunst und Kritik des Vergessens*. Munique: C. H. Beck, 1997.

———. *Lete — Arte e crítica do esquecimento*. Rio de Janeiro: Civilização Brasileira, 2001.

———. "Über Sprache, Leib und Gedächtnis", in H. U. Gumbrecht e K. L. Pfeiffer (orgs.), *Materialität der Kommunikation*. Frankfurt a. M.: Suhrkamp, 1988.

WEINRICH, Harald. *Gibt es eine Kunst des Vergessens?*. Basel: Schwabe, 1996.

WHITE, Hayden. "The politics of historical interpretation", *Critical Inquiry*, nº 9, set., 1982.

_____. *The content of the form. Narrative discourse and historical representation*. Baltimore, Londres: Johns Hopkins UP, 1987.

_____. *Metahistory. The historical imagination in XIXth century Europe*. Baltimore, Londres: The Johns Hopkins UP, 1973.

_____. *Meta-história*, 2ª. ed. São Paulo: EDUSP, 1995.

WIEHL, Reiner. "Kultur und Vergessen", in J. Assmann (org.), *Kultur und Gedächtnis*. Frankfurt a. M.: Suhrkamp, 1988.

WIEVIORKA, Annette. "La construction de la mémoire de génocide en France", *Le Monde Juif*, nº 149, set.-dez., 1993 ("Des Usages de la mémoire").

_____. *L'ère du témoin*. Paris: Plon, 1998.

WIEVIORKA, Annette e NIBORSKI, Itzhok. *Les livres du souvenir, mémoriaux juifs de Pologne*. Paris: Archives-Gallimard, 1983.

YATES, Francis A. *Art of memory*. Chicago: University of Chicago Press, 1974.

YERUSHALMI, Yosef H. *Zakhor, jewish history and jewish memory*. Seattle, 1982.

_____. *Zahkor*. Rio de Janeiro: Imago, 1993.

_____. "Réflexions sur l'oubli", in *Usages de l'oubli — Colloque de Royaumont*. Paris: Seuil, 1988.

YÚDICE, George. "Postmodernity and transnational capitalism" in G. Yúdice, J. Franco e J. Flores (orgs.), *On edge*. Minneapolis: University of Minnesota Press, 1992.

c) *Trauma*

ABRAHAM, Nicolas e TOROK, Maria. *Cryptonymie — Le verbier de l'homme aux loups*. Paris: Aubier-Flammarion, 1976.

_____. *A casca e o núcleo*. Trad. M. J. Coracini. São Paulo: Escuta, 1995.

ANTZE, Paul e LAMBEK, Michael (orgs.). *Tense past: cultural essays in trauma and memory*. Nova Iorque: Routledge, 1996.

AUERHAHN, Nanette C. "Annihilation and restoration: post-traumatic memory as pathway and obstacle to recovery", *Int. Rev. Psycho Anal*, nº 11, 1984.

BALLINGER, Pamela. "The culture of survivors. Post-traumatic stress disorder and traumatic memory", *History & Memory*, vol. 10, nº 1, spring, 1998.

BANKS, Willian e PEZDEK, Kathy (orgs.). *The recovered memory/false memory debate*. San Diego: Academic Press, 1996.

BAR-ON, Dan. *Furcht un Hoffnung. Von den Überlebenden zu den Enkeln — Drei Generationen des Holocaust*. Trad. A. Vonderstein. Hamburgo: Europäische Verlagsanstalt, 1997.

BAUER, Barbara e STRICKHAUSEN, Waltraud (orgs.). *"Fuer ein Kind war das anders."*: *Traumatische Erfahrungen juedischer Kinder und Jugendlicher im nationalsozialistischen Deutschland*. Berlim: Metropol, 1999.

BERGMAN, Martin. "Fünf Stadien in der Entwicklung der psychoanalytischen Trauma-Konzeption", *Mittelweg*, nº 2, 1996.

BEVERLEY, John. "The real thing", in G. M. Gugelberger (org.), *The real thing*. Durham: Duke University Press, 1996.

BOHLEBER, Werner. "Die Entwicklung der Traumatheorie in der Psychoanalyse", *Psyche. Zeitschrift für Psychoanalyse und Ihre Anwendungen (Trauma, Gewalt und Kollektives Gedächtnis)*, nºs 9-10, 2000.

BOTTOMS, Bette L. (org.). *International perspectives on child abuse and children's testimony. Psychological research and law*. Thousand Oaks: Sage Publications, 1996.

BRONFEN, Elisabeth; WEIGEL, Sigrid e ERDLE, Birgit. *Trauma. Zwischen Psychoanalyse und kulturellem Deutungsmuster*. Köln: Böhlau, 1999.

CARUTH, Cathy (org.). *Trauma. Explorations in memory*. Baltimore, Londres: Johns Hopkins University Press, 1995.

DIACRITICS (TRAUMA AND PSYCHOANALYSIS), vol. 28, nº 4, winter, 1998.

DERRIDA, Jacques. "Fora. As palavras angulosas de Nicolas Abraham e Maria Torok", in F. Landa, *Ensaio sobre a criação teórica em psicanálise. Seguido de* Fora *de Jacques Derrida*. Trad. F. Landa. São Paulo: Editora da UNESP, FAPESP, 1999.

FERENCZI, Sandor; ABRAHAM, Karl; SIMMEL, Ernst e JONES, Ernst. *Zur Psychoanalyse der Kriegsneurosen*. Leipzig, Wien: Int. Psychoanalytischer Verlag, 1919.

FIGLEY, Charles R. (org.). *Trauma and its wake. The study and treatment of post-traumatic stress disorder (Brunner Mazel psychosocial stress series; 4)*. Nova Iorque: Brunner Mazel, 1985.

FISCHER-HOMBERGER, Esther. *Die traumatische Neurose*. Bern: Huber, 1975.

FRESCO, Nadine. "Remembering the Unknown", *International Review of Psychoanalysis*, nº 11, 1984.

FREUD, Sigmund. *Studienausgabe*. Frankfurt a. M., 1972.

_____. "Zur Ätiologie der Hysterie" (1896), *Studienausgabe*, Band VI. Frankfurt a. M.: Fischer, 1972.

_____. "Meine Ansicheten über die Rolle der Sexualität in der Ätiologie der Neurosen" (1906), *Studienausgabe*, Band V. Frankfurt a. M.: Fischer, 1972.

_____. "Einleitung", in S. Ferenczi, K. Abraham e E. Simmel, *Zur Psychoanalyse der Kriegsneurosen*. Leipzig, Wien: Int. Psychoanalytischer Verlag, 1919.

_____. "Erinnern, Wiederholen, Durcharbeiten", in *Gesammelte Werke*, vol. 10. Frankfurt a. M.: Fischer, 1913-1917.

_____. "Trauer und Melancholie" (1917); "Jenseits des Lustprinzips" (1920); "Das Ich und das Es" (1923); "Notiz über das 'Wunderblock'" (1925), *Studienausgabe*, Band III. Frankfurt a. M: Fischer, 1972.

_____. "Hemmung, Symptome und Angst", *Studienausgabe*, Band VI. Frankfurt a. M.: Fischer, 1972.

_____. "Der Mann Moses und die monotheistische Religion (1939), *Studienausgabe*, Band IX. Frankfurt a. M.: Fischer, 1972.

_____. "Die endliche und die unendliche Analyse" (1937), *Studienausgabe*, Ergänzungsband. Frankfurt a. M.: Fischer, 1972.

_____. "Das Unheimliche, *Studienausgabe*, Band IV. Frankfurt a. M.: Fischer, 1972.

_____. "Vorlesungen zur Einführung in die Psychoanalyse", *Studienausgabe*, Band I. Frankfurt a. M.: Fischer, 1972.

FREUD, Sigmund. "Der Wahn und die Träume in W. Jensens 'Gradiva'", *Studienausgabe*, Band X. Frankfurt a. M.: Fischer, 1972.

_____ . *Sobre a psicopatologia da vida cotidiana*. Rio de Janeiro: Imago, 1987.

HARDTMANN, Gertrud (org.). *Spuren der Verfolgung: seelische Auswirkungen des Holocaust auf die Opfer und ihrer Kinder*. Gerlinger: Bleicher, 1992.

HERMAN, Judith. *Trauma and recovery*. Nova Iorque: Basic Books, 1992.

JANOFF-BULMAN, Ronnie. *Shattered assumptions. Towards a new psychology of trauma*. Nova Iorque: Free-Mcmillan, 1992.

JENTSCH, Ernst. "Zur Psychologie des Unheimlichen", *Psychiatrisch-Neurologische Wochenschrift*, n°s 22-23, Halle, 1906.

JUELICH, Dierk (org.). *Geschichte als Trauma. Festschrift für Hans Keilson zu seinen 80. Geburtstag*. Frankfurt a. M.: Nexus V., 1991.

KOGAN, Ilany. "Vermitteltes und reales Trauma in der Psychioanalyse von Kindern von Holocaust-Überlebenden", *Psyche*, n° 44, 1990.

KOLK, Bessel van der; MCFARLANE, Alexander e WEISAETH, Lars (orgs.). *Traumatic stress*. Nova Iorque: Guilford Press, 1996.

LACAN, Jacques. "Le réel comme trauma", in *Seminaires (Les quatre concepts fonadamentaux de la psychanalyse)*, livro XI. Paris: Seuil, 1973.

LANDA, Fábio. *La Shoah et les nouvelles figures métapsychologiques de Nicolas Abraham et Maria Torok*. Paris: L'Harmattan, 1999.

_____ . *Ensaio sobre a criação teórica em psicanálise. Seguido de Fora de Jacques Derrida*. São Paulo: UNESP, FAPESP, 1999.

LEYS, Ruth. *Trauma: genealogy*. Chicago: University of Chicago Press, 2000.

LOFTUS, Elisabeth F. "The reality of repressed memories", *American Psychologist*, 48, 5, maio, 1993.

LOFTUS, Elisabeth F. e KETCHAM, Katherine. *The myth of repressed memory: false memories and allegations of sexual abuse*. Nova Iorque: St. Martin Press, 1994.

MAZERAN, Vincent e OLINDO-WEBER, Silvana. *Pour une théorie du sujet-limite: l'originaire et le trauma*. Paris: L'Harmattan, 1994.

SCARRY, Elaine. *The body in pain. The making and unmaking of the world.* Nova Iorque: Oxford UP, 1985.
WILSON, John. *International handbook of traumatic stress syndromes.* Nova Iorque: Plenum Press, 1993.
WILSON, John; HAREL, Zev e KAHANA, Boaz (orgs.). *Human adaptation to extreme stress. From Holocaust to Vietnam.* Nova Iorque, Orlando: Plenum Press, 1988.
ZINGERLE, H. "Beitrag zur forensischen Bedeutung von Erinnerungsfälschungen", *Psychiatrisch-Neurologische Wochenschrift*, n⁰ˢ 27-34 e 36, Halle, 1906.

d) *Autobiografias, literatura de testemunho*

ALEGRÍA, Claribel e FLAKOLL, D. J. *No me agarran viva. La mujer salvadoreña en lucha.* San Salvador: UCA Editores, 1987.
AMÉRY, Jean. *At the mind's limit.* Bloomington: Indiana UP, 1980.
ANTELME, Robert. *L'espèce humaine.* Paris: Gallimard, 1957.
APPELFELD, Aharon. *Badheim, 1939; Tzili.* Trad. R. Berezin e N. Rosenfeld. São Paulo: Summus, 1986.
_____. *To the land of the cattails.* Trad. J. M. Green. Nova Iorque: Grove Press, 1986.
_____. *For every sin.* Trad. J. M. Green. Nova Iorque: Grove Press, 1989.
AUSLÄNDER, Rose. *Wir wohnen in Babylon.* Frankfurt a. M.: Fischer, 1992.
BACHMANN, Ingeborg. *Werke*, 5ª ed. C. Koschel, I. von Weidenbaum e C. Münster (orgs.). Munique, Zurique: Piper, 1993.
BARNET, Miguel. *Biografía de un cimarrón.* Buenos Aires: Ediciones del Sol, 1987.
BETTELHEIM, Bruno. *O coração informado. Autonomia na era de massificação.* Trad. C. Cavalcanti. Rio de Janeiro: Paz e Terra, 1985.
_____. *Sobrevivência.* Porto Alegre: Artes Médicas, 1989.
BLANCHOT, Maurice. *L'instant de ma mort.* Montpellier: Fata Morgana, 1994.

BLANCHOT, Maurice. *The instant of my death / Demeure: fiction and testimony*. Stanford UP, 2000.

_____. *L'arrêt de mort*. Paris: Gallimard, 1948.

BÖLL, Heinrich. *Wanderer, kommst du nach Spa... Erzählungen*. Munique: DTV, 1967.

BOSQUET, Alain. *Un détenu à Auschwitz. Quatre scènes*. Paris: Gallimard, 1991.

BURGOS, Elisabeth. *Me llamo Rigoberta Menchú y así me nació la conciencia*, 7ª ed. Barcelona: Seix Barral, 1997.

_____. *Meu nome é Rigoberta Menchú, e assim nasceu minha consciência*. Trad. L. Lourenço de Oliveira. São Paulo: Paz e Terra, 1993.

CAYROL, Jean. *Nuit et brouillard, suivi de De la mort à la vie*. S.l.: Fayard, 1997.

CELAN, Paul. *Gesammelte Werke in fünf Bänden*. B. Alleman e S. Reichert (orgs.). Frankfurt a. M.: Suhrkamp, 1983.

_____. *Die gedichte aus dem Nachlass*. Frankfurt a. M.: Suhrkamp, 1997.

_____. *Sete rosas mais tarde. Antologia poética*. Trad. J. Barrento e Y. K. Centeno. Lisboa: Cotovia, 1993.

CHALAMOV, Varlam. *Récits de la Kolyma*. Paris: La Découverte, 1983.

CZERNIAKOW, Adam. *Carnets du ghetto de Varsovie*. Trad. J. Burko, M. Elster e J.-C. Szurek. Paris: La Découverte, 1996.

DELBO, Charlotte. *Auschwitz et après*. Paris: Ed. de Minuit, 1970-1971.

DURAS, Marguerite. *A dor*. Trad. V. Adami. Rio de Janeiro: Nova Fronteira, 1986.

GORCE, Nelly. *Journal de Ravensbrük*. Arles: Actes Sud, Hubert Nissan Editeur, 1995.

GROSSMAN, David. *Ver: amor*. Trad. N. Rosenchan. Rio de Janeiro: Nova Fronteira, 1993.

GUTERMAN, Simha. *Le livre retrouvé*. Ed. N. Lapierre, trad. A. Wieviorka. Paris: Plon, 1991.

KLEMPERER, Victor. *Ich will Zeugnis ablegen bis zum letzten. Tagebücher 1933-1941*, 10ª ed. W. Nowojski (org.). Darmstadt: Wissenschftliche Buchgesellschaft, 1998.

KLEMPERER, Victor. *Os diários de Victor Klemperer*. Trad. I. Aron. São Paulo: Companhia das Letras, 1999.

_____. *LTI. Notizbuch eines Philologen*. Leipzig: Reclam, 1996.

KOLITZ, Zvi. *Jossel Rakovers Wendung zu Gott*. Zurique: Rauhreif Verlag, 1994.

_____. *The tiger beneath the skin. Stories and parabels of the years of death*. Nova Iorque: Creative Press, 1947.

KORCZAK, Janus. *Diário do gueto*. Trad. J. Rochtlitz. São Paulo: Perspectiva, 1986.

LEVI, Primo. *Collected poems*. Trad. R. Feldman e B. Swann. Londres, Boston: Faber and Faber, 1988.

_____. *É isto um homem*. Trad. L. del Re. Rio de Janeiro: Rocco, 1988.

_____. *O sistema periódico*. Trad. M. R. Pedreira. Lisboa: Gradiva, 1988.

_____. *Os afogados e os sobreviventes*. Rio de Janeiro: Paz e Terra, 1990.

_____. *A trégua*. Trad. M. Lucchesi. São Paulo: Companhia das Letras, 1997.

_____. *Se não agora quando?*. Trad. N. Moulin. São Paulo: Companhia das Letras, 1999.

_____. *Le devoir de mémoire*. Introd. A. Bravo e F. Cereja. Paris: Mille et une Nuits, 1995.

_____. *The voice of memory. Interviews 1961-87*. M. Belpoliti e R. Gordon (org.) e trad. R. Gordon. Cambridge: Polity Press, 2001.

MANZANO, Juan Francisco. *Autobiography of a slave/Autobiografía de un esclavo*. Detroit: Wayne State University Press, 1996.

MARGOLIS-EDELMAN, Alina. *Als das Ghetto brannte. Eine Jugend in Warschau*. Berlim: Metropol, 1999.

MORGENSTERN, Soma. *Joseph Roths Flucht und Ende. Erinnerungen*. Lüneburg: Zu Klampen Verlag, 1994.

_____. *In einer anderen Zeit. Jugendjahren in Ostgalizien*. Lüneburg: Zu Klampen Verlag, 1995.

_____. *Die Blutsäule. Zeichen und Wunden am Sereth*. Lüneburg: Zu Klampen Verlag, 1997.

Mostowicz, Arnold. *Der Blinde Maks oder Passierschein durch den Styx*. Trad. K. Wolff e A. Bodek. Berlim: Transit, 1992.
Perec, Georges. *W ou a memória da infância*. Trad. P. Neves. São Paulo: Companhia das Letras, 1995.
_____. *Espèces d'espaces*. Paris: Éditions Galilée, 1974.
Perechodnik, Calel. *Am I a murderer?: testament of a jewish ghetto policeman*. Trad. F. Fox. Boulder CO: Westview Press, 1996.
Poniatowska, Elena. *Hasta no verte Jesús mío*. Havana: Casa de las Américas, 1991.
Reck, Friedrich. *Tagebuch eines Verzweifelten*. Frankfurt a. M.: Eichborn, 1994.
Rousset, David. *Les jours de notre mort*, tomo 1 e 2. Paris: Hachette, 1993.
_____. *L'univers concentrationnaire*. Paris: Les Éditions de Minuit, 1989.
Sachs, Nelly. *Das Leiden Israels*. Frankfurt a. M.: Suhrkamp, 1996.
_____. *Briefe der Nelly Sachs*. Frankfurt a. M.: Suhrkamp, 1984.
_____. *Suche nach Leben*. Frankfurt a. M.: Suhrkamp, 1971.
_____. *Gedichte*. Frankfurt a. M.: Suhrkamp, 1977.
Sachs, Nelly e Celan, Paul. *Briefwechsel*. Frankfurt a. M.: Suhrkamp, 1993.
Saletti, Carlo (org.). *La voce dei sommersi. Manoscritti ritrovati di membri del Sonderkommando di Auschwitz*. Veneza: Marsilio, 1999.
Semprún, Jorge. *L'écriture ou la vie*. Paris: Gallimard, 1994.
_____. *Le grand voyage*. Paris: Gallimard, 1963.
_____. *A grande viagem*. Rio de Janeiro: Bloch Editores, s. d.
_____. *Um belo domingo*. Trad. A. Rodrigues. Rio de Janeiro: Nova Fronteira, 1982.
_____. *A montanha branca*. Trad. E. D. Heldt. Rio de Janeiro: Nova Fronteira, 1987.
_____. *Mal et modernité*. Paris: Éditions Climats, 1995.
Soljenitsin, Alexandre. *Um dia na vida de Ivan Deníssovitch*. Trad. R. L. Ferreira. São Paulo: Siciliano, 1995.
_____. *L'archipel du goulag*. Paris: Seuil, 1974.
Spiegelman, Art. *Maus. A survivor's tale*. Nova Iorque: Pantheon, 1973-1991.

STEINER, George. *The portage to San Cristobal of A. H.* Nova Iorque: Pocket Books, Washington Square Press, 1981.

VIEZZER, Moema. *"Se me deixam falar...". Domitila, depoimento de uma militante boliviana.* São Paulo: Global, 1974.

VRBA, Rudolf. *Als Kanada in Auschwitz lag. Meine Flucht aus dem Vernichtungslager.* Munique: Piper, 1999.

ZENI, Bruno (coord.). *Sobrevivente André du Rap (do massacre do Carandiru).* São Paulo: Labortexto Editorial, 2002.

e) *Teoria do testemunho, limites da representação, história oral*

ABELS, Heinz. "Zeugnis der Vernichtung. Über strukturelle Erinnerungen und Erinnerung als Leitmotiv des Überlebens", in K. Platt e M. Dabag (orgs.), *Generation und Gedächtnis. Erinnerungen und kollektive Identitäten.* Opladen: Leske, Budrich, 1995.

ACHUGAR, Hugo. "Historias paralelas/historias ejemplares: la historia y la voz del otro", in J. Beverley e H. Achugar (orgs.), *La voz del otro: testimonio, subalternidad y verdad narrativa.* Lima, Pittsburg: Latinoamericana Editores, 1992.

ACHUGAR, Hugo (org.). *En otras palabras, otras historias.* Montevidéu: Universidad de la República, Facultad de Humanidades y Ciencias de la Educación, Departamento de Publicaciones, 1994.

ADLER, Jeremy "'Die Macht des Guten im Rachen des Bösen'. H. G. Adler, T.W. Adorno und die Darstellung des Shoah", *Merkur*, 6, jun., 2000.

ADORNO. *Ästhetischer Theorie.* Frankfurt a. M.: Suhrkamp, 1983.

_____. *Prismen. Kulturkritik und Gesellschaft.* Frankfurt a. M.: Suhrkamp, 1976.

_____. *Prismas.* Trad. A. Wernet e J. Mattos Brito de Almeida. São Paulo: Ática, 1998.

AGAMBEN, Giorgio. *Quel che resta di Auschwitz. L'archivio e il testimone.* Torino: Bollati Boringhieri Editore, 1998.

_____. *Remnants of Auschwitz. The witness and the archive.* Trad. D. Heller-Roazen. Nova Iorque: Zone Books, 1999.

AMODIO, P. "Interroger Auschwitz. Quelques reflexions sur le Colloque International d'Études sur l'Holocauste, 'La Shoah entre interpretation et mémoire'", *European Review of History*, vol. 5, nº 1, 1998.

AMSALLEM, Daniela. "Primo Levi: un témoin pris dans les remous de l'histoire", *Revue d' Histoire de la Shoah. Le Monde Juif*, nº 162, jan.-abr., 1998.

ARCADIA. Zeitschrift für Allgemeine und Vergleichende Literaturwissenschaft, Band 32, 1997 (Celan und/in Europa).

ARNOLD, Heinz (org.). *Literatur und Holocaust*. Munique: Text und Kritik, 1999.

ASSMANN, Peter (red.). *Vor mehr als einem halben Jahrhundert. Positionen zeitgenössischer Kunst zur Erinnerung*, Katalog des OÖ. Landsmuseums. Linz, Weitra: Publication N 1, 2000.

BAER, Ulrich (org.). *"Niemand zeugt für den Zeugen". Erinnerungskultur und historische Verantwortung nach der Shoah*. Frankfurt a. M.: Suhrkamp, 2000.

BAIER, Lothar. "Echet und Dignität: Jean Amérys Nachdenken über den Freitod", *Frankfurter Rundschau*, 23 jan., 1999.

BARNET, Miguel. *La fuente viva*. Havana: Editorial Letras Cubanas, 1983.

BERG, Nicolas (org.). *Shoah — Formen der Erinnerung*. Munique: Fink, 1996.

BERTRAM, Ernst e WUTHENOW, Ralph-Rainer. *Dichtung als Zeugnis*. Bonn: Bouvier, 1967.

BEVERLEY, John. "Anatomía del testimonio", in *Del Lazarillo al sandinismo*. Minneapolis: Institute for the Study of Ideologies and Literature, 1987.

_____. *Against literature*. Minneapolis: University of Minnesota Press, 1993.

BEVERLEY, John e ACHUGAR, Hugo (orgs.). *La voz del otro: testimonio, subalternidad y verdad narrativa*. Lima, Pittsburg: Latinoamericana Editores, 1992.

BEYER-FRÖLICH, Marianne (org.). *Selbstzeugnisse aus dem Dreißigjährigen Krieg und Barock*. Leipzig: Philipp Reclam, 1930.

BHATTACHARYYA, Sibajiban. "Epistemology of testimony and authority: some Indian themes and theories", in B. K. Matilal e A. Chakrabarti (orgs.), *Knowing from words. Western and*

Indian philosophical analysis of understanding and testimony. Dordrecht, Boston, Londres: Kluwer Academic Publishers, 1994.

BIOS. *Zeitschrift für Biographieforschung und Oral History.*

BLUHER, Karl Alfred. "Paul Celan traducteur de 'La Jeune Parque'", *Bulletin des Études Valeryennes*, 14. Montpellier, nov., 1987.

BONHEIM, Guenther. *Versuch zu zeigen, dass Adorno mit seiner Behauptung, nach Auschwitz lasse sich kein Gedicht mehr schreiben, recht hatte.* Würzburg: Koenigshausen & Neumann, 2002.

BÖSCHENSTEIN, Bernhard. "Anmerkungen zu Celans letzter Übersetzung: Jean Daive, 'Weisse Dezimale'", *Text und Kritik: Zeitschrift für Literatur*, nº 34. Gottingen, 1977.

BÖSCHENSTEIN, Bernhard e WEIGEL, Sigrid (orgs.). *Ingeborg Bachmann und Paul Celan. Poetische Korrespondenzen.* Frankfurt a. M.: Suhrkamp, 1997.

BRACHER, Nathan. "Histoire, ironie et interprétation chez Charlotte Delbo: Une écriture d'Auschwitz", *French Forum*. Nicholasville, jan., 1994.

_____. "Humanism, violence et métaphysique: la thématique du visage chez Charlotte Delbo", in *Symposium: A Quarterly Journal in Modern Literatures*, 45, 4. Washington, winter, 1992.

BRAESE, Stephan; GEHLE, Holger e KIESEL, Doron. *Deutsche Nachkriegsliteratur und der Holocaust.* Frankfurt a. M.: Campus V., 1998.

BRINKLEY, Robert e YOURA, Steven. "Tracing Shoah", in *PMLA: Publications of the Modern Language Association of America*, 111. Nova Iorque: NY (PMLA), jan., 1996.

BUCK, Theo. *Muttersprache, Mördersprache. Celan-Studien I.* Aachen: Rimbaud, 1993.

BUHRMANN, Peter (org.). *Zur Lyrik Paul Celans.* Copenhague, Munique: Wilhelm Fink Verlag, 2000.

CADERNOS DE LÍNGUA E LITERATURA HEBRAICA, nº 2, Curso de Pós-Graduação de Língua Hebraica, Literatura e Cultura Judaicas, São Paulo: FFLCH-USP, 1999. (Prefácio de Nancy Rozenchan. Volume dedicado à literatura de testemunho.)

CARUTH, Cathy. "Unclaimed experience: trauma and the possibility of history", *Yale French Studies*, nº 79, 1991.

CARUTH, Cathy. *Unclaimed experience. Trauma, narrative, and history*. Baltimore, Londres: The Johns Hopkins UP, 1996.

CHALFEN, Israel. *Paul Celan: Eine Biographie seiner Jugend*. Frankfurt a. M.: Insel, 1979.

CLERCK, Rotraut de. "Vom schreibenden Umgang mit der narzißtischen Wunde. Eine psychoanalytische Untersuchung des Romans 'La Disparition' von Georges Perec", *Merkur*, nº 6, jun., 2000.

COLIN, Amy D. (org.). *Argumentum e silentio; internat. Paul Celan symposium*. Berlim: De Gruyter, 1986.

COQUIO, Catherine (org.). *Parler des Camps, penser les génocides*. Paris: Albin Michel, 1999.

CORNILLIAT, François. "*Maus* et la photographie", in G. Mathieu-Castellani (org.), *La pensée de l'image. Signification et figuration dans le texte et dans la peinture*. Paris: Presses Universitaires de Vincennes, 1994.

CUBILIE, Anne Helen. *The limits of culture: testimonial literature and the constraints of human rights discorse*. Tese de doutorado, U. of Pennsylvania, 1995.

CULBERSTON, Roberta. "Embodied memory, transcendence, and telling: recounting trauma, re-establishing the self", *New Literary History: A Journal of Theory and Interpretation*, 26, 1. Baltimore, MD (NLH), winter, 1995.

DANA, Catherine. *Fictions pour mémoire: Camus, Perec et l'écriture de la Shoah*. Paris: L'Harmattan, 1998.

DERRIDA, Jacques. "Economimesis", in S. Agacinski (org.), *Mimesis des articulations*. Paris, 1975.

_____. *Demeure. Maurice Blanchot*. Paris: Galilée, 1998.

DERRIDA, Jacques et al. (orgs.). *La faculté de juger*. Paris, 1985.

DINER, Dan. "Zwischen Aporie und Apologie. Über Grenzen der Historisierbarkeit der Massenvernichtung", *Babylon*, vol. 2, jul., 1987.

_____. *Kreisläufe. Nationalsozialismus und Gedächtnis*. Berlim: Berlin Verlag, 1995.

DOUGLAS, Lawrence. "The memory of judgment: the law, the Holocaust, and denial", *History & Memory. Studies in Representation of the Past*, vol. 7, nº 2, outono-inverno, 1996.

DREIZIK, Pablo (org.). *La memoria de las cenizas*. Dirección Nacional de Patrimonio, Museos y Artes, 2001.

DRESDEN, Sem. *Holocaust und Literatur*. Frankfurt a. M.: Jüdischer Verlag, 1997.

DULONG, Renaud. *Le témoin oculaire. Les conditions sociales de l'attestation personnelle*. Paris: EHESS, 1998.

ECKART, Alice L. "Memory: blessing, burden, or curse? The *Shoah* as a burning memory", in A. L. Eckart (org.), *Burning memory. Times of testing and reckoning*. Oxford, Nova Iorque etc.: Pergamon Press, 1993.

ERTEL, Rachel. *Dans la langue de personne. Poésie yiddish de l'annéantissement*. Paris: Seuil, 1993.

EUROPA, jan.-fev., 2001 (Dossiê Paul Celan).

EVANGELISTA, Liria. *Voices of the survivors. Testimony, mourning, and memory in post-dictatorship Argentina, 1983-95*. Nova Iorque: Garland Publishing, 1998.

EZRAHI, Sidra DeKoven. "Representing Auschwitz", *History & Memory. Studies in Representation of the Past*, vol. 7, nº 2, outono-inverno, 1996.

_____ . "See under: memory. Reflections on *When memory comes*", G. Ne'eman Arad (org.), *History & memory*, vol. 9, nº 1-2, Passing into history: nazism and the Holocaust beyond memory. In honor of Saul Friedländer on his sixty-fifth birthday, fall, 1997.

FABER, Richard. *Erinnern und Darstellen des Unauslöschlichen. Über Jorge Sempruns KZ-Literatur*. Berlim: Edition Tranvia, 1995.

FEINBERG, Anat. *Embodied memory: the theatre of George Tabori*. Iowa: U.I.P., 1999.

FELMAN, Shoshana. *The juridical unconscious: trials and traumas in the Twentieth Century*. Cambridge, Londres: Harvard UP, 2002.

FELSTINER, John. *Paul Celan. Poet, survivor, jew*. New Haven, Londres: Yale U. Pr., 1995.

FINKIELKRAUT, Alain. *L'humanité perdue*. Paris: Seuil, 1996.

_____ . *Le juif imaginaire*. Paris: Gallimard, 1989.

_____ . *L'avenir d'une négation*. Paris: Seuil, 1982.

FIORETOS, Aris. "Nothing: reading Paul Celan's 'Engfuhrung'", *Comparative Literature Studies*, 27, 2. University Park, PA (CLS), 1990.

FIORETOS, Aris (org.). *Wordtraces: readings of Paul Celan*. Baltimore: Johns Hopkins UP, 1994.

FOLEY, Barbara. *Telling the truth. The theory and practice of documentary fiction*. Ithaca, Londres: Cornell University Press, 1986.

FOOT HARDMAN, Francisco (org.). *Morte e progresso. Cultura brasileira como apagamento de rastros*. São Paulo: Editora da UNESP, 1998.

FREIRE, Alípio; ALMADA, Izaias e GRANVILLE PONCE, J. A. de. *Tiradentes, um presídio da ditadura: memórias de presos políticos*. São Paulo: Scipione, s. d..

FRIEDLÄNDER, Saul. "Die Shoah als Element in der Konstruktion israelischer Erinnerung", *Babylon*, nº 2, 1987.

_____. "The 'Final Solution': on the unease in historical interpretation", *History and Memory*, vol. 1, summer-winter, 1989.

_____. "The Shoah between memory and history", *Jerusalem Quarterly*, nº 53, winter, 1990.

_____. *Reflections of nazism: an essay on kitsch and death*. Bloomington: Indiana University Press, 1991.

_____. "Trauma, transference and 'working through' in writing the history of the Shoah", *History & Memory — Studies in Representations of the Past*, 4, 1, primavera-verão, 1992.

FRIEDLÄNDER, Saul (org.). *Probing the limits of representation. Nazism and the Final Solution*. Cambridge, Londres: Harvard University Press, 1992.

FUNKENSTEIN, Amos. "The incomprehensible catastrophe: memory and narrative", in R. Josselson e A. Lieblich (orgs.), *The narrative study of lives*. Newbury Park, Londres: Sage Publications, 1993.

GADAMER, Hans-Georg. *Wer bin Ich und wer bist Du? Kommentar zu Celans "Atemkristal"*. Frankfurt a. M.: Suhrkamp, 1989.

GARTLAND, Patricia A. "Three Holocaust writers: speaking the unspeakable", *Critique: Studies in Contemporary Fiction*, 25, 1, outono, 1983.

GEHLE, Holger. "'Auschwitz' in der Prosa Ingeborg Bachmanns", in S. Braese, H. Gehle e D. Kiesel, *Deutsche Nachkriegsliteratur und der Holocaust*. Frankfurt a. M.: Campus V., 1998.

GELLHAUS, Axel (org.). *"Fremde nähe". Celan als Übersetzer*. Machbach: Deutsche Schillergesellschaft, 1997.

GINSZBURG, Carlo. "Shared memories, private recollections", in G. Ne'eman Arad (org.), *History & Memory*, vol. 9, nº 1-2. Passing into history: nazism and the Holocaust beyond memory. In honor of Saul Friedländer on his sixty-fifth birthday, fall, 1997.

GOODWIN, Sarah Webster e BRONFEN, Elisabeth (orgs.). *Death and representation*. Baltimore, MD: Johns Hopkins UP, 1993.

GRANOFSKY, Ronald. *The trauma novel: contemporary symbol depiction of collective disaster*. Nova Iorque: Lang, 1995.

GROSSER, Alfred. *Le crime et la mémoire*. Paris: Flammarion, 1989.

GUGELBERGER, Georg M. (org.). *The real thing*. Nova Iorque: Routledge, 1996.

HAMAOUI, Lea Fridman. "Art and testimony: the representation of historical horror in literary works by Piotr Rawicz and Charlotte Delbo", *Cardozo Studies in Law and Literature*, 3, 2, outono, 1991.

HAMBURGER, Michael. "Paul Celan: notes toward a translation", *PN Review*. Manchester: M4 3BG, 1980.

HANDELMAN, Susan. "Facing the other: Levinas, Perelman and Rosenzweig", *Religion and Literature*, 22. Notre Dame, summer-autumn, 1990.

HARTMAN, Geoffrey. *The longest shadow in the aftermath of the Holocaust*. Bloomingan, Indianapolis: Indiana UP, 1996.

_____ . "Apprendre des survivants: remarques sur l'histoire orale et les archives vidéo de témoignages sur l'Holocauste à l'Université de Yale" ("Témoigner et Transmettre"), *Le Monde Juif*, nº 150, jan.-abr., 1994.

HARTMAN, Geoffrey (org.). *Holocaust remembrance: the shapes of memory*. Cambridge, Oxford: Blackwell Publishers, 1994.

_____ . *Bitburg in moral and political perspective*. Bloomington: Indiana University Press, 1986.

HEIDELBER-LEONARD, Irene. "Ruth Klüger *weiter leben* — ein Grundstein zu einem neuen Auschwitz-'Kanon'", in S. Braese, H. Gehle e D. Kiesel (orgs.), *Deutsche Nachkriegsliteratur und der Holocaust*. Frankfurt a. M.: Campus V., 1998.

HEINRICHS, Hans-Jürgen. "Die Überquerung der Flüsse. Das autobiographische Schreiben von Jorge Semprun und Georges-Arthur Goldschmidt", *Merkur*, nº 6, jun., 2000.

HELLER, Agnes. "Die Weltzeituhr: Schreiben nach Auschwitz?", *Die Zeit*, nº 7, maio, 1993.

HEPBURN, Allan. "Lost time: trauma and belatedness in Louis Begley's *The man who was late*", *Comparative Literature*, vol. 39, nº 3, 1998.

HOLMQVIST, Bengt (org.). *Das Buch der Nelly Sachs*. Frankfurt a. M.: Suhrkamp, 1977.

HOWE, Irving. "Writing and the Holocaust", in *Selected writings, 1950-1990*. Nova Iorque: Harcourt, Brace Jovanovitch, 1991.

HÜPPAUF, Bernd. "Räume der Destruktion und Konstruktion von Raum. Landschaft, Sehen, Raum und der Erste Weltkrieg", *Krieg und Literatur / War and Literature*, vol. 3, nos 5-6, 1991.

_____. *War, violence and the modern condition*. Berlim: Walter de Gruyter, 1997.

IGEL, Regina. *Judeus / Escritores brasileiros*. São Paulo: Perspectiva, 1997.

IHDE, Horst. "'Es war eine Verschwörung gegen die Heiligkeit des Lebens'. Der Holocaust in der Prosaliteratur der USA", *Krieg und Literatur / War and Literature*, vol. 3, nos 5-6, 1991.

INFORMAZIONE E TETIMONIANZA, ARCHIVIO DI FILOSOFIA, Organo dell'Instituto di Studi Filosofici. Padova, 1972.

JAGENDORF, Zvi. "Primo Levi Holt Suppe und erinnert sich an Dante", in *Jüdischer Almanach 1999/5759*. Frankfurt a. M.: Jüdische Verlag, 1999.

JAMESON, Fredric. "On literary and cultural import-substitution in the third world: the case of the testimonio", in G. M. Gugelberger (org.), *The real thing*. Durham: Duke University Press, 1996.

JARA, René e VIDAL, Hernán (orgs.). *Testimonio y literatura*. Minneapolis: Institute for the Study of Ideologies and Literature, 1986.

KAMEL, Rose Yalow. "Written on the body: narrative re-presentation in Charlotte Delbo's *Auschwitz and after*", *Holocaust and Genocide Studies*, vol. 14, nº 1, spring, 2000.

KIEDAICH, Petra (org.). *Lyrik nach Auschwitz. Adorno und die Dichter*. Stuttgart: Reclam, 1995.

KIEFER, Klaus H. "Erster Weltkrieg und Avantgarde — Ein Projekt", *Krieg und Literatur / War and Literature*, vol. 3, nos 5-6, 1991.

KINGCAID, Renee A. "Charlotte Delbo's Aschwitz et aprés: the struggle for signification", *French Forum*, 9, 1. Nicholasville, jan., 1984.

KLÜGER, Ruth. "Zeugensprache: Koeppen und Andersch", in S. Braese, H. Gehle e D. Iesel (orgs.), *Deutsche Nachkriegsliteratur und der Holocaust*. Frankfurt a. M.: Campus V., 1998.

KOFMAN, Sarah. *Paroles suffoquées*. Paris: Galilée, 1987.

KONERSMANN, Ralf (org.). *Kritik des Sehens*. Leipzig: Reclam, 1997.

KRAFT, Werner. "Gedicht und Wirkung: Zu zwei Gedichten von Paul Celan", *Neue Deutsche Hefte*, vol. 46, nº 1. Berlim, 1980.

KRAMER, Sven. *Auschwitz im Widerstreit. Zur Darstellung der Shoah in Film, Philosophie und Literatur*. Wiesbaden: Deutscher Universität Verlag, 1999.

KREMER, Lilian. *Witness through the imagination*. Detroit: Wayne State University Press, 1989.

LACAPRA, Dominick. *Representing the Holocaust. History, theory, trauma*. Londres, Ithaca: Cornell UP, 1994.

_____. *History and memory after Auschwitz*. Ithaca, Londres: Cornell U. Press, 1998.

LACOUE-LABARTHE, P. *La poésie comme expérience*. Paris: Christian Bourgois, 1986.

LANG, Berel. *Act and idea in the nazi genocide*. Chicago, Londres: University of Chicago Press, 1990.

LANG, Berel (org.). *Writing and the Holocaust*. Nova Iorque, Londres: Holmes & Meir Publishers, 1988.

LANGER, Lawrence L. *The Holocaust and the literary imagination*. New Haven: Yale University Press, 1979.

_____. *Holocaust testimonies. The ruins of memory*. New Haven, Londres: Yale UP, 1991.

_____. *Preempting the Holocaust*. New Haven; Londres: Yale U.P., 1998.

LANGER, Phil C. *Schreiben gegen die Erinnerung? Autobiographien von Ueberlebenden der Shoah*. Hamburgo: Kraemer, 2002.

LATIN AMERICAN SUBALTERN STUDIES GROUP. "Founding statement", in J. Beverley e J. Oviedo, *The postmodernism debate in Latin America*. Durham: Duke University Press, 1993.

LAUB, Dorie e FELMAN, Shoshana. *Testimony: literature, psychoanalysis, history*. Londres: Routledge, 1991.

LEHMANN, Annette J. *Im Zeichen der Shoah. Aspekte der Dichtungskrise und Sprachkrise bei Rose Auslaender und Nelly Sachs*. Stauffenburg, 1999. (Stauffenburg Colloquium Bd. 47. XXVI.)

LEHMANN, Jürgen. "Intertextualität als Problem der Ubersetzung: Die Mandel'stam Üersetzungen Paul Celans", *Poetica: Zeitschrift für Sprach und Literaturwissenschaft*, 19, 1987.

LEHRER, Keith. "Testimony, justification and coherence", in B. K. Matilal e A. Chakrabarti (orgs.), *Knowing from Words. Western and Indian Philosophical Analysis of Understanding and Testimony*. Dordrecht, Boston, Londres: Kluwer Academic Publishers, 1994.

LENGELER, Rainer. *Shakespeares Sonette in deutscher Übersetzung: Stefan George und Paul Celan*. Opladen: Westdeutscher Verl., 1989.

LÉVINAS, Emmanuel. *Autrement qu'être ou au-delà de l'essence*. La Haye: Martinus Nijhoff, 1974.

LEVY, Clara. *Écritures de l'identité: les écrivains juifs après la Shoah*. Paris: PUF, 1998.

LEWIN, Rhoda (org.). *Witnesses to the Holocaust: an oral history*. Boston: Twayne Publishers, 1990.

LIGNES, 2000, maio (Dossiê David Rousset).

LINDNER, Burkhardt. "Was heißt: Nach Auschwitz? Adornos Datum", in S. Braese, H. Gehle, D. Kiesel H. Loewy (orgs.), *Deutsche Nachkriegsliteratur und der Holocaust*. Frankfurt a. M.: Campus V., 1998.

LOQUAI, Franz (org.). *Far from home: W.G. Sebald*. Bamberg, 1995.

LYOTARD, Jean-François. *Heidegger et "les juifs"*. Paris: Galilée, 1988.

_____. *Le différend*. Paris, 1983.

LYOTARD, Jean-François et al. *Das Vergessen(e). Anamneses des Undarstellbaren*. Wien: Turia, Kant, 1998.

MÄCHLER, Stefan. *Der Fall Wilkomirski. Über die Wahrheit einer Biographie*. Zurique: Pendo Verlag, 2000.

MAGNÉ, Bernard. "La textualisation du biographique dans *W ou le Souvenir d'enfance* de Georges Perec", in M. Calle-Gruber e A. Rothe (orgs.), *Autobiographie et biographie. Colloque franco-allemand de Heidelberg*. Paris: Nizet, 1989.

MANNARINO, Damien. "La mémoire déportée", *Revue d' Histoire de la Shoah. Le Monde Juif*, nº 162, jan.-abr., 1998.

MATILAL, Bimal Krishna e CHAKRABARTI, Arindam (orgs.). *Knowing from words. Western and Indian philosophical analysis of understanding and testimony*. Dordrecht, Boston, Londres: Kluwer Academic Publishers, 1994.

McClain, William-H. "The imaging of transformation in Nelly Sach's Holocaust poems", in *Hebrew-University- Studies-in-Literature*. Israel, 1980.

Menapace, Werner. "Drei Gedichte von Giuseppe Ungaretti in der Ubertragung Ingeborg Bachmanns und Paul Celans: Ein Vergleich", *Annali (dell')Istituto Univ. di Lingue Mod*. Sede di Feltre, 1983.

Menninghaus, Winfried. "Kafkas thanatographisches 'Genießen' und Walter Benjamins Roman-Poetik", in W. Menninghaus e K. Scherpe (orgs.), *Literaturwissenschaft und politicshe Kultur*. Stuttgat, Weimar: Metzler, 1999.

———. *Paul Celan. Magie deer Form*. Frankfurt a. M.: Suhrkamp, 1980.

———. *Walter Benjamins Theorie der Sprachmagie*. Frankfurt a. M., 1980.

Menninghaus, Winfried e Hamacher, Werner (orgs.). *Paul Celan*. Frankfurt a. M.: Suhrkamp, 1988.

Menton, Seymour. *La nueva novela histórica de la América Latina, 1979-1992*. México: Fondo de Cultura Económica, 1993.

Mesnard, Philippe. *Consciences de la Shoah: critique des discours et des représentations*. Kimé, 2000.

Le Monde Juif, nº 149, set.-dez., 1993 ("Des Usages de la mémoire").

Moraña, Mabel. "Testimonio y narrativa testimonial hispanoamericana", in A. Pizarro (org.), *América Latina. Palavra, literatura e cultura*, vol. 3, Vanguarda e modernidade. Campinas: Editora da Unicamp, 1995.

Moreiras, Alberto. "The aura of testimonio", in G. M. Gugelberger (org.), *The real thing*. Durham: Duke University Press, 1996.

———. *A exaustão da diferença. A política dos estudos culturais latino-americanos*. Belo Horizonte: Editora da Ufmg, 2001.

Mülder-Bach, Inka. "'Abreißende Anfänge'. Über Literatur und Unfall", in W. Menninghaus e K. Scherpe (orgs.), *Literaturwissenschaft und politicshe Kultur*. Stuttgat, Weimar: Metzler, 1999.

Müller, Klaus E. e Rüsen, Jörn (orgs.). *Historische Sinnbildung — Problemstellungen, Zeitkonzepte, Wahrnehmungshorizonte, Darstellungsstrategien*. Reinbek: Rowohlt, 1997.

NÄGELE, Rainer. *Reading after Freud. Essays on Goethe, Hölderlin, Habermas, Nietzsche, Brecht, Celan, and Freud*. Nova Iorque: Columbia UP, 1987.

NESTROVSKI, Arthur. "Polígrafos, cavalos e *puzzles*. Georges Perec, *La vie mode d'emploi*", in *Ironias da modernidade*. São Paulo: Ática, 1996.

NEWMAN, Michael. "The trace of trauma. Blindness, testimony and the gaze in Blanchot and Derrida", in C. Bailey Gill (org.), *Maurice Blanchot: the demand of writing*. Londres: Nova Iorque: Routledge, 1996.

NICOLADZÉ, François. *La deuxième vie de Jorge Semprún. Une écriture tresée aux spirales de l'Histoire*. Paris: Éditions Climats, 1997.

NOLTE, Helmut. "Das Trauma der armenischen Katastrophe in sozialpsychologischer Sicht", *Sociologia Internationalis*, 26 jan., 1988.

OSIEL, Mark. *Mass atrocity, collective memory, and the law*. New Brunswick, Londres: Transaction Publishers, 1997.

PAEPCKE, Fritz. "Wie verandert Übersetzen ein Gedicht? Charles Baudelaire, 'La mort des pauvres': Paul Celan, 'Der Tod der Armen'", in H. M. Speier (org.), *Celan Jahrbuch 1*. Heidelberg : Carl Winter Univ. verl., 1987.

PETUCHOWSKI, Elizabeth. "Bilingual and multilingual wortspiele in the poetry of Paul Celan", *Deutsche Vierteljahrsschrift fur Literaturwissenschaft und Geistesgeschichte*, nº 74. Tübingen, 1978.

PLANK, Karl A. "The survivor's return: reflections on memory and place", in A. L. Eckart (org.), *Burning memory. Times of testing and reckoning*. Oxford, Nova Iorque etc.: Pergamon Press, 1993. [Publicado antes em *Judaism: A Quarterly Journal of Jewish Life and Thought*. Nova Iorque: NY (Judaism), summer, 1989, 38, 3 (151).]

PLATT, Kristin. "Gedächtniselement in der Generationenübertragung. Zu biographischen Konstruktionen von Überlebenden des Genozids an den Armenen", in K. Platt e M. Dabag (orgs.), *Generation und Gedächtnis. Erinnerungen und kollektive Identitäten*. Opladen: Leske, Budrich, 1995.

PLETLIN, Susan Lee. "'Ist Dies mein Land?' Memoirs of German Women", in A. L. Eckart (org.), *Burning memory. Times of testing and reckoning*. Oxford, Nova Iorque etc.: Pergamon Press, 1993.

POGGELER, Otto e JAMME, Christoph (orgs.). *"Der gluhende Leertex": Annäherungen an Paul Celans Dichtung*. Munique: Fink, 1993.
POLLAK, Michael. *L'expérience concentrationnaire. Essai sur le maintien de l'identité sociale*. Paris: Éditions Métailié, 1990.
_____. "Encadrement et silence: le travail de la mémoire", *Pénélope*, nº 12, 1985.
_____. "La gestion de l'indicible", *Actes de la recherche en sciences sociales*, nºˢ 62-63, 1986.
_____. "Memória, esquecimento, silêncio", *Estudos Históricos*, vol. 2, nº 3. Rio de Janeiro, 1989 ("Memória").
_____. "Memória e identidade social", *Estudos Históricos*, vol. 5, nº 10. Rio de Janeiro, 1992 ("Teoria e história").
POLLAK, Michael e HEINRICH, N. "Le témoignage", *Actes de la recherche en sciences sociales*, nºˢ 62-63, 1986.
POLLAK, Michael e BOTZ, Gerhard. Le role d'un récit biographique dans les recherches historiques sur le persécution national-socialiste. Exemplar manuscrito, Biblioteca Yad Vashem, Jerusalém (1983-876a).
PSYCHE. Zeitschrift für Psychoanalyse und Ihre Anwendungen, nºˢ 9-10, 2000 (*Trauma, Gewalt und Kollektives Gedächtnis*).
QUINDEAU, Ilka. *Trauma und Geschichte. Interpretationen autobiographischer Erzählungen von Überlebenden des Holocaust*. Frankfurt a. M.: Brandes & Apsel, 1995.
REEMTSMA, Jan Philipp. *Mord am Strand. Allianzen von Zivilisation und Barbarei*. S. l.: Siedler, 2000.
REXHEUSER, Adelheid. "Die poetische Technik Paul Celans in seinen Ubersetzungen russischer Lyrik", *Arcadia: Zeitschrift für Vergleichende Literaturwissenschaft*, nº 10, 1975.
RICHARD, Nelly. "Reescrituras, sobreimpresiones: las protestas de mujeres en la calle", *Revista de Crítica Cultural*, nº 18. Santiago, jun., 1999 (Dossiê "Historia y Memoria: El estallido 'Pinochet'").
RINCÓN, Carlos. *El cambio en la noción de literatura y otros ensayos*. Bogotá: Instituto Colombiano de Cultura, 1977.
ROPARS-WILLEUMIER, Marie-Claire. "On unworking. The image in writing according to Blanchot", in C. Bailey Gill (org.), *Maurice Blanchot: the demand of writing*. Londres, Nova Iorque: Routledge, 1996.
ROSENBERG, David (org.). *Testimony. Contemporary writers make the Holocaust personal*. Nova Iorque: Times Books, 1989.

Rosenfeld, Alvin H. *A double dying: reflections on Holocaust literature*. Bloomington: Indiana UP, 1980.

_____. *Ein Mund voll Schweigen. Literarische Reaktionen auf den Holocaust*. Goettingen: Vandenhoeck & Ruprecht, 2000.

Roskies, David G. *Against the Apocalypse. Responses to catastrophe in modern jewish culture*. Cambridge, Londres: Harvard UP, 1984.

Ross, David F. (org.). *Adult eyewitness testimony. Current trends and developments*. Cambridge: Cambridge UP, 1994.

Roth, Michael S. *The ironist's cage: memory, trauma, and the construction of history*. Nova Iorque: Columbia UP, 1995.

Rothberg, M. "'We were talking jewish': Art Spiegelman's Maus as 'Holocaust' production", *Contemporary Literature*, vol. 35, n° 4, 1994.

Rüsen, Jörn. "The logic of historicization. Metahistorical reflections on the debate between Friedländer and Broszat", in G. Ne'eman Arad (org.), *History & Memory*, vol. 9, n°ˢ 1-2. Passing into history: nazism and the holocaust beyond memory. In honor of Saul Friedländer on his sixty-fifth birthday, fall, 1997.

_____. "Historische Sinnbildung durch Ertzählen: Eine Argumentationsskizze zum narrativistischen Paradigma der Geschichtswissenschaft und der Geschichtsdidaktik im Blick auf nicht-narrative Faktoren", *Internationale Schulbuchforschung*, n° 18, 1996.

_____. "Trauer als historische Kategorie: Überlegungen zur Erinnerung an den Holocaust in der Geschichtskultur der Gegenwart", in H. Lowey e B. Moltmann (orgs.), *Erinnerung, Gedächtnis, Sinn: Authentische und konstruierte Erinnerung*. Frankfurt a. M.: Campus, 1996.

Ryan, Judith. "Die 'Lesbarkeit der Welt' in der Lyrik Paul Celans", in J.-P. Strelka (org.), *Psalm und Hawdalah: Zum Werk Paul Celans. Akten des Internat. Paul Celan Kolloquiums Nova Iorque 1985*. Bern: Peter Lang, 1987.

Samuels, Clarise. "Holocaust visions: Surrealism and Existentialism in the poetry of Paul Celan", in *Studies in German Literature, Linguistics, and Culture*. Columbia: Camden House, 1993.

Sauthoff, Stephan. *Die Transformation (auto)biographischer Elemente im Prosawerk Ingeborg Bachmanns*. Frankfurt a. M., Berlim: Lang, 1992.

SCHÄFER, Barbara (org.). *Historikerstreit in Israel. Die neuen Historiker zwischen Wissenschaft und Öffentlichkeit*. Frankfurt a. M.: Campus, 2000.

SCHEIT, Gerhard. "Am Ende der Metaphern. Über die singuläre Position von Jean Amérys Ressentiments in den 60er Jahren", in S. Braese, H. Gehle e D. Kiesel, *Deutsche Nachkriegsliteratur und der Holocaust*. Frankfurt a. M.: Campus V, 1998.

SCHERPE, Klaus. *Beschreiben, nicht Erzählen! Beispiele zu einer ästhetischen Opposition: von Döblin und Musil bis zu Darstellungen des Holocaust*. Berlin: Humboldt-Universität, 1995.

SCHMITZ-EMANS, Monika. "Erzählen als Selbstbehauptung und Gespensterbeschwörung. Ruth Klügers autobiographisches Buch `weiter leben`", *Bios*, jan., 1996.

SCHULZ, Georg Michael. "Individuation und Austauschbarkeit: Zu Paul Celans 'Gesprach im Gebirg'", *Deutsche Vierteljahrsschrift für Literaturwissenschaft und Geistesgeschichte*, vol. 53, n$^{\underline{o}}$ 3, 1979.

SEBALD, Winfried George. *Luftkrieg und Literaur*. Munique: Hanser, 1999.

SELIGMANN-SILVA, Márcio. "'*Ein Volk von Mördern*': tese sobre anti-semitismo eliminatório alemão gera polêmica na Alemanha", *Projekt*, n$^{\underline{os}}$ 27-28, dez., 1997.

_____. "Literatura de testemunho: os limites entre a construção e a ficção", *Revista Letras*, n$^{\underline{o}}$ 16, jan.-jun., 1998.

_____. *Ler o livro do mundo. Walter Benjamin: romantismo e crítica poética*. São Paulo: Iluminuras, FAPESP, 1999.

_____. "A literatura do trauma", *Cult*, n$^{\underline{o}}$ 23, jun., 1999.

_____. "Os fragmentos de uma farsa: Binjamin Wilkomirski", *Cult*, n$^{\underline{o}}$ 23, jun., 1999.

_____. "'Zeugnis' e 'Testimonio': um caso de intraduzibilidade entre conceitos", *Letras*, n$^{\underline{o}}$ 22, jan.-jun., 2001 (Programa de Pós-Graduação em Letras, Universidade Federal de Santa Maria).

_____. "Literatura e trauma: um novo paradigma", *Rivista di Studi Portoghesi e Brasiliani*, vol. 3. Pisa, Roma, 2001.

SELIGMANN-SILVA, M. e NESTROVSKI, A. (orgs.). *Catástrofe e representação*. São Paulo: Escuta, 2000.

SICHER, Efraim (org.). *Breaking crystal. Writing and memory after Auschwitz*. Urbana, Chicago: U. of Illinois P., 1998.

SOMMER, Doris. "No secrets", in G. M. Gugelberger (org.), *The real thing*. Durham: Duke University Press, 1996.

SOSA, Ernst. "Testimony and coherence", in B. K. Matilal e A. Chakrabarti (orgs.), *Knowing from words. Western and Indian philosophical analysis of understanding and testimony*. Dordrecht, Boston, Londres: Kluwer Academic Publishers, 1994.

SOSNOWSKI, Saúl. *La orilla inminente. Escritores judíos argentinos*. Buenos Aires: Legasa, 1987.

SOTO-FERNÁNDEZ, Liliana. *La autobiografía ficticia en Miguel de Unamuno, Carmen Martín Gaite y Jorge Semprún*. Madri: Editorial Pliegos, 1996.

SPARR, Thomas. "Zeit der *Todesfuge*. Rezeption der Lyrik von Nelly Sachs und Paul Celan", in S. Braese, H. Gehle e D. Kiesel (orgs.), *Deutsche Nachkriegsliteratur und der Holocaust*. Frankfurt a. M.: Campus V, 1998.

STEINER, George. *Language and silence*. Nova Iorque, 1967.

_____. *Linguagem e silêncio*. São Paulo: Companhia das Letras, 1988.

STELZL-MARX, Bárbara. *Zwischen Fiktion und Zeitzeugenschaft. Amerikanische und sowjetische Kriegsgefangene im Stalag XVII B Krems-Gneixendorf*. Tübingen: Narr, 2000.

STRANGEWAYS, A. "'The boot in the face': the problem of the Holocaust in the poetry of Sylvia Plath", *Contemporary Literature*, vol. 37, nº 3, 1996.

SZONDI, Peter. *Celan-Studien*. Frankfurt a. M.: Suhrkamp, 1972.

TIMM DE SOUZA, Ricardo. *Sujeito, ética e história. Lévinas, o traumatismo infinito e a crítica da filosofia ocidental*. Porto Alegre: EDIPUCRS, 1999.

TODOROV, Tzvetan. *Face à l'extrême*. Paris: Seuil, 1994.

TURK, Horst. "Politische Theologie? Zur 'Intention auf die Sprache' bei Benjamin und Celan", in S. Moses e A. Schone (orgs.), *Juden in der deutschen Literatur: Ein deutsch-israelisches Symposion*. Frankfurt a. M.: Suhrkamp, 1986.

VERA LEÓN, Antonio. "Hacer hablar: la transcripción testimonial", in J. Beverley e H. Achugar (orgs.), *La voz del otro: testimonio, subalternidad y verdad narrativa*. Lima, Pittsburg: Latinoamericana Editores, 1992.

VIDAL, Claudine. "Les commémorations du génocide au Rwanda", *Les Temps Modernes*, nº 613, mar.-abr.-maio, 2001.

VIDAL-NAQUET, Pierre. "Algérie, du témoignage à l'histoire", *Le Monde des Livres*, 13 set., 2001.

WARDI, Charlotte. *Le génocide dans la fiction romanesque*. Paris: PUF, 1986.

WEIGEL, Sigrid "Passagen und Spuren des 'Leib- und Bildraums' in Benjamins Schriften", in S. Weigel (org.), *Leib- und Bildraum. Lektüren nach Benjamin*. Köln, Weimar, Wien: Böhlau Verlag, 1992.

_____. "Pathologie und Normalisierung in deutschen Gedächtnisdiskurs", in G. Smith e H. M. Emrich (orgs.), *Vom Nutzen des Vergessens*. Berlim: Akademie Verlag, 1996.

_____. "Zeugnis und Zeugenschaft, Klage und Anklage", in *Zeugnis und Zeugenschaft: Jahrbuch des Einstein Forums 1999*. Berlim: Akademie-Verlag, 2000.

_____. "Télescopage im Unbewußtsein. Zum Verhältnis von Trauma, Geschichtsbegriff und Literatur", in G. Koch (org.), *Bruchlinien. Tendenzen der Holocaustforschung*. Köln, Weimar, Wien: Böhlau, 1999.

WEIGEL, Sigrid (org.). *Leib- und Bildraum. Lektüren nach Benjamin*. Köln, Weimar, Wien: Böhlau Verlag, 1992.

WELLS, Gary L. e LOFTUS, Elisabeth F. (orgs.). *Eyewitness testimony. Psychological perspectives*. Cambridge, Nova Iorque: Cambridge UP, 1984.

WIEDEMANN, Barbara (org.). *Paul Celan: Die Goll Affaere*. Frankfurt a. M.: Suhrkamp, 2000.

WIEVIORKA, Annette. *L'ére du témoin*. Paris: Plon, 1998.

_____. *Déportation et génocide. Entre la mémoire et l'oubli*. Paris: Plon, 1992.

WIEVIORKA, Annette e MOUCHARD, Claude (orgs.). *La Shoah. Témoignages, savoirs, œuvres*. Cercil: Presses Universitaires de Vincennes, 1999.

WITTE, Bernd. "Schattenland: Zu Paul Celans spätesten Gedichten und einigen seiner Interpreten", *Neue Rundschau*, vol. 1, nº 30. Berlim, 1978.

WOOLF, Judith. *The memory of the offence. Primo Levi's If this is a man*, 2ª ed. Inglaterra: Troubador, 2001.

WORMSER, O. *Tragédie de la déportation 1940-1945. Témoignages de survivants des camps de concentration allemands*. Paris: Hachette, 1954.

YARMEY, A. Daniel. *The psychology of eyewitness testimony.* Nova Iorque: Free Press, 1979.

YOUNG, Gloria. "The poetry of the Holocaust", in S. S. Friedman (org.), *Holocaust literature.* Westport, Connecticut, Londres: Greenwood Press, 1993.

YOUNG, James. *Writing and rewriting the Holocaust: narrative and the consequences of interpretation.* Bloomington, Indianapolis: Indiana University Press, 1988.

⎯⎯⎯⎯⎯⎯. "Between history and memory. The uncanny voices of the historian and survivor", in G. Ne'eman Arad (org.), *History & Memory,* vol. 9, n°s 1-2. Passing into history: nazism and the Holocaust beyond memory. In honour of Saul Friedländer on his sixty-fifth birthday, fall, 1997.

YÚDICE, George. "Testimonio y conscientización" in J. Beverley e H. Achugar (orgs.), *La voz del otro: testimonio, subalternidad y verdad narrativa.* Lima, Pittsburg: Latinoamericana Editores, 1992.

ZEUGNIS UND ZEUGENSCHAFT: JAHRBUCH DES EINSTEIN FORUMS 1999. Berlim: Akade mie-Verlag, 2000.

ZARAGOZA, Maria S. (org.). *Memory and testimony in the child witness.* Thousand Oaks: Sage, 1995.

ZIMMERMAN, Marc. "El otro de Rigoberta: los testimonios de Ignacio Bizarro Ujpán y la resistencia indígena en Guatemala", in J. Beverley e H. Achugar (orgs.), *La voz del otro: testimonio, subalternidad y verdad narrativa.* Lima, Pittsburg: Latinoamericana Editores, 1992.

f) *Arte e memória, trauma*

AMISHAI-MAISELS, Ziva. *Depiction and interpretation: the influence of the Holocaust on the visual arts.* Oxford: Butterworth-Heinemann, 1993.

ANTZE, Paul e LAMBECK, Michael (orgs.). *Tense past. Cultural essays in trauma and memory.* Nova Iorque, Londres: Routledge, 1996.

ATTIE, Shimon. *Sites unseen: European projects. Installations and photographs.* Burlington: Verve Editions, 1998.

ATTIE, Shimon. "The writing on the wall project", in S. Attie (org.), *The writing on the wall: projections in Berlim's jewish quarter*. Heidelberg: Braus, 1994.

AVISAR, Ilan. *Screening the Holocaust. Cinema's images of the unimaginable*. Bloomington, Indianapolis: Indiana UP, 1988.

BOLZ, Norbert et al. (orgs.). *Riskante Bilder. Kunst, Literatur, Medien*. Munique: Fink, 1996.

BRATZE-HANSEN, Miriam. "Dinosaurier sehen und nicht gefressen werden: Kino als Ort der Gewalt-Wahrnehmung bei Benjamin, Kracauer und Spielberg", in G. Koch (org.), *Auge und Affekt. Wahrnehmung und Interaktion*. Frankfurt a. M.: Fischer, 1995.

BRINK, Cornelia. "Secular icons. Looking at photographs from nazi concentration camps", *History & Memory*, vol. 12, nº 1, spring-summer, 2000.

BRODSKY, Marcelo. *Nexo. Un ensayo fotográfico*. Buenos Aires: La Marca Editora, 2001.

CAHIER INTERNATIONAL SUR LE TÉMOIGNAGE AUDIVISUEL. Bruxelas, 1998.

CANTOR, Jay. "Death and the image", in Charles Warren (org.), *Beyond document. Essays on nonfiction film*. Hannover, Londres: Wesleyan UP, 1996.

COOKE, Lyme; CRUGIER, Bice; HILTY, Grey e HILTY, Greg. *Doubletake: Collective memory and current art*. Londres: South Bank Centre, 1992.

CORK, Richard. *A bitter truth. Avant garde and the Great War*. New Haven, Londres: Yale UP, 1994.

CUAU, Bernad et al. *Au sujet de Shoah*. Paris: Belin, 1990.

DANEY, Serge. "Le travelling de Kapo", *Trafic*, nº 4, automne, 1992.

DEGUY, M. (org.). *Au sujet de la Shoah — Le film de Claude Lanzmann*. Paris: Belin, 1990.

DOHERTY, Thomas. "Art Spiegelman's *Maus*: graphic art and the Holocaust", *American Literature*, vol. 68, nº 1, mar., 1996.

DRATHEN, Doris von. "Der Clown als schlechter Prediger. Interview mit Christian Boltanski", in K.-U. Hemken (org.), *Gedächtnisbilder. Vergessen und Erinnern in der Gegenwartskunst*. Leipzig: Reclam, 1996.

ESCULTURA Y MEMORIA. 665 Proyectos presentados al concurso en homenaje a los detenidos, desaparecidos y asesinados por el terro-

rismo de Estado en la Argentina. Buenos Aires: Editorial Universitaria de Buenos Aires, 2000.

FEINSTEIN, Stephen C. "Art of the Holocaust and genocide: some points of convergence", *Journal of Genocide Research*, vol. 1, nº 2, 1999.

FOSTER, Hal. *The return of the real*. Londres, Cambridge: MIT Press, 1996.

GERZ, Esther e Jochen. "Das Harburger Mahnmal gegen Krieg und Fachismus", in D. Hoffmann (org.), *Kunst und Holocaust. Bildliche Zeugen vom Ende der westlichen Kultur*. Rehburg-Loccum: Evangelische Akademie Loccum, 1993.

GERZ, Jochen. "'Wir wissen, daß das Verdrängte uns immer verfolgt'. Interview von Jacqueline Lichtenstein und Gérard Wajcman", in K.-U. Hemken (org.), *Gedächtnisbilder. Vergessen und Erinnern in der Gegenwartskunst*. Leipzig: Reclam, 1996.

GEWALT/GESCHÄRFTE EINE AUSTELLUNG ZUM TOPOS DER GEWALT IN DER GEGENWÄRTIGEN KÜNSTLERICHEN AUSCINANDERSETZUNG. Newe Gesellschaft für Bildende Kunst, 1995.

GOHR, Siegfried e GRACHNANG, Johannes (orgs.), *Bilderstreit. Widerspruch, Einheit und Fragment in der Kunst seit 1960*. Köln: Klinkhardt, 1989.

HANSEN, Miriam Bratu. "Schindler's List is not Shoah: second commandment, popular modernism, and public memory", in Y. Loshitzky (org.), *Spielberg's Holocaust: critical perspectives on Schindler's List*. Bloomington: Indiana UP, 1997. [*Critical Inquiry*, Chicago, IL (CritI), winter, 22, 2, 1996.]

HEMKEN, Kai-Uwe (org.). *Gedächtnisbilder. Vergessen und Erinnern in der Gegenwartskunst*. Leipzig: Reclam, 1996.

HOHEISEL, Horst. *Aschrottbrunnen*. Frankfurt a. M.: Fritz Bauer Institut, 1998.

HOHEISEL, Horst e KNITZ, Andreas. *Zermahlene Geschichte. Kunst als Umweg*. Weimar: Thüringisches Hauptstaatsarchiv, 1999.

HOLTZMANN, Karen (org.). *Burnt whole: contemporary artists reflect on the Holocaust*. Washington, D.C.: Washington Project for the Arts, 1994.

HOWE, Susan. "Sorting facts; or nineteen ways of looking at marker", in C. Warren (org.), *Beyond document. Essays on nonfiction film*. Hannover; Londres: Wesleyan U.P., 1996.

HÜPPAUF, Bernd. "Kriegsfotografie und die Erfahrung des Ersten Weltkriegs", in B. Naumann (org.), *Vom Doppelleben der Bilder: Bildmedien und Texte*. Munique: Fink, 1993.

INSDORF, Annette. *L'Holocauste à l'Écran*. Paris: Cerf, 1985.

KOCH, Gertrud. "Die ästhetische Transformation der Vorstellung vom Unvorstellbaren. Anmerkungen zu Claude Lanzmanns Film Shoah", *Babylon*, vol. 1, out., 1986.

_____. "Kosmos in Film. Zum Raumkonzept von Benjamins 'Kunstwek'-Essay", in S. Weigel (org.), *Leib- und Bildraum. Lektüren nach Benjamin*. Köln, Weimar, Wien: Böhlau Verlag, 1992.

_____. "Vom Verschwinden der Toten unter den Lebenden. Holocaust und Identitätskonfusion in den Filmen von Konrad Wolf", in J. Felix, G. Giesenfeld e H.-B. Heller (orgs.), *Erinnerung und Geschichte* Marburg: Schüren-Presseverl, 1994.

_____. *Die Einstellung ist die Einstellung. Visuelle Konstruktionen des Judentums*. Frankfurt a. M.: Suhrkamp, 1992.

_____. *Kracauer zur Einführung*. Junius: Verlag, 1996.

_____. "'Against all odds' or will to survive. Moral conclusions from narrative closure", in G. Ne'eman Arad (org.), *History & memory*, vol. 9, nº 1-2. Passing into history: nazism and the Holocaust beyond memory. In honor of Saul Friedländer on his sixty-fifth birthday, fall, 1997.

_____. "Der Engel des Vergessens und die Black Box der Faktizitat: Zur Gedächtniskonstruktion in Claude Lanzmanns Film Shoah", in A. Haverkamp e R. Lachmann (org.), *Memoria: Vergessen und Erinnern*. Munique: Fink, 1993.

KOCH, Gertrud (org.). *Bruchlinien. Tendenzen der Holocaustforschung*. Köln, Weimar, Wien: Böhlau, 1999.

KÖPPEN, Manuel (org.). *Kunst und Literatur nach Auschwitz*. Bielefeld: E. Schmidt, 1993.

KÖPPEN, Manuel e SCHERPE, Klaus (org.). *Bilder des Holocaust. Literatur — Film — Bildende Kunst*. Köln, Weimar, Wien: Böhlau, 1997.

KRAUSS, Rosalind. *The optical unconscious*. Londres, Cambridge: MIT Press, 1993.

LANG, Berel. *Holocaust representation: art within the limits of history and ethics*. Baltimore, Londres: Johns Hopkins UP, 2000.

LANZMANN, Claude. "Hier ist kein Warum", in B. Cuau et alli (orgs.), *Au sujet de Shoah*. Paris: Belin, 1990.

――――――. "Les non-lieux de la mémoire", in B. Cuau et al. (orgs.), *Au sujet de Shoah*. Paris: Belin, 1990 [*Nouvelle Revue de Psychanalyse*, nº 33, printemps, 1986].

――――――. "Le lieu et la parole", in B. Cuau et al. (orgs.), *Au sujet de Shoah*. Paris: Belin, 1990 [*Les Cahiers du Cinéma*, nº 374, jul.-ago., 1985].

――――――. "De l'holocauste a *Holocauste* ou comment s'en débarrasser", in B. Cuau et al. (orgs.), *Au sujet de Shoah*. Paris: Belin, 1990 [*Les Temps Modernes*, nº 395, jun. 1979].

――――――. "Seminar with Claude Lanzmann 11 April 1990", *Yale French Studies*, vol. 79. New Haven: CT (YFS), 1991.

――――――. *Shoah*. Fayard, 1985.

――――――. *Shoah. Vozes e faces do Holocausto*. Pref. S. Beauvoir, trad. M. L. Machado. São Paulo: Brasiliense, 1987.

LISS, Andrea. *Trespassing through shadows: memory, photography, and the Holocaust*. Minneapolis: University of Minnesota Press, 1998.

LOSHITZKY, Yosefa (org.). *Spielberg's Holocaust: critical perspectives on Schindler's List*. Bloomington: Indiana UP, 1997.

MENKE, Christoph. "Der ästhetische Blick: Affekt und Gewalt, Lust und Katharsis", in G. Koch (org.), *Auge und Affekt. Wahrnehmung und Interaktion*. Frankfurt a. M.: Fischer, 1995.

MILLER, Donald e TOURYAN-MILLER, Lorna. *Survivors: an oral history of the armenian genocide*. Berkeley: University of California Press, 1993.

NAIR, Sami. "Shoah, une leçon d'humanité", in B. Cuau et al. (orgs.), *Au sujet de Shoah*. Paris: Belin, 1990 [*Les Temps Modernes*, nº 470, 1985].

NEUES MUSEUM WESERBURG (org.). *Amnesia. Die Gegenwart des Vergessens*. Bremen, 2000.

OLIN, M. "Lanzmann's Shoah and the topography of the Holocaust film", *Representations*, issue 57. Berkeley: University of California Press, 1997.

OPHULS, Marcel. "Les trains", in B. Cuau et alli (orgs.), *Au sujet de Shoah*. Paris: Belin, 1990 [*American Film*, nov., 1985].

OSTERERO, Marie France. "De l'histoire à la mémoire dans Shoah", *Hors Cadre*. Saint-Denis, France, 1991.

PAGNOUX, Élisabeth. "Reporter photographe à Auschwitz", *Les Temps Modernes*, nº 610, set.-out.-nov., 2000.
PAULY, Rebecca M. "From Shoah to Holocaust: image and ideology in Alain Resnais's *Nuit et brouillard* and *Hiroshima mon amour*", *French Cultural Studies*, vol. 3, nº 3(9). Chalfont St. Giles, Bucks, England, out., 1992.
PELBART, Peter Pál. *A vertigem por um fio. Políticas da subjetividade contemporânea*. São Paulo: Iluminuras; FAPESP, 2000.
RECK, Hans Ulrich. "Transitorische Turbulenz I. Konstruktionnen des Erinnerns", in K.-U. Hemken (org.), *Gedächtnisbilder. Vergessen und Erinnern in der Gegenwartskunst*. Leipzig: Reclam, 1996.
SALETTI, Carlo (org.). *Il raconto della catastrofe. Il cinema di fronte ad Auschwitz*. Verona: Società Letteraria di Verona, 1998.
SALMON, Naomi Tereza. *Asservate. Exhibits. Auschwitz, Buchenwald, Yad Vashem*. Frankfurt a. M.: Schirn Kunsthalle, Cantz Verlag, 1995.
SALOMON, Charlotte e BELINFANTE, Judith. *Life? or Theather?*. Zwolle: Waanders Pub, 1999.
SALZMAN, Lisa. *Anselm Kiefer and Art After Auschwitz*. Cambridge: Cambridge UP, 1999.
SANTNER, Eric. *Stranded objects: mourning, memory, and film in postwar Germany*. Ithaca, Nova Iorque: Cornell UP, 1990.
SCHMETTERLING, Astrid. *Charlotte Salomon 1917-1943. Bilder eines Lebens*. Frankfurt a. M.: Jüdischer Verlag, 2001.
SCHÜTZ, Sabine. *Anselm Kiefer. Geschichte als Material. Arbeiten 1969-1983*. Köln: DuMont, 1999.
SELIGMANN-SILVA, Márcio. "Variações sobre a arte de pintar o grito", *Insight. Psicoterapia e Psicanálise*, nº 101, ano IX, nov., 1999.
_____. "Após o 'violento abalo'. Notas sobre a arte — Relendo Walter Benjamin", *Alea. Estudos Neolatinos*, vol. 4, nº 1. Rio de Janeiro, jan.-jun., 2002.
SEMIN, Didier; GARB, Tamar; KUSPIT, Donald. *Christian Boltanski*. Londres: Phaidon, 1997.
SHOAH. LE FILM. DES PSYCHANALISTES ÉCRIVENT. Obra coletiva. Paris: Jacques Grancher, 1990.
SPIEGELMAN, Art. "Letter to the editor", *The New York Times Book Review*, 29 dez., 1991.

SYBERBERG, Hans Jürgen. *Von Unglück und Glück der Kunst in Deutschland nach dem letzten Kriege*. Munique: Matthes & Seitz, 1990.

TAYLOR, John. *Body horror. Photojournalism, catastrophe and war*. Manchester: Manchester UP, 1998.

TOLL, Nelly. "The Holocaust in art", in S. S. Friedman (org.), *Holocaust literature*. Westport, Connecticut, Londres: Greenwood Press, 1993.

TOTTEN, Samuel. "The literature, art, and film of the Holocaust", in I. W. Charny (org.), *Genocide. A critical bibliographic review*. Londres: Mansell Publishing Limited, 1988.

VIDAL-NAQUET, Pierre. "L'épreuve d'historien. Réflexions d'un généraliste", in B. Cuau et al. (orgs.), *Au sujet de Shoah*. Paris: Belin, 1990.

WAGNER, Manica. "Sigrid Sigurdsson und Anselm Kiefer — Das Gedächtnis des Materials", in K.-U. Hemken (org.), *Gedächtnisbilder. Vergessen und Erinnern in der Gegenwartskunst*. Leipzig: Reclam, 1996.

WAJCMAN, Gerard. "De la croyance photographique", *Les Temps Modernes*, nº 610, set.-out.-nov., 2000.

WERNER, Uta. *Textgräber. Paul Celan geologische Lyrik*. Munique: Fink, 1998.

WILLIAMS, Gareth. "Translation and mourning: the cultural challenge of Latin American testimonial autobiography", *Latin American Literary Review*, vol. 21, nº 41, jan.-jun., 1993.

g) *História*

ARENDT, Hannah. *Auschwitz et Jérusalem*. Paris: Presses Pocket, 1993.

_____. *Eichmann em Jerusalém. Um relato sobre a banalidade do mal*. Trad. J. R. Siqueira. São Paulo: Companhia das Letras, 1999.

ARIÈS, Philippe. *O homem diante da morte*. Trad. L. Ribeiro. Rio de Janeiro: Francisco Alves, 1982.

ARQUIDIOCESE DE SÃO PAULO. *Brasil nunca mais*. Rio de Janeiro: Vozes, 1985.

BAUMAN, Zygmunt. *Modernidade e Holocausto*. Trad. M. Penchel. Rio de Janeiro: Jorge Zahar, 1998.

BAUMGARTNER, José Luis; DURÁN MATOS, Jorge; MAZZEO, Mario. *Desaparecidos*. Montevidéu: CEDAL, 1986.

BENZ, Wolfgang e NEISS, Marion (orgs.). *Judenmord in Litauen: Studien und Dokumente*. Berlim: Metropol, 1999.

CALVEIRO, Pilar. *Poder y desaparición. Los campos de concentración en Argentina*. Buenos Aires: Ediciones Colihue S. R. L., 1998.

CLASTRES, Pierre. *Archeology of violence*. Nova Iorque: Semiotet(e), 1994.

COMISIÓN DE DERECHOS HUMANOS (COMISEDH). *Memoria para los ausentes. Desaparecidos en el Perú (1982-1996)*. Lima: Editorial Presentaller, 2001.

COMISIÓN NACIONAL SOBRE LA DESAPARICIÓN DE PERSONAS. *Nunca más. Informe de la comisión nacional sobre la desaparición forzada*. Buenos Aires: EUDEBA, 1985.

CYTRYN, Abraham. *Récits du ghetto de Lodz*. Trad. V. Patte. Paris: Albin Michel, 1995.

CYTRYNOWICZ, Roney. *Memória da barbárie*. São Paulo: Nova Stella, EDUSP, 1990.

DADRIAN, Vahakn N. "El genocidio armenio y el holocausto judío en una perspectiva compartida", *Cuadernos del Programa de Políticas de la Memoria*, nº 1. Buenos Aires: Facultad de Filosofía y Letras de la Universidad de Buenos Aires, 2001.

FUNKENSTEIN, Amos. *Perceptions of jewish history*. Berkeley: University of California Press, 1993.

GORENDER, Jacob. *Combate nas trevas. A esquerda brasileira: das ilusões perdidas à luta armada*, 2ª ed. São Paulo: Ática, 1987.

GOURI, Haim. *La cage de verre*. Paris: Albin Michel, 1964.

GRINBERG, Anne. *La Shoah: l'impossible oubli*. Paris: Gallimard, 1995.

HAUSNER, Gidéon. *Justice à Jérusalem. Eichmann devant ses juges*. Paris: Flammarion, 1966.

HEINSOHN, Gunnar. *Lexikon der Völkermorde*. Hamburgo: Rowohlt, 1998.

HILBERG, Raul. *Perpetrators, victims, bystanders. The jewish catastrophe 1933-1945*. Nova Iorque: Harper Perennial, 1992.

_____. *The destruction of the European jews*. Nova Iorque: New Viewpoints, 1973.

HOBSBAWN, Eric. *A era dos extremos. O breve século XX*, 10ª ed. São Paulo: Companhia das Letras, 1995.

KOGON, Eugen. *L'etat SS*. Paris: Le Seuil, 1974.

LACOUE-LABARTHE, Philippe e NANCY, Jean-Luc. *O mito nazista*. Trad. M. Seligmann-Silva. São Paulo: Iluminuras, 2002, coleção Testemunhos.

LAPIERRE, Nicole. *Le silence de la mémoire. À la recherche des Juifs de Plock*. Paris: Plon, 1989.

LAQUEUR, Walter. *Jahre auf Abruf*. Stuttgart: WDV, 1983.

LEVINE, Etan (org.). *Diaspora, exile and the jewish condition*. Nova Iorque: Jason Aronson, 1983.

LIPSTADT, Deborah. *Denying the Holocaust The growing assault on truth and memory*. Londres: Penguin, 1993.

MARK, Bernard. *Des voix dans la nuit: la résistance juive à Auschwitz-Birkenau*. Paris: Plon, 1982.

MOMMSEN, Hans. *Von Weimar nach Auschwitz. Zur Geschichte Deutschlands in der Weltkriegsepoche. Ausgewaehlte Aufsaetze*. Stuttgart: Deutsche Verlags-Anstalt, 1999.

MOYN, Samuel. "Judaism against Paganism. Emmanuel Levina's response to Heidegger and nazism in the 1930s", *History & Memory*, vol. 10, nº 1, spring, 1998.

OFICINA DE DERECHOS HUMANOS DEL ARZOBISPADO DE GUATEMALA. *Guatemala: nunca más*. Guatemala: ODHAG, 1998, 4 vols.

POLIAKOV, Léon. *Le Procès de Jérusalem, jugement, documents*. Paris: Éditions du Centre, 1963.

RIQUELME, Horacio (org.). *Otras realidades, otras vías de acceso. Psicología y psiquiatría transcultural en América Latina*. Caracas: Editorial Nueva Sociedad, 1992.

_____ . *Era de nieblas. Derechos humanos, terrorismo de Estado y salud psicosocial en América Latina*. Caracas: Editorial Nueva Sociedad, 1990.

ROSENFELD, Alvin H. "The americanization of the Holocaust", in A. H. Rosenfeld (org.), *Thinking about the Holocaust after half a century*. Bloomington, Indianapolis: Indiana UP, 1997.

ROUSSO, Henri. *Le syndrome de Vichy*. Paris: Le Seuil, 1987.

RUBINSTEIN, Richard L. "The Wansee Conference and the Rationalization of Genocide", in H. Locke e M. S. Littell (orgs.), *Remembrance and Recollection*. Lanham, Nova Iorque, Londres: University Press of America, 1996.

Rürup, Reinhard (org.). *Topographie des Terrors. Gestapo, SS und Reichssicherheitshauptamt auf dem "Prinz-Albrecht-Gelände. Eine Dokumentation*. Berlim: Verlag Willmuth Arenhövel, 1987.
Schoeps, Julius H. "Die mißglückte Emanzipation. Zur Tragödie des deutsch-jüdischen Verhältnisses", in K. Platt e M. Dabag (orgs.), *Identität in der Fremde*. Bochum: Brockmeyer, 1993.
Sofsky, Wolfgang. *Die Ordnung des Terrors: Das Konzentrationslager*. Frankfurt a. M.: Fischer, 1997.
Taylor, Kate (org.). *Holocaust denial. The David Irwing trial and international revisionism*. Londres: Searchlight Educational Trust, 2000.
Traverso, Enzo. *El totalitarismo. Historia de un debate*. Buenos Aires: Eudeba, 2001.

h) *Museus e monumentos*

Aizenberg, Edna. "Las piedras de la memoria: Buenos Aires y los monumentos a las víctimas", *Iberoamericana. América Latina — España — Portugal*, vol. I, nº 1, 2001.
Borsdorf, Ulrich e Grütter, Heinrich Theodor (orgs.). *Orte der Erinnerung. Denkmal, Gedenkstätte, Museum*. Frankfurt a. M., Nova Iorque: Campus Verlag, 1999.
Brink, Cornelia. "Visualisierte Geschichte. Zu Ausstellungen an Orten nationalsozialistischer Konzentrationslager", in B. Bönisch-Brednich, R. W. Brednich e H. Gerndt (orgs.), *Erinnern und Vergessen*. Göttingen: Schmerse, 1991.
Brumlik, Micha; Funke, Hajo; Rensmann, Lars. *Umkämpftes Vergessen. Walser-Debatte, Holocauust-Mahnmal und neuere deutsche Geschichtspolitik*. Berlin: Verlag Das Arabische Buch, 1999.
Cusset, Yves. *Le Musée: entre ironie et communication*. Nantes: Pleins Feu, 2000.
Derrida, Jacques. "zu 'Between the Lines'", in D. Libeskind, *Radix-Matrix. Architekturen und Schriften*. Munique, Nova Iorque: Prestel, 1994.
Gerz, Jochen. *La question secrète*. Arles: Actes du Sud, 1996.

GERZ, Jochen. *2146 Steine: Mahnmal gegen Rassismus — Saarbrücken*. Stuttgart: Verlag Gerd Hätje, 1992.

_____. *Gegenwart der Kunst. Interviews (1970-1995)*. Regensburg: Lindinger; Schid Verlag, 1995.

GERZ, Jochen e SHALEV-GERZ, Esther. *Das Hamburger Mahnmal gegen Faschismus*. Hamburgo: Gerd Hatje, 1994.

HEINRICH, Christoph. *Strategien des Erinnerns. Der veränderte Denkmalbegriff ind der Kunst der achziger Jahre*. Munique: Schreiber, 1993.

HUYSSEN, Andreas. "Denkmal und Erinnerung im Zeitalter der Posmoderne", in J. E. Young (org.), *Mahnmale des Holocaust. Motive, Rituale und Stätten des Gedenkens*. Munique: Prestel, 1994.

IMPERIAL WAR MUSEUM. *The Holocaust. The Holocaust exhibition at the Imperial War Museum*. Londres: Imperial War Museum, 2000.

KELLER, Harald. "Denkmal", in E. Gall e L. H. Hegdenreich (orgs.), *Reallexikon zur deutschen Kunstgeschichte, Bd. III*. Stuttgart, Munique: Metzler, 1954.

KNIGGE, Volkhard; PIETSCH, Jürgen Maria; SEIDEL, Thomas A. *Das Buchenwalder Mahnmal von 1958*. Spröda: Pietsch, Ed. Schwartz Weiß, 1997, 2 vols.

KÖNNEKE, Achim (org.). *Das Harburger Mahnmal gegen Faschismus / The Harburger Monument Against Fascism*. Hamburgo: Hätje, 1994.

LIBESKIND, Daniel. *Radix-Matrix. Architekturen und Schriften*. Munique, Nova Iorque: Prestel, 1994.

_____. *Museum ohne Ausgang. Felix-Nussbaum-Haus, Osnabrück*. Berlim: Aedes, 1997.

_____. *Jüdisches Museum Berlim*. Amsterdã, Dresden: Verlag der Kunst, 1999.

MAI, Ekkehard e SCHMIRBER, Gisela (orgs.). *Denkmal — Zeichen — Monument. Skulpturen und öffentlicher Raum heute*. Munique: Prestel, 1989.

MITTIG, Hans-Ernst. "OstBerlimer Denkmäler zwischen Vergessen und Erinnnern", in K.-U. Hemken (org.), *Gedächtnisbilder. Vergessen und Erinnnern in der Gegenwartskunst*. Leipzig: Reclam, 1996.

POMIAN, Krzystof. *Der Ursprung des Museums. Vom Sameln.* Berlim: Wagenbach, 1986.

RAPHAEL, Freddy e HERBERICH-MARX, Geneviève. "Le musée, provocation de la mémoire", *Ethnologie Française*, vol. 17, nº 1, 1987.

REICHEL, Peter. *Politik mit der Erinnerung. Gedächtnisorte im Streit um die nationalsozialistische Vergangenheit.* Frankfurt a. M.: Fischer, 1999.

REUSE, Felix. *Das Denkmal an der Grenze seiner Sprachfähigkeit.* Stuttgart: Klett-Cotta, 1995.

SCHMIDT, Thomas E.; MITTIG, Hans-Ernst; BÖHM, Vera. *Nationaler Totenkult. Die Neue Wache. Eine Streitschrift zur zentralen deutschen Gedenkstätte.* Berlim: Karin Kramer Verlag, 1995.

SCHNEIDER, Bernhard. *Daniel Libeskind. Jüdisches Museum Berlim.* Munique, Londres, Nova Iorque: Prestel, 1999.

SCHÖNEBERG, Kunstamt e WANSEE-KONFERENZ, Gedenkstätte Haus der. *Orte des Erinnerns. Das Denkmal im Bayerischen Viertel.* Berlim: Bezierksamt Schöneberg von Berlim, 1994.

SCHUCHARD, Juta e CLAUSSEN, Horst (orgs.). *Vergänglichkeit und Denkmal. Beiträge zur Sepulkralenkultur.* Bonn: Bouvier, 1985.

SCHWEPPENHÄUSER, Gerhard. "O dilema do memorial. Um relato da 'República de Berlim'", in R. Duarte e V. Figueiredo (orgs.), *Mímesis e expressão.* Belo Horizonte: Editora da UFMG, 2001.

SHALEV-GERZ, Esther. "Die unendliche Bewegung der Erinnerung", *Jüdischer Almanach 2001.* Frankfurt a. M.: Jüdischer Verlag, 2001.

SPIELMANN, Jochen. Entwürfe zur Sinngebung des Sinnlosen: Zu einer Theorie des Denkmals als Manifestation der "kulturellen Gedächtnises". Der Wetbewerb für ein Denkmal für Auschwitz. Tese de doutorado, Universidade Livre de Berlim. Berlim, 1990.

VOLKSBUND DEUTSCHE KRIEGSGRÄBERFÜRSORGE E. V. — LANDVERBAND BERLIM / SENATSVERWALTUNG FÜR STADTENTWICKLUNG VON BERLIM. *Für den Frieden. Gedenkstätten und Gräber der Opfer von Krieg und Gewaltherrschaft in Berlim.* Berlim: Jaron Verlag, 2000.

WEINBERG, Jeshajahu e ELIELI, Rina. *The Holocaust museum in Washington.* Nova Iorque: Rizzoli, 1995.

WEINLAND, Martina e WINKLER, Kurt (orgs.). *Das Jüdische Museum im Stadtmuseum Berlim. Eine Dokumentation / The Jewish Museum in the Berlim Municipal Museum. A Record*. Berlim: Nicolai, 1997.

WINKLER, Kurt. "Ceci n'est pas un musée — Daniel Libeskinds Berlimer Museumsprojekt", in D. Libeskind (org.), *Radix-Matrix. Architekturen und Schriften*. Munique, Nova Iorque: Prestel, 1994.

YOUNG, James. *The texture of memory: Holocaust memorials and meaning*. New Haven, Londres, 1993.

YOUNG, James. "Die Textur der Erinnerung: Holocaust-Gedenkstätten", in H. Loewy (org.), *Holocaust: Die Grenzen des Verstehens*. Reinbeck, 1993.

_____. "The veneration of ruins", *The Yale Journal of Criticism*, 6 out., 1993.

_____. *At Memory's Edge. After-Images of the Holocaust in Contemporary Art and Architecture*. New Haven, Londres: Yale UP, 2000.

YOUNG, James (org.). *Mahnmale des Holocaust. Motive, Rituale und Stätten des Gedenkens*. Munique, 1994.

i) *Teoria do sublime*

AGGELER, William. *La conception du Sublime dans la Littérature française de 1660 à 1720*. Berkeley, 1939.

ASHFIELD, Andrew e BOLLA, Peter de (orgs.). *The Sublime. A reader in british eighteenth-century aesthetic theory*. Cambridge: CUP, 1996.

BEGEMANN, Christian. *Furcht und Angst im Prozeß der Aufklärung. Zur Literatur und Bewußtseinsgeschichte des 18. Jahrhunderts*. Frankfurt a. M., 1987.

BLOOM, Harold. "Freud and the poetic sublime: a catastrophe theory of creativity", in P. Meisel (org.), *Freud: a collection of critical essays*. Nova Iorque, 1981.

BLOOM, Harold (org.). *Poets of sensibility and the Sublime*. Nova Iorque, 1986.

CROWTHER, Paul. "The Kantian Sublime, the avantgarde and the Postmodern: a critique of Lyotard", *New Formations* 7, 1989.

DIECKMANN, Herbert. "Das Abscheuliche und Schreckliche in der Kunsttheorie der 18.Jahrhunderts", in *Die nicht mehr schönen Künste. Grenzphänomene des Ästhetischen*. Munique, 1966.

DUARTE, Rodrigo (org.). *Belo, sublime e Kant*. Belo Horizonte: Editora da UFMG, 1998.

FUNK, Holger. *Ästhetik des Häßlichen. Beiträge zum Verständnis negativer Ausdrucksformen im 19. Jahrhundert*. Berlim, 1983.

JAKOBI, Johann. "Von Erhaben", in *Iris*, vol. 4. Düsseldorf, 1775.

KOLNAI, Aurel. "Der Ekel", in E. Husserl (org.), *Jahrbuch für Phylosophie und phänomenologische Forschung*, vol. 10. Halle (Saale), 1929.

KRISTEVA, Julia. *Pouvoirs de l'horreur. Essai sur l'abjection*. Paris, 1980.

KUHNS, Richard. "The beautiful and the Sublime", *NLH* 13, 1982.

LESSING, G. E. *Laocoonte. Ou sobre as fronteiras da poesia e da pintura*. Trad., intr. e notas M. Seligmann-Silva. São Paulo: Iluminuras, 1998.

LYOTARD, Jean-François. "Le sublime et l'avantgarde", *Poesie* 34, 1985.

_____. *Que peindre? Adami, Arakawa, Buren*. Paris, 1987.

_____. *L'inhumain. Causeries sur le temps*. Paris, 1988.

_____. *Leçon sur l'analytique du sublime*. Galilée, 1991.

_____. *Lições sobre a analítica do sublime*. Trad. C. Cesar e L. César. Campinas: Papirus, 1993.

MATHY, Dietrich. "Zur frühromantischen Selbstaufhebung des Erhabenen im Schönen", in C. Pries (org.), *Das Erhabene. Zwischen Grenzerfahrung und Größenwahn*. Weinheim, 1989.

MENNINGHAUS, W. "Das Ausdruckslose. Walter Benjamins Kritik des Schönen durch das Erhabene", in B. U. Steiner (org.), *Walter Benjamin. 1982-1940, zum 100. Geburtstag*, 1992.

_____. *Ekel. Theorie und Geschichte einer starken Empfindung*. Frankfurt a. M.: Suhrkamp, 1999.

NANCY, Jean-Luc e DEGUY, Michel (orgs.). *Du Sublime*. Paris, 1988.

NEWMAN, Barnett. *Selected writings and interviews*. Berkeley, Los Angeles, 1990.

NIERAAD, Jürgen. *Die Spur der Gewalt. Zur Geschichte des Schrecklichen in der Literatur und ihrer Theorie*. Lüneburg: zu Klampen, 1994.

Rosenkranz, Karl. *Ästhetik des Häßlichen*. Königsberg, 1853.
Seligmann-Silva, Márcio. "Do delicioso horror sublime ao abjeto e à escritura do corpo", in A. L. Andrade; M. L. de Barros Camargo; R. Antelo (orgs.), *Leituras do ciclo*. Florianópolis: Abralic, 1999.
Weiskel, Thomas. *O sublime romântico: estudo sobre a estrutura e psicologia da transcendência*. Trad. P. Flores da Cunha. Rio de Janeiro: Imago, 1994.

Título	História, memória, literatura
	O Testemunho na Era das Catástrofes
Organizador	Márcio Seligmann-Silva
Coordenador editorial	Ricardo Lima
Secretário gráfico	Ednilson Tristão
Preparação dos originais	Shéllida Fernanda Da Collina
Revisão	Daniela Lellis Gonçalves
Editoração eletrônica	Eva Maria Maschio
	Rossana Cristina Barbosa
Designer de capa	Lygia Arcuri Eluf
Arte final	Ana Basaglia
Formato	14 x 21 cm
Tipologia	Garamond Classic Book
Papel	Pólen soft 80 g/m² – miolo
	Cartão Supremo 250 g/m² – capa
Número de páginas	528

ESTA OBRA FOI IMPRESSA NA GRÁFICA CS
PARA A EDITORA DA UNICAMP EM OUTUBRO DE 2020.